职业教育财经类专业新课改精品教材系列丛书

财经法规与会计职业道德
（第5版）

丛书主编　林云刚

本册主编　林云刚　吴霁斐

本册副主编　陆　艺

电子工业出版社

Publishing House of Electronics Industry

北京·BEIJING

内 容 简 介

本书是针对会计岗位任职要求而开发的教材，精选了"会计法律制度"、"结算法律制度"、"税收法律制度"、"财政法规制度"和"会计职业道德"五个学习情境。本书以教学目标选择案例和练习，明确了任务层次及知识准备，设有"想一想"、"议一议"、"课堂练习"和"资料卡"等栏目，在每章复习中设计了"本章小结"、"综合实训"和"自测题"等内容。这些设计结合实际，有利于读者拓宽视野，提升职业能力和职业修养。

本书既可作为职业教育会计及相关专业教学用书，也可作为会计人员的职业技能培训教材及其他财会人员的参考书。

本书还配有电子教学参考资料包（包括教学指南、电子教案及习题答案），详见前言。

图书在版编目（CIP）数据

财经法规与会计职业道德 / 林云刚，吴霭斐主编. —5 版. —北京：电子工业出版社，2021.4
ISBN 978-7-121-40907-3

Ⅰ. ①财… Ⅱ. ①林… ②吴… Ⅲ. ①财政法－中国－中等专业学校－教材②经济法－中国－中等专业学校－教材③会计人员－职业道德－中等专业学校－教材 Ⅳ.①D922.2②F233

中国版本图书馆 CIP 数据核字（2021）第 061575 号

责任编辑：徐 玲 文字编辑：王凌燕
印　　刷：大厂回族自治县聚鑫印刷有限责任公司
装　　订：大厂回族自治县聚鑫印刷有限责任公司
出版发行：电子工业出版社
　　　　　北京市海淀区万寿路 173 信箱 邮编 100036
开　　本：787×1 092 1/16 印张：17.5 字数：448 千字
版　　次：2011 年 8 月第 1 版
　　　　　2021 年 4 月第 5 版
印　　次：2024 年 9 月第 8 次印刷
定　　价：49.00 元

凡所购买电子工业出版社图书有缺损问题，请向购买书店调换。若书店售缺，请与本社发行部联系，联系及邮购电话：（010）88254888，88258888。

质量投诉请发邮件至 zlts@phei.com.cn，盗版侵权举报请发邮件至 dbqq@phei.com.cn。

本书咨询联系方式：xuling@phei.com.cn。

前　言

为了帮助广大会计工作者和学生提高会计人员专业素质和会计职业道德素养，加强会计专业人才队伍建设，由无锡城市职业技术学院组织相关专家、教师，根据财政部、国家税务总局联合下发的营业税改增值税试点方案和 2019 年 9 月 1 日起施行的《中华人民共和国个人所得税法》，修订了本教材。

会计行业作为市场经济活动的重要领域，主要提供会计信息和鉴证服务，其服务质量直接影响着经营者、投资者和社会公众的利益，进而影响整个社会的经济秩序。因此，使学生了解和掌握"财经法规与会计职业道德"的有关知识，不但是提高学生专业素质和会计职业道德修养极其重要的组成部分，而且也有助于学生顺利通过初级会计职称的"经济法基础"课程的考试。

教材编写目标　本教材根据最新的考试大纲编写，围绕职业教育的培养目标，无论是知识点的覆盖还是内容的设计都满足教学与考证的要求，使学生了解和掌握我国会计法律规范，明确会计法律责任，进而提高会计职业道德修养，为培养"德才兼备"的专业人才打好基础。

教材内容组成　本教材的内容组成与最新大纲一致，分为两个部分：财经法规和会计职业道德。教材内容共有五章，涉及会计法律制度、结算法律制度、税收法律制度、财政法规制度和会计职业道德。

教材编写特点　本教材从职业教育的实践出发，突出对实务操作的训练和基本技能的培养，既满足教学的要求，又兼顾考证的要求，以严谨的结构、精练的语言、生动的实例，将抽象的理论附着生动的载体呈现给读者。本教材具有以下特点。

1. 采用案例编写方式。本教材以会计工作实际为范本，选择和整理具有代表性、典型性和启发性的实务资料，构成案例的内容，贴近学生生活实际，通俗易懂。

2. 把握认知规律，注重对学生法律责任感和道德修养的培养。本教材的编写符合职业教育学生的认知特点，通过对职业岗位群的分析，按照综合职业能力的培养要求，在法律责任感和道德修养方面狠下功夫，力求达到职业岗位需要掌握什么，教材就编写什么，为学生掌握这些知识点解决"船"与"桥"的问题。

3. 注重学习与训练相结合。本教材通过每章的"想一想"、"议一议"、"课堂练习"和"自测题"等栏目的训练，不断强化学生对教材内容的掌握和运用，以提高教学效果。

4. 体现知识更新要求，注重知识"浅、宽、新、用"。开阔学生的视野，拓宽学生的知识面，培养高素质、复合型的人才，是教育的目标，也是本教材编写的出发点和立足点。因此，本教材注重在知识的"浅、宽、新、用"方面多下功夫，力求做到深入浅出。

5. 体例新颖活泼。本教材突破了传统教材的编排结构，体例新颖活泼，寓教学方法于教材之中，以激发学生的学习动机，培养学生的学习兴趣。

教材使用建议　本教材在使用中要注重理论联系实际，及时汲取财经法规的新规定和财务会计工作实际的新经验；注重加强实践教学环节，组织学生进行必要的社会调查；注意调动学生自学的主动性和积极性，选择重点题目进行课堂讨论。随着我国财务会计制度改革的逐步深化，财务会计工作实践经验日益丰富，在教学中可指定一些参考资料供学生自学选用，以开阔学生视野，提高教学效果。本教材教学建议如下。

序 号	课程内容	学 时 数		
		合 计	讲 授	实 训
第一章	会计法律制度	18	16	2
第二章	结算法律制度	22	20	2
第三章	税收法律制度	22	20	2
第四章	财政法规制度	16	14	2
第五章	会计职业道德	12	10	2
总 计		90	80	10

本套丛书由无锡城市职业技术学院林云刚担任主编，本册教材由林云刚、吴霓斐担任主编，陆艺担任副主编。具体编写分工如下：林云刚编写第一章，吴霓斐编写第二、三、四章，陆艺编写第五章。

为了方便教师教学，本书配有教学指南、电子教案及习题答案，请有此需要的教师登录华信教育资源网免费注册后再进行下载，有问题时请在网站留言板留言或与电子工业出版社联系（E-mail: hxedu@phei.com.cn）。此外，本书还配有二维码，便于读者在线学习。

本教材在编写过程中，借鉴了国内同行、专家、学者的一些科研成果，并得到了教育部职业教育与成人教育司的关心与指导，他们提出了许多有益的建议和意见，在此一并致谢！

由于编者水平有限，时间仓促，书中疏漏在所难免，希望读者与专家不吝赐教，以便进一步完善。

编 者

目　录

第一章

会计法律制度

📖 **内容提要**

1. 了解会计法律制度的构成。
2. 熟悉会计工作管理体制。
3. 熟悉会计档案管理。
4. 熟悉内部控制制度。
5. 熟悉会计机构的设置。
6. 掌握会计核算的要求。
7. 掌握会计工作交接的要求。
8. 掌握会计违法行为的法律责任。

第一节　会计法律制度的概念与构成

一、会计法律制度的概念

　　会计法律制度是指国家权力机关和行政机关制定的，用以调整会计关系的各种法律、法规、规章和规范性文件的总称，包括会计法律、会计行政法规、会计部门规章和地方性会计法规等。会计关系是指会计机构和会计人员在办理会计事务过程中及国家在管理会计工作过程中发生的各种经济关系。

　　任何一个经济组织的活动都不是独立存在

> 　　什么是法？法是由国家制定或认可的，并由国家强制力保证实施的，反映统治阶级意志的规范体系。什么是法律？在我国历史上有很长一段时间，把法称为律，如"秦律"、"明律"和"大清律"等，近代才把法和律连用，称为法律。

的。作为经济管理工作的会计，首先表现为单位内部的一项经济管理活动，即对本单位的经济活动进行核算和监督。在处理经济业务事项中，必然会涉及、影响有关方面的经济利益，如供销关系、债权债务关系、信贷关系、分配关系、税款征纳关系、管理与被管理关系等。会计机构和会计人员在办理会计事务过程中及国家在管理会计工作过程中发生的经济关系称为会计关系。处理上述各种经济关系，就需要用会计法律制度来规范。

二、会计法律制度的构成

我国会计法律制度的基本构成如下。

（一）会计法律

会计法律是指由国家最高权力机关——全国人民代表大会经过一定立法程序制定的有关会计工作的法律。我国目前有两部会计法律，分别是《中华人民共和国会计法》（以下简称《会计法》）和《中华人民共和国注册会计师法》（以下简称《注册会计师法》）。

1. 《会计法》

《会计法》是会计法律制度中层次最高、法律效力最高的法律规范，是制定其他会计法规的依据，也是指导会计工作的最高准则。《会计法》于1985年1月21日第六届全国人大常委会第九次会议通过，1993年、1999年和2017年全国人大常委会做了修订，目前施行的《会计法》是2017年11月4日修订后于2017年11月5日起施行的。

《会计法》适用范围遍及全国，包括我国驻外国的使、领馆，香港特别行政区和澳门特别行政区除外。我国国家机关、社会团体、公司、企业、事业单位和其他组织都必须依照《会计法》办理会计事务。

2. 《注册会计师法》

《注册会计师法》是规范注册会计师及其行业行为规范的最高准则，是我国中介行业的第一部法律。《注册会计师法》于1993年10月31日第八届全国人大常委会第四次会议通过，根据2014年8月31日第十二届全国人大常委会第十次会议《关于修改〈中华人民共和国保险法〉等五部法律的决定》做出修改。

资料卡

现行《会计法》的修订过程如下。

1985年1月21日，第六届全国人大常委会第九次会议通过，自1985年5月1日起施行。

1993年12月29日，根据第八届全国人大常委会第五次会议第一次修正，自公布之日起施行。

1999年10月31日，第九届全国人大常委会第十二次会议修订，自2000年7月1日起施行。

2017年11月4日，根据第十二届全国人大常委会第十三次会议第二次修正，自11月5日起施行。

（二）会计行政法规

会计行政法规是指由国家最高行政机关——国务院制定并发布，或者国务院有关部门拟订并经国务院批准发布，调整经济生活中某些方面会计关系的法律规范，如国务院发布的《企业财务会计报告条例》和《总会计师条例》等。会计行政法规的制定依据是《会计法》，会计行政法规的权威性和法律效力仅次于会计法律。

（三）会计部门规章

会计部门规章是指国家主管会计工作的行政部门即财政部及其他相关部委根据法律和国务院的行政法规、决定、命令，在本部门的权限范围内制定的、调整会计工作某些方面内容的国家统一的会计准则制度和规范性文件，包括国家统一的会计核算、会计监督、会计机构和会计人员及会计工作管理的制度等，效力次于《会计法》和会计行政法规。

《会计法》第八条规定："国务院有关部门可以依照本法和国家统一的会计制度制定对会计核算和会计监督有特殊要求的行业实施国家统一的会计制度的具体办法或补充规定，报国务院财政部门审核批准。原中国人民解放军总后勤部可以依照本法和国家统一的会计制度制定军队实施国家统一的会计制度的具体办法，报国务院财政部门备案。"

【例1-1】 下列各项中，属于会计行政法规的是（　　　）。

A. 《注册会计师法》　　　　　　　B. 《企业财务会计报告条例》

C. 《企业会计准则——应用指南》　　D. 《会计基础工作规范》

【答案】 B

【解析】 《企业财务会计报告条例》属于会计行政法规，《注册会计师法》属于会计法律，《企业会计准则——应用指南》及《会计基础工作规范》属于会计部门规章。

【例1-2】 下列各项中，可以依照《会计法》和国家统一的会计制度制定本系统内实施国家统一的会计制度的具体办法，并报国务院财政部门备案的是（　　　）。

A. 中国人民银行　　　　　　　　　B. 工业和信息化部

C. 农业部　　　　　　　　　　　　D. 原中国人民解放军总后勤部

【答案】 D

【解析】 国务院有关部门对会计核算和会计监督有特殊要求的行业，依照《会计法》和国家统一的会计制度制定具体办法或补充规定，报国务院财政部门审核批准。原中国人民解放军总后勤部可以依照《会计法》和国家统一的会计制度制定本系统内实施国家统一的会计制度的具体办法，并报国务院财政部门备案。

（四）地方性会计法规

地方性会计法规是指由省、自治区、直辖市的人民代表大会或常务委员会在同宪法、会计法律、行政法规和国家统一的会计准则制度不相抵触的前提下，根据本地区情况制定发布的关于会计核算、会计监督、会计机构和会计人员及会计工作管理的规范性文件，如《四川省会计管理条例》《山东省实施〈中华人民共和国会计法〉办法》等。

想一想

会计法律、会计行政法规、会计部门规章和地方性会计法规的法律效力有什么不同呢？

课堂练习

简答题

以下法律文件分别属于何种性质的会计法律？

1. 《会计法》　　　　　　　　　　2. 《企业会计准则——基本准则》

3. 《企业财务会计报告条例》　　　4. 《金融企业会计制度》

5. 《总会计师条例》　　　　　　　6. 《会计基础工作规范》

7. 《代理记账管理办法》　　　　　8. 38项具体准则及应用指南

9. 《企业会计制度》　　　　　　　10. 《注册会计师法》

11. 《财政部门实施会计监督办法》　　12. 《会计档案管理办法》

📖 答案提示

《会计法》《注册会计师法》属于会计法律，《企业财务会计报告条例》《总会计师条例》属于会计行政法规，《财政部门实施会计监督办法》《金融企业会计制度》《代理记账管理办法》《企业会计准则——基本准则》、38 项具体准则及应用指南、《企业会计制度》《会计基础工作规范》《会计档案管理办法》属于会计部门规章。

第二节　会计工作管理体制

会计工作管理体制是指国家划分会计工作管理权限的制度，可以概括为四个"明确"：明确会计工作的主管部门，明确国家统一会计制度的制定权限，明确对会计人员的管理内容，明确单位内部的会计工作管理职责。我国会计工作管理体制包括会计工作的行政管理、会计工作的自律管理和单位会计工作管理三个方面的内容。

一、会计工作的行政管理

《会计法》第七条规定："国务院财政部门主管全国的会计工作，县级以上地方各级人民政府财政部门管理本行政区域内的会计工作。"其中，明确规定了会计工作由谁管理和在会计工作管理体制下实行"统一领导、分级管理"的原则。财政部门履行的会计行政管理职能主要有如下几项。

（一）制定国家统一的会计准则制度

当前，在我国实行社会主义市场经济的条件下，还必须从宏观上对国民经济进行计划和管理，使各地区、各部门和各单位在办理会计事务中有统一的制度作为依据，使会计核算正确地体现财政、财务制度有关规定的要求，保证会计这一信息系统及时、正确地为国民经济计划和管理提供分类科学、口径统一的会计资料。因此，会计准则制度及相关标准规范的制定和组织实施是财政部门管理会计工作的一项最基本的职能。

这些国家统一的会计制度是在全国范围内实施的会计工作管理方面的规范性文件，主要包括三个方面：一是国家统一的会计核算制度，如《企业会计准则——基本准则》和各具体准则及其应用指南、《事业单位会计准则》《企业会计制度》《金融企业会计制度》《小企业会计制度》等；二是国家统一的会计机构和会计人员管理制度，如《总会计师条例》《会计专业技术资格考试暂行规定》等；三是国家统一的会计工作管理制度，如《会计档案管理办法》《会计人员工作规则》等。

（二）会计市场管理

会计信息质量及会计师事务所执业质量直接影响市场秩序，关系国家经济秩序和社会公共利益。加强会计市场的管理是社会主义市场经济的必然要求。会计市场管理具体包括会计市场的准入管理、运行管理和退出管理。

1. 会计市场的准入管理

根据《会计法》的规定，会计人员应该具备从事会计工作所需要的专业能力。担任单位会计机构负责人（会计主管人员）的，应当具备会计师以上专业技术职务资格或从事会计工作三年以上经历。这是对会计人员从事会计工作的准入要求，由我国县级以上财政部门进行管理。

2. 会计市场的运行管理

会计市场的运行管理是会计市场管理的重要组成部分。注册会计师作为社会监督的主体，在审计过程中起到鉴证的作用。为了保证注册会计师鉴证作用的发挥，维护社会公众利益和投资者的合法权益，通过强化会计市场的社会监督主体的管理来实行会计市场的运行管理。我国法律规定，从事社会审计的人员必须具有注册会计师资格。我国实行注册会计师考试制度，考试成绩合格并从事审计工作两年以上的人员，才可以申请成为注册会计师，注册会计师执行业务必须加入会计师事务所。

3. 会计市场的退出管理

对于不具备设置会计机构和会计人员条件的单位应当委托代理记账机构办理会计业务。除会计师事务所以外，代理记账机构应当经所在地的县级以上人民政府财政部门批准，并取得由财政部统一印刷的代理记账许可证书。这些机构和人员获准进入会计市场以后，还应当持续符合资格条件，并主动接受财政部门的监督检查；不符合相应条件时，原审批机关可以撤回行政许可。同时，这些机构和人员还应当严格遵守各项法律法规，依据相关制度、准则和规则执行业务。发生违反《会计法》和《注册会计师法》行为的，财政部门有权对其进行处罚，情节严重的，可吊销其职业资格，强制其退出会计市场。

此外，对会计出版市场、培训市场、境外"洋资格"的管理等也属于会计市场管理的范畴，财政部门对违反会计法律、行政法规规定及扰乱会计秩序的行为，都有权加以管理，严格规范。

（三）会计专业人才评价

我国会计专业人才评价机制包括初级、中级、高级会计人才机制，会计行业领军人才的培养评价，对先进会计人员的表彰奖励等内容。对初级、中级和高级会计人才的评价，主要是通过会计专业技术考试来进行的，由财政部组织实施，由人力资源和社会保障部门监督指导，包括初级、中级和高级三种级别的会计专业技术全国统一考试。

会计领军人才的培养是适应我国当前经济发展的一种新的会计人才评价方式。财政部负责组织全国范围内的会计领军人才培养工作，地方财政部门和中央各单位负责本地区、本部门和本系统内会计领军人才培养工作。

对会计人员的表彰奖励也属于会计专业人才评价的范畴。《会计法》规定，对认真执行《会计法》、忠于职守、坚持原则、做出显著成绩的会计人员，给予精神或物质的奖励。

（四）会计监督检查

会计监督检查是会计的基本职能之一。财政部门对会计市场的监督检查主要包括对会计信息质量的检查、对会计师事务所执业质量的检查及对会计行业自律组织的监督和指导等，这对于规范会计执行、打击违法行为、保证会计信息质量和维护社会主义市场经济秩序具有重要意义。财政部门在会计监督检查中对违反《会计法》和《注册会计师法》等会计法律法规的行为有权依法实施行政处罚。

二、会计工作的自律管理

会计行业自律管理制度是对行政管理制度的一种有益补充，有助于督促会计人员依法展开会计工作，树立良好的行业风气，促进行业的发展。

（一）中国注册会计师协会

中国注册会计师协会是依据《注册会计师法》和《社会团体登记条例》的有关规定设立的社会团体法人，是中国注册会计师行业的自律管理组织，成立于1988年11月。

中国注册会计师协会最高权力机构为全国会员代表大会，全国会员代表大会选举产生理事会。理事会选举产生会长、副会长和常务理事会，理事会设若干专门委员会和专业委员会。常务理事会在理事会闭会期间行使理事会职权。协会下设秘书处，为其常设执行机构。

（二）中国会计学会

中国会计学会创建于1980年，是财政部所属由全国会计领域各类专业组织及会计理论界、实务界会计工作者自愿结成的学术性、专业性和非营利性社会组织。其主要职责是组织协调全国会计科研力量，开展会计理论研究和学术交流，促进科研成果的推广和运用；总结我国会计工作和会计教育经验，研究和推广会计专业的教育改革；发挥学会的智力优势，开展多层次、多形式的智力服务工作；开展会计领域国际学术交流与合作；发挥学会联系政府与会员的桥梁作用，接受政府和其他单位委托，组织开展有关工作等。

（三）中国总会计师协会

中国总会计师协会成立于1990年5月，是经财政部审核同意、民政部正式批准，依法注册登记成立的跨地区、跨部门、跨行业、跨所有制的非营利性国家一级社团组织，是总会计师行业的全国性自律组织，其主管单位为国务院财政部，业务指导单位为国务院财政部。

中国总会计师协会最高权力机构为全国会员代表大会，全国会员代表大会选举产生理事会。理事会选举产生会长、副会长、秘书长和常务理事会。常务理事会在理事会闭会期间行使理事会职权。协会下设秘书处，为其常设执行机构。

议一议

会计工作自律管理的意义体现在哪几个方面？

案例分析

【案例1-1】小王认为，中国注册会计师协会与中国会计学会都是财政部领导下针对会计人员的社会组织，会计人员都可以申请加入。请分析他的观点是否正确。

分析与提示：

不正确。中国注册会计师协会是注册会计师的行业组织，只有具备注册会计师资格才有加入的可能，不是所有的会计人员都能参加。

三、单位会计工作管理

（一）单位负责人的职责

单位负责人是指单位法定代表人或法律、行政法规规定代表单位行使职权的主要负责人。《会计法》规定，单位负责人对本单位的会计工作和会计资料的真实性、完整性负责；应当保证会计机构和会计人员依法履行职责，不得授意、指使、强令会计机构和会计人员违法办理会计事项。《会计法》赋予了单位负责人在单位内部会计工作管理中的权利和责任，作为本单位的"一把手"和最高负责人，统管本单位所有工作，包括会计工作。

单位负责人主要包括两类：一是指依法代表法人单位行使职权的负责人，如公司制的董事长（执行董事或经理）、国有企业的厂长（经理）、国家机关的最高行政长官等；二是指根据法律、行政法规规定代表非法人单位行使职权的负责人，如代表合伙企业执行合伙企业事务的合伙人、个人独资企业的投资人等。

议一议

法定代表人、厂长、董事长、总经理和财务科长是单位负责人吗？

（二）会计机构的设置

各单位应当根据会计业务的需要设置会计机构，或者在有关机构中设置会计人员并指定会计主管人员；不具备设置条件的，应当委托经批准设立从事会计代理记账业务的中介机构代理记账。

各单位是否设置会计机构，应当根据会计业务的需要来决定，一般取决于三个因素：一是单位规模的大小；二是经济业务和财务收支的繁简；三是经营管理的要求。

（三）会计人员的选拔任用

《会计法》第三十八条规定，会计人员应该具备从事会计工作所需的专业能力。担任单位会计机构负责人（会计主管人员）的，应当具备会计师以上专业技术职务资格或者从事会计工作三年以上经历。《总会计师条例》规定，总会计师的任职条件之一是取得会计师任职资格后，主管一个单位或者单位内一个重要方面的财务会计工作时间不少于三年。国有大中型企业或者国有资产占主导或控股地位的大中型企业必须设置总会计师。凡设置总会计师的单位，不应再设置与总会计师职责重叠的行政副职。

会计人员隶属于所在单位，会计人员的任免、轮岗、提拔和调用都由所在单位负责，由所在单位进行考核奖惩。单位应对认真执行会计法律制度、忠于职守、坚持原则和成绩显著的会计人员，给予精神或物质的奖励。

案例分析

【案例1-2】某上市公司的董事长（单位负责人）为粉饰公司的业绩，授意公司的副总经理、财务负责人采取虚提返利、推迟财务费用列账等手段，虚增利润3 000多万元，造成极坏的社会影响。事发后，该公司的董事长能否以"会计工作应当由会计机构负责人承担责任，自己不懂会计"为由推脱责任？

分析与提示：

不能。根据《会计法》的规定，单位负责人对本单位的会计工作和会计资料的真实性、完整性负责；应当保证会计机构和会计人员依法履行职责，不得授意、指使、强令会计机构和会计人员违法办理会计事项。

（四）会计人员回避制度

回避制度是指为了保证执法或执业的公正性，对可能影响其公正性的执法或执业人员实行职务回避和业务回避的一种制度。回避制度已成为我国人事管理的一项重要制度。在会计工作中，由于亲情关系而串通作弊和违法违纪的案件时有发生，因此，在会计人员中实行回避制度十分必要。

《会计基础工作规范》从会计工作的特殊性出发，对会计人员的回避问题做出了规定，即国家机关、国有企业和事业单位任用会计人员应当实行回避制度；单位负责人的直系亲属不得担任本单位的会计机构负责人、会计主管人员，会计机构负责人、会计主管人员的直系亲属不得在本单位会计机构中担任出纳工作。

根据规定，直系亲属包括夫妻关系、直系血亲关系、三代以内的旁系血亲及近姻亲关系。

📝 案例分析

【案例1-3】某国有企业财务科科长退休，领导集体讨论决定任命办公室主任张某担任财务科科长。张某毕业于某重点大学中文系，毕业后一直在该企业办公室从事管理工作。半年后，张某因身体不适辞去财务科科长的职务，经领导班子集体决定，由厂长李某的妻子王某担任本单位的财务科科长。经查，王某具有多年从事会计工作的经历，有会计师职称。分析：该企业任命张某、王某担任财务科科长的行为是否符合《会计法》的规定？

分析与提示：

（1）该企业不能任命张某担任会计机构负责人。《会计法》规定，担任单位会计机构负责人的应当具备会计师以上专业技术职务资格或从事会计工作三年以上经历。

（2）任命厂长李某的妻子王某担任本单位的财务科科长不符合规定。根据《会计基础工作规范》的规定，单位负责人的直系亲属不得担任本单位的会计机构负责人。直系亲属包括夫妻关系、直系血亲关系、三代以内的旁系血亲及近姻亲关系。

📝 课堂练习

简答题

2018年，某中外合资经营企业甲公司效益下滑将面临亏损的情况，董事长授意公司的总经理、财务负责人，虚拟了若干笔无交易的销售收入，从而使公司报表由亏变盈。2019年3月，该公司接到市财政局通知，市财政局将对该公司的会计工作情况进行检查。甲公司的董事长认为，甲公司属于中外合资企业，不受《会计法》的约束，财政局无权对甲公司进行检查。

1. 结合本案例简述财政部门的会计行政管理职能。

2. 结合本案例简述中国注册会计师协会、中国会计学会的自律管理职能。

3. 结合本案例简述甲公司董事长是否要承担责任。

📖 **答案提示**

1. 中外合资经营企业是按照中国法律在中国境内设立的中国法人，受到中国法律包括《会计法》的约束。根据《会计法》的规定，县级以上人民政府财政部门为各单位会计工作的监督检查部门，有权管理本行政区域内的会计工作，对各单位的会计工作行使监督权。

2. 会计行业自律管理制度是对行政管理制度的一种有益补充，有助于督促会计人员依法展开会计工作，树立良好的行业风气，促进行业的发展。

3. 根据《会计法》的规定，单位负责人对本单位的会计工作和会计资料的真实性、完整性负责；应当保证会计机构和会计人员依法履行职责，不得授意、指使、强令会计机构和会计人员违法办理会计事项。

第三节 会 计 核 算

会计核算是会计工作的重要组成部分，是会计的基本职能之一。会计核算的法律规定是各单位进行会计核算应当遵循的基本规范。对会计核算的相关法律规定，一般包括如下几个方面。

一、总体要求

（一）会计核算依据

《会计法》第九条规定："各单位必须根据实际发生的经济业务事项进行会计核算，填制会计凭证，登记会计账簿，编制财务会计报告。任何单位不得以虚假的经济业务事项或资料进行会计核算。"

（1）会计核算必须以实际发生的经济业务事项为依据。实际发生的经济业务事项是指各单位在生产经营和预算执行过程中发生的、包括引起或未引起资金增减变化的经济活动。并非所有实际发生的经济业务事项都需要进行会计记录和会计核算。例如，签订合同或协议的经济业务事项，在签订合同或协议时，往往无须进行会计核算，只有当实际履行合同或协议并引起资金运动时，才需要对履行合同或协议这一经济业务事项如实记录和反映，进行会计核算。

（2）以虚假的经济业务事项或资料进行会计核算，是一种严重的违法行为。没有经济业务事项，会计核算也就失去了对象；以不真实甚至虚拟的经济业务事项为核算对象，会计核算就没有规范、没有约束、没有科学可言，据此提供的会计资料不仅没有可信度，相反还会误导使用者，扰乱社会经济秩序。

（二）对会计资料的基本要求

会计资料是在会计核算过程中形成的、记录和反映实际发生的经济业务事项的资料，包括会计凭证、会计账簿、财务会计报告和其他会计资料。会计资料是记录会计核算过程和结果的载体，是反映单位财务状况和经营成果、评价经营业绩、进行投资决策的重要依据。会计资料同时也是一种重要的社会信息资源。

【例1-3】 下列各项中，不属于会计资料的是（   ）。

A. 会计凭证 　　　　　　　　　　B. 会计账簿

C. 财务会计报告 　　　　　　　　D. 经济合同

【答案】 D

【解析】 会计资料包括会计凭证、会计账簿和财务会计报告等。会计资料是在会计核算过程中形成的、记录和反映实际发生的经济业务事项的资料。经济合同不是在会计核算过程中形成的资料。

（1）会计资料的生成和提供必须符合国家统一的会计准则制度的规定。为了保证会计资料的真实性和统一性，我国政府建立了一系列规章制度，对会计资料进行规范，收到了良好的效果。目前，用于规范会计资料的国家统一的会计制度主要有1996年6月17日财政部发布的《会计基础工作规范》，1998年8月21日财政部、国家档案局发布的《会计档案管理办法》，财政部发布的《企业会计准则——基本准则》和各具体准则及其应用指南、《企业会计制度》、《金融企业会计制度》和《小企业会计制度》等。

（2）提供虚假的会计资料是违法行为。任何单位和个人不得伪造、变造会计凭证、会计账簿和其他会计资料，不得提供虚假的财务会计报告。针对我国经济生活中存在的伪造、变造会计资料和提供虚假会计资料的情况，《会计法》特别做出了上述规定。

所谓伪造会计凭证、会计账簿及其他会计资料，是指以虚假的经济业务事项为前提编造不真实的会计凭证、会计账簿和其他会计资料。

所谓变造会计凭证、会计账簿及其他会计资料，是指用涂改和挖补等手段来改变会计凭证和会计账簿等的真实内容、歪曲事实真相的行为，即篡改事实。

所谓提供虚假财务会计报告，是指通过编造虚假的会计凭证、会计账簿及其他会计资料或直接篡改财务会计报告上的数据，使财务会计报告不真实、不完整地反映真实财务状况和经营成果，借以误导、欺骗会计资料使用者的行为，即以假乱真。

想一想

变造和伪造两种手段有何不同？

【例1-4】 下列各项中，属于变造会计凭证行为的是（   ）。

A. 某公司为一客户虚开销货发票一张，并按票面金额的10%收取好处费

B. 某业务员将购货发票上的金额50万元，用"消字灵"修改为80万元报账

C. 企业某现金出纳将一张报销凭证上的金额7 000元涂改为9 000元

D. 购货部门转来一张购货发票，原金额计算有误，出票单位已做更正并加盖出票单位公章

【答案】 BC

【解析】 所谓变造会计凭证、会计账簿及其他会计资料，是指用涂改和挖补等手段来改变会计凭证和会计账簿等的真实内容、歪曲事实真相的行为，即篡改事实。A、D不属于变造会计凭证的行为。

伪造、变造会计资料和提供虚假财务会计报告的主体为"任何单位和个人"，既包括单位及其工作人员为单位内部的非法目的而实施的伪造、变造会计资料和提供虚假财务会计报告的行为，也包括为他人伪造、变造会计资料和提供虚假财务会计报告提供方便的行为。这种会计资

料所记录和反映的经济业务事项的内容与实际发生的经济业务事项严重相违背，是一种虚假的会计资料。提供虚假的会计资料属于严重的违法行为。

二、会计核算的其他要求

（一）会计年度

《会计法》规定，会计年度自公历 1 月 1 日起至 12 月 31 日止。按照持续经营原则，通常情况下，一个单位的业务经营活动总是连续不断地进行的。而按照会计上的会计分期原则，又必须对企业的业务活动进行分期核算，以考核企业在一定时期内的财务成果。因此，会计核算中就必须将连续不断的经营过程人为地划分为若干相等的时期，分期进行结算，分期编制财务会计报告，分期反映单位的财务状况和经营成果。这种分期进行会计核算的时间区间，在会计上称会计期间。《企业财务会计报告条例》规定，会计期间分为年度、半年度、季度和月度，以满足单位经营管理和投资者对会计资料的需要。

世界各国对会计分期的规定是有区别的。我国的会计年度采用公历制，这是为了与我国的财政、计划、统计和税务等年度保持一致，以便于国家宏观经济管理。

（二）记账本位币

《会计法》规定，会计核算以人民币为记账本位币。业务收支以人民币以外的货币为主的单位，可以选定其中一种货币作为记账本位币，但是编制的财务会计报告应当折算为人民币。

人民币是我国的法定货币，在我国境内具有广泛的流通性。因此，《会计法》规定，我国境内各单位的会计核算以人民币为记账本位币，单位的一切经济业务事项通过人民币进行核算反映。随着改革开放的不断深入，人民币以外的其他币种在一些单位的日常会计核算中占据了主导的地位。对此，《会计法》规定，可以选用人民币以外的货币作为记账本位币。但是，在选择人民币以外的货币作为记账本位币时，必须遵守"业务收支以人民币以外的货币为主"的原则，而且记账本位币一经确定，不得随意变动。以人民币以外的货币作为记账本位币的单位，在编制财务会计报告时，应当依据国家统一的会计制度的规定，按照一定的外汇汇率折算为人民币反映，以便于财务会计报告使用者阅读和使用，也便于税务、工商等部门通过财务会计报告计算应缴税款和工商年检。

（三）会计记录文字

（1）会计记录文字应当使用中文。我国是一个多民族、多语言文字的国家，改革开放以后，大量外国经济组织在我国投资办企业，所使用的语言文字丰富多样。会计资料作为一种商业语言和社会资源，必须使用规范统一的文字才能使会计资料的使用者真正全面地了解会计资料反映的实际情况。因此，《会计法》规定，会计记录的文字应当使用中文。根据这一规定，在我国境内所有国家机关、社会团体、公司、企业、事业单位和其他组织的会计记录文字都必须使用中文。这是法定要求，违反这一规定，就是违法行为，应当承担法律责任。

（2）民族自治地方和在我国境内的外国组织可以同时使用另一种文字。为了方便使用不同文字的人阅读会计资料，《会计法》规定，会计记录在使用中文的前提下，可以同时使用民族自治地方通用的一种民族文字；在我国境内的外国组织的会计记录，在使用中文的前提下，可以同时使用一种外国文字。使用中文是强制性的，使用其他通用文字是备选性的，不能理解为既可以使用中文，也可以使用其他通用文字。

（四）财产清查

财产清查是会计核算工作的一项重要程序，特别是在编制年度财务会计报告之前，必须进行财产清查，并对账实不符等问题根据国家统一的会计制度的规定进行会计处理，以保证财务会计报告反映的会计信息真实、完整。财产清查制度是定期或不定期、全面或部分地对各项财产物资进行实地盘点和对库存现金、银行存款、债权债务进行清查核实的一种制度。通过清查，可以发现财产管理工作中存在的问题，以便查清原因，改善经营管理，保护财产的完整和安全；可以确定各项财产的实存数，以便查明实存数与账面数是否相符，并查明不符的原因和责任，制定相应措施，做到账实相符，保证会计资料的真实性。《会计法》规定，各单位应当定期将会计账簿记录与实物、款项及有关资料相互核对，保证会计账簿记录与实物及款项的实有数额相符。

（五）会计处理方法

会计处理方法是指在会计核算中所采取的具体方法，通常有外币折算的会计处理方法、存货计价方法、长期股权投资的会计处理方法、资产减值准备的会计处理方法、收入确认方法、企业所得税的会计处理方法、企业合并会计处理方法、编制合并会计报表的方法等。

《会计法》规定，各单位采用的会计处理方法，前后各期应当一致，不得随意变更；确有必要变更的，应当按照国家统一的会计制度的规定变更，并将变更的原因、情况及影响在财务会计报告中说明。

满足下列条件之一的，可以变更会计政策：一是法律、行政法规或国家统一的会计制度等要求变更；二是会计政策变更能够提供更可靠、更相关的会计信息。

三、会计凭证

会计凭证是记录经济业务事项的发生和完成情况，明确经济责任，并作为记账依据的书面证明，是会计核算的重要会计资料。填制、审核会计凭证是会计核算工作的首要环节，对会计核算过程、会计资料质量都起着至关重要的作用。会计凭证按照填制程序和用途的不同分为原始凭证和记账凭证。

（一）原始凭证

原始凭证是在经济业务事项发生时由经办人员直接取得或填制、用以表明某项经济业务事项已经发生或完成情况、明确有关经济责任的一种原始凭据。它是会计核算的原始依据。原始凭证按照来源的不同，可分为外来原始凭证和自制原始凭证两种；按照格式是否一致，可分为统一印制的具有固定格式的原始凭证（如发票、各种结算凭证）和各单位印制的无统一格式的内部凭证（如领料单和入库单等）。

想一想

举几个例子说说你生活中接触到的原始凭证。

1. 原始凭证的内容

根据《会计基础工作规范》的规定，原始凭证应包括如下内容：原始凭证名称，填制原始凭证的日期，填制原始凭证的单位名称或填制人员的姓名，接受原始凭证的单位，经济业务事项名称，经济业务事项的数量、单价和金额，经办经济业务事项人员的签名或盖章等。

2. 原始凭证的填制和取得

填制或取得原始凭证是会计核算工作的起点。一般情况下，原始凭证都是由经济业务事项经办人员取得或填制的，涉及的人员较广，会计的专业知识也参差不齐。为了使会计工作能够顺利进行，《会计法》规定，办理经济业务事项的单位和人员，都必须填制或取得原始凭证并及时送交会计机构。这一规定体现了两层含义：一是办理经济业务事项时必须填制或取得原始凭证；二是填制或取得的原始凭证必须及时送交会计机构，否则就是违法行为。对于"及时"的时间期限，一般理解为一个会计结算期。这样就能够保证会计核算工作的正常进行和当期会计资料的真实、完整。

3. 原始凭证的审核

审核原始凭证是确保会计资料质量的重要措施之一，也是会计机构、会计人员的重要职责。《会计法》对审核原始凭证问题做出了具体规定，主要包括三个方面：① 会计机构、会计人员必须按照法定职责审核原始凭证；② 会计机构、会计人员审核原始凭证应当按照国家统一的会计制度的规定进行；③ 会计机构、会计人员对不真实、不合法的原始凭证，有权不予受理，并向单位负责人报告，请求查明原因，追究有关当事人的责任；对记载不准确、不完整的原始凭证予以退回，并要求经办人员按照国家统一的会计制度的规定进行更正、补充。

对原始凭证的审核，具体还应符合以下要求。

（1）从外单位取得的原始凭证，必须盖有填制单位的公章；从个人取得的原始凭证，必须有填制人员的签名或盖章。自制原始凭证必须有经办单位领导人或其指定人员的签名或盖章。对外开出的原始凭证，必须加盖本单位公章。

（2）凡填有大写和小写金额的原始凭证，大写与小写金额必须相符。购买实物的原始凭证，必须有验收证明。支付款项的原始凭证，必须有收款单位和收款人的收款证明。

（3）一式几联的原始凭证，应当注明各联的用途，只能以一联作为报销凭证。一式几联的发票和收据，必须用双面复写纸（发票和收据本身具备复写纸功能的除外）套写，并连续编号。作废时应当加盖"作废"戳记，连同存根一起保存，不得撕毁。

（4）发生销货退回的，除填制退货发票外，还必须有退货验收证明；退款时，必须取得对方的收款收据或汇款银行的凭证，不得以退货发票代替收据。

（5）职工公出借款凭据，必须附在记账凭证之后。收回借款时，应当另开收据或退还借据副本，不得退还原借款收据。

（6）经上级有关部门批准的经济业务，应当将批准文件作为原始凭证附件；如果批准文件需要单独归档，应当在凭证上注明批准机关名称、日期和文件字号。

4. 原始凭证错误的更正

为了规范原始凭证的内容，明确相关人员的经济责任，防止利用原始凭证进行舞弊，《会计法》《会计基础工作规范》对原始凭证错误的更正做出了具体规定，其内容包括：① 原始凭证所记载的各项内容均不得涂改；② 原始凭证记载的内容有错误的，应当由开具单位重开或更正，更正工作须由原始凭证开具单位进行，并在更正处加盖开具单位印章；③ 原始凭证金额出现错误的不得更正，只能由原始凭证开具单位重新开具；④ 原始凭证开具单位应当依法开具准确无误的原始凭证，对于填制有误的原始凭证，负有更正和重新开具的法律义务，不得拒绝。

✎ 案例分析

【案例1-4】 某公司从外地购买了一批办公用品，收到发票后，在与实际支付款项进行核对时发现发票的金额有误，经办人员考虑到供货方在外地，更正或重开发票所需时间较长，在与销售人员核清事实以后，经会计机构负责人批准，在原始凭证上进行了更改，写明情况并加盖了自己的印章，准备作为原始凭证入账。分析上述做法有无不妥之处，说明理由。

分析与提示：

公司经办人员更改原始凭证金额的做法不符合法律规定。根据《会计法》的规定，原始凭证金额有错误的，应当由开具单位重开，不得在原始凭证上更正。

5. 原始凭证的保管

原始凭证作为重要的会计资料，应当按照有关会计档案保管的规定办法进行保管。

（1）原始凭证不得外借，其他单位如因特殊原因需要使用原始凭证时，经本单位会计机构负责人、会计主管人员批准，可以复制。向外单位提供的原始凭证复制件，应当在专设的登记簿上登记，并由提供人员和收取人员共同签名或盖章。

（2）从外单位取得的原始凭证如有遗失，应当取得原开出单位盖有公章的证明，并注明原来凭证的号码、金额和内容等，由经办单位会计机构负责人、会计主管人员和单位领导人批准后，才能代作原始凭证。如果确实无法取得证明的，如火车、轮船、飞机票等凭证，由当事人写出详细情况，由经办单位会计机构负责人、会计主管人员和单位领导人批准后，代作原始凭证。

（二）记账凭证

记账凭证是对经济业务事项按其性质加以归类、确定会计分录，并据以登记会计账簿的凭证。

1. 记账凭证的内容

根据《会计基础工作规范》的规定，记账凭证应当具备以下内容：填制记账凭证的日期，记账凭证的名称和编号，经济业务事项摘要，应记会计科目、方向和金额，记账符号，记账凭证所附原始凭证的张数，记账凭证的填制人员、稽核人员、记账人员和会计主管人员的签名或盖章等。

2. 记账凭证的编制

记账凭证应当根据经过审核无误的原始凭证和有关资料编制。

（1）填制记账凭证时，应当对记账凭证进行连续编号。一笔经济业务需要填制两张以上记账凭证的，可以采用分数编号法编号。

（2）记账凭证可以根据每一张原始凭证填制，或者根据若干张同类原始凭证汇总填制，也可以根据原始凭证汇总表填制。但不得将不同内容和类别的原始凭证汇总填制在一张记账凭证上。

（3）除结账和更正错误的记账凭证可以不附原始凭证外，其他记账凭证必须附有原始凭证。如果一张原始凭证涉及几张记账凭证，可以把原始凭证附在一张主要的记账凭证后面，并在其他记账凭证上注明附有该原始凭证的记账凭证的编号或附原始凭证复印件。

（4）一张原始凭证所列支出需要几个单位共同负担的，应当将其他单位负担的部分，开给对方原始凭证分割单进行结算。

（5）如果在填制记账凭证时发生错误，应当重新填制。已经登记入账的记账凭证，则按照规定的更正方法进行更正。

（6）记账凭证填制完经济业务事项后，如有空行，应当自金额栏最后一笔金额数字下的空行处至合计数上的空行处划线注销。

（7）填制会计凭证，字迹必须清晰、工整，并符合规定要求。

3. 记账凭证的审核

记账凭证的审核内容主要包括：编制依据是否真实，填写项目是否齐全，科目是否正确，金额计算是否正确，书写是否清楚等。

实行会计电算化的单位，对于机制记账凭证，要认真审核，做到会计科目使用正确，数字准确无误。打印出的机制记账凭证要有制单人员、审核人员、记账人员及会计机构负责人、会计主管人员的盖章或签字。

四、会计账簿

会计账簿是以会计凭证为依据，对全部经济业务进行全面、系统、连续、分类的记录和核算的簿记，是由一定格式、相互联系的账页所组成的。会计账簿是会计资料的主要载体之一，也是会计资料的重要组成部分。会计账簿的主要作用是对会计凭证提供的大量分散数据或资料进行分类归集整理，以全面、连续、系统地记录和反映经济活动情况，是编制财务会计报告，检查、分析和控制单位经济活动的重要依据。会计账簿按照用途可以分为以下几项。

（1）总账，也称总分类账，是根据会计科目（也称总账科目）开设的账簿，用于分类登记单位的全部经济业务事项，提供资产、负债、资本、费用、成本、收入和成果等总括核算的资料。总账一般使用订本账。

（2）明细账，也称明细分类账，是根据总账科目所属的明细科目设置的，用于分类登记某一类经济业务事项，提供有关明细核算资料。明细账一般采用活页账。

（3）日记账，是一种特殊的序时明细账，它是按照经济业务事项发生的时间先后顺序，逐日逐笔地进行登记的账簿。现金日记账和银行存款日记账必须采用订本式账簿，并逐日结出余额。

（4）其他辅助账簿，也称备查账簿，是为备忘备查而设置的。在实际会计实务中，其主要包括各种租借设备、物资的辅助登记或有关应收、应付款项的备查簿，担保、抵押备查簿等。

（一）依法建账的法律规定

依法建账是会计核算中的最基本要求之一。建账是会计工作中的重要一环，是如实记录和反映经济活动情况的重要前提。这里所说的依法建账的"法"，既包括《会计法》《会计基础工作规范》等，也包括其他法律、行政法规，如《中华人民共和国税收征收管理法》《中华人民共和国公司法》等。

根据这些法律的规定，各单位在建账时应遵守以下三点。

（1）国家机关、社会团体、企业、事业单位和其他经济组织，要按照要求设置会计账簿，进行会计核算。不具备建账条件的，应实行代理记账。

（2）设置会计账簿的种类和具体要求，要符合《会计法》和国家统一的会计制度的规定。

（3）各单位发生的经济业务应当统一核算，不得违反规定私设会计账簿进行登记、核算。

（二）登记会计账簿的规定

根据有关规定，会计账簿的登记应满足以下要求。

（1）根据经过审核无误的会计凭证登记会计账簿。根据会计凭证登记会计账簿，是基本的会计记账规则，是保证会计账簿记录质量的重要一环。

（2）按照记账规则登记会计账簿。《会计基础工作规范》规定的记账规则包括：会计账簿应当按照连续编号的页码顺序登记；会计账簿记录发生错误或隔页、缺号、跳行的，应当按照会计制度规定的方法更正，并由会计人员和会计机构负责人（会计主管人员）在更正处盖章，以明确责任等。

（3）实行会计电算化的单位，其会计账簿的登记、更正，也应当符合国家统一的会计制度的规定。

（4）禁止账外设账。各单位发生的各项经济业务事项应当在依法设置的会计账簿上统一登记、核算，不得私设账外账。

（三）账目核对

账目核对也称对账，是保证会计账簿记录质量的重要程序。根据《会计法》的规定，账目核对要做到账实相符、账证相符、账账相符和账表相符。

1. 账实相符

账实相符是会计账簿记录与实物、款项实有数核对相符的简称。保证账实相符，是会计核算的基本要求。企业的业务活动是资金运动和实物运动的统一过程，会计账簿记录的主要是价值量运动，而实物运动在一定程度上是脱离价值运动的。要全面反映企业实物、款项的增减变化情况，就必须在会计账簿记录上如实记录、登记，通过会计账簿记录与实物、款项实有数相核对，可以检查、验证会计账簿记录的正确性，发现财产物资和现金管理中存在的问题，有利于查明原因、明确责任，有利于改善管理、提高效益，有利于保证会计资料真实、完整。

2. 账证相符

账证相符是会计账簿记录与会计凭证有关内容核对相符的简称。保证账证相符，也是会计核算的基本要求。会计账簿记录是根据会计凭证等资料登记的，会计凭证是会计账簿登记的基础。通过账证核对，可以检查、验证会计账簿记录和会计凭证的内容是否正确无误，以保证会计账簿资料真实、完整。各单位应当定期将会计账簿记录与其相应的会计凭证记录（包括时间、编号、内容、金额和记账方向等）逐项核对，检查是否一致。

3. 账账相符

账账相符是会计账簿之间对应记录核对相符的简称。保证账账相符，也是会计核算的基本要求。会计账簿之间，包括总账各账户之间、总账与明细账之间、总账与日记账之间、会计机构的财产物资明细账与保管部门和使用部门的有关财产物资明细账之间存在着内在联系，通过定期核对，可以检查、验证、确认会计账簿记录的正确性，便于及时发现问题、纠正错误，保证会计资料的真实、完整和准确无误。

4. 账表相符

账表相符是会计账簿记录与会计报表有关内容核对相符的简称。保证账表相符，同样也是会计核算的基本要求。会计报表是根据会计账簿记录及有关资料编制的，会计账簿和相关资料是编制会计报表的基础，两者之间存在着必然的联系。通过检查账表之间的相互关系，可以发现其中是否存在违法行为。

五、财务会计报告

财务会计报告也称财务报告，是指单位对外提供的、反映单位某一特定日期财务状况和某一会计期间经营成果、现金流量等会计信息的文件。编制财务会计报告，是对单位会计核算工作的全面总结，也是及时提供真实、完整会计资料的重要环节。

1. 企业财务会计报告的构成

《企业财务报告条例》规定，财务会计报告包括会计报表、会计报表附注和财务情况说明书。《企业会计准则第 30 号——财务报表列报》规定：财务报表是对企业财务状况、经营成果和现金流量的结构性表述，财务报表至少应当包括资产负债表、利润表、现金流量表、所有者权益（或股东权益）变动表及附注。但是小企业编制的财务报表可以不包括现金流量表。

资产负债表是主要反映企业在某一特定日期财务状况的会计报表。利润表也称收益表、损益表，是反映企业在一定会计期间的经营成果的会计报表。现金流量表是反映在一定会计期间现金收入和现金支出的会计报表。所有者权益变动表是反映一定会计期间构成所有者权益的各个组成部分当期的增减变动情况的会计报表。附注是为了便于财务报表使用者理解财务报表的内容而对财务报表的编制基础、编制依据、编制原则和方法及主要项目等所做的解释。

2. 企业财务会计报告的对外提供

对外提供的财务会计报告反映的会计信息应当真实、完整。任何组织或个人不得授意、指使、强令企业编制和对外提供虚假的或隐瞒重要事实的财务会计报告。财务会计报告对外提供期限应当符合法律、行政法规和国家统一的会计制度的规定。具体为：月度财务会计报告应当于月份终了后 6 天内对外提供，季度财务会计报告应当于季度终了后 15 天内对外提供；半年度财务会计报告应当于半年度终了后 60 天内对外提供，年度财务会计报告应当于年度终了后 4 个月内对外提供。国有企业、国有控股的或占主导地位的企业，应当至少每年一次向本企业的职工代表大会公布财务会计报告，并重点说明相关事项。

《会计法》规定，财务会计报告应当由单位负责人和主管会计工作的负责人、会计机构负责人（会计主管人员）签名并盖章；设置总会计师的单位，还须由总会计师签名并盖章。单位负责人是单位对外提供的财务会计报告的责任主体。财务会计报告需经注册会计师审计的，注册会计师及其所在的会计师事务所出具的审计报告应随同财务会计报告一并提供。

六、会计档案管理

（一）会计档案的内容

会计档案是指单位在进行会计核算等过程中接收或形成的，记录和反映经济业务事项的，具有保存价值的文字、图表等各种形式的会计资料，包括通过计算机等电子设备形成、传输和存储的电子会计档案，一般包括会计凭证、会计账簿、财务会计报告及其他会计资料等会计核算的专业材料，具体包括以下内容。

（1）会计凭证：包括原始凭证、记账凭证。

（2）会计账簿：包括总账、明细账、日记账、固定资产卡片及其他辅助性账簿。

（3）财务会计报告：包括月度、季度、半年度、年度财务会计报告。

（4）其他会计资料：包括银行存款余额调节表、银行对账单、纳税申报表、会计档案移交清册、会计档案保管清册、会计档案销毁清册、会计档案鉴定意见书及其他具有保存价值的会计资料。

会计档案对于单位总结经济工作，指导单位的生产经营和事业管理，查验经济财务问题，防止贪污舞弊，研究经济发展的方针、战略都具有重要作用。因此，各单位必须加强对会计档案的管理，确保会计档案资料的安全和完整，并充分加以利用。

想一想

财务预算、计划和制度等文件材料属于会计档案吗？

（二）会计档案的管理部门

县级以上各级人民政府财政部门和档案行政管理部门管理本行政区域内的会计档案工作，并对本行政区域内会计档案工作实行监督和指导。

（三）会计档案的归档

单位的会计机构或会计人员所属机构（以下统称单位会计管理机构）按照归档范围和归档要求，负责定期将应当归档的会计资料整理立卷，编制会计档案保管清册。

（四）会计档案的移交

1. 单位内部会计档案移交

当年形成的会计档案，在会计年度终了后，可由单位会计管理机构临时保管一年，再移交单位档案管理机构保管。因工作需要确需推迟移交的，应当经单位档案管理机构同意。单位会计管理机构临时保管会计档案最长不超过三年。出纳人员不得兼管会计档案。

单位会计管理机构在办理会计档案移交时，应当编制会计档案移交清册，并按照国家档案管理的有关规定办理移交手续。纸质会计档案移交时应当保持原卷的封装。电子会计档案移交时应当将电子会计档案及其元数据一并移交，且文件格式应当符合国家档案管理的有关规定。特殊格式的电子会计档案应当与其读取平台一并移交。

2. 单位之间会计档案移交

单位之间交接会计档案时，交接双方应当办理会计档案交接手续。移交会计档案的单位，应当编制会计档案移交清册，列明应当移交的会计档案名称、卷号、册数、起止年度、档案编号、应保管期限和已保管期限等内容。交接会计档案时，交接双方应当按照会计档案移交清册所列内容逐项交接，并由交接双方的单位有关负责人负责监督。交接完毕后，交接双方经办人和监督人应当在会计档案移交清册上签名或盖章。

电子会计档案应当与其元数据一并移交，特殊格式的电子会计档案应当与其读取平台一并移交。

（五）会计档案的查阅

单位应当严格按照相关制度利用会计档案，在进行会计档案查阅、复制、借出时履行登记手续，严禁篡改和损坏。

单位保存的会计档案一般不得对外借出。确因工作需要且根据国家有关规定必须借出的，应当严格按照规定办理相关手续。

（六）会计档案保管期限

根据《会计档案管理办法》的规定，会计档案保管期限分为永久和定期两类。企业和其他组织的年度财务报告（决算）（包括文字分析）、会计档案保管清册、会计档案销毁清册和会计档案鉴定意见书等应永久保存。定期保管期限一般分为10年和30年。会计档案保管期限从会计年度终了后第一天算起。《会计档案管理办法》规定了各类会计档案保管期限，如表1-1、表1-2所示。

表 1-1　企业会计档案保管期限

序　号	档 案 名 称	保 管 期 限	备　注
一	会计凭证	—	—
1	原始凭证	30 年	—
2	记账凭证	30 年	—
二	会计账簿	—	—
3	总账	30 年	—
4	明细账	30 年	—
5	日记账	30 年	—
6	固定资产卡片账	—	固定资产报废清理后保管 5 年
7	其他辅助性账簿	30 年	—
三	财务会计报告	—	—
8	月度、季度、半年度财务会计报告	10 年	—
9	年度财务会计报告	永久	—
四	其他会计资料	—	—
10	银行存款余额调节表	10 年	—
11	银行对账单	10 年	—
12	纳税申报表	10 年	—
13	会计档案移交清册	30 年	—
14	会计档案保管清册	永久	—
15	会计档案销毁清册	永久	—
16	会计档案鉴定意见书	永久	—

表 1-2　财政总预算、行政单位、事业单位和税收会计档案保管期限

序　号	档 案 名 称	保 管 期 限			备　注
		财政总预算	行政单位事业单位	税收会计	
一	会计凭证	—			—
1	国家金库编送的各种报表及缴库退库凭证	10 年	—	10 年	—
2	各收入机关编送的报表	10 年			—
3	行政单位和事业单位的各种会计凭证		30 年		包括原始凭证、记账凭证和传票汇总表
4	财政总预算拨款凭证和其他会计凭证	30 年	—	—	包括拨款凭证和其他会计凭证

序　号	档案名称	保管期限			备　注
		财政总预算	行政单位事业单位	税收会计	
二	会计账簿	—	—	—	—
5	日记账		30 年	30 年	—
6	总账	30 年	30 年	30 年	—
7	税收日记账（总账）	—	—	30 年	—
8	明细分类、分户账或登记账	30 年	30 年	30 年	—
9	行政单位和事业单位固定资产卡片	—	—	—	固定资产报废清理后保管 5 年
三	财务会计报告	—	—	—	—
10	政府综合财务报告	永久	—	—	下级财政、本级部门和单位报送的保管 2 年
11	部门财务报告	—	永久	—	所属单位报送的保管 2 年
12	财政总决算	永久	—	—	下级财政、本级部门和单位报送的保管 2 年
13	部门决算	—	永久	—	所属单位报送的保管 2 年
14	税收年报（决算）	—	—	永久	—
15	国家金库年报（决算）	10 年	—	—	—
16	基本建设拨、贷款年报（决算）	10 年			—
17	行政单位和事业单位会计月、季度报表	—	10 年	—	所属单位报送的保管 2 年
18	税收会计报表	—	—	10 年	所属税务机关报送的保管 2 年
四	其他会计资料	—	—	—	—
19	银行存款余额调节表	10 年	10 年		—
20	银行对账单	10 年	10 年	10 年	—
21	会计档案移交清册	30 年	30 年	30 年	—
22	会计档案保管清册	永久	永久	永久	—
23	会计档案销毁清册	永久	永久	永久	—
24	会计档案鉴定意见书	永久	永久	永久	—

（七）会计档案的鉴定和销毁

1. 会计档案的鉴定

单位应当定期对已到保管期限的会计档案进行鉴定，并形成会计档案鉴定意见书。经鉴定，仍需继续保存的会计档案，应当重新划定保管期限；对保管期满，确无保存价值的会计档案，可以销毁。会计档案鉴定工作应当由单位档案管理机构牵头，组织单位会计、审计、纪检监察等机构或人员共同进行。

2. 会计档案的销毁

经鉴定可以销毁的会计档案，销毁的基本程序和要求如下。

（1）单位档案管理机构编制会计档案销毁清册，列明拟销毁会计档案的名称、卷号、册数、起止年度、档案编号、应保管期限、已保管期限和销毁时间等内容。

（2）单位负责人、档案管理机构负责人、会计管理机构负责人、档案管理机构经办人、会计管理机构经办人在会计档案销毁清册上签署意见。

（3）单位档案管理机构负责组织会计档案销毁工作，并与会计管理机构共同派员监销。监销人在会计档案销毁前，应当按照会计档案销毁清册所列内容进行清点核对；在会计档案销毁后，应当在会计档案销毁清册上签名或盖章。

电子会计档案的销毁还应当符合国家有关电子档案的规定，并由单位档案管理机构、会计管理机构和信息系统管理机构共同派员监销。

3. 不得销毁的会计档案

保管期满但未结清的债权债务会计凭证和涉及其他未了事项的会计凭证不得销毁，纸质会计档案应当单独抽出立卷，电子会计档案单独转存，保管到未了事项完结时为止。

单独抽出立卷或转存的会计档案，应当在会计档案鉴定意见书、会计档案销毁清册和会计档案保管清册中列明。

✎ 案例分析

【案例1-5】2018年6月，甲公司拟销毁一批保管期满的会计档案，其中包括一张债权债务还没有结清的原始凭证。该公司新来的会计小刘认为只要保管期满的会计档案就可以销毁，出纳小张建议他将该张凭证保存，等债权债务结清后再进行销毁。为此，两人发生争执。你认为谁的观点正确？说明理由。

分析与提示：

小张的观点正确。根据《会计档案管理办法》的规定，保管期满但未结清的债权债务原始凭证不得销毁，而应当单独抽出立卷，保管到未了事项完结时为止。

✎ 课堂练习

简答题

在财政部门检查某企业时，检查人员发现该企业没有现金日记账，企业的大量现金存入了个人存折，经常发生现金存入后被提走的情况。发现这一重大问题后，检查组突击检查了企业财务室的保险柜，虽然没有发现现金，却从保险柜里意外发现了几张企业产品价格与收取价对比表，上面详细记载了该企业收取的款里有一部分是用正式发票开出的，另一部分存入个人户头。在销售货物时，按发票金额收入的货款存入公司账户，但实际收取款数超过发票金额的部分则由出纳存入以公司员工私人名义开设的储蓄账户。经过检查组深入调查，发现该企业三年间开设公款私存账二十多个，账外账收入总计达4亿元左右，涉嫌偷逃税款1.8亿元左右。请分析：该企业在账簿的设置上有哪些违法行为？

📖 **答案提示**

该企业在账簿的设置上存在以下违法行为：① 该企业不设置现金日记账是错误的，会计法律要求任何企业都必须设置日记账，包括现金日记账和银行存款日记账；② 设置账外账，进行公款私存是严重的违法行为；③ 会计核算不依据真实的经济业务事项，隐瞒收入，偷逃税款。

第四节　会　计　监　督

会计监督是会计的基本职能之一，是我国经济监督体系的重要组成部分。目前，我国已形成了三位一体的会计监督体系，包括单位内部会计监督、以政府财政部门为主体的政府监督和以注册会计师为主体的社会监督。

一、单位内部会计监督

单位内部会计监督是指一个单位为了保护其资产的安全、完整，保证其经营活动符合国家法律、法规和内部规章的要求，提高经营管理水平和效率，防止舞弊，控制风险等目的，而在单位内部采取的一系列相互联系、相互制约的制度和方法。这是单位内部为保证会计秩序、防止有关部门人员故意违法、预防单位内部管理失控的重要会计监督制度，其本质是一种内部控制制度。

《会计法》对单位内部会计监督制度的基本内容和要求做出原则性规定，主要包括以下几项：一是会计事项相关人员的职责权限应当明确；二是重大经济业务事项的决策和执行程序应当明确；三是进行财产清查；四是对会计资料进行内部审计。

（一）单位内部会计监督的概念与要求

1. 单位内部会计监督的概念

单位内部会计监督是指会计机构、会计人员依照法律的规定，通过会计手段对经济活动的合法性、合理性和有效性进行的一种监督。《会计法》和《会计基础工作规范》规定："各单位的会计机构、会计人员对本单位的经济活动进行会计监督。"这一规定明确了单位内部会计监督的主体是各单位的会计机构和会计人员，单位内部会计监督的对象是单位的经济活动。

会计机构、会计人员发现会计账簿与实物、款项及有关资料不相符的，按照国家统一的会计准则制度的规定有权自行处理的，应当及时处理；无权自行处理的，应当立即向单位负责人报告，请求查明原因，做出处理。

2. 单位内部会计监督的依据

（1）财经法律、法规、规章。

（2）会计法律、法规和国家统一的会计制度。

（3）各省、自治区、直辖市财政厅（局）和国务院业务主管部门根据《会计法》和国家统一的会计制度制定的具体实施办法或补充规定。

（4）各单位根据《会计法》和国家统一的会计制度制定的单位内部会计管理制度。

（5）各单位内部的预算、财务计划、经济计划、业务计划。

3. 单位内部会计监督制度的基本要求

单位内部会计监督的内容十分广泛，涉及人、财、物等方面，各单位应当根据实际情况建立、健全本单位内部会计监督制度。根据《会计法》的规定，单位内部会计监督制度应当符合以下要求。

（1）记账人员与经济业务事项或会计事项的审批人员、经办人员、财物保管人员的职责权限应当明确，并相互分离、相互制约。

（2）重大对外投资、资产处置、资金调度和其他重要经济业务事项的决策和执行的相互监督、相互制约的程序应当明确。

（3）财产清查的范围、期限和组织程序应当明确。

（4）对会计资料定期进行内部审计的办法和程序应当明确。

✎ 案例分析

【案例1-6】某公司于2018年6月制定了内部控制制度，其部分内容如下：① 为提高工作效率，公司的重大资产处置、对外投资和资金调度等事宜统一由总经理审批；② 为方便与供货方的合作，公司划拨给采购部门专项资金，由采购部门自行与供货商结算货款。请分析以上规定有无不当之处，说明理由。

分析与提示：

该规定违反了相互监督、相互制约的原则，违反了单位内部会计监督制度的基本要求。公司的重大资产处置、对外投资和资金调度等事宜统一由总经理审批，没有体现相互监督、相互制约的原则。根据《会计法》的规定，重大对外投资、资产处置、资金调度和其他重要经济业务，应当明确其决策和执行程序，并体现相互监督、相互制约的要求。公司划拨给采购部门专项资金，由采购部门自行与供货商结算货款，违反了不相容职务相分离的原则。

（二）内部控制

1. 内部控制的概念与目标

对企业而言，内部控制是指企业董事会、监事会、经理层和全体员工实施的、旨在实现控制目标的过程。对行政事业单位而言，内部控制是指单位为实现控制目标，通过制定制度、实施措施和执行程序，对经济活动的风险进行防范和管控。

企业内部控制的目标主要包括：合理保证企业经营管理合法合规、资产安全、财务报告及相关信息真实和完整，提高经营效率和效果，促进企业实现发展战略。行政事业单位内部控制的目标主要包括：合理保证单位经济活动合法合规、资产安全和使用有效、财务信息真实和完整，有效防范舞弊和预防腐败，提高公共服务的效率和效果。

2. 内部控制的原则

企业、行政事业单位建立与实施内部控制，均应遵循下列原则。

（1）全面性原则，指内部控制应当贯穿单位经济活动的决策、执行和监督全过程。

（2）重要性原则，指在全面控制的基础上，应当关注单位重要经济活动和经济活动的重大风险。

（3）制衡性原则，指内部控制应当在治理结构、机构设置及权责分配、业务流程等方面相互制约、相互监督。

（4）适应性原则，指内部控制应当符合国家有关规定和单位的实际情况，并随着情况的变化及时加以调整。

此外，企业还应遵循成本效益原则，即企业内部控制应当权衡实施成本与预期效益，以适当的成本实现有效控制。

3. 内部控制的责任人

对企业而言，董事会负责内部控制的建立、健全和有效实施。监事会对董事会建立与实施内部控制进行监督。经理层负责组织领导企业内部控制的日常运行。企业应当成立专门机构或指定适当的机构具体负责组织协调内部控制的建立、实施及日常工作。

对行政事业单位而言，单位负责人对本单位内部控制的建立、健全和有效实施负责。单位应当建立适合本单位实际情况的内部控制体系，并组织实施。

4. 内部控制的内容

企业建立与实施有效的内部控制，应当包括下列要素。

（1）内部环境，指企业实施内部控制的基础，一般包括治理结构、机构设置及权责分配、内部审计、人力资源政策、企业文化等。

（2）风险评估，指企业及时识别、系统分析经营活动中与实现内部控制目标相关的风险，合理确定风险应对策略。

（3）控制活动，指企业根据风险评估结果，采用相应的控制措施，将风险控制在可承受度之内。

（4）信息与沟通，指企业及时、准确地收集、传递与内部控制相关的信息，确保信息在企业内部、企业与外部之间进行有效沟通。

（5）内部监督，指企业对内部控制建立与实施情况进行监督检查，评价内部控制的有效性，发现内部控制缺陷，应当及时加以改进。

行政事业单位建立与实施内部控制的具体工作包括：梳理单位各类经济活动的业务流程，明确业务环节，系统分析经济活动风险，确定风险点，选择风险应对策略，在此基础上根据国家有关规定建立、健全单位各项内部管理制度并督促相关工作人员认真执行。

5. 企业内部控制的控制措施

（1）不相容职务分离控制，要求企业全面系统地分析、梳理业务流程中所涉及的不相容职务，实施相应的分离措施，形成各司其职、各负其责、相互制约的工作机制。不相容职务是指那些如果由一个人担任，既可能发生错误舞弊行为，又可能掩盖其错误和弊端行为的职务。不相容职务主要包括授权批准与业务经办、业务经办与会计记录、会计记录与财产保管、业务经办与稽核检查、授权批准与监督检查等。

（2）授权审批控制，要求企业根据常规授权和特别授权的规定，明确各岗位办理业务和事项的权限范围、审批程序和相应责任。

（3）会计系统控制，要求企业严格执行国家统一的会计准则制度，加强会计基础工作，明确会计凭证、会计账簿和财务会计报告的处理程序，保证会计资料真实完整。

（4）财产保护控制，要求企业建立财产日常管理和定期清查制度，采取财产记录、实物保管、定期盘点、账实核对等措施，确保财产安全。

（5）预算控制，要求企业实施全面预算管理制度，明确各责任单位在预算管理中的职责权限，规范预算的编制、审定、下达和执行程序，强化预算约束。

（6）运营分析控制，要求企业建立运营情况分析制度，经理层应当综合运用生产、购销、投资、筹资、财务等方面的信息，通过因素分析、对比分析、趋势分析等方法，定期开展运营情况分析，发现存在的问题，及时查明原因并加以改进。

（7）绩效考评控制，要求企业建立和实施绩效考评制度，科学设置考核指标体系，对企业内部各责任单位和全体员工的业绩进行定期考核和客观评价，将考核结果作为确定员工薪酬及职务晋升、评优、降级、调岗、辞退等的依据。

6. 行政事业单位内部控制的控制方法

（1）不相容岗位相互分离。合理设置内部控制关键岗位，明确划分职责权限，实施相应的分离措施，形成相互制约、相互监督的工作机制。

（2）内部授权审批控制。明确各岗位办理业务和事项的权限范围、审批程序和相关责任，建立重大事项集体决策和会签制度。相关工作人员应当在授权范围内行使职权、办理业务。

（3）归口管理。根据本单位实际情况，按照权责对等的原则，采取成立联合工作小组并确定牵头部门或牵头人员等方式，对有关经济活动实行统一管理。

（4）预算控制。强化对经济活动的预算约束，使预算管理贯穿于单位经济活动的全过程。

（5）财产保护控制。建立资产日常管理制度和定期清查机制，采取资产记录、实物保管、定期盘点、账实核对等措施，确保资产安全完整。

（6）会计控制。建立健全本单位财会管理制度，加强会计机构建设，提高会计人员业务水平，强化会计人员岗位责任制，规范会计基础工作，加强会计档案管理，明确会计凭证、会计账簿和财务会计报告处理程序。

（7）单据控制。要求单位根据国家有关规定和单位的经济活动业务流程，在内部管理制度中明确界定各项经济活动所涉及的表单和票据，要求相关工作人员按照规定填制、审核、归档、保管单据。

（8）信息内部公开。建立健全经济活动相关信息内部公开制度，根据国家有关规定和单位的实际情况，确定信息内部公开的内容、范围、方式和程序。

（三）内部审计

1. 内部审计的概念

内部审计是指单位内部的一种独立客观的监督和评价活动，它通过单位内部独立的审计机构和审计人员审查和评价本部门、本单位财务收支和其他经营活动及内部控制的适当性、合法性和有效性来促进单位目标的实现。

2. 内部审计的内容及特点

内部审计的内容是一个不断发展变化的范畴，主要包括财务审计、经营审计、经济责任审计、管理审计和风险管理等。

内部审计的审计机构和审计人员都设在本单位内部，审计的内容更侧重于经营过程是否有效、各项制度是否得到遵守与执行。但是审计结果的客观性和公正性较低，以建议性意见为主。

3. 内部审计的作用

（1）预防保护作用。内部审计通过对企业经济活动及其经营管理制度的监督检查，对照国家的法律、法规和企业的规章制度，按照审计工作规范，预防企业的违法乱纪行为，维护企业的经济秩序。同时，内部审计的经常性监督检查，可以有效及时地发现问题，指出管理中的漏洞，并提出意见和建议，以促进或提醒有关部门加强管理，保护财产物资的安全、完整并实现其保值、增值。

（2）服务促进作用。内部审计通过对经济活动全过程的审查，对有关经济指标的对比分析，揭示差异，分析差异形成的因素，评价经营业绩，总结经济活动的规律，从中揭示未被充分利用的人、财、物的内部潜力，并提出改进措施，可以极大地促进经济效益的提高。

（3）评价鉴证作用。内部审计通过查明各责任者是否完成了应负经济责任的各项指标，这些指标是否真实可靠，有无不利于国家经济建设和企业发展的长远利益的短期行为等，既可以对责任者的工作进行正确评价，也能够揭示责任人与整个部门、单位的正当权益，有利于维护有关各方的合法经济权益。

二、会计工作的政府监督

（一）会计工作的政府监督的概念

会计工作的政府监督主要是指财政部门代表国家对单位和单位中相关人员的会计行为实施的监督检查，以及对发现的违法会计行为实施的行政处罚，是一种外部监督。根据《会计法》的规定，县级以上地方各级人民政府财政部门是会计工作的政府监督主体，对本行政区域内各单位的会计工作行使监督权，并依法对违法会计行为实施行政处罚。

此外，审计、税务、人民银行、证券监管、保险监管等部门应当依照有关法律、行政法规规定的职责，对有关单位的会计资料实施监督检查。需要注意的是，上述这些部门虽然也履行一定的会计监督检查职责，但与财政部门相比，在监督检查的目的、范围等方面都有明显不同。财政部门有权对所有单位的会计行为、会计资料进行监督，而且对于违反《会计法》行为的单位和相关人员，有权做出相应行政处罚，但是其他部门只能在其法定职权范围内对有关单位的会计资料进行监督检查。

财政部门实施会计监督，可以在被检查单位的业务场所进行；必要时，经财政部门负责人批准，也可以将被检查单位以前会计年度的会计凭证、会计账簿、财务会计报告和其他资料调回财政部门检查，但须由组织检查的财政部门向被检查单位开具调用会计资料清单，并在三个月内完整归还。

（二）财政部门会计监督检查的主要内容

根据《会计法》的规定，财政部门可以依法对各单位的下列情况实施监督。

1. 对单位依法设置会计账簿的检查

对单位依法设置会计账簿的检查具体包括：按照国家的相关法律、行政法规和国家统一的会计制度的规定，各单位是否依法设置会计账簿；已经设置会计账簿的单位，所设置的会计账簿是否符合相关法律、行政法规和国家统一的会计制度的要求；各单位是否存在账外账的违法行为等。

2. 对单位会计资料真实性、完整性的检查

对单位会计资料真实性、完整性的检查具体包括：各单位对所发生的经济业务事项是否及时办理会计手续，进行会计核算；各单位的会计资料（会计凭证、会计账簿、财务会计报告）

是否与实际发生的经济业务事项相符，是否做到账实相符、账证相符、账账相符、账表相符；各单位提供的财务会计报告是否符合相关法律、行政法规和国家统一的会计制度的规定等。

根据《会计法》的规定，财政部门在对各单位会计凭证、会计账簿、财务会计报告和其他会计资料真实性、完整性实施监督检查中，发现重大违法嫌疑时，国务院财政部门及其派出机构可以向与被监督单位有经济业务往来的单位和被监督单位开立账户的金融机构查询有关情况，有关单位和金融机构应当给予支持。

3. 对单位会计核算情况的检查

对单位会计核算情况的检查具体包括：各单位会计核算的内容是否真实、完整，所采用的会计年度、记账本位币、会计处理方法、会计记录文字等是否符合法律、行政法规和国家统一的会计制度的规定；各单位对资产、负债、所有者权益、收入、支出、费用、成本、利润的确认、计量、记录和报告是否符合国家统一的会计制度的规定；各单位会计档案保管是否符合法定要求等。

4. 对单位会计人员专业能力和职业道德的检查

对单位会计人员专业能力和职业道德的检查具体包括：各单位会计机构负责人的任职资格是否符合条件，会计人员的职业道德规范是否遵守法律规范和道德准则等。

（三）财政部门会计监督检查的形式

（1）对单位遵守《会计法》、会计行政法规和国家统一的会计制度情况进行全面检查。

（2）对单位会计基础工作、会计人员从业情况进行专项检查或抽查。

（3）对有检举线索或在财政管理工作中发现有违法嫌疑的单位进行重点检查。

（4）对经注册会计师审计的财务会计报告进行定期抽查。

（5）对会计师事务所出具的审计报告进行抽查。

（6）依法实施其他形式的会计监督检查。

案例分析

【案例1-7】某市财政部门检查组对该市的某国有企业进行检查，发现该企业财务科科长老张和出纳小张是叔侄关系。检查组提出该企业人员的任用存在违法行为。单位负责人李某不服，认为这是单位人事上的事情，与财政部门没有关系。请分析：单位负责人李某的观点是否正确？

分析与提示：

李某的观点是不正确的。根据《会计法》的规定，财政部门有权对会计人员的专业能力和职业道德进行监督检查。同时，根据《会计基础工作规范》的规定，国家机关、国有企业、事业单位任用会计人员应当实行回避制度。单位领导人的直系亲属不得担任本单位的会计机构负责人、会计主管人员。会计机构负责人、会计主管人员的直系亲属不得在本单位会计机构中担任出纳工作。

三、会计工作的社会监督

（一）会计工作的社会监督的概念

会计工作的社会监督主要是指由注册会计师及其所在的会计师事务所依法对委托单位的经

济活动进行的审计、鉴证的一种监督制度。此外，单位和个人检举违反《会计法》和国家统一的会计制度规定的行为，也属于会计工作的社会监督的范畴。根据《会计法》的规定，任何单位和个人对违反本法和国家统一的会计制度规定的行为，有权检举。收到检举的部门有权处理的，应当依法按照职责分工及时处理；无权处理的，应当及时移送有权处理的部门处理。收到检举的部门、负责处理的部门应当为检举人保密，不得将检举人姓名和检举材料转给被检举单位和被检举人个人。

（二）注册会计师审计与内部审计的关系

注册会计师审计是指注册会计师接受委托对被审计单位的会计报表及相关资料进行独立审查，并出具审计意见的行为，其实质是确立或解除被审计单位的受托经济责任。内部审计是一种独立客观的保证工作与咨询活动，它以系统的、专业的方法对风险管理、控制及治理过程的有效性进行评价和改善，从而帮助组织实现其目标，是由被审计单位内部机构或人员，对其内部控制的有效性、财务信息的真实性和完整性及经营活动的效率和效果等开展的一种评价活动。

注册会计师审计与内部审计之间既有联系又有区别。

1. 联系

注册会计师审计与内部审计的联系如下。

（1）两者都是我国现代审计体系的重要组成部分。

（2）两者都关注内部控制的健全性和有效性。

（3）注册会计师审计可能涉及对内部审计成果的利用等。

2. 区别

注册会计师审计与内部审计的区别如下。

（1）审计的独立性不同。注册会计师审计为需要可靠信息的第三方提供服务，不受被审计单位管理层的领导和制约，独立性较强；内部审计为组织内部服务，接受总经理或董事会的领导，独立性较弱。

（2）审计的职责和作用不同。注册会计师审计需要对投资者、债权人及其他利益相关者负责，对外出具的审计报告具有鉴证作用。因此，注册会计师审计侧重会计信息的质量和合规性，目标是对财务报表的合法性、公允性做出评价。内部审计侧重有效性、经济性、合规性，目标是评价和改善风险管理，控制和改善治理流程的有效性，帮助企业实现其目标。内部审计的结果只对本部门、本单位负责，只作为本部门、本单位改进经营管理的参考，不对外公开。

（3）接受审计的自愿程度不同。注册会计师审计是以独立的第三方对被审计单位进行的审计，委托人可自由选择会计师事务所；内部审计是代表总经理或董事会实施的组织内部监督，是内部控制的重要组成部分，单位内部的组织必须接受内部审计人员的监督。

（4）审计的方式不同。注册会计师审计是受被审计单位委托审计，必须依照《注册会计师法》和执业准则、规则实施审计；内部审计依照单位经营管理需要自行组织实施，内部审计人员遵循的是内部审计准则，具有较大灵活性。

（三）注册会计师及会计师事务所业务范围

根据《注册会计师法》的规定，注册会计师是依法取得注册会计师证书并接受委托从事审计和会计咨询、服务业务的执业人员。注册会计师依法承办如下两个方面的业务。

（1）承办审计业务，具体包括如下。

① 审查企业财务会计报告，出具审计报告。

② 验证企业资本，出具验资报告。

③ 办理企业合并、分立、清算事宜中的审计业务，出具有关报告。

④ 法律、行政法规规定的其他审计业务。

（2）承办会计咨询、服务业务，具体包括如下。

① 设计会计制度，担任会计顾问，提供会计、管理咨询。

② 代理纳税申报，提供税务咨询。

③ 代理、申请工商登记，拟订合同、章程和其他业务文件。

④ 办理投资评价、资产评估和项目可行性研究中的有关业务。

⑤ 培训会计、审计和财务管理人员。

⑥ 其他会计咨询、服务。

（四）财政部门对社会监督的再监督

国务院财政部门和省、自治区、直辖市人民政府财政部门除对企业依法实施监督之外，还依法对注册会计师、会计师事务所和注册会计师协会进行监督、指导，这是对社会监督的一种再监督。

1. 财政部门再监督的范围

根据《会计师事务所审批和监督暂行办法》第四十三条的规定，财政部和省级财政部门依法对下列事项实施监督检查。

（1）会计师事务所保持设立条件的情况。

（2）会计师事务所应当向财政部和省级财政部门备案事项的报备情况。

（3）会计师事务所和注册会计师的执业情况。

（4）会计师事务所的质量控制制度。

（5）法律、行政法规规定的其他监督检查事项。

2. 财政部门再监督的重点内容

根据《会计师事务所审批和监督暂行办法》第四十九条的规定，会计师事务所和注册会计师存在下列情形之一的，财政部和省级财政部门应当进行重点监督检查。

（1）被投诉或举报的。

（2）未保持设立条件的。

（3）在执业中有不良记录的。

（4）采取不正当竞争手段承接业务的。

（五）社会监督的相关问题

为规范会计行为，保证会计资料的质量，确实发挥注册会计师审计业务的公平、公正、公开，《会计法》增加了对注册会计师审计业务的规定，对委托人、注册会计师和会计师事务所的行为进行了规范。

（1）委托单位应当如实地向注册会计师提供相关的会计资料。这是其法定的责任和义务，是保证注册会计师审计工作得以顺利开展的重要基础。

（2）任何人不得干扰注册会计师独立开展审计业务。

（3）财政部门对会计师事务所出具的审计报告有监督的责任。《注册会计师法》规定："国务院财政部门和省、自治区、直辖市人民政府财政部门，依法对注册会计师、会计师事务所和注册会计师协会进行监督、指导。"

【例1-5】 下列各项中，属于注册会计师审计与内部审计区别的是（　　　）。

A. 独立性不同　　　　　　　　　　B. 职责和作用不同

C. 自愿程度不同　　　　　　　　　D. 方式不同

【答案】 ABCD

【解析】 注册会计师审计与内部审计的区别主要体现在：审计的独立性不同、审计的职责和作用不同、接受审计的自愿程度不同以及审计的方式不同。

四、单位内部会计监督与政府监督、社会监督的关系

（一）单位内部会计监督与政府监督、社会监督的联系

（1）单位内部会计监督是政府监督、社会监督有效进行的基础。

（2）政府监督、社会监督是对单位内部会计监督的一种再监督。

（3）政府监督是社会监督有效进行的重要保证。

（二）单位内部会计监督与政府监督、社会监督的区别

1. 监督的主体不同

单位内部会计监督的主体是单位的会计机构、会计人员；政府监督的主体主要是财政部门，审计部门、税务部门、人民银行、证券监管部门、保险监管部门和国家规定的其他有关部门也可以实施监督；社会监督的主体是社会审计组织和广大社会公众。

2. 监督的性质不同

单位内部会计监督是单位内部的一种自我约束机制；政府监督是政府有关部门依照有关法律、法规对会计主体的会计行为进行的管理和监督；社会监督则是通过审计、鉴证职能的发挥及单位、个人的检举来实施的。

3. 监督的时间不同

单位内部会计监督可以是事前监督，也可以是事中和事后监督；而政府监督和社会监督则主要是事后监督。

4. 监督的内容不同

单位内部会计监督不仅包括对不合法的收支予以制止、纠正和检举等内容，而且还包括为加强经济管理、提高经济效益服务的内容；政府监督的内容主要是监督会计主体的行为是否合法；社会监督主要是指会计师事务所对被监督单位财务会计报告的真实性发表意见，以提高被监督单位财务会计报告的公信力。

课堂练习

多项选择题（从以下备选答案中选出两个或两个以上符合题意的正确答案）

会计机构和会计人员在单位内部会计监督中的职权有（　　　）。

A. 对违反《会计法》和国家统一的会计制度规定的会计事项，有权拒绝办理

B. 发现会计账簿与实物、款项及有关资料不相符的，按照国家统一的会计制度的规定应当立即向单位负责人报告，请求做出处理

C. 对违反《会计法》和国家统一的会计制度规定的会计事项，按照职权予以纠正

D. 对严重违反国家利益和社会公众利益的财务收支，应当向单位负责人报告

📖 答案提示

根据《会计法》的规定，会计机构和会计人员在单位内部会计监督中的职权有：① 对违反《会计法》和国家统一的会计制度规定的会计事项，有权拒绝办理或按照职权予以纠正；② 对单位内部的会计资料和财产物资实施监督。B、D 不符合规定，故 A、C 正确。

第五节　会计机构与会计人员

会计机构是各单位办理会计事务的职能机构，会计人员是直接从事会计工作的人员。各单位应建立、健全会计机构，配备数量和素质都相当的会计人员，这是各单位做好会计工作、充分发挥会计职能作用的重要保证。因此，《会计法》对会计机构的设置和会计人员的配备做出了具体的规定。

一、会计机构的设置

"各单位应当根据会计业务的需要设置会计机构，或者在有关机构中设置会计人员并指定会计主管人员；不具备设置条件的，应当委托经批准设立从事会计代理记账业务的中介机构代理记账。"这是《会计法》对设置会计机构问题做出的规定。

（一）办理会计事务的组织方式

1. 单独设置会计机构

《会计法》规定，各单位应当根据会计业务的需要设置会计机构。一个单位是否需要设置会计机构，一般取决于以下三个方面的因素。

（1）单位规模的大小。从有效发挥会计职能作用的角度看，实行企业化管理的事业单位及大、中型企业应当设置会计机构，业务较多的行政单位、社会团体和其他组织也应设置会计机构，而那些规模很小的企业、业务和人员都不多的行政单位等，可以不单独设置会计机构，将会计业务并入其他职能部门，或者委托代理记账。

（2）经济业务和财务收支的繁简。大、中型单位的经济业务复杂多样，在会计机构和会计人员的设置上应考虑全面、合理、有效的原则，但是也不能忽视单位经济业务的性质和财务收支的繁简问题。有些单位的规模相对较小，但其经济业务复杂多样，财务收支频繁，也要设置相应的会计机构和会计人员。

（3）经营管理的要求。经营管理上对会计机构和会计人员的设置要求是最基本的：如果没有经营管理上对会计机构和会计人员的要求，也就不存在单位对会计的要求了。单位设置会计机构和会计人员的目的，就是适应单位在经营管理上的需要。随着科学技术的进步，单位会计

机构和会计人员的要求与手工会计核算相比有了很大的不同，数据的及时性、数据的准确性、数据的全面性比任何其他时候对会计机构和会计人员的要求都高。因此，如何设置会计机构和会计人员是单位会计设置中的重要课题。

2. 在有关机构中配置专职会计人员

不设置会计机构的，应设置会计人员并指定会计主管人员。会计主管人员是负责组织管理会计事务、行使会计机构负责人职权的负责人。会计主管人员不同于通常所说的"会计主管"、"主管会计"和"主办会计"。《会计法》规定，应在会计人员中指定会计主管人员，目的是强化责任制度，防止出现会计工作无人负责的局面。

3. 实行代理记账

《会计法》规定，对于不具备设置会计机构和会计人员条件的单位，应当委托经批准设立从事会计代理记账业务的中介机构代理记账。此项规定的目的，是适应不具备设置会计机构、配备会计人员的小型经济组织解决记账、算账、报账问题的要求。

（二）会计机构负责人（会计主管人员）的任职资格

会计机构负责人（会计主管人员）是在一个单位内部具体负责会计工作的中层领导人员。在一个单位内部，对于单独设置会计机构的单位，该负责人就是会计机构负责人；不设置会计机构的，应设置会计人员并指定会计主管人员，会计主管人员就是该负责人，是负责组织管理会计事务、行使会计机构负责人职权的负责人。会计主管人员不同于通常所说的"会计主管"、"主管会计"和"主办会计"。

会计机构负责人（会计主管人员）在单位负责人的领导下，负责组织、管理本单位所有会计工作，其工作水平的高低、质量的好坏，直接关系到整个单位会计工作的水平和质量。因此，其任职资格除要求具备一般会计人员应具备的条件外，还应具备专业技术资格、工作经历等条件。《会计法》第三十八条第二款规定："担任单位会计机构负责人（会计主管人员）的，应当具备会计师以上专业技术职务资格或从事会计工作3年以上经历。"这是对单位会计机构负责人（会计主管人员）任职资格做出的特别规定。

（三）代理记账

代理记账是指从事代理记账业务的社会中介机构接受委托人的委托办理会计业务。委托人是指委托代理记账机构办理会计业务的单位。代理记账机构是指从事代理记账业务的中介机构。

1. 代理记账机构的设立条件

申请设立除会计师事务所以外的代理记账机构，应当经所在地的县级以上人民政府财政部门（以下简称审批机关）批准，并领取由财政部统一印制的代理记账许可证书。具体审批机关由省、自治区、直辖市、计划单列市人民政府财政部门确定。

设立代理记账机构，除国家法律、行政法规另有规定外，应当符合下列条件。

（1）为依法设立的企业。

（2）有3名以上持有相关资格证书的专职从业人员。

（3）主管代理记账业务的负责人具有会计师以上专业技术职务资格且为专职从业人员。

（4）有健全的代理记账业务内部规范。

2. 代理记账的业务范围

代理记账机构可以根据委托人的委托，办理下列业务。

（1）根据委托人提供的原始凭证和其他资料，按照国家统一的会计制度的规定，进行会计核算，包括审核原始凭证、填制记账凭证、登记会计账簿和编制财务会计报告。

（2）对外提供财务会计报告。代理记账机构为委托人编制的财务会计报告，经代理记账机构负责人和委托人签名并盖章后，按照有关法律、行政法规和国家统一的会计制度的规定对外提供。

（3）向税务机构提供税务资料。

（4）委托人委托的其他会计业务。

3. 委托代理记账的委托人的义务

（1）对本单位发生的经济业务事项，应当填制或取得符合国家统一的会计制度规定的原始凭证。

（2）应当配备专人负责日常货币收支和保管。

（3）及时向代理记账机构提供真实、完整的凭证和其他相关资料。

（4）对于代理记账机构退回的要求按照国家统一的会计制度的规定进行更正、补充的原始凭证，应当及时予以更正、补充。

4. 代理记账机构及其从业人员的义务

（1）遵守有关法律、行政法规和国家统一的会计制度的规定，按照委托合同办理代理记账业务。

（2）对在执行业务中知悉的商业秘密应当保密。

（3）对委托人示意要求做出的会计处理，提供不实会计资料，以及其他不符合法律、行政法规和国家统一的会计制度规定的要求的，应当拒绝。

（4）对委托人提出的有关会计处理原则问题应当予以解释。

二、会计工作岗位设置

（一）会计工作岗位的概念

会计工作岗位是指单位会计机构内部根据业务分工而设置的从事会计工作、办理会计事项的具体职位。在会计机构内部设置会计工作岗位，是建立岗位责任制的前提，是提高会计工作效率和质量的重要保证。

（二）会计工作岗位设置的要求

1. 按需设岗

一个单位究竟设置多少会计工作岗位，需要配备多少会计人员，应根据本单位会计业务的需要决定。通常，业务活动规模大、业务过程复杂、经济业务量较多和管理较严格的单位，会计机构会相应较大，会计机构内部的分工会相应较细，会计人员和岗位也相应较多；相反，业务活动规模小、业务过程简单、经济业务量较少和管理要求不高的单位，会计机构会相应较小，会计机构内部的分工会相应较粗，会计人员和岗位也相应较少。因此，会计岗位可以一人一岗、一人多岗或一岗多人。

2. 符合内部牵制制度的要求

会计机构内部牵制制度国际上也称为会计责任分离，实质上是我国传统的"钱账分管"制度。内部牵制制度是指凡是涉及款项和财务收付、结算及登记的任何一项工作，必须由两人或两人以上分工办理，以起到相互制约作用的一种工作制度。

根据规定，会计工作岗位可以一人一岗、一人多岗或一岗多人，但出纳人员不得兼任稽核、会计档案保管和收入、费用、债权债务账目的登记工作；出纳以外的人员不得经营现金、有价证券、票据，这是会计机构内部牵制制度最基本的要求。出纳人员是各单位专门从事货币资金收付业务的会计人员，根据复式记账的原则，每发生一笔货币资金收付业务，都要登记收入、费用或债权债务等有关账簿，如果把这些账簿登记工作都由出纳人员一人承担，将会给贪污舞弊行为以可乘之机。同样，为防止利用抽换单据、涂改记录等手段进行舞弊，稽核、会计档案保管工作也不能由出纳人员担任。

3. 建立岗位责任制

会计机构内部岗位责任制是指明确各项具体会计工作的职责范围、具体内容和要求，并落实到每个会计工作岗位或会计人员的一种会计工作责任制度。会计岗位责任制是单位会计人员履行会计岗位职责、提高工作效率的有效保证。

4. 建立轮岗制度

会计人员轮岗不仅是会计工作本身的需要，还是加强会计人员队伍建设的需要。对会计人员的工作岗位要有计划地进行轮岗，这有利于会计人员全面熟悉业务和不断提高业务素质，同时也有利于增强会计人员之间的团结合作意识，进一步完善单位内部会计控制制度。

（三）主要会计工作岗位

根据《会计基础工作规范》和有关制度的规定，会计工作岗位一般分为以下岗位。

（1）总会计师（或行使总会计师职权）岗位。

（2）会计机构负责人（会计主管人员）岗位。

（3）出纳岗位。

（4）稽核岗位。

（5）资本、基金核算岗位。

（6）收入、支出、债权债务核算岗位。

（7）职工薪酬、成本费用、财务成果核算岗位。

（8）财产物资的收发、增减核算岗位。

（9）总账岗位。

（10）对外财务会计报告编制岗位。

（11）会计机构内会计档案管理。

（12）其他岗位。

因有提供虚假财务会计报告，做假账、隐匿或故意销毁会计凭证、会计账簿、财务会计报告，贪污，挪用公款，职务侵占等与会计职务有关的违法行为被依法追究刑事责任的人员，不得再从事会计工作。

？ 想一想

商场收银员是否属于会计工作岗位？

对于会计档案管理岗位，在会计档案正式移交之前，属于会计岗位；正式移交档案管理部门之后，不再属于会计岗位。档案管理部门的人员管理会计档案，不属于会计岗位。医院门诊收费员、住院处收费员、药房收费员、药品库房记账员及商场收款（银）员所从事的工作，均不属于会计岗位。单位内部审计、社会审计、政府审计工作也不属于会计岗位。

✎ 案例分析

【案例1-8】某小型企业，规模小，业务少，会计业务的核算简单。单位负责人李某为了压缩开支，决定由张某负责现金的收付、记账、会计报表的编制及会计档案的保管等工作，并要求张某每一笔账务的处理都要经过李某的审核，以避免出现账务问题。单位负责人李某的做法违反会计法律制度的规定吗？

分析与提示：

李某的做法违反了会计机构内部牵制制度的要求。《会计法》第三十七条规定："会计机构内部应当建立稽核制度。出纳人员不得兼任稽核、会计档案保管和收入、支出、费用、债权债务账目的登记工作。"

（四）总会计师

总会计师是组织领导本单位的财务管理、成本管理、预算管理、会计核算和会计监督等方面的工作，参与本单位重要经济问题分析和决策的单位行政领导人员。总会计师协助单位主要行政领导人员工作，直接对单位主要行政领导人负责。所以，总会计师不是一种专业技术职务，也不是会计机构负责人或会计主管人员，而是一种行政职务。

1. 总会计师的设置

《会计法》第三十六条第二款规定："国有的和国有资产占控股地位或者主导地位的大、中型企业必须设置总会计师。"但是，并没有限制其他单位设置总会计师，其他单位可根据业务需要，视情况自行决定是否设置总会计师。为了保障总会计师的职权，根据《总会计师条例》的规定，凡设置总会计师的单位，在单位行政领导成员中，不设与总会计师职权重叠的副职。

2. 总会计师的任职资格

根据《总会计师条例》的规定，总会计师必须具备下列条件。

（1）坚持社会主义方向，积极为社会主义建设和改革开放服务。

（2）坚持原则，廉洁奉公。

（3）取得会计师任职资格后，主管一个单位或单位内一个重要方面的财务会计工作时间不少于三年。

（4）有较高的理论政策水平，熟悉国家财经法律、法规、方针、政策和制度，掌握现代化管理的有关知识。

（5）具备本行业的基本业务知识，熟悉行业情况，有较强的组织领导能力。

（6）身体健康，能胜任本职工作。

3. 总会计师的职权

（1）对违反国家财经法律、法规、方针、政策、制度和有可能在经济上造成损失、浪费的行为，有权制止或纠正。制止或纠正无效时，提请单位主要行政领导人处理。

（2）有权组织本单位各职能部门、直属基层组织的经济核算、财务会计和成本管理方面的工作。

（3）主管审批财务收支工作。除一般的财务收支可以由总会计师授权的财会机构负责人或其他指定人员审批外，重大的财务收支须经总会计师审批或由总会计师报单位主要行政领导人批准。

（4）预算、财务收支计划、成本和费用计划、信贷计划、财务专题报告、会计决算报表，须经总会计师签署。

（5）会计人员的任用、晋升、调动、奖惩，应当事先征求总会计师的意见。财会机构负责人或会计主管人员的人选，应当由总会计师进行业务考核，依照有关规定审批。

三、会计工作交接

会计人员工作交接是会计工作中的一项重要内容。由于会计工作的特殊性，会计人员调动工作或离职时，需要与接管人员办清交接手续，这是会计 （会计工作交接）人员应尽的职责，也是做好会计工作的要求。

会计工作人员调动工作和离职是正常现象，但是单位的生产经营活动是一项连续的组织活动，不能因会计人员的工作调动或离职而使会计工作中断。做好会计交接工作，可以使会计工作前后衔接，保证会计工作连续进行。同时，做好会计交接工作，还可以防止因会计人员的更换出现账目不清、财务混乱等现象。做好会计交接工作，也是落实岗位责任的有效措施。

（一）交接的范围

《会计法》第四十一条规定："会计人员调动工作或离职，必须与接管人员办清交接手续。"下列情况需要办理会计工作交接。

（1）临时离职或因病不能工作、需要接替或代理的，会计机构负责人（会计主管人员）或单位负责人必须指定专人接替或代理，并办理会计工作交接手续。

（2）临时离职或因病不能工作的会计人员恢复工作时，应当与接替或代理人员办理交接手续。

（3）移交人员因病或其他特殊原因不能亲自办理移交手续的，经单位负责人批准，可由移交人委托他人代办交接，但委托人应当对所移交的会计凭证、会计账簿、财务会计报告和其他有关资料的真实性、完整性承担法律责任。

（二）交接的程序

1. 提出交接申请

会计人员在向单位或有关机构提出调动工作或离职的申请时，应当同时向会计机构提出会计交接申请。

2. 移交前的准备工作

会计人员在办理会计工作交接前，必须做好以下准备工作。

（1）已经受理的经济业务尚未填制会计凭证的应当填制完毕。

（2）对尚未登记的账目应当登记完毕，结出余额，并在最后一笔余额后加盖经办人印章。

（3）整理好应该移交的各项资料，对未了事项和遗留问题要写出书面说明材料。

（4）编制移交清册，列明应该移交的会计凭证、会计账簿、财务会计报告、公章、现金、有价证券、支票簿、发票、文件、其他会计资料和物品等内容；实行会计电算化的单位，从事该项工作的移交人员应在移交清册上列明会计软件及密码、数据盘、磁带等内容。

（5）会计机构负责人（会计主管人员）移交时，应将财务会计工作、重大财务收支问题和会计人员等情况向接替人员介绍清楚。

3. 移交点收

移交人员离职前，必须将本人经管的会计工作，在规定的期限内全部向接管人员移交清楚。接管人员应认真按照移交清册逐项点收，具体要求如下。

（1）现金要根据会计账簿记录余额进行当面点交，不得短缺，接替人员发现不一致或"白条抵库"现象时，移交人员在规定期限内负责查清处理。

（2）有价证券的数量要与会计账簿记录一致，有价证券面额与发行价不一致时，按照会计账簿余额交接。

（3）会计凭证、会计账簿、财务会计报告和其他会计资料必须完整无缺，不得遗漏。如有短缺，必须查清原因，并在移交清册中加以说明，由移交人负责。

（4）银行存款账户余额要与银行对账单核对相符，如有未达账项，应编制银行存款余额调节表调节相符；各种财产物资和债权债务的明细账户余额，要与总账有关账户的余额核对相符；对重要实物要实地盘点；对余额较大的往来账户要与往来单位、个人核对。

（5）公章、收据、空白支票、发票、科目印章及其他物品等必须交接清楚。

（6）实行会计电算化的单位，交接双方应在电子计算机上对有关数据进行实际操作，确认有关数字正确无误后，方可交接。

4. 专人负责监交

为了明确责任，会计人员办理工作交接，必须有专人负责监交。通过监交，保证双方都按照国家有关规定认真办理交接手续，防止流于形式，保证会计工作不因人员变动而受影响；保证交接双方处在平等的法律地位上享有权利和承担义务，不允许任何一方以大压小，以强凌弱，或者采取非法手段进行威胁。移交清册应当经过监交人员审查和签名、盖章，作为交接双方明确责任的证件。对监交的具体要求如下。

（1）一般会计人员办理交接手续，由会计机构负责人（会计主管人员）监交。

（2）会计机构负责人（会计主管人员）办理交接手续，由单位负责人监交，必要时主管单位可以派人会同监交。所谓必要时主管单位派人会同监交，是指有些交接需要主管单位监交或主管单位认为需要参与监交。通常有三种情况：第一，所属单位负责人不能监交，需要由主管单位派人代表主管单位监交，如因单位撤并而办理交接手续等；第二，所属单位负责人不能尽快监交，需要由主管单位派人督促监交，如主管单位责成所属单位撤换不合格的会计机构负责人（会计主管人员），所属单位负责人却以种种借口拖延不办交接手续时，主管单位就应派人督促会同监交等；第三，不宜由所属单位负责人单独监交，而需要主管单位会同监交，如所属单位负责人与办理交接手续的会计机构负责人（会计主管人员）有矛盾，交接时需要主管单位派人会同监交，以防可能发生单位负责人借机刁难等。此外，主管单位认为交接中存在某种问题需要派人监交时，也可派人会同监交。

5. 交接后的有关事宜

（1）会计工作交接完毕后，交接双方和监交人在移交清册上签名或盖章，并应在移交清册上注明单位名称，交接日期，交接双方和监交人的职务、姓名，移交清册页数，以及需要说明的问题和意见等。

（2）接管人员应继续使用移交前的账簿，不得擅自另立账簿，以保证会计记录前后衔接、内容完整。

（3）移交清册一般应填制一式三份，交接双方各执一份，存档一份。

【例1-6】 关于会计机构和会计人员，下列说法正确的有（　　　　）。

A. 各单位应当根据需要尽可能设置会计机构

B. 会计机构内部应当建立稽核制度

C. 单位负责人的直系亲属不得在本单位会计机构中担任出纳工作

D. 一般会计人员办理交接手续，由单位负责人负责监交

【答案】 B

【解析】 根据《会计法》和《会计基础工作规范》的规定，不具备设置会计机构和会计人员条件的单位，应当委托经批准设立从事会计代理记账业务的中介机构代理记账；会计机构内部应当建立稽核制度；单位负责人的直系亲属不得担任本单位的会计机构负责人、会计主管人员，会计机构负责人、会计主管人员的直系亲属不得在本单位会计机构中担任出纳工作；一般会计人员办理交接手续，由会计机构负责人（会计主管人员）监交。

（三）交接人员的责任

在会计工作交接中，合理、公正地区分移交人和接替者的责任是非常必要的。交接工作完成后，移交人员所移交的会计凭证、会计账簿、财务会计报告和其他会计资料是在其经办会计工作期间内发生的，应当对这些会计资料的真实性、完整性负责，即便接替人员在交接时因疏忽没有发现所接收会计资料在合法性、真实性、完整性方面存在的问题，如事后发现，仍应由原移交人员负责，原移交人员不应以会计资料已移交而推脱责任。

案例分析

【案例1-9】某单位的会计张某因工作调动要离开会计工作岗位，在会计机构负责人的监交下，与李某办理了会计工作交接手续。因为李某比较粗心，在交接时没有发现所接收的会计凭证存在问题。3个月后，有关部门在检查时发现了会计凭证中的问题。单位负责人在追究张某责任时，张某说："会计凭证我已经移交给李某，应当由李某承担责任，与我无关。"请分析：张某的说法是否正确？说明理由。

分析与提示：

张某的说法不正确。根据《会计基础工作规范》的规定，移交人员所移交的会计资料是在其经办会计工作期间内发生的，应当对这些会计资料的真实性、完整性负责，即便接替人员在交接时因疏忽没有发现所接收会计资料在合法性、真实性、完整性方面存在的问题，如事后发现，仍应由原移交人员负责，原移交人员不应以会计资料已移交而推脱责任。

四、会计专业职务与技术资格

（一）会计专业职务

会计专业职务是区别会计人员业务技能的技术等级。1986年4月中央职称改革工作领导小组转

发财政部制定的《会计专业职务试行条例》规定："会计专业职务分为高级会计师、会计师、助理会计师、会计员。高级会计师为高级职务，会计师为中级职务，助理会计师、会计员为初级职务。"

（二）会计专业技术资格

会计专业技术资格分为初级资格、中级资格和高级资格三个级别。初级、中级会计资格的取得实行全国统一考试制度，高级会计师资格实行考试与评审相结合的评价方法。

1992 年以前，我国对会计专业技术职务一直采用的是评审制度。1992 年 3 月，财政部、人事部制定发布了《会计专业技术资格考试暂行规定》和《〈会计专业技术资格考试暂行规定〉实施办法》，规定会计专业技术资格实行全国统一考试。1995 年、1997 年、2001 年、2005 年，财政部、人事部又陆续调整了考试级别和考试科目，分为初级会计资格和中级会计资格两个档次：初级资格考试科目包括"初级会计实务"和"经济法基础"，中级资格考试科目包括"中级会计实务"、"财务管理"和"经济法"。

为促进会计专业技术人才队伍建设，积极探索科学、客观、公正的高级会计师资格评价办法，从 2003 年开始，确定高级会计师资格实行考试与评审相结合的评价办法。凡申请参加高级会计师资格评审的人员，须经考试合格后方可参加评审。考试科目为"高级会计实务"。参加考试并达到国家合格标准的人员，由全国会计专业技术资格考试办公室核发高级会计师资格考试成绩合格证，该证在全国范围内 3 年有效。

【例 1-7】 下列各项中，不属于会计专业职务的是（   ）。

A. 会计员、助理会计师　　　　　　B. 总会计师

C. 高级会计师　　　　　　　　　　D. 注册会计师

【答案】 BD

【解析】 根据财政部关于会计专业职务的规定，会计专业职务是区别会计人员业务技能的技术等级，会计专业职务分为高级会计师、会计师、助理会计师和会计员。高级会计师为高级职务，会计师为中级职务，助理会计师和会计员为初级职务。

（三）会计专业技术资格证书的管理

通过会计专业技术资格考试合格者，由省级人事部门颁发由人事部、财政部统一印制的会计专业技术资格证书，该证书在全国范围内有效。对伪造学历资历证明，或者在考试期间有违纪行为的，由会计专业技术资格管理机构吊销会计专业技术资格，由发证机关收回会计专业技术资格证书，2 年内不得再参加会计专业技术资格考试。

（四）会计专业技术资格考试报名条件

报名参加会计专业技术资格考试的人员，应具备下列基本条件。

（1）坚持原则，具备良好的职业道德品质。

（2）认真执行《会计法》和国家统一的会计制度，以及有关财经法律、法规、规章制度，无严重违反财经纪律的行为。

（3）履行岗位职责，热爱本职工作。

报名参加会计专业技术初级资格考试的人员，除具备基本条件外，还必须具备教育部门认可的高中毕业以上学历。报名参加会计专业技术中级资格考试的人员，除具备基本条件外，还必须具备下列条件之一。

（1）取得大学专科学历，从事会计工作满5年。

（2）取得大学本科学历，从事会计工作满4年。

（3）取得双学士学位或研究生班毕业，从事会计工作满2年。

（4）取得硕士学位，从事会计工作满1年。

（5）取得博士学位。

（五）会计专业职务的评聘

1. 初级和中级职务的评聘

通过全国统一考试取得初级或中级会计专业技术资格的会计人员，表明其已具备担任相应级别会计专业技术职务的任职资格。用人单位可根据《会计专业职务试行条例》的规定，从获得会计专业技术资格的会计人员中择优聘任。

（1）取得初级会计资格的人员，如果取得硕士学位或取得第二学士学位或研究生班结业证书并具备履行助理会计师职责的能力，或者大学本科毕业并在财务会计工作岗位上见习1年期满，或者大学专科毕业并担任会计员职务2年以上，或者中等专业学校毕业并担任会计员职务4年以上，可聘任助理会计师职务。

不符合上述条件，如果是大学专科或中等专业学校毕业并在财务会计工作岗位上见习1年期满，可聘任会计员职务。

（2）取得中级会计资格并符合国家有关规定的会计人员，可聘任会计师职务。

① 较系统地掌握财务会计基础理论和专业知识。

② 掌握并能正确贯彻执行有关的财经方针、政策和财务会计法规、制度。

③ 具有一定的财务会计工作经验，能担负一个单位或管理一个地区、一个部门、一个系统某个方面的财务会计工作。

④ 取得博士学位并具备履行会计师职责的能力，或者取得硕士学位并担任助理会计师职务2年左右，或者取得第二学士学位或研究生班结业证书并担任助理会计师职务2～3年，或者大学本科或大学专科毕业并担任助理会计师职务4年以上。

⑤ 掌握一门外语。

2. 高级职务的评聘

申请参加高级会计师资格评审的人员，考试合格并符合规定条件的可在考试合格成绩有效期内，向所在省、自治区、直辖市或中央单位会计专业高级职务评审委员会申请进行评审，通过后即表示其已具备担任高级会计师资格，经单位聘任或任命后担任高级会计师。

课堂练习

判断题（正确的打"√"，错误的打"×"）

1. 没有办清交接手续的会计人员，一律不得调动或离职。（　　　）

2. 出纳人员不得兼任稽核、会计档案保管和收入、费用、债权债务账目的登记工作。（　　　）

3. 从事代理记账人员对委托人提出的有关会计处理原则问题负有解释的责任。（　　　）

4. 担任单位会计机构负责人的，应当具备会计师以上专业技术职务资格或从事会计工作5年以上经历。（　　　）

5. 根据《会计基础工作规范》的规定，会计人员在办理交接时对尚未登记的账目应当登记完毕，结出余额，并在最后一笔余额后加盖经办人员印章。（   ）

6. 根据《会计基础工作规范》的规定，单位的会计业务不能一人多岗或一岗多人。（   ）

7. 单位负责人可以是本单位会计行为的责任主体，也可以不是本单位会计行为的责任主体，可以根据各个不同单位的实际情况确定。（   ）

📖 答案提示

1. √ 2. √ 3. √ 4. × 5. √ 6. × 7. ×

第六节 法律责任

（法律责任）

一、法律责任概述

法律责任是指违反法律规定的行为应当承担的法律后果，也就是对违法者的制裁。法律责任包括民事责任、行政责任和刑事责任。为了保证《会计法》的有效实施，惩治会计违法行为，《会计法》规定了明确的法律责任，主要规定了两种责任形式：一种是行政责任，另一种是刑事责任。法律责任形式如表1-3所示。

表1-3 法律责任形式

法律责任			违反法律规定的行为应当承担的法律后果	
民事责任			①停止侵害；②排除妨碍；③消除危险；④返还财产；⑤恢复原状；⑥修理、重做、更换；⑦赔偿损失；⑧支付违约金；⑨消除影响、恢复名誉；⑩赔礼道歉	
我国《会计法》规定的法律责任	行政责任	行政处罚	对一般人员而言	罚款、责令限期改正、通报等	两者共同之处：同属行政行为，同为惩戒措施，同为当事人不履行法定义务的法律后果
		行政处分	对国家工作人员而言	警告、记过、记大过、降级、撤职、开除	两者不同之处：制裁原因不同，对象不同，范围形式不同，制裁权来源和根据不同，行为属性及效力不同
	刑事责任	非刑罚	赔偿经济损失；训诫或责令其悔过、赔礼道歉；赔偿损失，或给予行政处罚或行政处分		
		刑罚	主刑	管制、拘役、有期徒刑、无期徒刑、死刑	只能独立适用
			附加刑	罚金、剥夺政治权利、没收财产	可独立适用，可附加适用

（一）行政责任

行政责任是指犯有一般违法行为的单位或个人，依照法律、法规的规定应承担的法律责任。行政责任主要有行政处罚和行政处分两种形式。

1. 行政处罚

行政处罚是指特定的行政主体基于一般行政管理职权，对其认为违反行政法上的强制性义务、违反行政管理程序的行政管理相对人所实施的一种行政制裁措施。《中华人民共和国行政处罚法》（以下简称《行政处罚法》）对行政处罚的种类和实施做出了如下规定。

（1）一般意义上的行政处罚的类别主要包括警告，罚款，没收违法所得、没收非法财物，责令停产停业，暂扣或吊销许可证、暂扣或吊销执照，行政拘留，法律、行政法规规定的其他行政处罚。而违反《会计法》给予的行政处罚仅包括罚款、责令限期改正、通报、五年内不得从事会计工作等。

（2）行政处罚由违法行为发生地县级以上地方人民政府具有行政处罚权的行政机关管辖。

（3）对当事人的同一个违法行为，不得给予两次以上罚款的行政处罚。

（4）行政机关在做出处罚决定之前，应当告知当事人做出处罚决定的事实、理由、依据及当事人依法享有的有关权利；当事人有权陈述和申辩。

（5）行政处罚决定依法做出后，当事人应当在行政处罚决定的期限内，予以履行。

2. 行政处分

行政处分是国家工作人员违反行政法律规范所应承担的一种行政法律责任，是行政机关对国家工作人员故意或过失侵犯行政相对人的合法权益所实施的法律制裁。行政处分的形式有警告、记过、记大过、降级、撤职和开除等。

议一议

行政处罚与行政处分有什么区别？

（二）刑事责任

刑事责任是指犯罪行为应当承担的法律责任。刑事责任是触犯《中华人民共和国刑法》（以下简称《刑法》）的犯罪人所应承受的由国家审判机关给予的制裁后果，包括刑罚和非刑罚处理方法。

1. 刑罚

（1）主刑。主刑是对犯罪分子适用的主要刑罚方法，只能独立适用，不能附加适用，对犯罪分子只能判处一种主刑。主刑分为管制、拘役、有期徒刑、无期徒刑和死刑。

（2）附加刑。附加刑是既可独立适用又可附加适用的刑罚方法。也就是说，对同一犯罪行为既可以在主刑之后判处一个或两个以上的附加刑，也可以独立判处一个或两个以上的附加刑。附加刑分为罚金、剥夺政治权利和没收财产。对犯罪的外国人，也可以独立或附加适用驱逐出境。

2. 非刑罚处理方法

根据《刑法》的规定，对犯罪分子还可以采用非刑罚的处理方法，即对犯罪分子判处刑罚以外的其他方法。其主要包括：由于犯罪行为而使被害人遭受经济损失的，对犯罪分子除刑事处罚外，判处赔偿经济损失；对于犯罪情节轻微不需要判处刑罚的，根据情况予以训诫或责令其悔过、赔礼道歉；赔偿损失，或者由主管部门给予行政处罚或行政处分。

【例1-8】 下列属于会计法律责任种类的是（　　　　）。

A. 责令限期整改　　　　　　　　　　B. 罚款

C. 追究刑事责任　　　　　　　　　　D. 行政处分

【答案】 ABCD

【解析】 根据《会计法》的规定，法律责任的种类包括责令限期改正、罚款、给予行政处分、追究刑事责任。

二、违反会计制度规定的法律责任

（一）违反会计制度规定应承担法律责任的行为

（1）不依法设置会计账簿的。这是指违反《会计法》和国家统一的会计制度的规定，应当设置会计账簿的单位不设置会计账簿或未按规定的种类、形式及要求设置会计账簿的行为。

（2）私设会计账簿的。这是指不在依法设置的会计账簿上对经济业务事项进行统一会计核算，而另外私自设置会计账簿进行会计核算的行为，即俗称的两本账、账外账。

（3）未按照规定填制、取得原始凭证或填制、取得的原始凭证不符合规定的。

（4）以未经审核的会计凭证为依据登记会计账簿或登记会计账簿不符合规定的。

（5）随意变更会计处理方法的。

（6）向不同的会计资料使用者提供的财务会计报告编制依据不一致的。

（7）未按照规定使用会计记录文字或记账本位币的。

（8）未按照规定保管会计资料，致使会计资料毁损、灭失的。

（9）未按照规定建立并实施单位内部会计监督制度，或者拒绝依法实施监督，或者不如实提供有关会计资料及有关情况的。

（10）任用会计人员不符合规定的。

（二）违反会计制度规定行为应承担的法律责任

根据《会计法》的规定，上述违法行为应当承担以下法律责任。

（1）责令限期改正。所谓责令限期改正，是指要求违法行为人在一定期限内停止违法行为，并将其违法行为恢复到合法状态。县级以上人民政府财政部门有权责令违法行为人限期改正，停止违法行为。

（2）罚款。由县级以上人民政府财政部门责令限期改正，可以对单位并处 3 000 元以上 5 万元以下的罚款；对其直接负责的主管人员和其他直接责任人员，可以处 2 000 元以上 2 万元以下的罚款。

（3）不得从事会计工作。会计人员有上述所列行为之一，情节严重的，5 年内不得从事会计工作。

（4）给予行政处分。对上述行为直接负责的主管人员和其他直接责任人员中的国家工作人员，视情节轻重，由其所在单位或有关单位依法给予行政处分。

（5）上述行为构成犯罪的，依法追究刑事责任。

【例 1-9】 根据《会计法》的规定，在下列行为中，尚不构成犯罪的，可以对单位处 3 000 元以上 5 万元以下罚款的违法行为有（　　　）。

A. 随意变更会计处理方法

B. 未按照规定使用会计记录文字

C. 以未经审核的会计凭证为依据登记会计账簿

D. 未按照规定建立并实施单位内部会计监督制度

【答案】 ABCD

【解析】 从违反会计制度规定应承担法律责任的 10 种行为及其法律责任中可以得出正确答案。

三、其他会计违法行为的法律责任

（一）伪造、变造会计凭证、会计账簿，编制虚假财务会计报告的法律责任

1. 行为特征

伪造会计凭证的行为是指以虚假的经济业务或资金往来为前提，编造虚假的会计凭证的行为；变造会计凭证的行为是指采取涂改、挖补或其他方法改变会计凭证真实内容的行为；伪造会计账簿的行为是指违反《会计法》和国家统一的会计制度的规定，根据伪造或变造的虚假会计凭证填制会计账簿，或者不按要求登记账簿，或者对内对外采用不同的确认标准、计量方法等手段编造虚假的会计账簿的行为；变造会计账簿的行为是指采取涂改、挖补或其他方法改变会计账簿真实内容的行为；编制虚假财务会计报告的行为是指违反《会计法》和国家统一的会计制度的规定，根据虚假的会计账簿记录编制财务会计报告，或者凭空捏造虚假的财务会计报告及对财务会计报告擅自进行没有依据的修改的行为。

2. 刑事责任

《刑法》并未明确将伪造、变造会计凭证、会计账簿或编制虚假财务会计报告的行为，作为单独犯罪加以规定，而只是在其已经造成严重后果后，按照犯罪情节、手段，分别以逃税罪、公司提供虚假财务会计报告罪、中介组织人员提供虚假证明文件罪及其他犯罪追究刑事责任。对于伪造、变造会计凭证、会计账簿，编制虚假财务会计报告的行为，《刑法》明确为犯罪的，主要有以下三种情况。

（1）根据《刑法修正案七》对《刑法》第二百〇一条规定的修改，纳税人采取欺骗、隐瞒手段进行虚假纳税申报或不申报，逃避缴纳税款数额较大并且占应纳税额10%以上的，处3年以下有期徒刑或拘役，并处罚金；数额巨大并且占应纳税额30%以上的，处3年以上7年以下有期徒刑，并处罚金。扣缴义务人采取前述手段，不缴或少缴已扣、已收税款，数额较大的，依照前述的规定处罚。对多次实施前述行为，未经处理的，按照累计数额计算。伪造、变造会计凭证、会计账簿，编制虚假财务会计报告具有欺骗、隐瞒的性质，造成法定后果，应按逃税罪追究其刑事责任。

议一议

你知道我国2009年的《刑法修正案七》对逃税罪做了哪些修改吗？

（2）根据《刑法》第一百六十一条的规定，依法负有信息披露义务的公司、企业向股东和社会公众提供虚假的或隐瞒重要事实的财务会计报告，或者对依法应当披露的其他重要信息不按照规定披露，严重损害股东或其他人利益的，或者有其他重要情节的，对其直接负责的主管人员和其他直接责任人员，处3年以下有期徒刑或拘役，并处或单处2万元以上20万元以下罚金。

（3）根据《刑法》第二百二十九条的规定，承担资产评估、验资、验证、会计、审计和法律服务等职责的中介组织的人员故意提供虚假证明文件（包括虚假的财务会计报告），情节严重的，处5年以下有期徒刑或拘役，并处罚金。上述人员索取他人财物或非法收受他人财物，犯本罪的，处5年以上10年以下有期徒刑或拘役，并处罚金。

此外，如果行为人为虚报注册资本、虚假出资、抽逃出资、贪污、挪用公款、侵占企业财产、私分国有资产、私分罚没财物，实施伪造、变造会计凭证、会计账簿或编制虚假财务会计报告的行为，应当按照《刑法》的有关规定分别定罪、处罚。

【例 1-10】 根据《会计法》和《刑法》的有关规定，伪造、变造会计凭证、会计账簿，编制虚假财务会计报告，构成犯罪的，其罪名可能有（　　　　）。

A. 逃税罪
B. 公司提供虚假财务会计报告罪
C. 挪用公款罪
D. 中介组织人员提供虚假证明文件罪

【答案】 ABCD

【解析】 根据《刑法》第一百六十一条、第二百〇一条、第二百二十九条和第三百八十四条的规定，正确答案是 A、B、C、D。

3. 行政责任

伪造、变造会计凭证、会计账簿，编制虚假财务会计报告，情节较轻，社会危害不大，根据《刑法》的有关规定，尚不构成犯罪的，应当根据《会计法》的规定予以处罚，具体包括以下内容。

（1）通报。由县级以上人民政府财政部门采取通报的方式对违法行为人予以批评、公告。通报决定由县级以上人民政府财政部门送达被通报人，并通过一定的媒介在一定的范围内公布。

（2）罚款。县级以上人民政府财政部门对违法行为视情节轻重，在予以通报的同时，可以对单位并处 5 000 元以上 10 万元以下的罚款；对其直接负责的主管人员和其他直接责任人员，可以处 3 000 元以上 5 万元以下的罚款。

（3）行政处分。对上述所列违法行为直接负责的主管人员和其他直接责任人员中的国家工作人员，应当由其所在单位或其上级单位或行政监察部门给予降职、撤职直至开除的行政处分。

（4）不得从事会计工作。对上述所列违法行为中的会计人员，5 年内不得从事会计工作。

（二）隐匿或故意销毁依法应当保存的会计凭证、会计账簿、财务会计报告的法律责任

所谓隐匿，是指故意转移、隐藏应当保存的会计凭证、会计账簿、财务会计报告的行为。所谓销毁，是指故意将依法应当保存的会计凭证、会计账簿、财务会计报告予以毁灭的行为。

1. 刑事责任

《刑法》第一百六十二条第二款规定，隐匿或故意销毁依法应当保存的会计凭证、会计账簿、财务会计报告，情节严重的，处 5 年以下有期徒刑或拘役，并处或单处 2 万元以上 20 万元以下罚金。单位犯前款罪的，对单位判处罚金，并对其直接负责的主管人员和其他责任人员，依照前款的规定处罚。

2. 行政责任

隐匿或故意销毁依法应当保存的会计凭证、会计账簿、财务会计报告，情节较轻，社会危害不大，根据《刑法》的有关规定，尚不构成犯罪的，应当根据《会计法》的规定追究行政责任，追究行政责任的具体形式及标准等与前同。

案例分析

【案例 1-10】2018 年 9 月，北京市某区审计局在对某重点小学审计时，发现该校存在大量账外资金，遂要求学校相关领导提供账目材料。正是这个时候，该学校的相关负责人刘某、张某和李某等 4 人烧毁了这些账目，使案件的侦查工作陷入困局。刘某、张某和李某等4人的行为是否应当承担法律责任？

分析与提示：

应当承担法律责任。故意销毁依法应当保存的会计凭证、会计账簿、财务会计报告，情节较轻，社会危害不大，不构成犯罪的，应当根据《会计法》的规定追求行政责任；构成犯罪的，应当根据《刑法》的规定追究刑事责任。

（三）授意、指使、强令会计机构、会计人员及其他人员伪造、变造会计凭证、会计账簿，编制虚假财务会计报告或隐匿、故意销毁依法应当保存的会计凭证、会计账簿、财务会计报告的法律责任

授意是指暗示他人按其意思行事；指使是指通过明示方式，指示他人按其意思行事；强令是指明知其命令是违反法律的，而强迫他人执行其命令的行为。

1. 刑事责任

根据《刑法》的有关规定，授意、指使、强令会计机构、会计人员及其他人员伪造、变造会计凭证、会计账簿，编制虚假财务会计报告或隐匿、故意销毁依法应当保存的会计凭证、会计账簿、财务会计报告的，应当作为伪造、变造会计凭证、会计账簿，编制虚假财务会计报告或隐匿、故意销毁依法应当保存的会计凭证、会计账簿、财务会计报告的共同犯罪，定罪处罚。

所谓共同犯罪，是指两人以上共同故意犯罪。共同犯罪应当具备三个条件：第一，几个犯罪人有共同故意，即几个犯罪人都明知自己的行为会发生危害社会的结果，仍希望或放任这种结果的发生，同时几个犯罪人都认识到自己和其他行为人在共同进行某一犯罪活动；第二，几个犯罪人必须有共同的犯罪行为，即犯罪人各自的犯罪行为都是在他们的共同故意支配下，围绕共同的犯罪对象，实现共同的犯罪目的而实施的，各个共同犯罪人所实施的犯罪行为都同危害结果具有因果关系；第三，共同犯罪具有共同的犯罪客体，即共同犯罪人的犯罪行为必须指向同一犯罪客体。

因此，对授意、指使、强令他人伪造、变造会计凭证、会计账簿，编制虚假财务会计报告或隐匿、故意销毁依法应当保存的会计凭证、会计账簿、财务会计报告的，应当依照《会计法》的规定和《刑法》的有关规定，根据行为人在共同犯罪中所起的作用，定罪处罚。

2. 行政责任

对有上述违法行为，情节较轻、社会危害不大、不构成犯罪的，应当按照《会计法》的规定予以处罚。

（1）罚款。县级以上人民政府财政部门可以视违法行为的情节轻重，对违法行为人处5 000元以上5万元以下的罚款。

（2）行政处分。对授意、指使、强令会计机构、会计人员及其他人员伪造、变造会计凭证、会计账簿，编制虚假财务会计报告或隐匿、故意销毁依法应当保存的会计凭证、会计账簿、财务会计报告的国家工作人员，还应当由其所在单位或其上级单位或行政监察部门给予降级、撤职或开除的行政处分。

（四）单位负责人对依法履行职责、抵制违反《会计法》规定行为的会计人员实行打击报复的法律责任及对受打击报复的会计人员的补救措施

《会计法》规定，单位负责人对依法履行职责、抵制违反本《会计法》规定行为的会计人员以降级、撤职、调离工作岗位、解聘或开除等方式实行打击报复，构成犯罪的，依法追究刑事责任；尚不构成犯罪的，由其所在单位或有关单位依法给予行政处分。对受打击报复的会计人员，应当恢复其名誉和原有职务、级别。

1. 刑事责任

根据《刑法》第二百五十五条的规定，公司、企业、事业单位、机关、团体的领导人对依法履行职责、抵制违反《会计法》规定行为的会计人员实行打击报复，情节恶劣的，构成打击报复会计人员罪。根据《刑法》的规定，对犯打击报复会计人员罪的，处3年以下有期徒刑或拘役。

2. 行政责任

单位负责人对依法履行职责、抵制违反《会计法》规定行为的会计人员实行打击报复，情节轻微，危害性不大，不构成犯罪的，由其所在单位或有关单位依法给予行政处分。

3. 对受打击报复的会计人员的补救措施

（1）恢复其名誉。受打击报复的会计人员的名誉受到损害的，其所在单位或上级单位及有关部门应当要求打击报复者向遭受打击报复的会计人员赔礼道歉，并澄清事实，消除影响，恢复名誉。

（2）恢复原有职位、级别。会计人员受到打击报复，被调离工作岗位、解聘或开除的，应当在征得会计人员同意的前提下，恢复其工作；被撤职的，应当恢复其原有职务；被降级的，应当恢复其原有级别。

（五）财政部门及有关行政部门的工作人员滥用职权、玩忽职守、徇私舞弊及泄露国家秘密或商业秘密的法律责任

1. 刑事责任

财政部门及有关行政部门的工作人员滥用职权、玩忽职守、徇私舞弊及泄露国家秘密或商业秘密的行为可能构成以下犯罪。

（1）滥用职权罪和玩忽职守罪。根据《刑法》第三百九十七条的规定，财政部门及有关行政部门的工作人员滥用职权或玩忽职守，致使公共财产、国家和人民利益遭受重大损失的，构成滥用职权罪或玩忽职守罪。对玩忽职守罪，处3年以下有期徒刑或拘役；情节特别严重的，处3年以上7年以下有期徒刑。财政部门及有关行政部门的工作人员徇私舞弊，犯上述罪行的，处5年以下有期徒刑或拘役；情节特别严重的，处5年以上10年以下有期徒刑。

（2）泄露国家秘密罪。根据《刑法》第三百九十八条的规定，财政部门及有关行政部门的工作人员违反《中华人民共和国保守国家秘密法》的规定，故意或过失泄露国家秘密，情节严重的，构成泄露国家秘密罪。对泄露国家秘密罪，处3年以下有期徒刑或拘役；情节特别严重的，处3年以上7年以下有期徒刑。

2. 行政责任

财政部门及有关行政部门的工作人员虽有滥用职权、玩忽职守、徇私舞弊及泄露国家秘密或商业秘密的行为，但是情节显著轻微，危害性不大，按照《刑法》的有关规定，不构成犯罪的，应当依照《会计法》的规定及有关法律、法规的规定，给予行政处分。行政处分主要有警告、记过、记大过、降级、撤职、开除等。对有上述违法行为的财政部门及有关行政部门的工作人员，应当由其所在单位或其上级单位或行政监察部门视情节轻重，给予相应的行政处分。

（六）将检举人姓名和检举材料转给被检举单位和被检举人个人的法律责任

《会计法》规定，将检举人姓名和检举材料转给被检举单位和被检举人个人的，由所在单位

或有关单位依法给予行政处分。

（七）违反《会计法》同时违反其他法律规定的行为的处罚

单位的经济活动是一项综合的经济活动过程，会计工作是经济管理的一项重要的基础性工作，会计行为和会计资料不仅对本单位的经济活动产生影响，还会影响到其他单位的经济活动和有关部门的管理活动。因此，除《会计法》以外，其他法律对相关单位的会计工作也做出了相应的规范，并赋予税务、审计、人民银行、银行监管、证券监管和保险监管等部门对有关会计工作实施监督管理并对相关会计违法行为进行处罚的职权。《会计法》规定，违反本法规定，同时违反其他法律规定的，由有关部门在各自职权范围内依法进行处罚。

1. 有关法律对违法会计行为及其处罚的规定

（1）根据《中华人民共和国审计法》的有关规定，审计机关发现被审计单位转移、隐匿、篡改、毁弃会计凭证、会计账簿、会计报表及其他与财政收支或财务收支有关的资料的，审计机关有权予以制止。被审计单位有上述行为的，审计机关认为对负有直接责任的主管人员和其他直接责任人员依法应当给予行政处分的，有权提出给予行政处分的建议，被审计单位或其上级机关、监察机关应当依法及时做出决定；构成犯罪的，由司法机关依法追究刑事责任。

（2）根据《中华人民共和国商业银行法》的有关规定，商业银行应当依照相关法律和国家统一的会计制度，建立、健全本行的财务会计制度，保存财务会计报表、业务合同及其他资料。

商业银行应当按照国家有关规定，真实记录并全面反映其业务活动和财务状况，编制年度财务会计报告，及时向中国人民银行和财政部门报送会计报表。商业银行提供虚假的或隐瞒重要事实的财务会计报表，中国人民银行有权责令其改正；商业银行有违法所得的，没收违法所得，并处违法所得1倍以上5倍以下的罚款；商业银行没有违法所得的，处10万元以上50万元以下的罚款；情节特别严重或逾期不改正的，中国人民银行可以责令停业整顿或吊销其经营许可证；构成犯罪的，依法追究刑事责任。

（3）根据《中华人民共和国证券法》的有关规定，股票、公司债券依法上市交易的公司，应当按照规定，向证券监督管理机构报送年度报告、中期报告和临时报告。国务院证券监督管理机构有权查阅、复制当事人和与被调查事件有关的单位和个人的证券交易记录、登记过户记录、财务会计资料及其他相关文件和资料；对可能被转移或隐匿的文件和资料，可以予以封存，查询当事人和与被调查事件有关的单位和个人的资金账户、证券账户，对有证据证明有转移或隐匿违法资金、证券迹象的，可以申请司法机关予以冻结。对于经核准上市交易的证券，其发行人未按照有关规定披露信息，或者披露的信息有虚假记载、误导性陈述或有重大遗漏的，由证券监督管理机构责令改正，对发行人处30万元以上60万元以下的罚款；对直接负责的主管人员和其他直接责任人员给予警告，并处3万元以上30万元以下的罚款；构成犯罪的，依法追究刑事责任。发行人未按期公告其上市文件或报送有关报告的，由证券监督管理机构责令改正，对发行人处5万元以上10万元以下的罚款。为证券的发行、上市或证券交易活动出具审计报告、资产评估报告或法律意见书等文件的专业机构，就其所应负责的内容弄虚作假的，由证券监督管理机构没收违法所得，并处违法所得1倍以上5倍以下的罚款，并由有关主管部门责令该机构停业，吊销直接责任人员的资格证书；构成犯罪的，依法追究刑事责任。

（4）根据《中华人民共和国保险法》的有关规定，保险监督管理部门有权检查保险公司的业务状况、财务状况及资金运用状况，有权要求保险公司在规定的期限内提供有关的书面报告和资料。保险公司未按照规定报送有关报告、报表、文件和资料的，由保险监督管理部门责令改正，逾期不改正的，处 1 万元以上 10 万元以下的罚款。保险公司向保险监督管理部门提供虚假的报告、报表、文件和资料的，由保险监督管理部门责令改正，并处 10 万元以上 50 万元以下的罚款。

（5）根据《中华人民共和国税收征收管理法》的有关规定，纳税人必须在法律、行政法规规定或税务机关依照法律、行政法规的规定确定的申报期限内办理纳税申报，报送纳税申报表、财务会计报表及税务机关根据实际需要要求纳税人报送的其他纳税资料。纳税人未按照规定设置、保管账簿或保管记账凭证和有关资料，以及未按照规定将财务、会计制度或财务、会计处理办法报送税务机关备查的，由税务机关责令限期改正，逾期不改正的，可以处 2 000 元以下的罚款；情节严重的，处 2 000 元以上 1 万元以下的罚款。纳税人采取伪造、变造、隐匿、擅自销毁账簿、记账凭证，在账簿上多列支出或不列、少列收入，或者进行虚假的纳税申报的手段，不缴或少缴应纳税款，构成犯罪的，依法追究刑事责任。偷税数额不满 1 万元或偷税数额占应纳税额不到 10% 的，由税务机关追缴其偷税款，处偷税数额 5 倍以下的罚款。

2. 违反《会计法》同时违反其他法律规定的

违反《会计法》同时违反其他法律规定的，由有关部门在各自职权范围内依法进行处罚。对违反《会计法》同时违反其他法律规定的行为，除构成犯罪的，由司法机关依法追究刑事责任外，其他对会计违法行为依法享有行政处罚权的机关，对尚不构成犯罪的会计违法行为，应当按照法定职权做出相应处罚。但是，对同一违法当事人的同一违法行为，不得给予两次以上罚款的行政处罚。

会计违法行为及其法律责任如表 1-4 所示。

表 1-4　会计违法行为及其法律责任

会计违法行为	法律责任
违反会计核算法律规定的 10 种行为： 1. 不设账； 2. 私设账； 3. 取得原始凭证不合法行为； 4. 登账不合法行为； 5. 随意变更会计处理方法行为； 6. 向不同使用者提供财务会计报告依据不一致的行为； 7. 未按规定使用会计记录文字或本位币的行为； 8. 未按规定保管会计资料； 9. 未按规定实施单位内部监督或提供不实的资料等； 10. 任用会计人员不合法的行为	《会计法》第四十二条： 1. 责令限期改正（县级以上人民政府财政部门）； 2. 罚款（单位：3 000～50 000 元。直接人员：2 000～20 000 元）； 3. 属于国家工作人员的，给予行政处分（警告、记过、记大过、降级、降职、撤职、留职察看和开除等）； 4. 5 年内不得从事会计工作（情节严重的）； 5. 构成犯罪的，追究刑事责任
伪造、变造会计资料，编制虚假财务会计报告	《会计法》第四十三条： 1. 通报（县级以上人民政府财政部门）； 2. 罚款（单位：5 000～100 000 元。直接责任人：3 000～50 000 元）； 3. 属于国家工作人员的，给予行政处分（所在单位或其上级单位或行政监察部门给予撤职、留用察看直至开除）； 4. 5 年内不得从事会计工作（情节严重的）； 5. 构成犯罪的，追究刑事责任
隐匿或故意销毁	类同伪造、变造，见《会计法》第四十四条

续表

会计违法行为	法律责任
授意、指使、强令会计机构、会计人员或其他人员违反上述行为	《会计法》第四十五条： 1. 对违法人员处 5 000～50 000 元罚款，属于国家工作人员的，给予行政处分（降级、撤职、开除）； 2. 构成犯罪的，追究刑事责任
单位负责人打击报复及补救措施	1. 构成犯罪的追究刑事责任：对犯打击报复会计人员（包括总会计师）罪的单位负责人，处 3 年以下有期徒刑或拘役； 2. 尚不构成犯罪的，给予行政处分； 3. 补救措施：恢复其名誉和原有职务、级别
财政部门及有关行政部门的工作人员滥用职权、玩忽职守、徇私舞弊及泄露国家秘密或商业秘密	1. 尚不构成犯罪的，给予行政处分； 2. 构成犯罪的，追究刑事责任
将检举人姓名、材料转给被检举单位及个人	所在单位或有关单位给予行政处分
违反《会计法》同时违反其他法律规定行为	当事人同一违法行为，不得给予两次以上罚款的行政处罚（一事不二罚）

课堂练习

案例分析题

某县万民有限责任公司（国有企业）林某自 2016 年起担任总经理。2018 年 12 月，林某因公司业绩突出受到组织部门预备提拔的考核，准备升任该县某局副局长。在考核中，组织部门接到举报，举报人说林某在任职期间有指使和放任财务人员做假账、打击压制坚持原则的会计人员等问题。随即，该县财政、审计、统计部门组成联合调查组对该公司近些年特别是林某任总经理期间的账目进行了全面检查，结果发现：

1. 该公司设置大小两套账，大账对外，小账对内。

2. 不按规定进行会计资料的保管，致使原始资料被毁损、灭失严重。

3. 3 个月前，林某因不满会计郑某多次不听从做违法会计账的指令，尤其不满其向上级主管部门反映真实情况，将其调回车间。

4. 任命林某的儿子担任会计科科长。

5. 近 3 年的账目中的伪造、变造会计凭证虚增利润等违法问题系在林某的强令或授意下所为。

调查组向县会计主管部门——县财政局通报上述情况。县财政局因此对该公司做出责令限期整改的处罚，并罚款 8.6 万元，要求该公司恢复郑某会计职务和会计级别待遇的处理决定。对林某有关事实根据《会计法》给出了书面意见，反馈至组织部门，最后移送检察院进入司法程序。

分析以上案例存在哪些问题。

答案提示

在本案例中，万民有限责任公司"设置大小两套账，大账对外，小账对内""不按规定进行会计资料的保管，致使原始资料被毁损、灭失严重""任命林某的儿子担任会计科科长"等均属违反国家统一的会计制度的行为，应按照《会计法》的规定追究单位、直接负责的主管人员和其他直接责任人员的行政责任；林某属于国家工作人员，还应当由所在单位或有关单位依法给予行政处分。"林某因不满会计郑某多次不听从做违法会计账的指令，尤其不满其向上级主管部门反映真实情况，将其调回车间"属于单位负责人对依法履行职责、抵制违反《会计法》规定行为的会计人员实行打击报复的行为，根据《会计法》的规定，单位负责人对依法履行职责、抵制违反本法规定行为的会计人员实行打击报复，构成犯罪的，依法追究刑事责任；尚不构成犯罪的，由所在单位或有关单位依法给予行政处分。对受打击报复的会计人员，应当恢复其名誉和原有职务、级别。"近3年的账目中的伪造、变造会计凭证虚增利润等违法问题是在林某的强令或授意下所为"，林某的行为属于授意、指使、强令会计机构、会计人员及其他人员伪造、变造会计凭证、会计账簿，编制虚假财务会计报告的行为，构成犯罪的，依法追究刑事责任；尚不构成犯罪的，可以处5 000元以上5万元以下的罚款；属于国家工作人员的，还应当由其所在单位或有关单位依法给予降级、撤职或开除的行政处分。

本章小结

经济活动包罗万象，会计机构和会计人员在办理会计事务过程中及国家在管理会计工作过程中发生的经济关系称为会计关系。处理此种经济关系，就需要用会计法律制度来规范。会计法律制度的构成包括会计法律、会计行政法规、会计部门规章和地方性会计法规。我国会计工作行政管理的总原则是统一领导、分级管理。国务院财政部门主管全国的会计工作。本章应重点掌握会计核算、会计监督、会计机构和会计人员的具体法律规定。会计法律制度对规范会计行业具有不可或缺的重要作用。会计人员要从事具体的会计工作，了解、学习基本的会计法律制度是前提。

综合实训

万兴公司是一家国有大型企业。2017年12月，公司总经理针对公司效益下滑将面临亏损的情况，电话请示正在外地出差的董事长。董事长指示把财务会计报告做得"漂亮"一些，总经理把这项工作交给公司总会计师，要求按董事长意见办。总会计师授意会计科科长按照董事长的要求把财务会计报告做"漂亮"，会计科科长对当年度的财务会计报告进行了技术处理，虚拟了若干笔无交易的销售收入，从而使公司报表由亏变盈。经诚信会计师事务所审计后，公司财务会计报告对外报出。

2018年4月，在《会计法》执行情况检查中，当地财政部门发现该公司存在重大会计做假行为，依据《会计法》及相关法律、法规、制度，拟对该公司董事长、总经理、总会计师和会计科科长等相关人员进行行政处罚，并分别下达了行政处罚告知书。万兴公司相关人员接到行政处罚告知书后，均要求举行听证会。

在听证会上，有关当事人做了如下陈述。

公司董事长称："我前一段时间出差在外，对公司情况不太了解，虽然在财务会计报告上签字并盖章，但只是履行会计手续，我不负任何责任。具体情况可由公司总经理予以说明。"

公司总经理称："我是搞技术出身的，主要抓公司的生产经营，对会计我是门外汉，我虽在财务会计报告上签字并盖章，那也只是履行程序而已，以前也是这样做的，我不应该承担责任。有关财务会计报告的情况应由公司总会计师解释。"

公司总会计师称："公司对外报出的财务会计报告是经过诚信会计师事务所审计的，他们出具了无保留意见的审计报告。诚信会计师事务所应对本公司财务报告的真实性、完整性负责，承担由此带来的一切责任。"

会计科科长称："我是按照领导的要求做的，领导让做什么，我就做什么。即使有责任，也是领导承担责任，与我无关。"

在该公司实习的某大学学生张某、李某听到他们各自的陈述，觉得他们的理由没有法律依据，每个人都要承担相应的法律责任，该公司的会计工作没有做好的原因就是他们根本不了解《会计法》。根据我国会计法律、法规、制度规定，请分析该公司董事长、总经理、总会计师、会计科科长在听证会上的陈述及实习大学生张某、李某的观点是否正确。

✎ 自测题

一、单项选择题（从以下备选答案中选出一个符合题意的正确答案）

1. 下列各部门中，有权制定地方性会计法规的是（   ）。
    A. 省级人民政府
    B. 省、自治区、直辖市的人民代表大会及其常务委员会
    C. 民族自治州的人民代表大会及其常务委员会
    D. 较大的市的人民政府

2. （   ）是指由国务院制定并发布，或者国务院有关部门拟订并经国务院批准发布，用以调整经济生活中某些方面会计关系的法律规范。
    A. 会计法　　　　B. 会计行政法规　　　C. 会计制度　　　　D. 会计规章

3. 下列各项中，属于会计部门规章的是（   ）。
    A.《会计法》　　　　　　　　　　　　B.《企业财务会计报告条例》
    C.《总会计师条例》　　　　　　　　　D.《企业会计制度》

4. 会计工作由财政部门主管并明确在管理体制上实行（   ）的原则。
    A. 统一领导、分级管理　　　　　　　B. 统一规划、分级管理
    C. 统一领导、条块管理　　　　　　　D. 统一规划、集中管理

5. 根据《会计法》的规定，主管全国会计工作的部门是（   ）。
    A. 全国人大常务委员会　　　　　　　B. 中国会计学会
    C. 国务院财政部门　　　　　　　　　D. 中国注册会计师协会

6. 根据《会计法》的规定，行使会计工作管理职能的政府部门是（   ）。
    A. 税务部门　　　B. 财政部门　　　　C. 审计部门　　　　D. 证券监管部门

7. 财政部门管理会计工作最基本的职能是（   ）。
    A. 制定国家统一的会计准则制度　　　B. 会计市场管理
    C. 会计专业人才评价　　　　　　　　D. 会计监督检查

8. 某外商投资企业，业务收支以日元为主，也有少量的人民币，根据《会计法》的规定，该单位可以采用（   ）作为记账本位币。
    A. 人民币　　　B. 人民币和日元　　　C. 欧元　　　　　D. 日元或人民币

9. 下列有关会计核算内容的说法中，不正确的是（　　　）。

    A. 我国是以公历年度为会计年度的

    B. 业务收支以人民币以外的货币为主的单位，可以选定其中一种货币为记账本位币，用以记账和编制财务会计报告

    C. 对外开出的原始凭证，必须加盖本单位公章

    D. 各单位的对账工作每年至少进行一次

10. 单位在审核原始凭证时，发现外来原始凭证的金额有错误，应由（　　　）。

    A. 接受凭证单位更正并加盖公章　　　　B. 原开具凭证单位更正并加盖公章

    C. 原开具凭证单位重开　　　　　　　　D. 经办人员更正并报领导审批

11. 对记载不准确、不完整的原始凭证，会计人员应当（　　　）。

    A. 拒绝接受，并报告领导，要求查明原因

    B. 应予以销毁，并报告领导，要求查明原因

    C. 予以退回，并要求经办人员按规定进行更正、补充

    D. 拒绝接受，且不能让经办人员进行更正、补充

12. 根据《会计法》的规定，对故意销毁依法应当保存的会计凭证、会计账簿、财务会计报告，尚不构成犯罪的，县级以上人民政府财政部门除按规定对直接负责的主管人员和其他直接责任人员进行处罚外，对单位予以通报，可以并处罚款。对单位所处的罚款金额最低为（　　　）元。

    A. 1 000　　　　B. 2 000　　　　　C. 3 000　　　　　D. 5 000

13. （　　　）是指财政部门代表国家对单位和单位中相关人员的会计行为、会计资料实施的监督检查，以及对发现的违法会计行为实施的行政处罚，是一种外部监督。

    A. 群众监督　　　B. 社会监督　　　　C. 单位内部监督　　D. 政府监督

14. 会计机构负责人任职的条件之一是（　　　）。

    A. 具有初级会计师专业技术职务资格　　B. 从事会计工作 3 年以上

    C. 具有经济师专业技术职务资格　　　　D. 具有高级会计师专业技术职务资格

15. 会计档案保管期限从（　　　）算起。

    A. 会计档案形成时　　　　　　　　　　B. 会计档案装订时

    C. 会计年度终了后第一天　　　　　　　D. 会计档案经审计后

16. 在某事业单位中，根据回避制度的规定，会计主管人员张某的直系亲属不得担任本单位的（　　　）。

    A. 会计机构负责人　　　　　　　　　　B. 库管

    C. 出纳　　　　　　　　　　　　　　　D. 稽核

17. 下列各项中，属于中级会计专业职务的是（　　　）。

    A. 助理会计师　　　B. 会计师　　　　C. 注册会计师　　　D. 总会计师

18. 财政部门对有线索的违法行为进行检查，通常采用的形式是（　　　）。

    A. 定期检查　　　　B. 重点检查　　　　C. 全面检查　　　　D. 专项检查

19. 一般会计人员办理会计工作交接手续时，负责监交的人员一般应当是（　　　）。

    A. 其他会计人员　　　　　　　　　　　B. 会计机构负责人

    C. 单位负责人　　　　　　　　　　　　D. 主管单位有关人员

20. 下列不属于会计档案的是（　　　）。

    A. 会计档案移交清册　　　　　　　　B. 会计档案保管清册

    C. 财务会计报告　　　　　　　　　　D. 年度工作计划

二、多项选择题（从以下备选答案中选出两个或两个以上符合题意的正确答案）

1. 会计机构、会计人员在审核原始凭证时，对不真实、不合法的原始凭证应当（　　　）。

    A. 有权不予受理　　　　　　　　　　B. 向单位负责人报告

    C. 请求查明原因，追究有关当事人的责任　D. 予以退回，要求更正、补充

2. 对财务会计报告的编制依据、编制要求、提供对象做出规定的法规制度主要有（　　　）。

    A.《会计法》　　　　　　　　　　　B.《企业财务会计报告条例》

    C.《金融企业会计制度》　　　　　　D.《会计基础工作规范》

3. 下列有关记账本位币的基本规定中，说法正确的有（　　　）。

    A. 业务收支以人民币以外的货币为主的单位，可以选人民币以外的货币作为记账本
位币

    B. 以人民币以外的货币为主的单位，在编制财务会计报告时，可以以人民币以外的货
币反映

    C. 业务收支以人民币以外的货币为主的单位，必须选人民币作为记账本位币

    D. 以人民币以外的货币为主的单位，在编制财务会计报告时，应当折算为人民币反映

4. 单位负责人在内部会计监督中的职责，下列表述正确的是（　　　）。

    A. 单位负责人必须事事参与，严格把关

    B. 单位负责人发现会计账簿记录与实物、款项有不相符的，应当严肃处理

    C. 不能授意、指使、强令会计人员办理违法事项

    D. 必须保证内部监督制度的建立和健全，并发挥其有效的作用

5. 下列属于内部会计监督制度的基本要求的有（　　　）。

    A. 重大经济事项的决策和执行程序应当明确

    B. 建立会计档案管理制度

    C. 对会计资料定期进行内部审计的办法和程序应当明确

    D. 会计事项相关人员的职责权限应当明确

6. 国务院财政部门和省、自治区、直辖市人民政府财政部门依法对（　　　）进行监督、指导。

    A. 注册会计师协会

    B. 会计师事务所

    C. 注册会计师

    D. 会计师事务所出具的审计报告的程序和内容

7. 一个单位是否设置会计机构，主要取决于（　　　）等因素。

    A. 是否有合格的人员担任会计机构负责人　B. 单位规模的大小

    C. 经济业务和财务收支的繁简　　　　D. 经营管理的要求

8. 下列说法不符合《会计法》规定的有（　　　）。

    A. 原始凭证和记账凭证都必须由会计人员填制

    B. 记账凭证应当根据经过审核无误的原始凭证及有关资料编制

C. 对不真实、不合法的原始凭证，会计人员应予以退回，并要求相关人员做出补充或更正

D. 所有记账凭证都必须附有原始凭证并注明原始凭证的张数

9. 会计专业技术资格分为（　　　）。

A. 初级资格　　　　B. 中级资格　　　　C. 高级资格　　　　D. 正高级资格

10. 在下列各项中，属于会计专业技术资格考试报名基本条件的有（　　　）。

A. 遵守会计和其他财经法律、法规　　　　B. 具有良好的道德品质

C. 年龄在 60 岁以下　　　　D. 履行岗位职责，热爱本职工作

11. 会计档案一般分为（　　　）。

A. 会计凭证类　　　　B. 会计账簿类

C. 财务会计报告类　　　　D. 其他会计资料类

12. 根据《会计基础工作规范》的规定，下列属于会计工作岗位的有（　　　）。

A. 稽核岗位　　　　B. 会计主管人员岗位

C. 工资核算岗位　　　　D. 单位内部审计岗位

13. 会计机构负责人、会计主管人员办理交接由（　　　）监交。

A. 单位负责人　　　　B. 主管单位可派人会同

C. 本单位其他部门负责人　　　　D. 主管会计工作的副经理

14. 下列各项中，属于情节严重的，5 年内不得从事会计工作的行为有（　　　）。

A. 填制、取得的原始凭证不符合规定的行为

B. 未按规定使用会计记录文字的行为

C. 在依法实施的会计监督中不如实提供会计资料的行为

D. 无故不参加会计人员继续教育的行为

15. 纳税人采取欺骗、隐瞒手段进行虚假纳税申报或不申报，逃避缴纳税款数额较大并且占应纳税额 10%以上的，应追究的刑事责任为（　　　）。

A. 处 3 年以下有期徒刑或拘役

B. 处 3 年以上 7 年以下有期徒刑

C. 处 4 年以上 7 年以下有期徒刑

D. 处 5 年以上 7 年以下有期徒刑

三、判断题（正确的打"√"，错误的打"×"）

1. 企业可以在不同的会计期间根据自身财务需要采用不同的会计处理方法。　（　　　）

2. 所有记账凭证必须附有原始凭证并注明所附原始凭证的张数。　（　　　）

3. 国务院财政部门和各省、自治区、直辖市人民政府财政部门依法对注册会计师、会计师事务所、注册会计师协会、会计学会进行监督、指导。　（　　　）

4. 伪造会计资料是指用涂改、挖补等手段来改变会计凭证的真实内容，歪曲事实真相的行为。　（　　　）

5. 采用电子计算机进行会计核算的单位，只需保存电子数据和会计软件资料，不用保存打印出的纸质会计档案。　（　　　）

6. 单位和个人检举违反《会计法》和国家统一的会计制度规定的行为，也属于会计工作的

社会监督。 （　　）

  7. 各单位必须在单位内部设置会计机构，并指定会计主管人员。 （　　）

  8. 依法应当设置会计账簿但不具备设置会计机构或会计人员条件的单位，可以委托代理机构办理会计业务。 （　　）

  9. 会计人员在工作交接时，接替人员在交接时因工作疏忽而没有发现所接收会计资料在真实性、完整性方面存在的问题，如事后发现，接替人员应对会计资料的真实性、完整性负法律责任。 （　　）

  10. 对会计人员进行打击报复的，除对单位负责人依法进行处罚外，还应当采取必要的补救措施，如恢复会计人员的名誉和原有职位、级别。 （　　）

四、不定项选择题（从以下备选答案中选出一个或两个及以上符合题意的正确答案）

1. （　　）应当对本单位的会计工作和会计资料的真实性、完整性负责。
  A. 审计人员　　　B. 会计机构负责人　　C. 总会计师　　　D. 单位负责人

2. 下列属于会计法律的有（　　）。
  A.《会计法》　　　　　　　　　　B.《会计基础工作规范》
  C.《金融企业会计制度》　　　　　D.《财政部门实施会计监督办法》

3. 《会计法》规定，我国会计年度自（　　）。
  A. 公历1月1日起至12月31日止　　B. 农历1月1日起至12月30日止
  C. 公历4月1日起至次年3月31日止　D. 公历10月1日起至次年9月30日止

4. （　　）的记账凭证可以不附原始凭证。
  A. 结账和更正错误　B. 采购业务　　C. 销售业务　　　D. 收款业务

5. 《会计法》要求，作为记账凭证编制依据的必须是（　　）的原始凭证和有关资料。
  A. 经办人签字　　　B. 审核无误　　C. 金额无误　　　D. 领导认可

6. 为规范会计核算，我国会计法规制度对（　　）做出了统一规定。
  A. 会计信息质量要求　　　　　　B. 记账本位币
  C. 编制财务会计报告　　　　　　D. 会计年度

7. 下列对编制财务会计报告的表述，不正确的是（　　）。
  A. 财务会计报告应当依据会计账簿记录和有关会计资料编制
  B. 财务会计报告的编制要求、提供对象、提供期限应当符合法定要求
  C. 向不同的会计资料使用者提供的财务会计报告，其编制依据应当一致
  D. 各单位的财务会计报告在上报有关部门前必须经注册会计师审核并签字

8. 下列经济业务事项不需要办理会计手续的是（　　）。
  A. 款项及有价证券的收付　　　　B. 财物的收发、增减和使用
  C. 经济合同的签订　　　　　　　D. 资本、基金的增减

9. 根据《会计法》的规定，下列属于单位会计机构负责人（会计主管人员）任职条件的是（　　）。
  A. 具备经济师专业技术职务资格　B. 工作3年以上
  C. 具备会计师以上专业技术职务资格　D. 担任总会计师职务

10. 不依法设置会计账簿的行为是指（　　　　）。

    A. 应当设置会计账簿的单位不设置会计账簿

    B. 未按规定的种类设置会计账簿

    C. 私设会计账簿

    D. 未按规定的形式设置会计账簿

11. 下列有关会计工作交接的说法，正确的有（　　　　）。

    A. 对于已经受理的经济业务尚未填制会计凭证的，应当填制完毕

    B. 现金要根据会计账簿记录余额进行当面点交，不得"白条抵库"

    C. 公章、收据、空白支票、发票及其他物品等要交接清楚

    D. 应编制移交清册，交接完毕后，交接双方和监交人要在移交清册上签名或盖章

12. 取得大学本科学历的人员，报名参加会计专业技术中级资格考试的，还应当具备从事会计工作满（　　　　）年的条件。

    A. 1   B. 2   C. 3   D. 4

13. 下列属于违反《会计法》应承担法律责任的行为有（　　　　）。

    A. 不依法设置会计账簿的

    B. 为提高会计信息质量而变更会计处理方法的

    C. 私设会计账簿的

    D. 任用会计人员不符合《会计法》规定的

14. 会计档案保管期限分为永久和定期两类，定期保管会计档案的最长期限是（　　　　）。

    A. 5年   B. 10年   C. 15年   D. 30年

15. 下列各项中，属于企业内部控制实施主体的有（　　　　）。

    A. 经理层   B. 董事会   C. 监事会   D. 全体员工

五、案例分析题

1. 李某是 A 公司的出纳员，2019 年 3 月经办了以下部分经济业务事项。

（1）每日登记库存现金日记账和银行存款日记账的收付，月底结出余额。

（2）销售给 B 公司的货物发生退回，经公司领导研究批准，同意退款 50 000 元，李某根据退货发票记账联予以退款，并以此作为原始凭证附在记账凭证之后。

（3）收到一张外来原始凭证，发现文字有误，李某提请本公司有关人员直接在原始凭证上做了更正，并要求加盖了印章。

（4）由于人手不足，李某从 2018 年起一直兼任公司应收账款明细账的登记工作。

要求：根据上述情况，结合我国会计法律制度的规定，回答下列问题。

（1）李某对库存现金日记账和银行存款日记账在月底结出余额的做法是否正确？说明理由。

（2）李某根据退货发票记账联予以退款的做法是否正确？说明理由。

（3）直接在外来原始凭证上更正错误的做法是否正确？说明理由。

（4）李某兼任公司应收账款明细账登记工作的做法是否正确？说明理由。

2. 2019 年 3 月，某城市财政局派出检查组对国有大型企业甲的会计工作进行检查。检查中发现以下情况。

（1）2018 年 1 月 10 日，甲企业收到一张应由甲企业和乙企业共同负担费用支出的原始凭

证，甲企业的会计人员 A 对该原始凭证及应承担的费用进行账务处理，并保存该原始凭证；同时，应乙企业的要求将该原始凭证的复印件提供给乙企业用于账务处理。

（2）2018 年 3 月 6 日，新上任的厂长张某安排自己的直系亲属、符合会计机构负责人任职条件的 B 担任甲企业的财务科科长。3 月 20 日，B 与原会计机构负责人办理会计工作交接手续，人事科科长进行监交。

（3）2018 年 5 月 15 日，经厂长张某批准，业务单位丙企业因业务需要查阅了甲企业有关会计档案，对有关原始凭证进行了复制，并办理了登记手续。

（4）2018 年 6 月 22 日，甲企业拟销毁一批保管期满的会计档案（其中包含两张未结清债权债务的原始凭证），由总会计师 C 在会计档案销毁清册上签署意见后，该批会计档案于 6 月 30 日销毁。

（5）2018 年 7 月 18 日，厂长张某以总会计师 C"擅自在会计档案销毁清册上签署意见"为由，撤销了总会计师 C 的职务，并决定该厂不再设置总会计师的职位。

（6）2018 年 12 月 25 日，甲企业从现金收入中直接支取 5 万元用于职工福利。

要求：根据上述资料，结合我国会计、金融法律制度的规定，回答下列问题。

（1）会计人员 A 的做法是否符合规定？说明理由。

（2）B 能否担任甲企业的会计机构负责人？说明理由。原会计机构负责人与 B 办理会计工作交接手续，由人事科科长进行监交的做法是否符合规定？说明理由。

（3）甲企业将有关原始凭证复制给业务单位丙企业的做法是否符合规定？说明理由。

（4）甲企业在销毁会计档案的过程中有哪些不符合规定之处？

（5）张某撤销总会计师 C 的职务，并决定该厂不再设置总会计师的职位是否符合规定？说明理由。

（6）甲企业从现金收入中直接支取 5 万元用于职工福利的做法是否符合规定？说明理由。

第二章

结算法律制度

内容提要

1. 了解支付结算的相关概念及其法律构成。
2. 了解银行结算账户的开立、变更和撤销。
3. 熟悉票据的相关概念。
4. 熟悉各银行结算账户的概念、使用范围和开户要求。
5. 掌握现金管理的基本要求和现金的内部控制。
6. 掌握票据和结算凭证填写的基本要求。
7. 掌握支票、商业汇票、银行卡、汇兑结算方式的规定。

第一节 现 金 结 算

现金是指具备现实购买力或法定清偿力的通货。在我国，现金是指人民币纸币和金属辅币。

现金管理是指现金管理机关按照国家的方针、政策和有关规定管理各单位的现金收入、支出和库存的一种管理活动，是国家的一项重要财经管理活动。加强对现金的管理，有利于保证货币发行权的集中；有利于有计划地调节货币流通，保证物价的稳定；有利于聚集现金，支持经济发展；有利于促进各单位加强财务管理，节约使用资金，提高资金利用率；有利于维护财经纪律。

我国对现金管理的法律依据主要有国务院 1988 年 9 月 8 日发布的《现金管理暂行条例》（1988 年 10 月 1 日起施行）和中国人民银行 1988 年 9 月 23 日发布的《现金管理暂行条例实施细则》等。国家鼓励开户单位和个人在经济活动中采取转账方式进行结算，减少使用现金。

一、现金结算的概念与特点

（一）现金结算的概念

现金结算是转账结算的对称，是指在商品交易、劳务供应等经济往来中，直接使用现金进行应收应付款结算的一种行为，在我国主要适用于单位与个人之间的款项收付，以及单位之间的转账结算起点金额以下的零星小额收付。

（二）现金结算的特点

与转账结算相比，现金结算具有如下特点。

1. 直接、便利

在现金结算方式下，买卖双方一手交钱，一手交货，当面钱货两清，无须通过中介，因而对买卖双方来说是最为直接和便利的。同样，在劳务供应、信贷存放和资金调拨方面，现金结算也是最为直接和便利的，因而广泛地被社会大众所接受。

2. 不安全性

由于现金使用极为广泛和便利，因而便成为不法分子觊觎的最主要目标，很容易被偷盗、贪污、挪用。在现实经济生活中，绝大多数经济犯罪活动都和现金有关。此外，现金还容易因火灾、虫蛀、鼠咬等发生损失。

3. 不易宏观控制

现金结算大部分不通过银行进行，因而使国家很难对其进行控制。过多的现金结算会使流通中的现钞过多，从而容易造成通货膨胀，增大对物价的压力。

4. 费用较高

使用现金结算各单位虽然可以减少银行的手续费用，但其清点、运送、保管的费用很大。对整个国家来说，过多的现金结算会增大整个国家印制、保管、运送现金和回收废旧现钞等工作的费用和损失，浪费人力、物力和财力。因此，国家实行现金管理，限制现金结算的范围。

二、现金结算的渠道

现金结算主要有两种渠道：一种是付款人直接将现金支付给收款人，不通过银行等中介机构；另一种是付款人委托银行、非银行金融机构或非金融机构将现金支付给收款人。

三、现金结算的范围

根据《现金管理暂行条例》第三条、第四条的规定，开户单位之间的经济往来，除按本条例规定的范围可以使用现金外，应当通过开户银行进行转账结算。各级人民银行应当严格履行金融主管机关的职责，负责对开户银行的现金管理进行监督和稽核。开户银行依照该条例和中国人民银行的规定，负责现金管理的具体实施，对开户单位收支、使用现金进行监督管理。

开户单位可以在下列范围内使用现金。

（1）职工工资、津贴。

（2）个人劳务报酬。

（3）根据国家规定办法给个人的科学技术、文化艺术和体育等各项奖金。

（4）各种劳保、福利费用及国家规定的对个人的其他支出。

（5）向个人收购农副产品和其他物资的价款。

（6）出差人员必须随身携带的差旅费。

（7）结算起点 1 000 元以下的零星支出。

（8）中国人民银行确定需要支付现金的其他支出。

上述结算起点（1 000 元）需要调整的，由中国人民银行确定，报国务院备案。除第（5）、（6）项外，开户单位支付给个人的款项超过结算起点 1 000 元的部分，应当以支票和银行本票支付；确需全额支付现金的，经开户银行审核后，予以支付现金。

应当特别指出的是，在这里所列的范围内使用现金是"可以"的，如果采取转账方式进行结算，减少使用现金，那当然更好；反之，超出现金的使用范围，认为反正是本单位的钱，就可以用现金来结算则是违规的，是错误的。

⁉️ 议一议

企业支付现金 5 000 元购买原材料符合现金管理的要求吗？

四、现金使用的限额

现金使用的限额是指为了保证开户单位日常零星开支的需要，允许单位留存现金的最高数额。根据《现金管理暂行条例实施细则》的规定，各开户单位的库存现金都要核定限额。库存现金限额由开户单位提出计划，报开户银行审批。经核定的库存现金限额，开户单位必须严格遵守，超过部分应于当日终了前存入银行。

各开户单位的库存现金限额由开户银行根据单位的实际需要核定，一般按照单位 3～5 天日常零星开支所需确定。边远地区和交通不发达地区的开户单位的库存现金限额，可按多于 5 天但不得超过 15 天的日常零星开支的需要确定。

对没有在银行单独开立账户的附属单位也要实行现金管理，必须保留的现金，也要核定限额，其限额包括在开户单位的库存现金限额之内。

商业和服务行业的找零备用现金也要根据营业额核定限额，但不包括在开户单位的库存现金限额之内。

五、现金收支的基本要求

（1）开户单位现金收入应当于当日送存开户银行；当日送存有困难的，由开户银行确定送存时间。

（2）开户单位支付现金，可以从本单位库存现金限额中支付或从开户银行提取，不得从本单位的现金收入中直接支付（坐支）。因特殊情况需要坐支现金的，应当事先报经开户银行审查批准，由开户银行核定坐支范围和限额。坐支单位应当定期向开户银行报送坐支金额和使用情况。

⁉️ 想一想

为什么不允许企业坐支现金？

（3）开户单位在规定的现金使用范围内从开户银行提取现金，应当写明用途，由本单位财会部门负责人签字、盖章，经开户银行审核后，予以支付现金。

（4）因采购地点不固定、交通不便、生产或市场急需、抢险救灾及其他特殊情况必须使用现金的，开户单位应当向开户银行申请，由本单位财会部门负责人签字、盖章，经开户银行审核后，予以支付现金。

六、建立、健全现金结算与内部控制

现金是各单位流动性最强的资产，加强现金管理对于保护单位资产的安全、完整，维护社会经济秩序具有重要的意义。

为了加强对单位现金的内部控制和管理，保证货币资金的安全，财政部印发了《内部会计控制规范——货币资金（试行）》，对健全现金的内部控制工作提出了具体要求。其中，第四条、第五条规定，国务院有关部门可以根据国家有关法律、法规和本规范，制定本部门或本系统的货币资金内部控制规定；各单位应当根据国家有关法律、法规和本规范，结合部门或系统的货币资金内部控制规定，建立适合本单位业务特点和管理要求的货币资金内部控制制度，并组织实施；单位负责人对本单位货币资金内部控制的建立、健全和有效实施及货币资金的安全、完整负责。

（一）建立良好的现金内部控制

各单位应按照该规范的要求，建立良好的现金内部控制，以保证现金收支记录及时、准确、完整，全部现金支出均按经批准的用途进行，现金得以安全保管。一般而言，一个良好的现金内部控制应该达到以下几点。

（1）现金收支与记账的岗位分离。

（2）现金收支要有合理、合法的凭据。

（3）全部收入及时准确入账，并且支出要有核准手续。

（4）控制现金坐支，当日收入现金应及时送存银行。

（5）按月盘点现金，以做到账实相符。

（6）加强对现金收支业务的内部审计。

（二）加强货币资金业务岗位分工管理

尽管由于各单位的性质、所处行业、规模及内部控制健全程度等不同，而使得其与现金相关的内部控制内容有所不同，但岗位分工及授权批准是应当共同遵循的。

（1）单位应当建立货币资金业务的岗位责任制，明确相关部门和岗位的职责权限，确保办理货币资金业务的不相容岗位相互分离、制约和监督。

（2）出纳人员不得兼任稽核、会计档案保管和收入、支出、费用、债权债务账目的登记工作。

（3）单位不得由一人办理货币资金业务的全过程。

（三）严格货币资金的授权管理

（1）单位应当对货币资金业务建立严格的授权批准制度，明确审批人对货币资金业务的授权批准方式、权限、程序、责任和相关控制措施，规定经办人办理货币资金业务的职责范围和工作要求。

（2）审批人应当根据货币资金授权批准制度的规定，在授权范围内进行审批，不得超越审批权限。

（3）经办人应当在职责范围内，按照审批人的批准意见办理货币资金业务。对于审批人超越授权范围审批的货币资金业务，经办人员有权拒绝办理，并及时向审批人的上级授权部门报告。

（4）单位对于重要货币资金支付业务，应当实行集体决策和审批，并建立责任追究制度，防范贪污、侵占、挪用货币资金等行为。

（5）严禁未经授权的机构或人员办理货币资金业务或直接接触货币资金。

（四）按照规定的程序办理货币资金支付业务

（1）支付申请。单位有关部门或个人用款时，应当提前向审批人提交货币资金支付申请，注明款项的用途、金额、预算和支付方式等内容，并附有效经济合同或相关证明。

（2）支付审批。审批人根据其职责、权限和相应程序对支付申请进行审批。对不符合规定的货币资金支付申请，审批人应当拒绝批准。

（3）支付复核。复核人应当对批准后的货币资金支付申请进行复核，复核货币资金支付申请的批准范围、权限、程序是否正确，手续及相关证是否齐备，金额计算是否准确，支付方式、支付单位是否妥当等。复核无误后，交由出纳人员办理支付手续。

（4）办理支付。出纳人员应当根据复核无误的支付申请，按规定办理货币资金支付手续，及时登记现金和银行存款日记账。

案例分析

【案例 2-1】"小金库"并非法律用语，而是民间俗语。1995 年，在国务院办公厅批转财政部、审计署、中国人民银行《关于清理检查"小金库"意见的通知》中，将"小金库"定义为：凡违反国家财经法规及其他有关规定，侵占、截留、挪用国家和单位收入，未列入本单位财务会计部门账内或未纳入预算管理，私存私放的各项资金均属"小金库"。

某科研单位在 2018—2019 年对一些民营企业进行环境评审，不与其签订合同，取得的收入不开具正规发票，以现金形式收取，不纳入账内核算，而是由该科研单位办公室主任保管，该办公室主任以个人名义在银行办理了存折，形成"小金库"。其支出除用于发放节日补贴、招待费用外，也用于对相关部门领导的节日慰问。该单位对其行为抱有侥幸心理，在组织"小金库"自查时，没有彻底纠正，而是将部分账簿、票据进行了销毁，将剩余资金从存折中提出，其中一部分存放于银行保险柜，剩余部分现金、储值卡、未销毁的账单存放在办公室主任的卷柜中。尚未销毁的账单和票据显示，该"小金库"涉及资金近 28 万元。

分析与提示：

这类问题属于传统意义上的"小金库"。该类问题的形成根源：一是现金交易，对方不索要发票；二是管理混乱，内控制度缺失；三是单位领导法制观念淡薄，对"小金库"问题所造成的危害认识不够，认为"小金库"都是为大家谋福利，又没揣到自己腰包一分钱；四是有的领导干部属于业务型的，不懂财务。这些问题的存在使"小金库"有了滋生的土壤。

【例 2-1】根据《现金管理暂行条例》的规定，企业一律不得坐支现金。这种说法正确吗？

【解析】不正确。企业因特殊情况需要可以坐支现金，但应当事先报经开户银行审查批准，由开户银行核定坐支范围和限额。坐支单位应当定期向开户银行报送坐支金额和使用情况。

课堂练习

简答题

甲企业在销售活动中，为了尽快回笼货款，对现金结算给予比转账结算优惠的待遇。

请问：这种做法正确吗？

📖 **答案提示**

不正确。我国《现金管理暂行条例实施细则》规定，转账结算凭证在经济往来中具有同现金相同的支付能力。开户单位在购销活动中，不得对现金结算给予比转账结算优惠的待遇；不得只收现金，拒收支票、银行汇票、银行本票和其他转账结算凭证。

第二节　支付结算概述

一、支付结算的概念和特征

（一）支付结算的概念

支付结算是指单位、个人在社会经济活动中使用票据、银行卡、汇兑、托收承付、委托收款等结算方式进行货币给付及其资金清算的行为，其主要功能是完成资金从一方当事人向另一方当事人的转移。

银行、城市信用合作社、农村信用合作社（以下简称银行）及单位（含个体工商户）和个人是办理支付结算的主体。其中，银行是支付结算和资金清算的中介机构。

（二）支付结算的特征

1. 支付结算必须通过中国人民银行批准的金融机构进行

支付结算包括票据、银行卡、汇兑、托收承付、委托收款等结算行为，而此结算行为必须通过中国人民银行批准的金融机构才能进行。《支付结算办法》规定："银行是支付结算和资金清算的中介机构。未经中国人民银行批准的非银行金融机构和其他单位不得作为中介机构经营支付结算业务。但法律、行政法规另有规定的除外。"这表明支付结算与一般的货币给付及资金清算行为不同。

🔢 **想一想**

支付结算是指单位、个人在社会经济活动中使用现金进行货币给付的行为。这种说法正确吗？

2. 支付结算是一种要式行为

所谓要式行为，是指法律规定必须按照一定形式进行的行为。如果该行为不符合法定的形式要件，即为无效。《支付结算办法》第九条规定："票据和结算凭证是办理支付结算的工具。单位、个人和银行办理支付结算，必须使用按中国人民银行统一规定印制的票据凭证和统一规定的结算凭证。未使用按中国人民银行统一规定印制的票据，票据无效；未使用中国人民银行统一规定格式的结算凭证，银行不予受理。"

3. 支付结算的发生取决于委托人的意志

银行在支付结算中充当中介机构的角色，因此，银行只要以善意且符合规定的正常操作程序审查，对伪造、变造的票据和结算凭证上的签章及需要交验的个人有效身份证件，未发现异常而支付金额的，对出票人或付款人不再承担受委托付款的责任，对持票人或收款人不再承担付款的责任。与此同时，当事人对在银行的存款有支配权。

4. 实行统一领导、分级管理

支付结算是一项政策性强、与当事人利益息息相关的活动，因此必须对其实行统一领导。根据《支付结算办法》的规定，中国人民银行总行负责制定统一的支付结算制度，组织、协调、管理、监督全国的支付结算工作，调解、处理银行之间的支付结算纠纷；中国人民银行各分行根据统一的支付结算制度制定实施细则，报总行备案，根据需要可以制定单项支付结算办法，报中国人民银行总行批准后执行；中国人民银行分支行负责组织、协调、管理、监督本辖区内的支付结算工作，协调、处理本辖区内银行之间的支付结算纠纷；政策性银行、商业银行总行可根据统一的支付结算制度，结合本行情况，制定具体管理实施办法，报经中国人民银行总行批准后执行，并负责组织、管理、协调本行内分支机构之间的支付结算纠纷。

5. 支付结算必须依法进行

根据《支付结算办法》的规定，"银行、城市信用合作社、农村信用合作社及单位（含个体工商户）和个人办理支付结算必须遵守国家的法律、行政法规和本办法的各项规定，不得损害社会公共利益。"因此，支付结算的当事人必须严格依法进行支付结算活动。

二、支付结算的主要法律依据

如前所述，支付结算包括票据、银行卡、汇兑、托收承付、委托收款和电子支付等结算方式，因此凡是与支付结算的各种结算方式有关的法律、行政法规、部门规章和地方性法规都是支付结算的法律依据。此外，中国人民银行颁布的有关支付结算的政策性文件也是当事人进行支付结算活动必须遵守的规定。

为了规范支付结算工作，我国制定了一系列支付结算方面的法律制度，主要包括：由第八届全国人大常委会第十三次会议通过的《中华人民共和国票据法》（1996年1月1日起施行）、经国务院批准由中国人民银行发布的《票据管理实施办法》（1997年10月1日起施行）、中国人民银行发布的《支付结算办法》（1997年12月1日起施行）、《现金管理暂行条例》（1988年10月1日起施行，2011年1月8日修订）、《银行卡业务管理办法》（1999年3月1日起施行）、《人民币银行结算账户管理办法》（2003年9月1日起施行）、《异地托收承付结算办法》（1994年10月9日修订，1995年1月1日起施行）、中国人民银行发布的《电子支付指引（第一号）》（2005年10月26日施行）等。

想一想

支付结算应遵循的法律依据是《中华人民共和国票据法》和《支付结算办法》。这种说法正确吗？

三、支付结算的基本原则

《支付结算办法》中还规定了支付结算的基本原则，即单位、个人和银行在进行支付结算活动时所必须遵循的行为准则。

（一）恪守信用，履约付款

根据该原则，各单位之间与个人之间发生交易往来，通过银行办理结算时，应根据各自的具体条件，自行协商处理，使结算双方办理款项收付完全建立在自觉自愿、相互信任的基础上。

该原则要求结算当事人必须按照双方约定的民事法律关系内容依法承担义务和行使权利，严格遵守信用，履行付款义务，特别是应当按照约定的付款金额和付款日期进行支付。这一原则对履行付款义务的当事人具有约束力，是维护合同秩序、保障当事人经济利益的重要保证。

（二）谁的钱进谁的账，由谁支配

根据该原则，银行在办理结算时，必须按照存款人的委托，将款项支付给其指定的收款人；对存款人的资金，除国家法律另有规定外，必须由其自由支配，银行不代扣款项。这一原则主要在于维护存款人对存款资金的所有权或经营权，保证其对资金支配的自主权，既保护了存款人的合法权益，又加强了银行办理结算的责任。

（三）银行不垫款

根据该原则，银行在办理结算时，只负责办理结算当事人之间的款项划拨，不承担垫付任何款项的责任。这一原则主要在于划清银行资金与存款人资金的界限，保护银行资金的所有权或经营权的安全，并促使单位和个人直接对自己的债权债务负责。

上述三个原则既可单独发挥作用，也是一个有机的整体，分别从不同角度强调了付款人、收款人和银行在结算过程中的权利和义务，从而确实保证了结算活动的正常进行。

议一议

信用卡是否不符合银行不垫款原则？

四、办理支付结算的要求

（一）办理支付结算的基本要求

（办理支付结算的要求）

（1）单位、个人和银行办理支付结算，必须使用按中国人民银行统一规定印制的票据凭证和统一规定的结算凭证。如未使用按中国人民银行统一规定印制的票据，票据无效；如未使用中国人民银行统一规定格式的结算凭证，银行不予受理。

（2）办理支付结算时必须按统一的规定开立和使用账户。在银行开立存款账户的单位和个人办理支付结算，账户内需有足够的资金保证支付。银行依法为单位、个人在银行开立的存款账户中的存款保密，维护其资金的自主支配权。除国家法律、行政法规另有规定外，银行不得为任何单位或个人查询账户情况，不得为任何单位或个人冻结、扣划款项，不得停止单位、个人存款正常支付。

（3）填写票据和结算凭证应当全面规范，做到要素齐全、数字正确、字迹清晰、不错不漏，防止涂改。票据和结算凭证金额以中文大写和阿拉伯数码同时记载，两者必须一致，两者不一致的票据无效；两者不一致的结算凭证，银行不予受理。少数民族地区和外国驻华使领馆根据实际需要，金额大写可以使用少数民族文字或外国文字记载。

（4）票据和结算凭证上的签章和其他记载事项必须真实，不得伪造、变造。所谓伪造，是指无权限人假冒他人或虚构他人名义签章的行为。所谓变造，是指无权更改票据内容的人对票据上签章以外的记载事项加以改变的行为。变造票据的方法多是在票据的基础上对票据加以剪接、挖补、覆盖、涂改，从而非法改变票据的记载事项。

伪造、变造票据属于欺诈行为，应追究刑事责任。票据上有伪造、变造的签章的，不影响票据上其他当事人真实签章的效力。

议一议

王某为某私营纺织厂的业主，不慎遗失空白支票格式凭证三张。王某未及时按中国人民银行有关票据格式凭证管理的规定报失和刊登告示。所遗失的其中一张支票格式凭证被孙某拾到并伪刻名称为某某建材公司的财务章加以签署。支票的收款人处空白，金额填写为 20 万元。该支票属于伪造的支票还是变造的支票？

票据和结算凭证上的签章，为签名、盖章或签名加盖章。单位、银行在票据上的签章和单位在结算凭证上的签章，为该单位、银行的盖章加其法定代表人或其授权的代理人的签名或盖章。个人在票据和结算凭证上的签章，为个人本人的签名或盖章。

议一议

个人在票据上的签章和在财务会计报告中的签章的要求是一样的，并加盖个人名章，这种说法对吗？

（二）支付结算凭证填写的要求

银行、单位和个人填写的各种票据和结算凭证是办理支付结算和现金收付的重要依据，直接关系到支付结算的准确、及时和安全。票据和结算凭证是银行、单位和个人凭以记账的会计凭证，是记载经济业务和明确经济责任的一种书面证明。因此，填写票据和结算凭证，必须做到标准化、规范化，根据《正确填写票据和结算凭证的基本规定》的规定，具体应符合以下基本要求。

（1）中文大写金额数字应用正楷或行书填写，如壹、贰、叁、肆、伍、陆、柒、捌、玖、拾、佰、仟、万、亿、元、角、分、零、整（正）等字样，不得用一、二（两）、三、四、五、六、七、八、九、十、廿、毛、另（或 0）填写。不得自造简化字。如果金额数字书写中使用繁体字，也应受理。

（2）中文大写金额数字写到"元"为止，在"元"之后，应写"整"（或"正"）字；在"角"之后可以不写"整"（或"正"）字；大写金额数字有"分"的，"分"后面不写"整"（或"正"）字。

（3）中文大写金额数字前应标明"人民币"字样，大写金额数字应紧接"人民币"字样填写，不得留有空白。大写金额数字前未印"人民币"字样的，应加填"人民币"三字。在票据和结算凭证大写金额栏内不得预印固定的"仟 佰 拾 万 仟 佰 拾 元 角 分"字样。

（4）阿拉伯小写金额数字中有"0"时，中文大写应按照汉语语言规律、金额数字构成和防止涂改的要求进行书写。举例如下。

① 阿拉伯金额数字中间有"0"时，中文大写金额要写"零"字。例如，¥1 409.50，应写成"人民币壹仟肆佰零玖元伍角整（正）"或"人民币壹仟肆佰零玖元伍角"。

② 阿拉伯金额数字中间有几个"0"时，中文大写金额中间可以只写一个"零"字。例如，¥6 007.14，应写成"人民币陆仟零柒元壹角肆分"。

③ 阿拉伯金额数字万位或元位是"0"，或者数字中间连续有几个"0"，万位、元位也是"0"，但千位、角位不是"0"时，中文大写金额可以只写一个"零"字，也可以不写"零"字。例如，¥1 680.32，应写成"人民币壹仟陆佰捌拾元零叁角贰分"或"人民币壹仟陆佰捌拾元叁

角贰分"；又如，¥107 000.53，应写成"人民币壹拾万柒仟元零伍角叁分"或"人民币壹拾万零柒仟元伍角叁分"。

④ 阿拉伯金额数字角位是"0"，而分位不是"0"时，中文大写金额"元"后面应写"零"字。例如，¥16 409.02，应写成"人民币壹万陆仟肆佰零玖元零贰分"；又如，¥325.04，应写成"人民币叁佰贰拾伍元零肆分"。

（5）阿拉伯小写金额数字前面均应填写人民币符号"¥"。阿拉伯小写金额数字要认真填写，不得连写。

（6）票据的出票日期必须使用中文大写。为防止变造票据的出票日期，在填写月、日时，月为壹、贰和拾，日为壹至玖和壹拾、贰拾和叁拾的，应在其前加"零"字；日为拾壹至拾玖的，应在其前面加"壹"字。例如，2月12日，应写成"零贰月壹拾贰日"；10月20日，应写成"零壹拾月零贰拾日"。票据出票日期使用小写填写的，银行不予受理。大写日期未按要求规范填写的，银行可予受理，但由此造成损失的，由出票人自行承担。

票据和结算凭证的金额、出票或签发日期、收款人名称不得更改，更改的票据无效；更改的结算凭证，银行不予受理。对票据和结算凭证上的其他记载事项，原记载人可以更改，更改时应当由原记载人在更改处签章证明。

【例2-2】 2019年3月5日，C公司购进材料一批，货款金额共计8 208.03元，以支票结算。公司新来的出纳小李，在填写支票时将日期写为"2019年3月5日"，金额大写为"人民币捌仟贰佰零捌元叁分整"。小李填写的支票正确吗？

【解析】 不正确。根据规定，票据的出票日期必须使用中文大写；金额大写应为"人民币捌仟贰佰零捌元零叁分"。

案例分析

【案例2-2】 2019年4月18日，深圳甲公司与江西某粮油公司签订大米购销合同。4月20日，甲公司业务员沈某依照合同到M银行营业部办理货款电汇，银行经过审查，受理了凭证，并加盖"受理凭证专用章"。沈某持此金额9万元电汇回单，交给江西某粮油公司常驻深圳的业务员姜某，姜某随即将回单电传回公司。4月25日，江西某粮油公司发货运至深圳交给甲公司，但迟迟收不到电汇款，后派人前往银行查询，银行因甲公司账上无款，没有转账。4月29日，江西某粮油公司将凭证退回给该公司经办人沈某。沈某躲避江西来人，江西某粮油公司多次追款没有结果，认为甲公司以空头电汇回单欺骗他们，M银行营业部予以受理有过错，两者应连带承担民事责任，故向某区法院提起诉讼。

法院经审理认为，原告与被告甲公司签订的购销合同合法有效，被告甲公司没有履行合同中的付款义务，是一种违约行为，理应承担民事责任；被告M银行营业部按规定履行工作职责，正常操作业务，没有过错；原告依据电汇回单发货，审查把关不严，对自身遭受的经济损失也有责任；故根据《中华人民共和国经济合同法》第三十二条的规定，判决被告甲公司在本判决生效之日起10日内偿清所欠原告货款，驳回原告对被告M银行营业部连带承担民事责任的诉讼请求。

分析与提示：

结算即支付结算，是银行代客户清偿债权债务、收付款项的一种传统业务。对商业银行来说，这是一项业务量大、风险度小、收益稳定的典型中间业务。根据中国人民银行 1997 年 10 月发布的《支付结算办法》，支付结算是指单位、个人在社会经济活动中使用票据、银行卡、汇兑、托收承付、委托收款等结算方式进行货币给付及其资金清算的行为。世界各国的商业银行关于货币给付及其资金清算的手段工具大体相同。目前，我国商业银行的支付结算业务也基本与国际接轨。

支付结算是在银行存款业务基础上产生的中间业务，也是当前我国银行业务量最大的一项中间业务。商业银行通过支付结算业务成为全社会的转账结算中心和货币出纳中心。支付结算业务不仅能为银行带来安全、稳定的收益，同时也是积聚闲散资金、扩大银行信贷资金来源的重要手段。规范和发展商业银行的支付结算业务，对市场经济的健康稳定发展具有不可估量的重大社会意义：① 加速资金周转，促进商品流通，提高资金运转效率；② 节约现金，调节货币流通，节约社会流通费用；③ 加强资金管理，提高票据意识，增强信用观念；④ 巩固经济合同制和经济核算制；⑤ 综合反映结算信息，监督国民经济活动，维护社会金融秩序的稳定等。

但是近几年来，犯罪分子通过银行结算业务的漏洞和疏忽之处进行诈骗，其方法多样、手段隐蔽，违反了国家的有关法规，使本来风险很小的商业银行中间业务隐藏着极大的风险。

课堂练习

不定项选择题（从以下备选答案中选出一个或两个及以上符合题意的正确答案）

1. 下列办理支付结算的主体中，属于中介机构性质的为（　　　）。
   A. 银行　　　　　　B. 国家　　　　　　C. 企业　　　　　　D. 个人

2. 下列关于填写票据和结算凭证的表述中，不正确的有（　　　）。
   A. 票据和结算凭证中文大写金额数字应用正楷或行书填写，用繁体字，也应受理
   B. 阿拉伯小写金额数字前面，均应填写人民币符号"￥"
   C. 少数民族地区和外国驻华使领馆根据实际需要，金额大写可以使用少数民族文字或外国文字
   D. 票据的出票日期必须使用中文大写，小写的银行不予受理

3. 下列各项中，符合《支付结算办法》规定的有（　　　）。
   A. 用繁体字书写中文大写金额数字
   B. 中文大写金额数字的"角"之后不写"整"（或"正"）字
   C. 阿拉伯小写金额数字前面应填写人民币符号"￥"
   D. 用阿拉伯数字填写票据出票日期

4. 根据《支付结算办法》的规定，（　　　）是支付结算和资金清算的中介机构。
   A. 银行　　　　B. 城市信用合作社　　　　C. 农村信用合作社　　D. 保险公司

5. 使用中文大写填写票据的出票日期时，应在其前面加"零"的月份有（　　　）。
   A. 壹月　　　　　　B. 贰月　　　　　　C. 叁月　　　　　　D. 壹拾月

答案提示

1. A　2. C　3. ABC　4. ABC　5. ABD

第三节　银行结算账户

（银行结算账户）

　　为加强和完善银行结算账户管理，中国人民银行于 2003 年 4 月 10 日发布了《人民币银行结算账户管理办法》（以下简称《账户管理办法》），于 2003 年 9 月 1 日起施行。为了实施该办法，中国人民银行于 2005 年 1 月 19 日又发布了《人民币银行结算账户管理办法实施细则》（以下简称《账户管理办法实施细则》），于 2005 年 1 月 31 日起施行。本节将根据上述规定，对人民币银行结算账户管理制度的基本内容加以说明。

一、银行结算账户的概念与分类

（一）银行结算账户的概念

　　人民币银行结算账户（以下简称银行结算账户）是指存款人在经办银行开立的办理资金收付结算的人民币活期存款账户。这里的存款人是指在中国境内开立银行结算账户的机关、团体、部队、企业、事业单位、其他组织、个体工商户和自然人；银行是指在中国境内经中国人民银行批准经营支付结算业务的政策性银行、商业银行（含外资独资银行、中外合资银行、外国银行分行）、城市商业银行、城市信用合作社、农村信用合作社。从该定义可知，银行结算账户具有以下特点。

　　1. 办理人民币业务

　　办理人民币业务与外币存款账户不同，外币存款账户办理的是外币业务，其开立和使用应遵守国家外汇管理局的有关规定；而银行结算账户办理的是人民币业务，其开立和使用应遵守中国人民银行的有关规定。

　　2. 办理资金收付结算业务

　　办理资金收付结算业务与储蓄账户不同，储蓄的基本功能是存取本金和支取利息，储蓄账户不具有办理资金收付结算的功能，其开立和使用应遵守《储蓄管理条例》的规定。

　　3. 活期存款账户

　　活期存款账户与单位定期存款账户不同，单位定期存款账户不具有结算功能，该类账户的开立和使用应遵守《人民币单位存款管理办法》的规定。

（二）银行结算账户的分类

　　1. 按存款人不同分类

　　按存款人不同，银行结算账户分为单位银行结算账户和个人银行结算账户。

　　（1）单位银行结算账户是指存款人以单位名称开立的银行结算账户。这里所说的单位包括机关、团体、部队、企业、事业单位和其他组织。根据《账户管理办法》的规定，个体工商户凭营业执照以字号或经营者姓名开立的银行结算账户纳入单位银行结算账户管理。

　　（2）个人银行结算账户是指存款人凭个人身份证件以自然人名称开立的银行结算账户。这里所说的个人包括中国公民（含香港、澳门、台湾居民）和外国公民。个人因投资、消费使用各种支付工具（包括借记卡、信用卡）在银行开立的银行结算账户纳入个人银行结算账户管理。

邮政储蓄机构办理银行卡业务开立的账户也纳入个人银行结算账户管理。

单位银行结算账户按用途不同，分为基本存款账户、一般存款账户、专用存款账户和临时存款账户。

根据《账户管理办法》的规定，存款人开立基本存款账户、临时存款账户（因注册验资和增资验资开立的除外）、预算单位专用存款账户和 QFII 专用存款账户（合格的境外机构投资者在境内从事证券投资开立的人民币特殊账户和人民币结算资金账户）实行核准制，经中国人民银行核准后由银行核发开户登记证。其他账户一般无须中国人民银行核准，只需在中国人民银行办理备案。

2019 年 7 月 22 日，中国人民银行宣布全面取消企业银行账户许可，境内依法设立的企业法人、非法人企业、个体工商户（以下统称企业）在银行办理基本存款账户、临时存款账户由核准制改为备案制，人民银行不再核发开户许可证。银行为企业开立、变更、撤销基本存款账户、临时存款账户，只需通过人民币银行结算账户管理系统向中国人民银行当地分支行备案。

但是，机关、事业单位等其他单位办理银行账户业务仍按现行银行账户管理制度执行。机关、实行预算管理的事业单位开立基本存款账户、临时存款账户和专用存款账户，应经财政部门批准并经中国人民银行核准，另有规定的除外。

2．按开户地不同分类

按开户地不同，银行结算账户分为本地银行结算账户和异地银行结算账户。

（1）本地银行结算账户是指存款人在注册地或住所地开立的银行结算账户。这里的注册地是指存款人的营业执照等开户证明文件上记载的住所地。

（2）异地银行结算账户是指存款人根据规定的条件在异地（跨省、市、县）开立的银行结算账户。

银行结算账户的类别不同，其开立、使用和管理也不尽相同。

二、银行结算账户管理的基本原则

根据《账户管理办法》的有关规定，银行结算账户管理应当遵守以下基本原则。

（一）一个基本存款账户原则

单位银行结算账户的存款人只能在银行开立一个基本存款账户，不能多头开立基本存款账户。

议一议

企业能否在不同的银行开立多个基本存款账户？为什么？

（二）自主选择原则

存款人可以自主选择银行开立账户，除国家法律、行政法规和国务院另有规定外，任何单位和个人不得强令存款人到指定银行开立银行结算账户。

（三）守法合规原则

银行结算账户的开立和使用应当遵守法律、行政法规，不得利用银行结算账户进行偷逃税款、逃废账务、套取现金及其他违法犯罪活动。

（四）存款信息保密原则

银行必须依法为存款人的银行结算账户信息保密。根据《账户管理办法》的规定，对单位银行结算账户的存款和有关资料，除国家法律、行政法规另有规定外，银行有权拒绝任何单位或个人查询；对个人银行结算账户的存款和有关资料，除国家法律另有规定外，银行有权拒绝任何单位或个人查询。

三、银行结算账户的开立、变更和撤销

（一）银行结算账户的开立

存款人应在注册地或住所地开立银行结算账户。符合异地（跨省、市、县）开户条件的，也可以在异地开立银行结算账户。开立银行结算账户应遵循存款人自主选择原则。除国家法律、行政法规和国务院另有规定外，任何单位和个人不得强令存款人到指定银行开立银行结算账户。

1. 开立银行结算账户的一般程序

（1）存款人申请开立银行结算账户时，应填制开户申请书，提供规定的证明文件。

（2）开户银行应对存款人的开户申请书填写的事项和证明文件的真实性、完整性和合规性进行认真审查。

（3）中国人民银行对银行报送的基本存款账户、临时存款账户和专用存款账户的开户资料的合规性应于2个工作日内予以审核，符合开户条件的，予以核准；不符合开户条件的，应在开户申请书上签署意见，连同有关证明文件一并退回报送银行。符合开立一般存款账户、其他专用存款账户和个人银行结算账户条件的，银行应办理开户手续，并于开户之日起5个工作日内向中国人民银行当地分支行备案。银行为存款人开立一般存款账户、临时存款账户和专用存款账户，应自开户之日起3个工作日内书面通知基本存款账户开户银行。

根据《企业银行结算账户管理办法》的有关规定，银行为企业开立、变更、撤销基本存款账户、临时存款账户，只需通过人民币银行结算账户管理系统向中国人民银行当地分支行备案。银行为企业开立基本存款账户、临时存款账户后应当立即至迟于当日将开户信息通过人民币银行结算账户管理系统向当地中国人民银行分支行备案，并在2个工作日内将开户资料复印件或影像报送当地中国人民银行分支行。

（4）开立银行结算账户时，银行应与存款人签订银行结算账户管理协议，明确双方的权利与义务。银行应建立存款人预留签章卡片，并将签章式样和有关证明文件的原件或复印件留存归档。

（5）存款人开立单位银行结算账户，自正式开立之日起3个工作日后，方可使用该账户办理付款业务，但注册验资的临时存款账户转为基本存款账户和因借款转存开立的一般存款账户除外。"正式开立之日"具体是指：对于核准类银行结算账户，"正式开立之日"为中国人民银行当地分支行的核准日期；对于非核准类单位银行结算账户，"正式开立之日"为银行为存款人办理开户手续的日期。

根据《企业银行结算账户管理办法》第十七条规定，企业银行结算账户，自开立之日即可办理收付款业务。

2. 开立银行结算账户应当注意的问题

（1）存款人的预留签章：存款人为单位的，其预留签章为该单位的公章或财务专用章加其法定代表人（单位负责人）或其授权代理人的签名或盖章；存款人为个人的，其预留签章为该

个人的签名或盖章。

（2）存款人在申请开立单位银行结算账户时，其申请开立的银行结算账户的账户名称、出具的开户证明文件上记载的存款人名称及预留银行签章中公章或财务专用章的名称应保持一致，但下列情形除外。

① 因注册验资开立的临时存款账户，其账户名称为工商行政管理部门核发的企业名称预先核准通知书或政府有关部门批文中注明的名称，其预留银行签章中公章或财务专用章的名称应是存款人与银行在银行结算账户管理协议中约定的出资人名称。

② 预留银行签章中公章或财务专用章的名称依法可使用简称的，账户名称应与其保持一致。

③ 没有字号的个体工商户开立的银行结算账户，其预留签章中公章或财务专用章应是个体户字样加营业执照上载明的经营者的签字或盖章。

（3）存款人因注册验资或增资验资开立临时存款账户后，需要在临时存款账户有效期届满前退还资金的，应出具工商行政管理部门的证明；无法出具证明的，应于账户有效期届满后办理销户退款手续。

（4）中国人民银行当地分支行在核准存款人开立基本存款账户后，应为存款人打印初始密码，由开户银行转交存款人。存款人可到中国人民银行当地分支行或基本存款账户开户银行，提交基本存款账户开户许可证，使用密码查询其已经开立的所有银行结算账户的相关信息。

根据《企业银行结算账户管理办法》的有关规定，银行完成企业基本存款账户信息备案后，人民币银行结算账户管理系统生成基本存款账户编号，并在企业基本信息"经营范围"中标注"取消开户许可证核发"字样。银行应当通过人民币银行结算账户管理系统打印《基本存款账户信息》和存款人查询密码，并交付企业。企业基本存款账户编号代替原基本存款账户核准号使用。

（二）银行结算账户的变更

银行结算账户的变更是指存款人名称、单位法定代表人或主要负责人、住址及其他开户资料发生的变更。

根据《账户管理办法》的有关规定，银行结算账户的存款人名称发生变更，但不改变开户银行及账号，应于 5 个工作日内向开户银行提出银行结算账户的变更申请，并出具有关的证明文件。单位法定代表人或主要负责人、住址及其他开户资料发生变更时，应于 5 个工作日内书面通知开户银行并提供有关证明文件。银行接到存款人的变更通知后，应及时办理变更手续，并于 2 个工作日内向中国人民银行报告。

根据《企业银行结算账户管理办法》的有关规定，银行为企业变更基本存款账户、临时存款账户，应当于 2 个工作日内通过人民币银行结算账户管理系统向中国人民银行当地分支行备案，并将账户变更资料复印件或影像报送中国人民银行当地分支行。企业变更取消许可前开立的基本存款账户、临时存款账户名称、法定代表人或单位负责人的，银行应当收回原开户许可证原件。企业遗失原开户许可证的，可出具相关说明。

（三）银行结算账户的撤销

银行结算账户的撤销是指存款人因开户资格或其他原因终止银行结算账户使用的行为。

1. 撤销银行结算账户的事由

根据《账户管理办法》的规定，发生下列事由之一的，存款人应向开户银行提出撤销银行结算账户的申请。

（1）被撤并、解散、宣告破产或关闭的。

（2）被注销、被吊销营业执照的。

（3）因迁址需要变更开户银行的。

（4）其他原因需要撤销银行结算账户的。

2. 撤销银行结算账户的程序

（1）存款人发生被撤并、解散、宣告破产或关闭，或者被注销、被吊销营业执照等主体资格终止的，应于5个工作日内向开户银行提出撤销银行结算账户的申请。存款人申请撤销基本存款账户的，存款人基本存款账户的开户银行应自撤销银行结算账户之日起2个工作日内，将撤销该基本存款账户的情况说明书面通知该存款人其他银行结算账户的开户银行；存款人其他银行结算账户的开户银行应自收到通知之日起2个工作日内，通知存款人撤销有关银行结算账户；存款人应自收到通知之日起3个工作日内，办理其他银行结算账户的撤销。

根据《账户管理办法实施细则》的有关规定，存款人主体资格终止后撤销银行结算账户的，应先撤销一般存款账户、专用存款账户、临时存款账户，将账户资金转入基本存款账户后，方可办理基本存款账户的撤销。

银行得知存款人主体资格终止情况的，存款人超过规定期限未主动办理撤销银行结算账户手续的，银行有权停止其银行结算账户的对外支付。

（2）存款人因迁址或其他原因撤销银行结算账户的，银行在收到存款人撤销银行结算账户的申请后，对于符合销户条件的，应在2个工作日内办理撤销手续。存款人撤销基本存款账户后，需要重新开立基本存款账户的，应在撤销其原基本存款账户后10日内申请重新开立基本存款账户。

3. 办理银行结算账户撤销的注意事项

（1）未获得工商行政管理部门核准登记的单位，在验资期满后，应向银行申请撤销注册验资临时存款账户，其账户资金应退还给原汇款人账户。注册验资资金以现金方式存入，出资人提取现金的，应出具缴存现金时的现金缴款原件及其有效身份证件。

（2）存款人尚未清偿其开户银行债务的，不得申请撤销该账户。

（3）存款人撤销银行结算账户，必须与开户银行核对银行结算账户存款余额，交回各种重要空白票据及结算凭证和开户登记证，银行核对无误后方可办理销户手续。存款人未按规定交回各种重要空白票据及结算凭证的，应出具有关证明，造成损失的，由其自行承担。

（4）银行撤销单位银行结算账户时，应在其基本存款账户开户登记证上注明销户日期并签章，同时于撤销银行结算账户之日起2个工作日内，向中国人民银行报告。

银行为企业撤销基本存款账户、临时存款账户，应当于2个工作日内通过人民币银行结算账户管理系统向中国人民银行当地分支行备案，并将账户撤销资料复印件或影像报送中国人民银行当地分支行。

（5）银行对1年未发生收付活动且未欠开户银行债务的单位银行结算账户，应通知单位自发出通知之日起30日内办理销户手续，逾期视同自愿销户，未划转款项列入久悬未取专户管理。

（6）企业撤销取消许可前开立基本存款账户、临时存款账户的，银行应当收回原开户许可证原件。因转户原因撤销基本存款账户的，银行还应打印"已开立银行结算账户清单"并交付企业。

四、基本存款账户

（一）基本存款账户的使用范围

基本存款账户是存款人因办理日常转账结算和现金收付需要而开立的银行结算账户。基本存款账户是存款人的主办账户，该账户主要用于办理存款人日常经营活动的资金收付及其工资、奖金和现金的支取。存款人只能在银行开立一个基本存款账户，其他银行结算账户的开立必须以基本存款账户的开立为前提。

（二）开立基本存款账户的要求

1. 开立基本存款账户的存款人资格

根据《账户管理办法》的规定，下列存款人可以申请开立基本存款账户。

（1）企业法人。

（2）非法人企业。

（3）机关、事业单位。

（4）团级（含）以上军队、武警部队及分散值勤的支（分）队。

（5）社会团体。

（6）民办非企业组织。

（7）异地常设机构。

（8）外国驻华机构。

（9）个体工商户。

（10）居民委员会、村民委员会、社区委员会。

（11）单位设立的独立核算的附属机构。

（12）其他组织。

由上可见，凡是具有民事权利能力和民事行为能力，并依法独立享有民事权利和承担民事义务的法人和其他组织，均可以开立基本存款账户。同时，有些单位虽然不是法人组织，但具有独立核算资格，有自助办理资金结算的需要，包括非法人企业（如具有营业执照的企业集团下属的分公司）、外国驻华机构、个体工商户、单位设立的独立核算的附属机构（单位附属独立核算的食堂、招待所、幼儿园）等，也可以开立基本存款账户。

想一想

根据《账户管理办法》的规定，存款人办理支取职工工资、奖金的，只能通过什么账户办理？

2. 开立基本存款账户所需的证明文件

开立基本存款账户应按照规定的程序办理并提交有关证明文件。

根据《账户管理办法》的规定，存款人申请开立基本存款账户，应向银行出具下列证明文件。

（1）企业法人，应出具企业法人营业执照正本。

（2）非法人企业，应出具企业营业执照正本。

（3）机关和实行预算管理的事业单位，应出具政府人事部门或编制委员会的批文或登记证书和财政部门同意其开户的证明；非预算管理的事业单位，应出具政府人事部门或编制委员会的批文或登记证书。

（4）团级（含）以上军队、武警部门及分散值勤的支（分）队，应出具军队军级以上单位财务部门、武警总队财务部门的开户证明。

（5）社会团体，应出具社会团体等级证书，宗教组织还应出具宗教事务管理部门的批文或证明。

（6）民办非企业组织，应出具民办非企业登记证书。

（7）异地常设机构，应出具其驻地政府主管部门的批文。

（8）外国驻华机构，应出具国家有关主管部门的批文或证明；外资企业驻华代表处、办事处，应出具国家登记机关颁发的登记证。

（9）个体工商户，应出具个体工商户营业执照正本。

（10）居民委员会、村民委员会、社区委员会，应出具其主管机关部门登记证和批文。

（11）单位设立的独立核算的附属机构，应出具其主管部门的基本存款账户开户登记证和批文。

（12）其他组织，应出具政府主管部门的批文或证明。

如果上述存款人为从事生产、经营活动纳税人的，还应出具税务部门颁发的税务登记证。

（三）开立基本存款账户的程序

根据《账户管理办法》的有关规定，存款人申请开立银行结算账户时，应填制开户申请书，提供规定的证明文件；银行应对存款人的开户申请书中填写的事项和证明文件的真实性、完整性和合规性进行认真审查，并将审查后的存款人提交的上述文件和审核意见等开户资料报送中国人民银行当地分支行，经其核准后办理开户手续。但2019年7月22日企业开立基本存款账户实行备案制。

五、一般存款账户

（一）一般存款账户的使用范围

一般存款账户是存款人因借款或其他结算需要，在基本存款账户开户银行以外的银行营业机构开立的银行结算账户。一般存款账户用于办理存款人借款转存、借款归还和其他结算的资金收付。该账户可以用于办理现金缴存，但不得用于办理现金支取。

（二）开立一般存款账户的要求

1. 开立一般存款账户的存款人资格

开立基本存款账户的存款人都可以开立一般存款账户。根据规定，只要存款人具有借款或其他结算需要，都可以申请开立一般存款账户，且没有数量限制。

2. 开立一般存款账户所需的证明文件

根据《账户管理办法》的规定，存款人申请开立一般存款账户，应向银行出具下列证明文件。

（1）开立基本存款账户的证明文件。

（2）基本存款账户开户登记证（2019年7月22日起，持有基本存款账户编号的企业申请开立一般存款账户应当提供基本存款账户编号，企业基本存款账户编号代替原基本存款账户核准号使用）。

（3）存款人因向银行借款需要，应出具借款合同。

（4）存款人因其他结算需要，应出具有关证明。

议一议

根据《账户管理办法》的规定，存款人可以申请开立多少个一般存款账户？

（三）开立一般存款账户的程序

根据《账户管理办法》的有关规定，存款人申请开立一般存款账户时，应填制开户申请书，提供规定的证明文件；银行应对存款人的开户申请书填写的事项和证明文件的真实性、完整性和合规性进行认真审查；符合开立一般存款账户条件的，银行应办理开户手续，同时应在其基本存款账户开户许可证上登记账户名称、账号、账户性质、开户银行和开户日期，并签章，于开户之日起 5 个工作日内向中国人民银行当地分支行备案；自开立一般存款账户之日起 3 个工作日内书面通知基本存款账户开户银行。

由上可见，开立一般存款账户实行备案制，无须中国人民银行核准。

【例 2-3】 某公司在中国工商银行开立基本存款账户，因业务需要在中国建设银行开立一般存款账户。2019 年 3 月 5 日，该公司签发了一张金额为 50 万元的现金支票，向中国建设银行提示付款，中国建设银行的工作人员拒绝办理该笔业务。中国建设银行工作人员的做法正确吗？

【解析】 中国建设银行工作人员的做法是正确的。因为根据规定，一般存款账户用于办理存款人借款转存、借款归还和其他结算的资金收付，可以用于办理现金缴存，但不得用于办理现金支取。

六、专用存款账户

（一）专用存款账户的使用范围

专用存款账户是存款人按照法律、行政法规和规章，对其特定用途资金进行专项管理和使用而开立的银行结算账户。专用存款账户用于办理各项专用资金的收付。

针对不同的专用资金，《账户管理办法》规定了不同的使用范围。

（1）单位银行卡账户的资金必须由其基本存款账户转账存入，该账户不得办理现金收付业务。

（2）财政预算外资金、证券交易结算资金、期货交易保证金和信托基金专用存款账户，不得支取现金。

（3）基本建设资金、更新改造资金、政策性房地产开发资金、金融机构存放同业资金专用存款账户需要支取现金的，应在开户时报中国人民银行当地分支行批准。中国人民银行当地分支行应根据国家现金管理的规定审查批准。

（4）粮、棉、油收购资金，社会保障基金，住房基金和党、团、工会经费等专用存款账户支取现金的，应按照国家现金管理的规定办理。

（5）收入汇缴账户除向其基本存款账户或预算外资金财政专用存款账户划缴款项外，只收不付，不得支取现金。业务支出账户除从其基本存款账户拨入款项外，只付不收，其现金支取必须按照国家现金管理的规定办理。

想一想

专用存款账户和基本存款账户可以通用吗？为什么？

（二）开立专用存款账户的要求

1. 开立专用存款账户的条件

专用存款账户是针对特定事项开立的存款账户。根据《账户管理办法》的规定，对下列资金的管理与使用，存款人可以申请开立专用存款账户。

（1）基本建设资金。

（2）更新改造资金。

（3）财政预算外资金。

（4）粮、棉、油收购资金。

（5）证券交易结算资金。

（6）期货交易保证金。

（7）信托基金。

（8）金融机构存放同业资金。

（9）政策性房地产开发资金。

（10）单位银行卡备用金。

（11）住房基金。

（12）社会保障基金。

（13）收入汇缴资金和业务支出资金。

（14）党、团、工会设在单位的组织机构经费。

（15）其他按规定需要专项管理和使用的资金。

上述收入汇缴资金和业务支出资金，是指基本存款账户存款人附属的非独立核算单位或派出机构发生的收入和支出的资金。因收入汇缴资金和业务支出资金开立的专用存款账户，应使用隶属单位的名称。

2. 开立专用存款账户所需的证明文件

根据《账户管理办法》的规定，存款人申请开立专用存款账户，应向银行出具其开立基本存款账户规定的证明文件、基本存款账户开户登记证（2019年7月22日起，持有基本存款账户编号的企业申请开立专用存款账户应当提供基本存款账户编号，企业基本存款账户编号代替原基本存款账户核准号使用）和下列证明文件。

（1）基本建设资金、更新改造资金、政策性房地产开发资金、住房基金、社会保障基金，应出具主管部门的证明。

（2）财政预算外资金，应出具财政部门的证明。

（3）粮、棉、油收购资金，应出具主管部门的批文。

（4）单位银行卡备用金，应按照中国人民银行批准的银行卡章程的规定出具有关证明和资料。

（5）证券交易结算资金，应出具证券公司或证券管理部门的证明。

（6）期货交易保证金，应出具期货公司或期货管理部门的证明。

（7）金融机构存放同业资金，应出具其证明。

（8）收入汇缴资金和业务支出资金，应出具基本存款账户存款人有关的证明。

（9）党、团、工会设在单位的组织机构经费，应出具该单位或有关部门的批文或证明。

（10）其他按规定需要专项管理和使用的资金，应出具有关法规、规章或政府部门的有关文件。

（三）开立专用存款账户的程序

根据《账户管理办法》的有关规定，存款人申请开立专用存款账户时，应填制开户申请书，提供规定的证明文件；银行应对存款人的开户申请书填写的事项和证明文件的真实性、完整性和合规性进行认真审查；如果专用存款账户属于预算单位专用存款账户的，银行应将存款人的开户申请书、相关的证明文件和银行审核意见等开户资料报送中国人民银行当地分支行，经其对申报资料进行合规性审查并核准后办理开户手续，该核准程序与基本存款账户的核准程序相同；如果属于预算单位专用存款账户之外的其他专用存款账户，银行应办理开户手续，并于开户之日起 5 个工作日内向中国人民银行当地分支行备案。

银行在办理专用存款账户开户手续时，同时应在其基本存款账户开户许可证上登记账户名称、账号、账户性质、开户银行和开户日期，并签章，自开立专用存款账户之日起 3 个工作日内书面通知基本存款账户开户银行。

七、临时存款账户

（一）临时存款账户的使用范围

临时存款账户是存款人因临时需要并在规定期限内使用而开立的银行结算账户。根据《账户管理办法》的规定，存款人有下列情况的，可以申请开立临时存款账户。

（1）设立临时机构，如工厂指挥部、筹备领导小组、摄制组等。

（2）异地临时经营活动，如建筑施工及安装单位等。

（3）注册验资。

（4）境外（含中国港、澳、台地区）机构在境内从事经营活动等。

（二）开立临时存款账户的要求

根据《账户管理办法》的规定，存款人申请开立临时存款账户，应向银行出具下列证明文件。

（1）临时机构，应出具其驻在地主管部门同意设立临时机构的批文。

（2）异地建筑施工及安装单位，应出具其营业执照正本或其隶属单位的营业执照正本，以及施工及安装地建筑主管部门核发的许可证或建筑施工及安装合同。

（3）异地从事临时经营活动的单位，应出具其营业执照正本及临时经营地工商行政管理部门的批文。

（4）注册验资资金，应出具工商行政管理部门核发的企业名称预先核准通知书或有关部门的批文。

上述第（2）、（3）项，存款人还应出具其基本存款账户开户登记证（2019 年 7 月 22 日起，持有基本存款账户编号的企业申请开立临时存款账户应当提供基本存款账户编号，企业基本存款账户编号代替原基本存款账户核准号使用）。

（三）开立临时存款账户的程序

根据《账户管理办法》的有关规定，存款人申请开立临时存款账户时，应填制开户申请书，提供规定的证明文件；银行应对存款人的开户申请书填写的事项和证明文件的真实性、完整性和合规性进行认真审查；银行应将存款人的开户申请书、相关的证明文件和银行审核意见等开户资料报送中国人民银行当地分支行，经其对申报资料进行合规性审查并核准后办理开户手续，该核准程序与基本存款账户的核准程序相同。2019年7月22日起企业开立临时存款账户实行备案制。

银行在办理临时存款账户开户手续时，同时应在其基本存款账户开户许可证上登记账户名称、账号、账户性质、开户银行和开户日期，并签章，但临时机构和注册验资需要开立的临时存款账户除外。银行自开立临时存款账户之日起3个工作日内书面通知基本存款账户开户银行。

（四）临时存款账户使用中应注意的问题

临时存款账户在使用过程中应注意以下三点。

（1）临时存款账户应根据有关开户证明文件确定的期限或存款人的需要确定其有效期限。存款人在账户的使用中需要延长期限的，应在有效期限内向开户银行提出申请，并由开户银行报中国人民银行当地分支行核准后办理展期，并由该分支行收回原临时存款账户开户许可证，办理新的临时存款账户开户许可证。中国人民银行当地分支行不核准展期申请的，存款人应当及时办理该临时存款账户的撤销手续。临时存款账户的有效期最长不得超过2年。

（2）临时存款账户支取现金，应按照国家现金管理的规定办理。

（3）注册验资的临时存款账户在验资期间只收不付，注册验资资金的汇缴人应与出资人的名称一致。增资验资临时存款账户的使用和撤销比照注册验资开立的临时存款账户管理。

八、个人银行结算账户

（一）个人银行结算账户的使用范围

个人银行结算账户是自然人因投资、消费和结算等而开立的可办理支付结算业务的存款账户。个人银行结算账户用于办理个人转账收付和现金存取。储蓄账户仅限于办理现金存取业务，不得办理转账结算。

个人银行结算账户实际有三项功能：第一，活期储蓄功能，可以通过个人结算存取存款本金和支付利息，该账户的利息按照活期储蓄利率计算；第二，普通转账结算功能，通过开立个人银行结算等账户，办理汇款，支付水、电、气等基本日常费用，代发工资等转账结算服务，使用汇兑、委托收款、借记卡、定期借记、定期贷记、电子钱包（IC）卡等转账工具；第三，通过个人银行结算账户使用支票、信用卡等信用支付工具。

根据《账户管理办法》的规定，下列款项可以转入个人银行结算账户。

（1）工资、奖金收入。

（2）稿费、演出费等劳务收入。

（3）债券、期货、信托等投资的本金和收益。

（4）个人债权或产权转让收益。

（5）个人贷款转存。

（6）证券交易结算资金和期货交易保证金。

（7）继承、赠与款项。

（8）保险理赔、保费退还等款项。

（9）纳税退还。

（10）农、副和矿产品销售收入。

（11）其他核发款项。

（二）开立个人银行结算账户的要求

1. 开立个人银行结算账户的条件

根据《账户管理办法》的规定，存款人有下列情况的，可以申请开立个人银行结算账户。

（1）使用支票、信用卡等信用支付工具的。

（2）办理汇兑、定期借记（如代付水、电、电话费）、定期贷记（代发工资）、借记卡等结算业务的。

自然人可根据需要申请开立个人银行结算账户，也可以在已开立的储蓄账户中选择并向开户银行申请确认为个人银行结算账户。

2. 开立个人银行结算账户所需的证明文件

根据《账户管理办法》的有关规定，存款人申请开立个人银行结算账户，应向银行出具下列证明文件。

（1）中国居民，应出具居民身份证或临时身份证。

（2）中国人民解放军军人，应出具军人身份证件。

（3）中国人民武装警察，应出具武警身份证件。

（4）香港、澳门居民，应出具港澳居民往来内地通行证；台湾居民，应出具台湾居民来往大陆通行证或者其他有效旅行证件。

（5）外国公民，应出具护照。

（6）法律、法规和国家有关文件规定的其他有效证件。

银行为个人开立银行结算账户时，根据需要还可要求申请人出具户口簿、驾驶执照和护照等有效证件。

（三）开立个人银行结算账户的程序

根据《账户管理办法》的有关规定，存款人申请开立个人银行结算账户时，应填制开户申请书，提供规定的证明文件；银行应对存款人的开户申请书填写的事项和证明文件的真实性、完整性和合规性进行认真审查；符合开立条件的，银行应办理开户手续，并于开户之日起5个工作日内向中国人民银行当地分支行备案。

（四）个人银行结算账户使用中应注意的问题

个人银行结算账户在使用过程中应注意以下五点。

（1）单位从其银行结算账户支付给个人银行结算账户的款项，每笔超过5万元的，应向其开户银行提供下列付款依据。

① 代发工资协议和收款人清单。

② 奖励证明。

③ 新闻出版、演出主办等单位与收款人签订的劳务合同或支付给个人款项的证明。

④ 证券公司、期货公司、信托投资公司、奖券发行或承销部门支付或退还给自然人款项的证明。

⑤ 债权或产权转让协议。

⑥ 借款合同。

⑦ 保险公司的证明。

⑧ 税收征管部门的证明。

⑨ 农、副、矿产品购销合同。

⑩ 其他合法款项的证明。

（2）从单位银行结算账户支付给个人银行结算账户的款项应纳税的，税收代扣单位付款时应向其开户银行提供完税证明。

（3）个人持出票人为单位的支票向开户银行委托收款，将款项转入其个人银行结算账户的，或个人持申请人为单位的银行汇票和银行本票向开户银行提示付款，将款项转入其个人银行结算账户的，个人应当提供前述有关收款依据。

（4）单位银行结算账户支付给个人银行结算账户款项的，银行应按有关规定，认真审查付款依据或收款依据的原件，并留存复印件，按会计档案保管。未提供相关依据或相关依据不符合规定的，银行应拒绝办理。

（5）储蓄账户仅限于办理现金存取业务，不得办理转账结算。

九、异地银行结算账户

（一）异地银行结算账户的使用范围

异地银行结算账户是指存款人根据规定的条件在异地（跨省、市、县）开立的银行结算账户。根据《账户管理办法》的规定，单位或个人只要符合相关条件，均可根据需要在异地开立相应的银行结算账户。

根据《账户管理办法》的规定，存款人有下列情形之一的，可以在异地开立有关银行结算账户。

（1）营业执照注册地与经营地不在同一行政区域（跨省、市、县）需要开立基本存款账户的。

（2）办理异地借款和其他结算需要开立一般存款账户的。

（3）存款人因附属的非独立核算单位或派出机构发生的收入汇缴和业务支出需要开立专用存款账户的。

（4）异地临时经营活动需要开立临时存款账户的。

（5）自然人根据需要在异地开立个人银行结算账户的。

（二）开立异地银行结算账户的要求

存款人需要在异地开立单位银行结算账户的，根据开立存款账户的种类不同，除出具开立基本存款账户、一般存款账户、专用存款账户和临时存款账户规定的有关证明文件外，还应出具下列相应的证明文件。

（1）经营地与注册地不在同一行政区域的存款人，在异地开立基本存款账户的，应出具注册地中国人民银行分支行的未开立基本存款账户的证明。

（2）异地借款的存款人在异地开立一般存款账户的，应出具在异地取得贷款的借款合同。

（3）因经营需要在异地办理收入汇缴和业务支出的存款人，在异地开立专用存款账户的，应出具隶属单位的证明。

其中，属于第（2）、（3）项情况的，还应出具其基本存款账户开户登记证。

（三）开立异地银行结算账户的程序

开立异地银行结算账户的，根据其账户的种类不同，开立程序与前述相关账户开立的程序相同。

十、银行结算账户的管理

加强银行结算账户的管理是维护正常结算秩序的基础，是加强信贷、结算监督和现金管理的重要措施之一。根据《账户管理办法》和《账户管理办法实施细则》的规定，银行结算账户的管理包括以下内容。

（一）中国人民银行的管理

中国人民银行是银行结算账户的监督管理部门，负责对银行结算账户的开立、使用、变更和撤销进行检查、监督，其对银行结算账户的管理主要有以下内容。

（1）负责监督、检查银行结算账户的开立、使用、变更和撤销，并实施监控和管理。中国人民银行当地分支行通过账户管理系统与支付系统、同城票据交换系统等系统的连接，实现相关银行结算账户信息的比对，依法检测和查处未经中国人民银行核准或未向中国人民银行备案的银行结算账户。

（2）负责基本存款账户、临时存款账户和预算单位专用存款账户开户许可证的管理。中国人民银行应将开户许可证作为重要空白凭证进行管理，建立、健全开户许可证的印制、保管、领用、颁发、收缴和销毁制度。任何单位及个人不得伪造、变造及私自印制开户许可证。

（3）对存款人、银行违反银行结算账户管理规定的行为，中国人民银行依法予以处罚。

（二）银行的管理

这里的银行是指开户银行。银行对银行结算账户的管理主要包括以下内容。

（1）负责所属营业机构银行结算账户开立和使用的管理，监督和检查其执行本办法的情况，纠正违规开立和使用银行结算账户的行为。

（2）应明确专人负责银行结算账户的开立、使用和撤销的审查和管理，负责对存款人开户申请资料的审查，并按照银行结算账户管理规定及时报送存款人开、销户信息资料，建立、健全开、销户登记制度，建立银行结算账户管理档案，按会计档案进行管理。银行结算账户管理档案的保管期限为银行结算账户撤销后10年。

（3）应对已开立的单位银行结算账户实行年检制度，检查开立的银行结算账户的合规性，核实开户资料的真实性；对不符合银行结算账户管理规定开立的单位银行结算账户，应予以撤销；对经核实的各类银行结算账户的资料变动情况，应及时报告中国人民银行当地分支行。

（4）应对存款人使用银行结算账户的情况进行监督，对存款人的可疑支付应按照中国人民银行规定的程序及时报告。

（三）存款人的管理

（1）存款人应加强对预留银行签章的管理。单位遗失预留公章或财务专用章的，应向开户银行出具书面申请、开户许可证和营业执照等相关证明文件；更换预留公章或财务专用章时，应向开户银行出具书面申请、原预留签章的式样等相关证明文件；更换预留公章或财务专用章但无法提供原预留公章或财务专用章的，应向开户银行出具原印鉴卡片、开户许可证、营业执照正本和司法部门的证明等相关证明文件；个人遗失或更换预留个人印章或更换签字人时，应向开户银行出具经签名确认的书面申请，以及原预留印章或签字人的个人身份证件。银行应留存相应的复印件，并凭以办理预留银行签章的变更。

（2）存款人应加强对开户许可证的管理。存款人的开户许可证遗失或毁损时，存款人应填制"补（换）发开户许可证申请书"，并加盖单位公章，比照有关开立银行结算账户的规定，通过开户银行向中国人民银行当地分支行提出补（换）发开户许可证的申请。申请换发开户许可证，存款人应缴回原开户许可证。

（3）存款人应妥善保管其密码。存款人在收到开户银行转交的初始密码之后，应到中国人民银行当地分支行或基本存款账户开户银行办理密码变更手续。存款人遗失密码的，应持其开户时需要出具的证明文件和基本存款账户开户许可证到中国人民银行当地分支行申请重置密码。

十一、违反银行结算账户管理制度的法律责任

根据《账户管理办法》的规定，违反银行结算账户管理制度的处罚包括以下内容。

（一）存款人违反银行结算账户管理制度的处罚

（1）存款人在开立、撤销银行结算账户过程中，有下列行为之一的，对于非经营性的存款人，给予警告并处以1 000元的罚款；对于经营性的存款人，给予警告并处以1万元以上3万元以下的罚款；构成犯罪的，移交司法机关依法追究刑事责任。

① 违反规定开立银行结算账户。

② 伪造、变造证明文件欺骗银行开立银行结算账户。

③ 违反规定不及时撤销银行结算账户。

（2）存款人在使用银行结算账户过程中，有下列行为之一的，对于非经营性的存款人，给予警告并处以1 000元的罚款；对于经营性的存款人，给予警告并处以5 000元以上3万元以下的罚款。

① 违反规定将单位款项转入个人银行结算账户。

② 违反规定支取现金。

③ 利用开立银行结算账户逃废银行债务。

④ 出租、出借银行结算账户。

⑤ 从基本存款账户之外的银行结算账户转账存入、将销货收入存入或现金存入单位信用卡账户。

（3）存款人的法定代表人或主要负责人、存款人地址及其他开户资料的变更事项未在规定期限内通知银行的，给予警告并处以1 000元的罚款。

（4）存款人违反规定，伪造、变造、私自印制开户许可证的，属非经营性的，处以1 000元的罚款；属经营性的，处以1万元以上3万元以下的罚款；构成犯罪的，移交司法机关依法追究刑事责任。

（二）银行及其有关人员违反银行结算账户管理制度的处罚

（1）银行在银行结算账户的开立过程中，有下列行为之一的，给予警告并处以 5 万元以上 30 万元以下的罚款；对该银行直接负责的高级管理人员、其他直接负责的主管人员、直接责任人员按规定给予纪律处分；情节严重的，中国人民银行有权停止对其开立基本存款账户的核准，责令该银行停业整顿或吊销经营金融业务许可证；构成犯罪的，移交司法机关依法追究刑事责任。

① 违反规定为存款人多头开立银行结算账户。

② 明知或应知是单位资金，而允许以自然人名称开立账户储蓄。

（2）银行在银行结算账户的使用中，有下列行为之一的，给予警告并处以 5 000 元以上 3 万元以下的罚款；对该银行直接负责的高级管理人员、其他直接负责的主管人员、直接责任人员按规定给予纪律处分；情节严重的，中国人民银行有权停止对其开立基本存款账户的核准；构成犯罪的，移交司法机关依法追究刑事责任。

① 提供虚假开户申请资料欺骗中国人民银行许可开立基本存款账户、临时存款账户和预算单位专用存款账户。

② 开立或撤销单位银行结算账户，未按规定在其基本存款账户开户许可证上予以登记、签章或通知相关开户银行。

③ 违反规定办理个人银行结算账户转账结算。

④ 为储蓄账户办理转账结算。

⑤ 违反规定为存款人支付现金或办理现金存入。

⑥ 超过期限或未向中国人民银行报送账户开立、变更和撤销等资料。

课堂练习

单项选择题（从以下备选答案中选出一个符合题意的正确答案）

1. 银行为存款人开立一般存款账户、临时存款账户和专用存款账户，应自开户之日起一定期限内书面通知基本存款账户开户银行。该期限为（   ）。

   A. 2 个工作日　　B. 3 个工作日　　　　C. 5 个工作日　　　　D. 10 个工作日

2. 下列关于个人银行结算账户的说法中，不正确的是（   ）。

   A. 自然人可根据需要申请开立个人银行结算账户，也可以在已开立的储蓄账户中选择并向开户银行申请确认为个人银行结算账户

   B. 邮政储蓄机构办理银行卡业务开立的账户纳入个人银行结算账户管理

   C. 储蓄账户可以办理现金存取业务，也可以办理转账结算

   D. 个人银行结算账户用于办理个人转账收付和现金存取

3. 下列存款人中，不可以申请开立基本存款账户的是（   ）。

   A. 甲、乙、丙三人合伙设立的宏大科技产品经营部

   B. A 市财政局

   C. 个体工商户张某经营的服装门市部

   D. B 市第一中学在校内设立的非独立核算的小卖部

4. 关于银行结算账户的变更与撤销，下列表述不正确的有（　　）。

    A. 存款人更改名称但不改变开户银行及账号的，应于5个工作日内向开户银行提出变更申请，并出具相关证明

    B. 单位法定代表人发生变更时，应于3个工作日内书面通知开户银行并提供有关证明

    C. 存款人因被注销、被吊销营业执照的，应于5个工作日内向开户银行提出撤销银行结算账户的申请

    D. 存款人尚未清偿其开户银行债务的，不得申请撤销银行结算账户

5. 为了加强对住房基金和社会保障基金的管理，存款人应依法申请在银行开立（　　）。

    A. 一般存款账户　　B. 基本存款账户　　C. 专用存款账户　　D. 临时存款账户

6. 银行结算账户的监督管理部门是（　　）。

    A. 各级财政部门　　　　　　　　　　B. 中国人民银行

    C. 各开户银行　　　　　　　　　　　D. 国务院及地方各级人民政府

7. 下列关于一般存款账户的表述中，不正确的是（　　）。

    A. 一般存款账户是存款人在基本存款账户开户银行以外的银行营业机构开立的银行结算账户

    B. 开立一般存款账户没有数量限制

    C. 存款人可以通过本账户办理转账结算和现金缴存，但不能办理现金支取

    D. 一般存款账户是存款人的主要存款账户

8. 下列关于银行结算账户的说法中，正确的是（　　）。

    A. 银行结算账户既包括人民币存款结算业务，也包括外币存款结算业务

    B. 银行结算账户属于单位定期存款账户

    C. 银行结算账户不同于储蓄账户

    D. 银行结算账户限于单位存款人结算开立

9. 存款人银行结算账户有法定变更事项的，应于一定期限内书面通知开户银行并提供有关证明。该期限为（　　）。

    A. 3个工作日　　B. 5个工作日　　C. 7个工作日　　D. 10个工作日

10. 合格境外投资者在境内从事证券投资开立的人民币结算资金账户纳入（　　）管理。

    A. 基本存款账户　　B. 一般存款账户　　C. 临时存款账户　　D. 专用存款账户

📖 **答案提示**

1. B　2. C　3. D　4. B　5. C　6. B　7. D　8. C　9. B　10. D

第四节　票据结算方式

一、票据结算概述

（一）票据的概念与种类

票据的概念有广义和狭义之分。广义的票据包括各种有价证券和凭证，如股票、国库券、

企业债券、发票和提单等；狭义的票据仅指《中华人民共和国票据法》（以下简称《票据法》）上规定的票据。

根据《票据法》的规定，票据是指由出票人依法签发的、约定自己或委托付款人在见票时或指定的日期向收款人或持票人无条件支付一定金额并可转让的有价证券，包括汇票、银行本票和支票。

（二）票据的特征与功能

1. 票据的特征

票据作为一种有价证券，具有有价证券的一般特征，但它又是区别于其他有价证券的一类独立的有价证券。与其他有价证券相比，票据主要有以下特征。

（1）票据为债权证券。票据关系实质为一种债权债务关系，票据持票人可以就票据上所记载的金额向特定票据债务人行使请求权。

（2）票据为设权证券。票据并非是证明已存在的权利，而是创设票据权利。

（3）票据为文义证券。票据上的权利与义务，必须严格按照票据上记载的文义而定，不得以票据以外的任何事由来主张票据权利。

（4）票据是无因证券。票据权利人只要持有票据，就享有票据权利，持票人只要向票据债务人提示票据就可行使票据权利，而不必证明票据取得的原因是否有效或有瑕疵。票据关系一般不受原因关系的影响。

（5）票据是要式证券。票据的制作、记载事项必须具备法定形式，才能产生票据效力。票据法对票据上应记载的事项有明确的规定，出票人必须依法签发相关票据，如果欠缺必须记载事项，票据即归于无效。

2. 票据的功能

（1）支付功能。票据代替现金作为支付工具，可以避免清点现钞时可能产生的错误，并可以节省清点现钞的时间。

（2）汇兑功能。票据可以代替货币在不同的地方之间运送，方便异地之间的支付。

（3）信用功能。票据当事人可以凭借某人的信誉，就未来可以取得的金钱，作为现在的金钱来用。

（4）结算功能，即债务抵消能力。简单的结算就是互有债务的双方当事人各签发一张本票，待两张本票都届到期日即可抵销债务。若有差额，由一方以现金支付。

（5）融资功能，即融通资金或调度资金。票据的融资功能是通过票据的贴现、转贴现和再贴现实现的。

（三）票据行为

《票据法》规定的票据行为则是指票据当事人以发生票据债务为目的的、以在票据上签名或盖章为权利与义务成立要件的法律行为，包括出票、背书、承兑和保证四种。其中，出票是指出票人签发票据并将其交付给收款人的行为，两者缺一不可；背书是指持票人为将票据权利转让给他人或将一定的票据权利授予他人行使，而在票据背面或粘单上记载有关事项并签章的行为，包括转让背书和非转让背书；承兑是指汇票付款人承诺在汇票到期日支付汇票金额并签章的行为；保证是指票据债务人以外的人，为担保特定债务人履行票据债务而在票据上记载有关事项并签章的行为。

（四）票据当事人

票据当事人是指票据法律关系中享有票据权利、承担票据义务的当事人，也称票据法律关系主体。票据当事人可分为票据基本当事人和票据非基本当事人。

1. 票据基本当事人

票据基本当事人是指在票据做成和交付时就业已存在的当事人，是构成票据法律关系的必要主体，包括出票人、收款人和付款人。

（1）出票人是指依法定方式签发票据并将票据交付给收款人的人。

（2）收款人是指票据到期后有权收取票据所载金额的人，又称票据权利人。

（3）付款人是指由出票人委托付款或自行承担借款责任的人。

2. 票据非基本当事人

票据非基本当事人是指在票据做成并交付后，通过一定的票据行为加入票据关系而享有一定权利、义务的当事人，包括承兑人、背书人、被背书人和保证人。

（1）承兑人是指接受汇票出票人的付款委托同意承担支付票款义务的人。

（2）背书人是指在转让票据时，在票据背面签字或盖章并将该票据交付给受让人的票据收款人或持有人。

（3）被背书人是指被记名受让票据或接受票据转让的人。

（4）保证人是指为票据债务提供担保的人，由票据债务人以外的他人担当。

除基本当事人外，非基本当事人是否存在，取决于相应票据行为是否发生。

想一想

股票是否属于《票据法》所规定的票据？

（五）票据权利与责任

票据权利与责任是指票据法律关系主体所享有的权利和应承担的责任，是票据法律关系的重要内容。

1. 票据权利

（1）票据权利的概念。票据权利是指票据持票人向票据债务人请求支付票据金额的权利，包括付款请求权和追索权。

付款请求权是指持票人向汇票的承兑人、本票的出票人、支票的付款人出示票据要求付款的权利，是第一顺序权利，又称主要票据权利。行使付款请求权的持票人可以是票据收款人或最后的被背书人。

追索权是指票据当事人行使付款请求权遭到拒绝或其他法定原因存在时，向其前手请求偿还票据金额及其他法定费用的权利，是第二顺序权利，又称偿还请求权利。行使追索权的当事人除票据收款人和最后被背书人外，还可能是代为清偿票据债务的保证人和背书人。

（2）票据权利的取得。票据的签发、取得和转让，应当遵循诚实信用的原则，具有真实的交易关系和债权债务关系。票据的取得，必须给付对价，即应当给付票据双方当事人认可的相对应的代价。但也有例外的情形，因税收、继承、赠予可以依法无偿取得票据的，不受给付对价的限制。但是，所享有的票据权利不得优于其前手的权利。

（3）票据权利的行使与保全。票据权利的行使是指持票人请求票据的付款人支付票据金额的行为。例如，行使付款请求权以获得票款，行使追索权以请求偿还法定的金额和费用等。票据权利的保全是指持票人为了防止票据权利丧失而采取的措施。例如，《票据法》规定，按照规定的期限提示承兑、要求承兑人或付款人提供拒绝承兑或拒绝付款的证明以保全追索权等。由于票据具有流通性，法律对票据权利的兑现场所和时间有所规定，即持票人对票据债务人行使票据权利，或者保全票据权利，应当在票据当事人的营业场所和营业时间内进行，票据当事人无营业场所的，应当在其住所进行。

（4）票据权利的抗辩。抗辩是指票据债务人根据《票据法》的规定对票据债权人拒绝履行义务的行为。票据债务人可以在下列情况下对持票人行使抗辩权。

① 以欺诈、偷盗或胁迫等手段取得票据的，或者明知有前列情形，出于恶意取得票据的。

② 因重大过失取得票据的。

③ 明知票据债务人与出票人或者与持票人的前手之间存在抗辩事由而取得票据的。

④ 不履行约定义务的与票据债务人有直接债权债务关系的。

⑤ 其他依法不得享有票据权利的。

（5）票据权利的时效。票据权利时效是指票据权利在时效期间内不行使，即引起票据权利丧失。《票据法》规定，票据权利在下列期限内不行使而消灭。

① 持票人对票据出票人和承兑人的权利，自票据到期日起 2 年；见票即付的汇票、本票，自出票日起 2 年。

② 持票人对支票出票人的权利，自出票日起 6 个月。

③ 持票人对前手的追索权，自被拒绝承兑或者被拒绝付款之日起 6 个月。

④ 持票人对前手的再追索权，自清偿日或者被提起诉讼之日起 3 个月。

2. 票据责任

票据责任是指票据债务人向持票人支付票据金额的义务。它是基于债务人特定的票据行为（如出票、背书、承兑等）而应承担的义务，不具有制裁性质，主要包括付款义务和偿还义务。实务中，票据债务人承担票据义务一般有以下四种情况。

（1）汇票承兑人因承兑而应承担付款义务。

（2）本票出票人因出票而承担自己付款的义务。

（3）支票付款人在与出票人有资金关系时承担付款义务。

（4）汇票、本票、支票的背书人，汇票、本票的出票人、保证人，在票据不获承兑或不获付款时承担付款清偿义务。

（六）票据签章

票据签章是指票据有关当事人在票据上签名、盖章或签名加盖章的行为。票据签章是票据行为生效的重要条件，也是票据行为表现形式中不可缺少的应载事项。票据缺少当事人的签章，将导致票据无效或该项票据行为无效。

一般来讲，出票人在票据上的签章不符合法律规定的，票据无效；背书人在票据上的签章不符合法律规定的，其签章无效，但不影响其前手符合规定签章的效力；承兑人、保证人在票据上的签章不符合法律规定的，其签章无效，但不影响其他符合规定签章的效力。

（七）票据记载事项

票据记载事项是指依法在票据上记载票据相关内容的行为。票据记载事项可分为绝对记载事项、相对记载事项和非法定记载事项等。

1. 绝对记载事项

绝对记载事项是指《票据法》明文规定必须记载的、如不记载票据即为无效的事项。各类票据共同必须绝对记载的内容有：票据的种类；确定的金额；收款人名称；出票日期；出票人签章。

2. 相对记载事项

相对记载事项是指《票据法》规定应该记载而未记载的但适用法律的有关规定而不使票据失效的事项。例如，汇票上未记载付款日期的，为见票即付；汇票上未记载付款地的，付款人的营业场所、住所或经常居住地为付款地等。

3. 非法定记载事项

非法定记载事项是指《票据法》不强制当事人必须记载而允许当事人自行选择，不记载时不影响票据效力的事项。按照记载时是否产生票据效力，其分为任意记载事项和不产生票据效力记载事项。任意记载事项是记载时则产生票据效力的事项，如出票人在汇票上记载"不得转让"字样，汇票不得转让。不产生票据效力记载事项，如签发票据的原因或用途、该票据项下交易的合同号码等。

议一议

王女士给王母一张现金支票，用途栏写明"生日快乐"，王母请求支票的付款行兑现时，银行柜台营业员应该付款。该事项属于什么事项？

（八）票据丧失的补救

票据丧失是指票据因灭失、遗失和被盗等原因而使票据权利人脱离其对票据的占有。票据丧失后可以采取挂失止付、公示催告和普通诉讼三种方式进行补救。

1. 挂失止付

挂失止付是指失票人将丧失票据的情况通知付款人，由接收通知的付款人审查后暂停支付的一种方式。只有确定付款人或代理付款人的票据丧失时才可进行挂失止付，具体包括已承兑的商业汇票、支票、填明"现金"字样和代理付款人的银行汇票、填明"现金"字样的银行本票四种。挂失止付并不是票据丧失后采取的必经措施，而只是一种暂时的预防措施，最终要通过申请公示催告或提起普通诉讼来补救票据权利。

2. 公示催告

公示催告是指在票据丧失后由失票人向人民法院提出申请，请求人民法院以公告方式通知不确定的利害关系人限期申报权利，逾期未申报者，则权利失效，而由法院通过除权判决宣告所丧失的票据无效的一种制度或程序。根据《票据法》的规定，失票人应当在通知挂失止付后的3日内，也可以在票据丧失后，依法向票据支付地人民法院申请公示催告，或者向人民法院提起诉讼。人民法院决定受理申请，应当同时通知支付人停止支付，并在3日内发出公告，催促利害关系人申报权利。公示催告的期间，由人民法院根据情况决定，但不得少于60日。申请公示催告的主体必须是可以背书转让的票据的最后持票人，失票人不知道票据的下落，利害关系人也不明确。

3. 普通诉讼

普通诉讼是指以失票人为原告，以承兑人或者出票人为被告，请求人民法院判令付款人向失票人付款的诉讼活动。

想一想

登报声明作废能不能作为票据丧失的补救措施？

（支票）

二、支票

（一）支票的概念及适用范围

支票是出票人签发的、委托办理支票存款业务的银行或其他金融机构在见票时无条件支付确定的金额给收款人或持票人的票据。

支票的基本当事人包括出票人、付款人和收款人。出票人即存款人，是在经中国人民银行当地分支行批准办理支票业务的银行机构开立可以使用支票的存款账户的单位和个人；付款人是出票人的开户银行；收款人是票面上填明的收款人，也可以是经背书转让的被背书人。

单位和个人的各种款项结算，均可以使用支票。2007 年 7 月 8 日，中国人民银行宣布，支票可以实行全国范围内互通使用。支票可以背书转让，但用于支取现金的支票不能背书转让。

（二）支票的种类

《票据法》按照支付票款方式，将支票分为普通支票、现金支票和转账支票。

1. 普通支票

支票上未印有"现金"或"转账"字样的为普通支票，普通支票既可以用于支取现金，也可以用于转账。普通支票用于转账时，应当在支票正面注明，即在普通支票左上角划两条平行线的，为划线支票。划线支票只能用于转账，不得用于支取现金。

2. 现金支票

支票上印有"现金"字样的为现金支票，现金支票只能用于支取现金，不能用于转账。

3. 转账支票

支票上印有"转账"字样的为转账支票，转账支票只能用于转账，不能用于支取现金。

（三）支票的出票

1. 支票出票的概念

支票出票是指出票人委托银行无条件向持票人支付一定金额的票据行为。简言之，签发支票并交付的行为即为出票。支票出票人为在经中国人民银行当地分支行批准办理支票业务的银行机构开立可以使用支票的存款账户的单位和个人。

2. 支票的记载事项

（1）支票的绝对记载事项如下。

① 表明"支票"的字样。

② 无条件支付的委托，这是支票的支付文句，我国现行使用的支票记载支付的文句，一般是支票上已印好的"上列款项请从我账户内支付"的字样。

③ 确定的金额。

④ 付款人名称。

⑤ 出票日期。

⑥ 出票人签章。

为了发挥支票灵活便利的特点，《票据法》规定了支票的金额和收款人名称两个记载事项可以由出票人授权补记，未补记之前不得背书转让和提示付款。

（2）支票的相对记载事项如下。

① 付款地，支票上未记载付款地的，付款人的营业场所为付款地。

② 出票地，支票上未记载出票地的，出票人的营业场所、住所或经常居住地为出票地。

此外，支票上可以记载非法定记载事项，但这些事项不具有支票上的效力。

3. 支票出票的效力

出票人做成支票并交付之后，对出票人产生相应的法律效力。出票人必须按照签发的支票金额承担保证向该持票人付款的责任。这一责任包括两项：一是出票人必须在付款人处存有足够可处分的资金，以保证支票票款的支付；二是当付款人对支票拒绝付款或者超过支票付款提示期限的，出票人应向持票人承担付款责任。

（四）支票的付款

《票据法》规定，支票限于见票即付，不得另行记载付款日期。另行记载付款日期的，该记载无效。

1. 提示付款

支票为见票即付的票据，但是为了防止持票人久不提示支票，给出票人在管理上造成不便，以及防止空头支票的出现，《票据法》规定了持票人的提示期间。《票据法》第九十一条规定："支票的持票人应当自出票日起 10 日内提示付款；异地使用的支票，其提示付款的期限由中国人民银行另行规定。"

超过提示付款期限的，付款人可以不予付款，但是付款人不予付款的，出票人仍应当对持票人承担票据责任。不同于汇票、本票，其没有主债务人，出票人处于相当于主债务人的地位，所以必须加重出票人的责任。持票人超过提示付款期限的，并不丧失对出票人的追索权，出票人仍应当对持票人承担支付票款的责任。

2. 付款责任

持票人在提示期间内向付款人提示票据，付款人在对支票进行审查，如未发现有不符规定之处，即应向持票人付款。

3. 付款责任的解除

《票据法》第九十二条规定："付款人依法支付支票金额的，对出票人不再承担受委托付款的责任，对持票人不再承担付款的责任。但是，付款人以恶意或有重大过失付款的除外。"这是有关付款人付款责任解除的规定。

此处所指的恶意或有重大过失付款是指付款人在收到持票人提示的支票时，明知持票人不是真正的票据权利人、支票的背书及其他签章系属伪造，或者付款人不按照正常的操作程序审查票据等情形。在此情况下，付款人不能解除付款责任，由此造成损失的，由付款人承担赔偿责任。

（五）支票的办理要求

1. 签发支票的要求

（1）签发支票应使用碳素墨水或墨汁填写，中国人民银行另有规定的除外。

（2）签发现金支票和用于支取现金的普通支票，必须符合国家现金管理的规定。

（3）支票的出票人签发支票的金额不得超过付款时在付款人处实有的存款金额。禁止签发空头支票。

（4）支票的出票人预留银行签章是银行审核支票付款的依据。银行也可以与出票人约定使用支付密码，作为银行审核支付支票金额的条件。

（5）出票人不得签发与其预留银行签章不符的支票；使用支付密码的，出票人不得签发支付密码错误的支票。

（6）出票人签发空头支票、签章与预留银行签章不符的支票、使用支付密码而支付密码错误的支票，银行应予以退票，并按票面金额处以5%但不低于1 000元的罚款；持票人有权要求出票人赔偿支票金额2%的赔偿金。对屡次签发的，银行应停止其签发支票。

算一算

某企业在其银行存款不足1万元的情况下，向业务单位开出一张1.5万元的转账支票，银行可对其处以多少元的罚款？

2. 兑付支票的要求

（1）持票人可以委托开户银行收款或直接向付款人提示付款。用于支取现金的支票仅限于收款人向付款人提示付款。

（2）持票人委托开户银行收款时，应做委托收款背书，在支票背面背书人签章栏签章，记载"委托收款"字样、背书日期，在被背书人栏记载开户银行名称，并将支票和填制的进账单送交开户银行。

（3）持票人持用于转账的支票向付款人提示付款时，应在支票背面背书人签章栏签章，并将支票和填制的进账单送交出票人开户银行。

（4）收款人持用于支取现金的支票向付款人提示付款时，应在支票背面"收款人签章"处签章，持票人为个人的，还需交验本人身份证件，并在支票背面注明证件名称、号码及发证机关。

【例2-4】 E公司2019年3月20日银行存款账户余额为5万元。当日，E公司从M厂购进材料一批，金额为20万元，并给M厂签发了面额为20万元的转账支票一张。试分析：① E公司开出的这张转账支票属于什么性质的支票？② 银行是否可以对E公司进行罚款？罚款金额是多少？③ M厂是否有权要求E公司对其进行赔偿？赔偿金额是多少？

【解析】 ① E公司开出的这张支票属于空头支票。② 银行可以对E公司进行罚款，罚款金额是10 000元。③ M厂有权要求E公司对其进行赔偿，赔偿金额是4 000元。

三、商业汇票

汇票是出票人签发的、委托付款人在见票时或指定日期无条件支付确定的金额给收款人或持票人的票据。汇票通常可以按以下标准进行划分。

（1）根据出票人的不同，汇票可以分为银行汇票和商业汇票。前者是银行签发的汇票，后者则是银行之外的企事业单位、机关、团体等签发的汇票。

（2）根据付款期限的不同，汇票可分为即期汇票和远期汇票。银行汇票是即期汇票，商业汇票是远期汇票。

（一）商业汇票的概念和种类

商业汇票是出票人签发的、委托付款人在指定日期无条件支付确定的金额给收款人或持票人的票据。商业汇票的付款期限，最长不得超过6个月。

商业汇票按承兑人不同，分为商业承兑汇票（见图2-1）和银行承兑汇票。商业承兑汇票由银行以外的付款人承兑，银行承兑汇票由银行承兑。商业汇票的付款人为承兑人。

商业承兑汇票　2　　　　汇票号码
签发日期　年　月　日　　　　第　号

收款人	全　称			付款人	全　称		
	账　号				账　号		
	开户银行		行号		开户银行		行号
汇票金额	人民币（大写）						千 百 十 万 千 百 十 元 角 分
汇票到期日	年　月　日			交易合同号码			
本汇票已经本单位承兑，到期日无条件支付票款。此致 收款人 付款人盖章 负责　经办　年　月　日				汇票签发人盖章 负责　经办			

此联收款人开户行随结算凭证寄付款人　开户行作付出传票附件

10厘米x17.5厘米（白纸绿花纹蓝油墨）

（a）商业承兑汇票正面

商业承兑汇票2背面

注 意 事 项

一、付款人于汇票到期日前须将票款足额交存开户银行，如账户存款余额不足时，银行比照空头支票处以罚款。

二、本汇票经背书可以转让。

被背书人	被背书人	被背书人
背书 日期　年　月　日	背书 日期　年　月　日	背书 日期　年　月　日

（b）商业承兑汇票背面

图2-1　商业承兑汇票

（二）商业汇票的出票

1. 商业汇票的出票人

（1）商业承兑汇票的出票人必须具备下列条件。

① 为在银行开立存款账户的法人及其他组织。

② 与付款人具有真实的委托付款关系。

③ 具有支付汇票金额的可靠资金来源。

（2）银行承兑汇票的出票人必须具备下列条件。

① 在承兑银行开立存款账户的法人及其他组织。

② 与承兑银行具有真实的委托付款关系。

③ 资信状况良好，具有支付汇票金额的可靠资金来源。

在银行开立存款账户的法人及其他组织之间具有真实的交易关系或债权债务关系的款项结算，才能使用商业汇票，但是个人不能使用商业汇票。

出票人不得签发无对价的商业汇票，用于骗取银行或其他票据当事人的资金。银行承兑汇票的出票人于汇票到期日未能足额交存票款时，承兑银行除凭票向持票人无条件付款外，对出票人尚未支付的汇票金额按照每天万分之五计收利息。

议一议

个人能否采用商业汇票作为结算方式？

2. 商业汇票的记载事项

（1）商业汇票的绝对记载事项如下。

① 表明"商业承兑汇票"或"银行承兑汇票"的字样。

② 无条件支付的委托。

③ 确定的金额。

④ 付款人名称。

⑤ 收款人名称。

⑥ 出票日期。

⑦ 出票人签章。

签发商业汇票必须记载上述事项，欠缺上述记载事项之一的，商业汇票无效。

（2）商业汇票的相对记载事项是商业汇票上应记载的内容，《票据法》规定，汇票上记载付款日期、付款地、出票地等事项的，应当清楚、明确。但是，相对记载事项未在汇票上记载的，并不影响汇票本身的效力，汇票仍然有效，未记载的事项可以通过法律的直接规定来推定。

① 汇票上未记载付款日期的，为见票即付。

② 汇票上未记载付款地的，付款人的营业场所、住所或经常居住地为付款地。

③ 汇票上未记载出票地的，出票人的营业场所、住所或经常居住地为出票地。

此外，汇票上可以记载非法定记载事项，但这些事项不具有汇票上的效力。

3. 商业汇票出票的效力

出票是以创设票据权利为目的的票据行为，因此，出票人依照《票据法》完成出票行为后，即产生票据上的效力。这一效力表现为创设票据权利和引起票据债务的发生，这种权利、义务因汇票当事人的地位不同而不相同。

（1）对收款人的效力。收款人取得汇票后，即取得票据权利，一方面就票据金额享有付款请求权；另一方面，在该请求权不能满足时，即享有追索权。同时，收款人享有依法转让票据的权利。

（2）对付款人的效力。出票行为是单方行为，付款人并不因此而有付款义务。只是基于出票人的付款委托使其具有承兑人的地位，在其对汇票进行承兑后，即成为汇票上的主债务人。

（3）对出票人的效力。出票人签发汇票后，即承担保证该汇票承兑和付款的责任。出票人在汇票得不到承兑或者付款时，应当向持票人清偿法律规定的金额和费用。也就是说，收款人在向付款人行使票据权利而得不到满足时，出票人必须就此承担票据责任。从法律上讲，该责任是一种担保责任，即担保汇票的承兑和付款。担保汇票的承兑是指汇票到期日前不获承兑时，收款人或持票人可以请求出票人偿还票据金额、利息和有关费用。担保汇票的付款是指汇票到期时，付款人虽已承兑但拒绝付款的，出票人必须承担清偿责任。

（三）商业汇票的承兑

承兑是指汇票的付款人承诺在到期日支付票面金额的行为。承兑是商业汇票特有的制度，本票和支票都没有承兑。汇票是一种出票人委托他人付款的委付证券。但是，出票人的出票行为完成之后，由于其是一种单方法律行为，故对付款人并不因此而产生约束力，只有在付款人表示愿意向收款人或持票人支付汇票金额后，持票人才可于汇票到期日向付款人行使付款请求权。承兑就是这样一种明确付款人的付款责任、确定持票人票据权利的制度。商业承兑汇票可以由付款人签发并承兑，也可以由收款人签发交由付款人承兑。银行承兑汇票应由承兑银行开立存款账户的存款人签发。

1. 承兑的程序

承兑的程序主要包括两个方面：一是提示承兑，二是承兑成立。

（1）提示承兑。提示承兑是指持票人向付款人出示汇票，并要求付款人承诺付款的行为。因汇票付款日期的形式不同，提示承兑的期限也有所不同。

① 定日付款或出票后定期付款的商业汇票，持票人应当在汇票到期日前向付款人提示承兑。上述两类汇票的提示承兑期限实际上是从出票人出票日起至汇票到期日止，在此期间，持票人应当向付款人提示承兑，否则，将丧失对其前手的追索权。

② 见票后定期付款的汇票，持票人应当自出票日期 1 个月内向付款人提示承兑。见票后定期付款汇票的付款日期，是以见票日为起算日期来确定的，汇票不经提示承兑，就无法确定见票日，也就无法确定付款日期，从而持票人便无法行使票据权利，因此该类汇票属于必须提示承兑的汇票。汇票持票人未按照规定期限提示承兑的，持票人丧失对其前手的追索权。

③ 见票即付汇票无须提示承兑。这种汇票主要包括两种：一种是汇票上明确记载有"见票即付"的汇票；另一种是汇票上没有记载付款日期，根据法律规定直接视为见票即付的汇票。

（2）承兑成立。

① 承兑时间。付款人对向其提示承兑的汇票，应当自收到提示承兑的汇票之日起 3 日内承兑或拒绝承兑。一般来说，如果付款人在 3 日内不做承兑与否表示的，则应视为拒绝承兑。持票人可请求其做出拒绝承兑的证明，向其前手行使追索权。

② 接受承兑。付款人收到持票人提示承兑的汇票时，应当向持票人签发收到汇票的回单。回单上应当记明汇票提示承兑的日期并签章。该手续办理完毕，则意味着接受承兑。

③ 承兑格式。付款人承兑汇票的，应当在汇票正面记载"承兑"字样和承兑日期并签章；见票后定期付款的汇票，应当在承兑时记载付款日期。汇票上未记载承兑日期的，以前述 ① 规定期限的最后一日为承兑日期。这就要求，付款人办理承兑手续时，应在汇票上记载承兑的事项，包括承兑文句、承兑日期、承兑人签章。在这三个记载事项中，承兑文句和承兑人签章是绝对记载事项，缺一不可，否则承兑行为无效；而承兑日期属于相对记载事项，如欠缺不影响

承兑行为效力，推定为以付款人 3 日的承兑考虑时间的最后一日为承兑日期。上列应记载事项必须记载于汇票的正面，而不能记载于汇票的背面或粘单上，当然更不能以口头形式或电报、传真等书面方式来表示。在实务中，上列应记载事项一般已全部印在正式的标准格式上，因而只需付款人填写即可。

④ 退回已承兑的汇票。付款人依承兑格式填写完毕应记载事项后，并不意味着承兑生效，只有当其将已承兑汇票退回持票人时才产生承兑的效力。

2. 承兑不得附有条件

付款承兑商业汇票，不得附有条件；承兑附有条件的，视为拒绝承兑，持票人可请求其做出拒绝承兑的证明，向其前手行使追索权。

银行承兑汇票的承兑银行，应按票面金额向出票人收取万分之五的手续费。

3. 承兑的效力

承兑生效后，即对付款人产生相应的效力。付款人承兑汇票后，应当承担到期付款的责任。这一到期付款的责任是一种绝对责任，主要表现在以下几个方面。

（1）承兑人于汇票到期日必须向持票人无条件地支付汇票上的金额，否则其必须承担迟延付款责任。

（2）承兑人必须对汇票上的一切权利人承担责任，该权利人包括付款请求权利人和追索权利人。

（3）承兑人不得以其与出票人之间的资金关系来对抗持票人，拒绝支付汇票金额。

（4）承兑人的票据责任不因持票人未在法定期限内提示付款而解除。

（四）商业汇票的付款

商业汇票的付款是指付款人依据票据文义支付票据金额，以消灭票据关系的行为。商业汇票的付款人为承兑人，其付款地为承兑人所在地。

商业汇票的付款期限，最长不得超过 6 个月。定日付款的汇票付款期限自出票日起计算，并在汇票上记载具体的到期日；出票后定期付款的汇票付款期限自出票日起按月计算；见票后定期付款的汇票付款期限自承兑或拒绝承兑日起按月计算，并在汇票上记载。

1. 付款提示

付款提示是指持票人向付款人或承兑人出示票据，请求付款的行为。持票人只有在法定期限内为付款提示的，才产生法律效力。

《票据法》规定，持票人应当按照下列法定期限提示付款。

（1）见票即付的汇票，自出票日起 1 个月内向付款人提示付款。

（2）定日付款、出票后定期付款或者见票后定期付款的汇票，自到期日起 10 日内向承兑人提示付款。

持票人应在提示付款期限内向开户银行委托收款或直接向付款人提示付款，持票人未按照前述规定期限提示付款的，在做出说明后，承兑人或付款人仍应当继续对持票人承担付款责任。

2. 支付票款

支付票款是指持票人向付款人或承兑人进行付款提示后，付款人无条件地在当日按票据金额足额支付给持票人的行为。如果付款人或承兑人不能当日足额支付票款的，应承担迟延付款的责任。

在支付票款的过程中，持票人必须向付款人履行一定的手续。持票人获得付款的，应当在汇票上签收，并将汇票交给付款人。持票人委托银行收款的，受委托的银行将代收的汇票金额转入持票人账户，视同签收。持票人委托的收款银行的责任，限于按照汇票上记载事项将汇票金额转入持票人账户。付款人及其代理付款人付款时，应当审查汇票背书的连续，并审查提示付款人的合法身份证明或有效证件。付款人及其代理付款人以恶意或有重大过失付款的，应当自行承担责任。对定日付款、出票后定期付款或见票后定期付款的汇票，付款人在到期日前付款的，由付款人自行承担所产生的责任。汇票金额为外币的，按照付款日的市场汇价，以人民币支付。汇票当事人对汇票支付的货币种类另有约定的，从其约定。

3. 付款的效力

根据《票据法》规定，付款人依法足额付款后，全体汇票债务人的责任解除。但是，如果付款人存在瑕疵，即未尽审查义务而对不符合法定形式的票据付款，或者存在恶意或重大过失而付款的，付款人的义务不能免除，其他债务人也不能免除责任。

（五）商业汇票的背书

商业汇票的背书是指以转让商业汇票的权利或将一定的商业汇票权利授予他人行使为目的，按照法律规定在票据背面或粘单上记载有关事项并签章的票据行为。按照目的不同，背书分为转让背书和非转让背书。转让背书是以持票人将票据权利转让给他人为目的的；非转让背书是将一定的票据权利授予他人行使，包括委托收款背书和质押背书。

1. 背书形式

背书是一种要式行为，因此必须符合法定的形式，即其必须做成背书并交付，才能有效成立。背书应记载的事项包括以下内容。

（1）背书签章和背书日期的记载。背书由背书人签章并记载背书日期。背书未记载日期的，视为在汇票到期日前背书。背书人签章属于绝对记载事项，如不记载，则背书行为无效。

（2）被背书人名称的记载。汇票以背书转让或以背书将一定的汇票权利授予他人行使时，必须记载被背书人名称。如果背书人未记载被背书人名称即将票据交付他人的，持票人在票据被背书人栏内记载自己的名称与背书人记载具有同等法律效力。

（3）禁止背书的记载。出票人在汇票上记载"不得转让"字样的，汇票不得转让。如果收款人或持票人将出票人做禁止背书的汇票转让的，该转让不发生票据法上的效力，出票人和承兑人对受让人不承担票据责任。

背书人在汇票上记载"不得转让"字样，其后手再背书转让的，原背书人对后手的被背书人不承担保证责任。这是指背书人之后手将记载有禁止背书的汇票转让，原背书人对依次取得汇票的一切当事人，包括以后的被背书人、背书人、最后持票人等，将不承担票据责任，其只对直接的被背书人承担责任。

（4）粘单的使用。第一位使用粘单的背书人必须将粘单粘接在票据上，并且在汇票和粘单的粘接处签章。

（5）背书不得记载的内容。背书不得记载的内容有两项。一是背书不得附有条件。所谓附有条件的背书，是指背书人在背书时，记载一定的条件，以限制或者影响背书效力。背书时附有条件的，所附条件不具有汇票上的效力，即不影响背书行为本身的效力。二是不能部分背书。

所谓部分背书，是指背书人在背书时，将汇票金额的一部分或将汇票金额分别转让给两人以上的背书。

？ 想一想

对背书人记载"不得转让"字样的汇票，其后手再背书转让的，将产生的法律后果是什么？

2. 背书连续

背书连续是指在票据转让中，转让汇票的背书人与受让汇票的被背书人在汇票上的签章依次前后衔接。如果背书不连续，付款人可以拒绝向持票人付款，否则付款人自行承担责任。

背书连续主要是指背书形式上的连续，如果背书在实质上不连续，如有伪造签章等，付款人仍应对持票人付款。但是，如果付款人明知持票人不是真正的票据权利人，则不得向持票人付款，否则应自行承担责任。如果非经背书转让，而以其他合法方法取得汇票，如因税收、继承、赠与等方式取得票据的，只要取得票据的人依法举证，表明其合法取得票据的，证明其汇票权利，就能享有票据权利。

3. 法定禁止背书

法定禁止背书是指根据《票据法》的规定而禁止背书转让的情形。《票据法》规定，汇票被拒绝承兑、被拒绝付款或超过付款提示期限的，不得背书转让；背书转让的，背书人应当承担汇票责任。

（六）商业汇票的保证

票据保证是指票据债务人以外的第三人，以担保特定债务人履行票据债务为目的，而在票据上所为的一种附属票据行为。保证的作用在于加强持票人票据权利的实现，确保票据付款义务的履行，促进票据流通。

1. 保证的当事人

保证的当事人为保证人与被保证人。保证人是指票据债务人以外的、为票据债务的履行提供担保而参与票据关系中的第三人。已成为票据债务人的，不得再充当票据上的保证人。

2. 保证的格式

办理保证手续时，保证人必须在汇票或粘单上记载下列事项：表明"保证"的字样；保证人的名称和住所；被保证人的名称；保证日期；保证人签章。其中，保证文句和保证人签章两项是绝对记载事项，被保证人的名称、保证日期及保证人的名称和住所是相对记载事项。未记载被保证人名称的，已承兑的汇票，承兑人为被保证人；未承兑的汇票，出票人为被保证人。未记载保证日期的，出票日期为保证日期。未记载保证人住所的，保证人的营业场所或住所为保证人住所。

保证不得附有条件；附有条件的，不影响对汇票的保证责任。这表明，保证是无条件的。如果保证附有条件的，所附条件无效，保证本身仍然具有效力，保证人应向持票人承担保证责任。

3. 保证的效力

（1）保证人的责任。《票据法》规定，保证人对合法取得汇票的持票人所享有的汇票权利，承担保证责任。但是，被保证人的债务因汇票记载事项欠缺而无效的除外。这表明，被保证的汇票，保证人应当与被保证人对持票人承担连带责任。汇票到期后得不到付款的，持票人有权向保证人请求付款，保证人应当足额付款。

（2）共同保证人的责任。共同保证是指保证人为两人以上的保证。《票据法》规定，保证人为两人以上的，保证人之间承担连带责任。根据这一规定，持票人可以不分先后向保证人中的一人或数人或全体就全部票据金额及有关费用行使票据权利，共同保证人不得拒绝。

（3）保证人的追索权。保证人清偿汇票债务后，可以行使持票人对被保证人及其前手的追索权。

四、银行汇票

（一）银行汇票的概念和适用范围

（银行汇票）

银行汇票（见图 2-2）是出票银行签发的、由其在见票时按照实际结算金额无条件支付给收款人或持票人的票据。

单位和个人在同城、异地或统一票据交换区域的各种款项结算，均可使用银行汇票。银行汇票可以用于转账，填明"现金"字样的银行汇票也可以用于支取现金。

图 2-2　银行汇票

（二）银行汇票的记载事项

1. 银行汇票的绝对记载事项

签发银行汇票必须记载下列事项，如果欠缺记载，银行汇票无效。

（1）表明"银行汇票"的字样。

（2）无条件支付的承诺。

（3）确定的出票金额。

（4）付款人名称。

（5）收款人名称。

（6）出票日期。

（7）出票人签章。

在实践中，银行汇票上记载的金额有出票金额和实际结算金额。出票金额是指出票时汇票上应该记载的确定金额。实际结算金额是指不超过出票金额，而另外记载的具体结算的金额。出票上记载有实际结算金额的，以实际结算金额为出票金额。实际结算金额只能小于或等于出票金额。未填明实际结算金额和多余金额或实际结算金额超过出票金额的，银行不予受理。

2. 银行汇票的相对记载事项

银行汇票的相对记载事项未在汇票上记载的，并不影响汇票本身的效力，汇票仍然有效，未记载的事项可以通过法律的直接规定来推定。

（1）汇票上未记载付款地的，付款人的营业场所、住所或经常居住地为付款地。

（2）汇票上未记载出票地的，出票人的营业场所、住所或经常居住地为出票地。

（三）银行汇票的基本规定

（1）银行汇票可以用于转账，填明"现金"字样的银行汇票也可以用于支取现金。

（2）银行汇票的付款人为银行汇票的出票银行，银行汇票的付款地为代理付款人或出票人所在地。

（3）银行汇票的出票人在票据上的签章，应为经中国人民银行批准使用的该银行汇票专用章加其法定代表人或其授权代理人的签名或盖章。

（4）银行汇票属见票即付的汇票，自出票日起 1 个月内向付款人提示付款。持票人超过付款期限提示付款的，代理付款人不予受理。

（5）银行汇票可以背书转让，但填明"现金"字样的银行汇票不得背书转让。银行汇票的背书转让以不超过出票金额的实际结算金额为准。未填写实际结算金额或实际结算金额超过出票金额的银行汇票不得背书转让。

（6）填明"现金"字样和代理付款人的银行汇票丧失，可以由失票人通知付款人或代理付款人挂失止付。

（7）银行汇票丧失，失票人可以凭人民法院出具的其享有票据权利的证明，向出票银行请求付款或退款。

（四）银行汇票申报和兑付的基本规定

（1）申请人使用银行汇票，应向出票银行填写"银行汇票申请书"，填明收款人名称、汇票金额、申请人名称、申请日期等事项并签章，签章为其预留银行的签章。申请人和收款人均为个人，需要使用银行汇票向代理付款人支取现金的，申请人须在"银行汇票申请书"上填明代理付款人名称，在"汇票金额"栏先填写"现金"字样，后填写汇票金额。申请人或收款人为单位的，不得在"银行汇票申请书"上填明"现金"字样。

（2）出票银行受理"银行汇票申请书"，收妥款项后签发银行汇票，并用压数机压印出票金额，将银行汇票和解讫通知一并交给申请人。签发转账银行汇票，不得填写代理付款人名称，但由中国人民银行代理兑付银行汇票的商业银行，向设有分支机构的地区签发转账银行汇票的除外。签发现金银行汇票，申请人和收款人必须均为个人，收妥申请人交存的现金后，在银行汇票"出票金额"栏先填写"现金"字样，后填写出票金额，并填写代理付款人名称。申请人或收款人为单位的，银行不得为其签发现金银行汇票。

（3）申请人应将银行汇票和解讫通知一并交付给汇票上记明的收款人。

（4）收款人受理银行汇票时，应审查下列事项。

① 银行汇票和解讫通知是否齐全，汇票号码和记载的内容是否一致。

② 收款人是否确为本单位或本人。

③ 银行汇票是否在提示付款期限内。

④ 必须记载的事项是否齐全。

⑤ 出票人签章是否符合规定，是否有压数机压印的出票金额，并与大写出票金额一致。

⑥ 出票金额、出票日期、收款人名称是否更改，更改的其他记载事项是否由原记载人签章证明。

（5）收款人受理申请人交付的银行汇票时，应在出票金额以内，根据实际需要的款项办理结算，并将实际结算金额和多余金额准确、清晰地填入银行汇票和解讫通知的有关栏内。未填明实际结算金额和多余金额或实际结算金额超过出票金额的，银行不予受理。银行汇票的实际结算金额不得更改，更改实际结算金额的银行汇票无效。

（6）收款人可以将银行汇票背书转让给被背书人。银行汇票的背书转让以不超过出票金额的实际结算金额为准。未填写实际结算金额或实际结算金额超过出票金额的银行汇票不得背书转让。

（7）持票人向银行提示付款时，必须同时提交银行汇票和解讫通知，缺少任何一联，银行不予受理。

（8）在银行开立存款账户的持票人向开户银行提示付款时，应在汇票背面"持票人向银行提示付款签章"处签章，签章须与预留银行签章相同，并将银行汇票和解讫通知、进账单送交开户银行。银行审查无误后办理转账。

（9）未在银行开立存款账户的个人持票人，可以向选择的任何一家银行机构提示付款。提示付款时，应在汇票背面"持票人向银行提示付款签章"处签章，并填明本人身份证件名称、号码及发证机关，由其本人向银行提交身份证件及其复印件。银行审核无误后，将其身份证件复印件留存备查，并以持票人的姓名开立应解汇款及临时存款账户，该账户只付不收，付完清户，不计付利息。

（10）转账支付的，应由原持票人向银行填制支款凭证，并由本人交验其身份证件办理支付款项。该账户的款项只能转入单位或个体工商户的存款账户，严禁转入储蓄和信用卡账户。

（11）支取现金的，银行汇票上必须有出票银行按规定填明的"现金"字样才能办理。未填明"现金"字样，需要支取现金的，由银行按照国家现金管理规定审查支付。

（12）持票人对填明"现金"字样的银行汇票，需要委托他人向银行提示付款的，应在银行汇票背面背书栏签章，记载"委托收款"字样、被委托人姓名和背书日期，以及委托人身份证件名称、号码、发证机关。被委托人向银行提示付款时，也应在银行汇票背面"持票人向银行提示付款签章"处签章，记载证件名称、号码及发证机关，并同时向银行交验委托人和被委托人的身份证件及其复印件。

（13）银行汇票的实际结算金额少于出票金额的，其多余金额由出票银行退交申请人。

（14）持票人超过期限向代理付款银行提示付款不获付款的，须在票据权利时效内向出票银行做出说明，并提供本人身份证件或单位证明，持银行汇票和解讫通知向出票银行请求付款。

（15）申请人因银行汇票超过付款提示期限或其他原因要求退款时，应将银行汇票和解讫通知同时提交到出票银行。申请人为单位的，应出具该单位的证明；申请人为个人的，应出具该本人的身份证件。对于代理付款银行查询的该张银行汇票，应在汇票提示付款期满后方能办理退款。出票银行对于转账银行汇票的退款，只能转入原申请人账户；对于符合规定填明"现金"字样银行汇票的退款，才能退付现金。

申请人缺少解讫通知要求退款的，出票银行应于银行汇票提示付款期满 1 个月后办理。

（16）银行汇票丧失，失票人可以凭人民法院出具的其享有票据权利的证明，向出票银行请求付款或退款。

五、银行本票

（一）银行本票的概念和种类

（银行本票）

银行本票是出票人签发的、承诺自己在见票时无条件支付确定的金额给收款人或持票人的票据。

银行本票分为定额本票和不定额本票。定额银行本票面额为 1 000 元、5 000 元、1 万元和 5 万元。

（二）银行本票的适用范围

单位和个人在同一票据交换区域需要支付各项款项，均可以使用银行本票。银行本票可以用于转账，注明"现金"字样的银行本票可以用于支取现金。

（三）银行本票的记载事项

1. 银行本票的绝对记载事项

签发银行本票必须记载下列事项。

（1）表明"本票"的字样。

（2）无条件支付的承诺。

（3）确定的金额。

（4）收款人名称。

（5）出票日期。

（6）出票人签章。

欠缺记载上列六项内容之一的，银行本票无效。

2. 银行本票的相对记载事项

银行本票的相对记载事项包括两项内容。

（1）付款地，本票上未记载付款地的，出票人的营业场所为付款地。

（2）出票地，本票上未记载出票地的，出票人的营业场所为出票地。

（四）银行本票的提示付款期限

银行本票的提示付款期限自出票日起最长不得超过 2 个月。持票人超过期限提示付款的，代理付款人不予受理。

本票的持票人未按照规定期限提示见票的，丧失对出票人以外的前手的追索权。

第五节 银 行 卡

一、银行卡的概念与分类

（一）银行卡的概念

银行卡是指经批准由商业银行向社会发行的，具有消费信用、转账结算、存取现金等全部或部分功能的信用支付工具。

（二）银行卡的分类

（1）按照发行主体是否在境内，银行卡可分为境内卡和境外卡。

（2）按照是否给予持卡人授信额度，银行卡可分为信用卡和借记卡。

信用卡可以分为贷记卡和准贷记卡。贷记卡是指发卡银行给予持卡人一定的信用额度，持卡人可在信用额度内先消费后还款的信用卡；准贷记卡是指持卡人必须先按发卡银行要求交存一定金额备用金，当备用金余额不足支付时，可在发卡银行规定的信用额度内透支的信用卡。

（3）按照币种不同，银行卡可分为人民币卡、外币卡和双币种卡。

（4）按照信息载体不同，银行卡可分为磁条卡和芯片卡。

二、银行卡账户与交易

（一）银行卡交易的基本规定

（1）单位卡可办理商品交易和劳务供应款项的结算，但不得透支。单位卡不得支取现金。

（2）发卡银行应当依照法律规定遵守信用卡业务风险控制指标。

同一持卡人单笔透支发生额：个人卡不得超过 2 万元（含等值外币），单位卡不得超过 5 万元（含等值外币）。同一账户月透支余额：个人卡不得超过 5 万元（含等值外币）；单位卡不得超过发卡银行对该单位综合授信额度的3%，无综合授信额度可参照的单位，其月透支余额不得超过 10 万元（含等值外币）。

（3）持卡人透支消费享受免息还款期和最低还款额待遇的条件和标准等，由发卡机构自主确定。

（4）发卡银行通过下列途径追偿透支款项和诈骗款项：扣减持卡人保证金、依法处理抵押物和质押物；向保证人追索透支款项；通过司法机关的诉讼程序进行追偿。

（二）银行卡的资金来源

单位卡账户的资金一律从其基本存款账户转账转入，不得交存现金，不得将销货收入的款项存入其账户。

个人卡账户的资金以其持有的现金存入和工资性款项及属于个人的劳务报酬收入转账存入。严禁将单位的款项存入个人卡账户。

信用卡备用金存款利息，按照中国人民银行规定的活期存款利率及计息办法计算。

（三）银行卡的计息和收费

1. 计息

（1）发卡银行对准贷记卡及借记卡（不含储值卡）账户内的存款，按照中国人民银行规定的同期同档次存款利率及计息办法计付利息。

（2）发卡银行对储值卡（含 IC 卡的电子钱包）内的币值不计付利息。

（3）贷记卡持卡人非现金交易享受如下优惠条件。

① 免息还款期限。银行记账日至发卡银行规定的到期日之间为免息还款期。持卡人在到期还款日前偿还所使用的全部银行款项即可享受免息还款期待遇，无须支付非现金交易的利息。

② 最低还款额待遇。持卡人在到期日前偿还所使用的全部银行款项有困难的，可按发卡行规定的最低还款额还款。

（4）利率标准

贷记卡选择最低还款或超过批准的信用额度用卡，不得享受免息还款期待遇。贷记卡支取现金、准贷记卡透支，不享受免息还款期和最低还款额待遇。对信用卡透支利率实行上限和下限管理，透支利率上限为日利率万分之五，透支利率下限为日利率的万分之五的 0.7 倍。

发卡银行对贷记卡持卡人未偿还最低还款额和超信用额度用卡的行为，应当分别按最低还款额未还部分、超过信用额度部分的 5%收取滞纳金和超限费。

2. 收费

商业银行办理信用卡收单业务应当按照下列标准向商户收取结算手续费。

（1）宾馆、餐饮、娱乐、旅游等行业不得低于交易金额的 2%。

（2）其他行业不得低于交易金额的 1%。

3. 违约金和服务费用

对信用卡持卡人违约逾期未还款的行为，发卡机构应与持卡人通过协议约定是否收取违约金，以及相关收取方式和标准。发卡机构对向持卡人收取的违约金和年费、取现手续费、货币兑换费等服务费用不得计收利息。

4. 信用卡预借现金业务

信用卡预借现金业务包括现金提取、现金转账和现金充值。其中，现金提取是指持卡人通过柜面和自动柜员机（ATM）等自助机具，以现钞形式获得信用卡预借现金额度内资金；现金转账是指持卡人将信用卡预借现金额度内资金划转到本人银行结算账户；现金充值是指持卡人将信用卡预借现金额度内资金划转到本人在非银行支付机构开立的支付账户。

5. 非本人授权交易的处理

持卡人提出伪卡交易和账户盗用等非本人授权交易时，发卡机构应及时引导持卡人留存证据，按照相关规则进行差错争议处理，并定期向持卡人反馈处理进度。

（四）银行卡的申领、注销和挂失

1. 银行卡的申领

凡在中国境内金融机构开立基本存款账户的单位均可申领单位卡。单位卡可申领若干张，持卡人资格由申领单位法定代表人或其委托的代理人书面指定和注销。

具有完全民事行为能力的公民可申领个人卡。个人卡的主卡人可为其配偶及年满 18 周岁的亲属申领附属卡，申领的附属卡最多不得超过 2 张。

单位或个人申领信用卡，应按规定填制申请表，连同有关资料一并送交发卡银行。符合条件并按银行要求交存一定金额的备用金后，银行为申领人开立信用卡存款账户，并发给信用卡。发卡银行应当认真审查信用卡申请人的资信程度，并据此要求其提供担保，具体可采用保证、抵押或质押等方式。

2. 银行卡的注销

持卡人不需要继续使用银行卡时，应持银行卡主动到发卡银行办理销户。销户时，单位卡账户余额转入其基本存款账户，不得提取现金；个人卡账户可以转账结清，也可以提取现金。信用卡持卡人透支之后，在还清透支本息后，在下列情况下，可以办理销户。

（1）信用卡有效期满45天后，持卡人不更换新卡的。

（2）信用卡挂失满45天后，没有附属卡又不更换新卡的。

（3）信用卡被列入止付名单，发卡银行已收回其信用卡45天的。

（4）持卡人死亡，发卡银行已收回其信用卡45天的。

（5）持卡人要求销户或担保人撤销担保，并已交回全部信用卡45天的。

（6）信用卡账户两年（含）以上未发生交易的。

（7）持卡人违反其他规定，发卡银行认为应该取消其资格的。

发卡机构调整信用卡利率标准的，应至少提前45天通知持卡人。持卡人有权在新利率标准生效之日前选择销户，并按照已签订的协议偿还相关款项。

3. 银行卡的挂失

持卡人丧失银行卡，应立即持本人身份证件或其他有效证明，并按规定提供有关情况，向发卡银行或代办银行申请挂失。

案例分析

【案例2-3】2018年1月3日，百花商店与兴达公司签订了联营合同，其中约定：兴达公司在通化设立分公司，与百花商店联营家用电器，兴达公司给百花商店的商品按进价供应，货款采用银行承兑汇票进行结算，结算承兑期为6个月，按实际销售额结算货款。合同有效期从签订合同之日起至2018年7月10日止。2018年9月18日，百花商店经理持"联营合同书"至其开户银行通化信用社，请求办理银行承兑汇票。通化信用社遂与百花商店签订了银行承兑协议，内容为：银行承兑汇票收款人为兴达公司，付款人为百花商店，汇票金额为120万元，承兑银行为通化信用社，汇票申请人为百花商店。事后，百花商店签发了X11623567号汇票，因通化信用社不具有银行承兑资格，该社主任李某持X11623567号汇票到通化建设银行找到该行会计科科长陈某，要求其代盖通化建设银行章。陈某就在该汇票签发栏内盖上通化建设银行公章，未在承兑银行栏内盖章，该栏空白。后交给李某，李某转给百花商店经理。同年9月28日，百花商店经理将汇票送交兴达公司。请问：该汇票是否为有效票据？

分析与提示：

该汇票为无效汇票。根据《票据法》规定，商业汇票必须记载下列事项：① 表明"商业承兑汇票"或"银行承兑汇票"的字样；② 无条件支付的委托；③ 确定的金额；④ 付款人名称；⑤ 收款人名称；⑥ 出票日期；⑦ 出票人的签章。未记载其中之一的，汇票无效。本案中的银行承兑汇票承兑银行栏内无承兑人签名或盖章，无承兑人即无付款人，欠缺法定绝对记载事项。从申请承兑时当事人意思表示来看，通化建设银行经办人并没有承兑的意思表示，也未在承兑银行栏内盖章。从票据实质要件而言，通化信用社不具有银行承兑汇票承兑之权利能力和行为能力。所以，通化信用社与百花商店所签订的银行承兑协议是无效的。由此可见，该汇票是欠缺付款人的无效银行承兑汇票，不能产生《票据法》上的权利、义务关系。

第六节 其他结算方式

一、汇兑

（一）汇兑的概念和分类

汇兑是汇款人委托银行将其款项支付给收款人的结算方式。汇兑分为信汇和电汇两种方式，由汇款人选择使用。单位和个人各种款项的结算，均可使用汇兑结算方式。汇兑一般用于异地间的结算。

（二）办理汇兑的程序

1. 签发汇兑凭证

汇兑凭证上必须记载下列事项：① 表明"信汇"和"电汇"的字样；② 无条件支付的委托；③ 确定的金额；④ 收款人名称；⑤ 汇款人名称；⑥ 汇入地点与汇入行名称；⑦ 汇出地点与汇出行名称；⑧ 委托日期；⑨ 汇款人签章。汇兑凭证上缺少上述任何一项记载，银行不予受理。汇兑凭证记载的汇款人与收款人名称，其在银行开立存款账户的，必须记载其账号，否则银行不予受理。委托日期是指汇款人向汇出银行提交汇兑凭证的当日。

汇款人和收款人均为个人，需要在汇入银行支取现金的，应在信汇、电汇凭证的汇款金额大写栏，先填写"现金"字样，后填写汇款金额。

2. 银行受理

对汇款人签发的汇兑凭证，汇出银行经审核无误后，应及时向汇入银行办理汇款，并向汇款人签发汇款回单。汇款回单只能用作汇出银行受理汇款的依据，不能作为该笔汇款已转入收款人账户的证明。

3. 汇入处理

汇入银行对开立存款账户的收款人，应将汇给其的款项直接转入收款人账户，并向其发出收账通知。收账通知是银行将款项确已收入收款人账户的凭据。

未在银行开立存款账户的收款人，凭信汇、电汇的取款通知向汇入银行支取款项，并须交验其本人身份证件，在信汇、电汇凭证上注明证件名称、号码及发证机关，在"收款人签章"处签章。银行审核无误后，以收款人的姓名开立应解汇款及临时存款账户，该账户只付不收，付完清户，不计利息。

（三）汇兑的撤销和退汇

1. 汇兑的撤销

汇款人可以对汇出银行尚未汇出的款项申请撤销。申请撤销时，应出具正式函件或本人身份证件及原信汇、电汇回单，汇出银行查明确未汇出款项的，收回原信汇、电汇回单后，办理撤销手续。

2. 汇兑的退汇

汇款人可以对汇出银行已经汇出的款项申请退汇。对在汇入银行开立存款账户的收款人，由汇款人与收款人自行联系退汇；对未在汇入银行开立存款账户的收款人，汇款人应出具正式函件或本人身份证件及原信汇、电汇回单，由汇出银行通知汇入银行，并经汇入银行核实汇款确未支付后，将款项汇回汇出银行，由汇出银行办理退汇。

汇入银行对于收款人拒绝接受的汇款，应立即办理退汇。汇入银行对于向收款人发出的取款通知，经过2个月无法交付的汇款，应主动办理退汇。

二、委托收款

（一）委托收款的概念

委托收款是收款人委托银行向付款人收取款项的结算方式。委托收款结算款项的划回方式分邮寄和电报两种，由收款人选用。

单位和个人凭已承兑商业汇票、债券、存单等付款人债务证明办理款项的结算，均可以使用委托收款结算方式。委托收款在同城、异地均可以使用。

（二）委托收款的记载事项

签发委托收款凭证必须记载下列事项：① 表明"委托收款"的字样；② 确定的金额；③ 付款人名称；④ 收款人名称；⑤ 委托收款凭据名称及附寄单证张数；⑥ 委托日期；⑦ 收款人签章。委托收款凭证上欠缺记载上列事项之一的，银行不予受理。

【例2-5】 根据支付结算管理的有关规定，下列各项中，属于当事人签发委托收款凭证时必须记载的事项的有（　　　）。

A. 委托日期　　　　　　　　　　　B. 收款日期

C. 收款人名称和收款人签章　　　　D. 委托收款凭据名称及附寄单证张数

【答案】 ACD

【解析】 签发委托收款凭证必须记载下列事项：① 表明"委托收款"的字样；② 确定的金额；③ 付款人名称；④ 收款人名称；⑤ 委托收款凭据名称及附寄单证张数；⑥ 委托日期；⑦ 收款人签章。

（三）委托收款的结算规定

1. 委托收款的办理方法

以银行为付款人的，银行应在当日将款项主动支付给收款人；以单位为付款人的，银行通知付款人后，付款人应于接到通知当日书面通知银行付款。如果付款人未在接到通知日的次日起3日内通知银行付款的，视同付款人同意付款，银行应于付款人接到通知日的次日起第4日上午开始营业时，将款项划给收款人。银行在办理划拨时，付款人存款账户不足的，应通过被委托银行向收款人发出未付款项通知书。

2. 委托收款的注意事项

（1）付款人审查有关债务证明后，对收款人委托收取的款项需要拒绝付款的，有权提出拒绝付款。以银行为付款人的，应自收到委托收款及债务证明的次日起3日内出具拒绝证明连同有关债务证明、凭证寄给被委托银行，转交收款人；以单位为付款人的，应在付款人接到通知日的次日起 3 日内出具拒绝证明，持有债务证明的，应将其送交开户银行。银行将拒绝证明、债务证明和有关凭证一并寄给被委托银行，转交收款人。

（2）收款人收取公用事业费，必须具有收付双方事先签订的经济合同，由付款人向开户银行授权，并经开户银行同意，报经中国人民银行当地分支行批准，可以使用同城特约委托收款。

三、托收承付

（一）托收承付的概念

托收承付是指根据购销合同由收款人发货后委托银行向异地付款人收取款项，由付款人向银行承认付款的结算方式。

使用托收承付结算方式的收款单位和付款单位，必须是国有企业、供销合作社，以及经营管理较好并经开户银行审查同意的城乡集体所有制工业企业。

办理托收承付结算的款项，必须是商品交易及因商品交易而产生的劳务供应的款项。代销、寄销、赊销商品的款项，不得办理托收承付结算。

托收承付结算每笔的金额起点为 1 万元，新华书店系统每笔的金额起点为 1 000 元。

（二）托收承付的记载事项

签发托收承付凭证必须记载下列事项：① 表明"托收承付"的字样；② 确定的金额；③ 付款人名称及账号；④ 收款人名称及账号；⑤ 付款人开户银行名称；⑥ 收款人开户银行名称；⑦ 托收附寄单证张数或册数；⑧ 合同名称、号码；⑨ 委托日期；⑩ 收款人签章。托收承付凭证上欠缺记载上列事项之一的，银行不予受理。

收付双方使用托收承付结算必须签有符合《合同法》的购销合同，并在合同上订明使用托收承付结算方式，分邮寄和电报两种，由收款人选用。

（三）托收承付的办理方法

1. 托收

收款人按照签订的购销合同发货后，应将托收凭证并附发运凭证或其他符合托收承付结算的有关证明和交易单证送交银行。

2. 承付

付款人开户银行收到托收凭证及其附件后，应当及时通知付款人。验单付款的承付期为 3 天，从付款人开户银行发出承付通知的次日算起（承付期内遇法定节假日顺延）。验货付款的承付期为 10 天，从运输部门向付款人发出提货通知的次日算起。付款人在承付期内，未向银行表示拒绝付款的，银行即视作承付，在承付期满的次日上午将款项划给收款人。

付款人在承付期满日银行营业终了时，如无足够资金支付，其不足部分，即为逾期未付款项，按逾期付款处理。

收付双方办理托收承付结算，必须重合同、守信用。收款人对同一付款人发货托收累计3 次收不回货款的，收款人开户银行应暂停收款人向该付款人办理托收；付款人累计 3 次提出无理拒付的，付款人开户银行应暂停其向外办理托收。

四、国内信用证

（一）国内信用证的概念

国内信用证（简称信用证）是适用于国内贸易的一种支付结算方式，是开证银行依照申请人（购货方）的申请向受益人（销货方）开出的有一定金额、在一定期限内凭信用证规定的单据支付款项的书面承诺。

（二）国内信用证的结算方式

国内信用证结算方式只适用于国内企业之间商品交易产生的货款结算，并且只能用于转账结算，不得用于支取现金。

（三）国内信用证办理的基本程序

1. 开证

开证行决定受理开证业务时，应向申请人收取不低于开证金额 20%的保证金，并可根据申请人的资信情况要求其提供抵押、质押或由其他金融机构出具的保函。

2. 通知

通知行收到信用证审核无误后，应填制信用证通知书，连同信用证交付受益人。

3. 议付

议付是指信用证指定的议付行在单证相符条件下，扣除议付利息后向受益人给付对价的行为。议付行必须是开证行指定的受益人开户行。议付仅限于延期付款信用证。

议付行议付后，应将单据寄开证行索偿资金。议付行议付信用证后，对受益人具有追索权。到期不获付款的，议付行可从受益人账户收取议付金额。

4. 付款

开证行对议付行寄交的凭证、单据等审核无误后，对于即期付款信用证，从申请人账户收取款项支付给受益人；对于延期付款信用证，应向议付行或受益人发出到期付款确认书，并于到期日从申请人账户收取款项支付给议付行或受益人。

申请人交存的保证金和其存款账户余额不足支付的，开证行仍应在规定的付款时间内进行付款。对不足支付的部分做逾期贷款处理。

第七节　网　上　支　付

近年来，随着电子商务的不断发展与普及，网上支付方式为大家所熟悉并得到快速发展。网上支付是电子支付的一种形式，它是指电子交易的当事人，包括消费者、商户、银行或支付机构，使用电子支付手段通过信息网络进行的货币支付或资金流转。网上支付的主要方式有网上银行和第三方支付两种。

一、网上银行

（一）网上银行的概念

网上银行（Internetbank or E-bank），也称网络银行，简称网银，是指银行在互联网上设立虚拟银行柜台，使传统银行服务不再通过物流的银行分支机构来实现，而是借助于网络与信息技术手段在互联网上实现。

与传统银行业务相比，网上银行大大降低了银行经营成本，有效提高了银行盈利能力；网上银行业务打破了传统银行业务的地域、时间限制，这既有利于吸引和保留优质客户，又能主动扩大客户群，同时可以向客户提供多种类、个性化服务，开辟新的利润来源。

（二）网上银行的分类

1. 按经营模式分类

按经营模式不同，网上银行可分为单纯网上银行和分支型网上银行。

（1）单纯网上银行是指完全依赖于互联网的虚拟的电子银行，它没有实际的物理柜台，一般只有一个办公地址，没有分支机构，也没有营业网点，采用互联网等高科技服务手段与客户建立密切的联系，为客户提供全方位的金融服务。

（2）分支型网上银行是指现有的传统银行利用互联网开展传统的银行业务，即传统银行利用互联网作为新的服务手段为客户提供在线服务，实际上是传统银行服务在互联网上的延伸。

2. 按主要服务对象分类

按主要服务对象不同，网上银行可分为企业网上银行和个人网上银行。

（1）企业网上银行主要服务于企事业单位，企事业单位可以通过企业网络银行实时了解财务状况，及时调度资金，轻松处理工资发放和大批量的网络支付业务。

（2）个人网上银行主要服务于个人，个人可以通过个人网络银行实时查询、转账，进行网络支付和付款。

（三）网上银行的主要功能

1. 企业网上银行的功能

（1）账户信息查询。账户信息查询业务能够为企业客户提供账户信息的网上在线查询、网上下载和电子邮件发送账务信息等服务，包括账户余额查询、账户明细查询、资产负债查询、贷款账户查询、网上交易查询等。

（2）支付指令。支付指令是指按客户的要求，请求进行资金转账的指令或报文信息。支付指令业务能够提供集团、企业内部各分支机构之间的账务往来，同时也能够提供集团、企业之间的账务往来，并且支持集团、企业向他行账户进行付款。

（3）B2B 网上支付。B2B（Business-to-Business）即企业之间进行的电子商务活动，是指进行电子商务交易的供需双方都是商家（或企业、公司），它们使用 Internet 技术或各种商务网络平台完成商务交易的过程。这些过程包括：发布供求信息，订货及确认订货，支付过程及票据的签发、传送和接收，确定配送方案并监控配送过程等。

（4）批量支付。批量支付业务就是客户可以按银行要求的格式生成数据文件，通过网上银行界面提交批量付款文件，一次性将数十笔、几百笔付款指令提交到银行处理，从而大大减轻客户财务人员的工作量。

2. 个人网上银行的功能

（1）账户信息查询。系统为客户提供信息查询功能，能够查询银行卡的人民币余额、活期和定期一本通余额；提供银行卡在一定时间段内的历史明细数据查询；查询信用卡进行网上支付后的支付记录等。

（2）人民币转账业务。转账作为一种银行结算方式，应用范围非常广泛。同城与异地、个人账户与单位账户之间、个人账户与个人账户之间均可以进行人民币转账结算。系统在转账功能上严格控制了单笔和当日转账最大限额，使客户的资金安全有一定的保障。

（3）银证转账业务。银证转账是指将客户在银行开立的个人结算存款账户（或借记卡）与证券公司的资金账户建立对应关系，将资金在银行和证券公司之间划转，为客户存取款提供便利。

（4）外汇买卖业务。个人外汇买卖又称"外汇宝"，是指银行参照国际外汇市场汇率，为境内居民将一种外汇直接兑换成另外一种外汇的业务，也就是个人客户在银行进行的可自由兑换外汇（或外币）间的交易。

（5）账户管理业务。系统提供客户对本人网上银行各种权限功能、账户信息的管理及账户的挂失。

（6）B2C 网上支付。B2C（Business-to-Customer）即商业机构对消费者的电子商务，是指企业与消费者之间进行的在线式零售商业活动（包括网上购物和网上拍卖等）。

（四）网上银行业务流程及交易时的身份认证

1. 客户开户流程

客户开通网上银行有两种方式：一是客户前往银行柜台办理；二是客户先网上自助申请，后到柜台签约。开户时，必须出具身份证或有关证件，并遵守有关实名制规定。

2. 网上交易

网上银行的具体交易流程如下。

（1）客户使用浏览器通过互联网连接到网银中心，发出网上交易请求。

（2）网银中心接收并审核客户的交易请求，并将交易请求转发给相应成员行的业务主机。

（3）成员行业务主机完成交易处理，并将处理结果返回给网银中心。

（4）网银中心对交易结果进行再处理后，返回相应信息给客户。

3. 交易时的身份认证

交易时，银行采用下列方法认证客户的身份。

（1）密码。网上银行密码是客户网上银行交易时所需要的密码，只有密码和账号相符才可成功交易。

（2）文件数字证书。文件数字证书为实现双方安全通信提供电子认证，将文件数字证书安装到计算机，已安装的用户只需输入密码即可，未安装的则无法付款。

（3）动态口令卡。动态口令卡有横纵坐标，对应的有数字，根据银行页面反馈的坐标，输入相应的数字就可以通过验证。

（4）动态手机口令。交易时，银行会向客户预留的手机以短信形式发送随机密码到客户的手机上，客户输入此动态密码，从而确保系统身份认证的安全性。

（5）移动口令牌。付款时只需按移动口令牌上的键，就会出现当前代码，一分钟内在网上银行付款时可以凭此编码付款。

（6）移动数字证书。交易时，客户需先将移动数字证书插入计算机的 USB 接口处，退出后，需将移动数字证书取下，如工行的 U 盾、农行的 K 宝、建行的网银盾、光大银行的阳光网盾等。

二、第三方支付

（一）第三方支付的概念

第三方支付是指经过中国人民银行批准从事第三方支付业务的非银行支付机构，借助通信、计算机和信息安全技术，采用与各大银行签约的方式，在用户与银行支付结算系统间建立连接的电子支付模式（其中通过手机端进行的，称为移动支付），本质上是一种新型的支付手段，是互联网技术与传统金融支付的有机结合。

非金融机构提供支付服务应当取得《支付业务许可证》，成为支付机构。未经中国人民银行批准，任何非金融机构和个人不得从事或变相从事支付业务。

（二）第三方支付种类

1. 线上支付

线上支付是指通过互联网实现的用户和商户之间、商户和商户之间的在线货币支付、资金清算等行为。

2. 线下支付

线下支付是指通过非线上支付方式进行的支付行为，包括 POS 机刷卡支付、拉卡拉等自助终端支付、电话支付、手机近端支付等方式。

（三）第三方支付交易流程及其身份验证

1. 开户

支付机构为客户开立支付账户的，应当对客户实行实名制管理，登记并采取有效措施验证客户身份基本信息，按规定核对有效身份证件并留存有效身份证件的复印件或影印本，建立客户唯一识别编码，并在与客户业务关系存续期间采取持续的身份识别措施，确保有效核实客户身份及真实意愿，不得开立匿名、假名支付账户。支付账户不得透支，不得出借、出租、出售，不得利用支付账户从事或协助他人从事非法活动。

2. 账户充值

客户开户后，将银行卡和支付账户绑定。付款前，将银行卡中的资金转入支付账户，为其"充值"。

3. 收付款

客户下单后，付款时，通过支付平台将自己支付账户中的虚拟资金划转到支付平台暂存，待客户收到商品并确认后，支付平台将款项划转到商家的支付账户中，支付行为完成。收款人需要资金时，可以将账户中的虚拟资金再转入银行，兑成实体的银行存款。

4. 交易时的身份认证

支付机构可以组合选用下列三类要素，对客户使用支付账户付款进行身份验证。

（1）仅客户本人知悉的要素，如静态密码等。

（2）仅客户本人持有并特有的，不可复制或不可重复利用的要素，如经过安全认证的数字证书、电子签名，以及通过安全渠道生成和传输的一次性密码等。

（3）客户本人生理特征要素，如指纹等。

支付机构应当确保采用的要素相互独立，部分要素的损坏或泄露不应导致其他要素损坏或泄露。

案例分析

【案例2-4】以支付宝为例，示范第三方支付的具体支付流程。

（1）消费者即客户在电子商务网站（如淘宝网、京东商城等）选购商品、下订单，与该商品的卖家在网上达成交易意向。

（2）消费者选择支付宝作为交易中介，使用自己的借记卡或信用卡将资金划到自己的支付宝账户，形成支付宝"余额"（充值），再使用自己的支付宝账户余额付款（此时"付款"，款项并非直接转到商家的支付宝账户，而是暂时保存在支付宝平台），并设定发货期限。

（3）支付宝平台收到货款后，通知商家，告知消费者已经付款，要求商家在规定时间内发货。

（4）商家收到支付宝平台关于消费者已付款的通知后按消费者所下订单发货，并在网站上做相应记录，消费者可在网站上查看自己所购买的商品出库、发货等状态（如果已经发货，后续还会显示物流状况）；如果商家没有按照规定的时间发货，则支付宝平台会通知顾客交易失败，并询问是将货款划回顾客的支付宝账户还是暂存在支付宝平台。

（5）消费者收到货物并确认后，支付宝平台便将暂存在平台的款项划转到商家的支付宝账户，交易完成（如果消费者对商品不满意，或者不是自己所要的规格等，或者认为与商家承诺不符，可通知支付宝平台拒付货款并将货物退回商家，消费者已经支付的货款会退回自己的支付宝账户）。商户需要资金时，可以将自己支付宝账户中的虚拟资金再转到银行，兑成实体的银行存款取出。

（四）第三方支付机构及支付账户管理规定

（1）支付机构应根据客户身份对同一客户在本机构开立的所有支付账户进行关联管理，并按照要求对个人支付账户进行分类管理。

① 对于以非面对面方式通过至少一个合法安全的外部渠道进行身份基本信息验证，且为首次在本机构开立支付账户的个人客户，支付机构可以为其开立 I 类支付账户，账户余额仅可用于消费和转账，余额付款交易自账户开立起累计不超过 1000 元（包括支付账户向客户本人同名银行账户转账）。

② 对于支付机构自主或委托合作机构以面对面方式核实身份的个人客户，或者以非面对面方式通过至少 3 个合法安全的外部渠道进行身份基本信息多重交叉验证的个人客户，支付机构可以为其开立 II 类支付账户，账户余额仅可用于消费和转账，其所有支付账户的余额付款交易年累计不超过 10 万元（不包括支付账户向客户本人同名银行账户转账）。

③ 对于支付机构自主或委托合作机构以面对面方式核实身份的个人客户，或者以面对面方式通过至少 5 个合法安全的外部渠道进行身份基本信息多重交叉验证的个人客户，支付机构可以为其开立 III 类支付账户，账户余额可以用于消费、转账及购买投资理财等金融类产品，其所有支付账户的余额付款交易年累计不超过 20 万元（不包括支付账户向客户本人同名银行账户转账）。

（2）支付机构办理银行账户与支付账户之间转账业务的，相关银行账户与支付账户应属于同一客户。

（3）因交易取消（撤销）、退货、交易不成功或投资理财等金融类产品赎回等原因需划回资金的，相应款项应当划回原扣款账户。

（4）支付机构应根据交易验证方式的安全级别，对个人客户使用支付账户余额付款的交易进行限额管理。

① 支付机构采用包括数字证书或电子签名在内的两类（含）以上有效要素进行验证的交易，单日累计限额由支付机构与客户通过协议自主约定。

② 支付机构采用不包括数字证书、电子签名在内的两类（含）以上有效要素进行验证的交易，单个客户所有支付账户单日累计金额应不超过 5 000 元（不包括支付账户向客户本人同名银行账户转账）。

③ 支付机构采用不足两类有效要素进行验证的交易，单个客户所有支付账户单日累计金额应不超过 1 000 元（不包括支付账户向客户本人同名银行账户转账），且支付机构应当承诺无条件全额承担此类交易的风险损失赔付责任。

课堂练习

不定项选择题（从以下备选答案中选出一个或两个及以上符合题意的正确答案）

一、选择题

1. 伟达汽车有限公司于 2019 年 3 月 12 日向飞驰股份公司购买一批汽车轮胎，委托其开户银行于当日签发一张价值为 20 万元的银行汇票，飞驰股份公司收到银行汇票后应在（　　）前提示付款。
   - A. 2019 年 3 月 22 日
   - B. 2019 年 5 月 12 日
   - C. 2019 年 4 月 12 日
   - D. 2019 年 9 月 12 日

2. 关于银行汇票办理和使用要求，下列表述不正确的是（　　）。
   - A. 签发现金银行汇票，申请人和收款人都必须是个人
   - B. 出票银行收妥款项后签发银行汇票，并用压数机压印出票金额，只将银行汇票联交给申请人
   - C. 银行汇票应在出票金额内按实际结算金额办理结算
   - D. 银行汇票的实际结算金额不得更改，更改实际结算金额的银行汇票无效

3. 下列关于支票的表述中，不正确的是（　　）。
   - A. 单位和个人在同一票据交换区域的各种款项结算均可使用支票
   - B. 现金支票既能支取现金，也可以办理转账
   - C. 支票的金额和收款人名称未补记前不得提示付款
   - D. 转账支票在票据交换区域可以背书转让

4. 根据我国《票据法》的规定，现金支票与转账支票的关系是（　　）。
   - A. 现金支票可以转账，转账支票不能支取现金
   - B. 现金支票只能支取现金，转账支票只能用于转账

    C. 现金支票在特殊情况下可以转账

    D. 转账支票可以支取现金，现金支票不能转账

5. 下列有关票据的表述中，不正确的是（   ）。

    A. 票据是由出票人依法签发的有价证券

    B. 票据所记载的金额由出票人自行支付或委托付款人支付

    C. 票据都有付款提示期限

    D. 任何票据都可以用于办理结算或提取现金

6. 甲公司8月20日银行存款账户余额为5万元。20日，一材料供应商上门到甲公司催要金额为20万元的材料货款。财务人员为了尽快将供应商"打发走"，就向材料供应商开出了一张20万元的转账支票。根据规定，甲公司开出的这张转账支票属于（   ）。

    A. 空头支票   B. 远期支票   C. 伪造支票   D. 变造支票

7. 下列票据可以背书转让的是（   ）。

    A. 银行汇票   B. 注明"现金"字样的银行汇票

    C. 现金支票   D. 注明"现金"字样的银行本票

8. 下列关于支票适用范围的表述中，准确的是（   ）。

    A. 单位和个人的各种款项的结算   B. 单位和个人在异地各种款项的结算

    C. 单位和个人的各种现金的结算   D. 在同一票据交换区各种款项的结算

9. 根据《票据法》规定，禁止签发的支票包括（   ）。

    A. 未记载付款地的支票   B. 没有记载金额的支票

    C. 空头支票   D. 与预留签章不符的支票

二、判断题（正确的打"√"，错误的打"×"）

1. 远东有限公司账务人员签发一张转账支票给采购员张某，用于支付采购原材料的货款，但转账支票上未记载收款人名称，则该转账支票无效。（   ）

2. 支票的持票人超过提示付款期限提示付款的，持票人开户银行不予受理，持票人做出相应说明后，付款人仍应付款。（   ）

3. 支票出票人所签发的支票金额不得超过其付款时在付款人处实有的存款金额。（   ）

4. 银行汇票持票人向银行提示付款时，必须同时提交银行汇票和解讫通知，缺少任何一联，银行不予受理。（   ）

5. 因迁址需要变更开户银行的存款人，尚未结清开户银行债务的，不得申请撤销银行结算账户。（   ）

📖 答案提示

一、1. C   2. B   3. B   4. B   5. D   6. A   7. A   8. D   9. CD

二、1. ×   2. ×   3. √   4. √   5. √

✏️ 本章小结

    支付结算是指单位、个人在社会经济活动中使用现金、票据、银行卡和结算凭证进行货币给付及资金清算的行为。支付结算的主要支付工具包括汇票、本票、支票、银行卡、汇兑、托收承

付、委托收款。办理支付结算要严格按照法律规定的具体要求办理。我国对现金管理的主要依据是《现金管理暂行条例》和《现金管理暂行条例实施细则》，各单位的现金收支都应当按规定办理。银行结算账户包括基本存款账户、一般存款账户、专用存款账户和临时存款账户等。票据包括银行汇票、商业汇票、银行本票和支票，在使用办理过程中，要严格按照法律、法规执行。

综合实训

1. 2019 年 3 月 10 日，审计人员对 SY 公司 2018 年的财务决算报告进行了审计，并采用了相应的审计方法对该单位货币资金的真实性进行了审查。在审查货币资金项目中所包含的库存现金的真实性时，审计人员首先审阅了现金总账和现金日记账，并将两者余额进行核对，2018 年 12 月 31 日两者余额均为 968.37 元。随后，审计人员核对了 2019 年 1 月 1 日至 3 月 10 日的现金总账和现金日记账，没有发现明显错误，现金日记账的余额为 13 568.37 元。在审计人员的监督下，由该公司财务处负责人参加，出纳员对 3 月 10 日的库存现金进行清点，实存现金 2 768.37 元，同时发现 3 月 8 日报销的 1 500 元的凭证尚未入账，另外，有会计王××借 5 000 元（购房），没有领导批准，还有 3 000 元是公司副总经理李××的借款，经手人公司总经理办公室刘某写了一份由公司副总经理李××批准的借条。根据案例，分析该公司现金管理存在哪些问题？

2. 收款人受理银行汇票时，应审查的内容包括哪些？

3. 某厂财务科于 2018 年 9 月 10 日签发一张转账支票，付款人为其基本存款账户开户银行丙，该支票未填写收款人名称和出票金额。该厂办公室人员张某持该支票向 A 购物中心购买办公用品，张某在转账支票上补记了收款人为 A 购物中心、金额为 6 000 元，并将转账支票交给了 A 购物中心。A 购物中心于 9 月 21 日持该转账支票向丙银行提示付款，被拒绝付款。请问：（1）该厂财务科签发的未填写收款人名称和出票金额的转账支票是否有效？说明理由。（2）丙银行拒绝 A 购物中心的付款请求是否符合规定？请说明理由。

自测题

一、单项选择题（从以下备选答案中选出一个符合题意的正确答案）

1. A 公司账务人员李某于 2019 年 2 月 10 日签发了一张转账支票，转账支票上日期填写正确的是（   ）。
   A. 贰零壹玖年贰月拾日
   B. 贰零壹玖年零贰月壹拾日
   C. 贰零壹玖年零贰月零壹拾日
   D. 贰零壹玖年贰月壹拾日

2. 单位、个人和银行办理支付结算必须使用（   ）。
   A. 各开户银行印制的票据和结算凭证
   B. 按财政部统一规定印制的票据和结算凭证
   C. 按中国人民银行统一规定印制的票据和结算凭证
   D. 按国家税务部门统一规定印制的票据和结算凭证

3. 根据《人民币银行结算账户管理办法》的规定，下列事项中存款人应向开户银行申请变更银行账户的是（   ）。
   A. 尚未清偿其开户银行债务的
   B. 存款人因迁址需要变更开户银行的

C. 存款人迁址且变更开户银行的   D. 注销、被吊销营业执照的

4. 临时存款账户的有效期最长不得超过（   ）。

     A. 6 个月   B. 1 年   C. 2 年   D. 5 年

5. 下列不得办理现金收付业务的账户是（   ）。

     A. 基本存款账户   B. 临时存款账户

     C. 个人银行结算账户   D. 单位银行卡账户

6. 出票银行签发的、由其在见票时按实际结算金额无条件支付给收款人或持票人的票据是（   ）。

     A. 商业汇票   B. 银行汇票   C. 银行本票   D. 支票

7. 银行汇票的持票人向银行提示付款时，必须同时提交（   ），缺少任何一联，银行不予受理。

     A. 银行汇票和解讫通知   B. 银行汇票和进账单

     C. 银行汇票和收账通知书   D. 银行汇票和收款委托书

8. 下列不属于支票必须记载的事项是（   ）。

     A. 出票人签章   B. 出票日期   C. 付款人名称   D. 付款地

9. 宏东电子有限公司会计赵某于 2019 年 1 月 15 日签发一张 1.5 万元的转账支票给甲公司，用于支付甲公司的货款，甲公司持该转账支票到银行转账时被拒绝受理，原来该公司的银行账户的存款余额仅为 8 000 元。根据《支付结算办法》的规定，甲公司要求宏东电子有限公司支付赔偿金的数额为（   ）。

     A. 300 元   B. 750 元   C. 1 000 元   D. 1 500 元

10. 既可以用于转账，又可以用于支取现金的支票是（   ）。

     A. 现金支票   B. 转账支票   C. 普通支票   D. 划线支票

11. 根据《票据法》的规定，支票的提示付款期限自出票日起（   ）。

     A. 3 天   B. 10 天   C. 1 个月   D. 2 个月

12. 在我国，票据金额以中文大写和数字小写同时记载，两者不一致的，（   ）。

     A. 票据无效   B. 票据行为无效

     C. 以中文大写为准   D. 以数字小写为准

13. 下列各项中，不符合票据和结算凭证填写要求的是（   ）。

     A. 中文大写金额数字到"角"为止，在"角"之后没有写"整"字

     B. 票据的出票日期使用阿拉伯数字填写

     C. 阿拉伯小写金额数字前填写了人民币符号

     D. "1 月 15 日"出票的票据，票据的出票日期写成"零壹月壹拾伍日"

14. 根据《支付结算办法》的规定，银行汇票的提示付款期限是（   ）。

     A. 自见票日起 1 个月   B. 自出票日起 1 个月

     C. 自见票日起 2 个月   D. 自出票日起 4 个月

15. 根据《银行账户管理办法》的规定，企业对更新改造资金可以申请开立的银行账户是（   ）。

     A. 基本存款账户   B. 专用存款账户

     C. 一般存款账户   D. 临时存款账户

二、多项选择题（从以下备选答案中选出两个或两个以上符合题意的正确答案）

1. 单位、个人和银行办理支付结算必须遵守的原则是（　　）。
   A. 恪守信用，履约付款　　　　　　B. 谁的钱进谁的账，由谁支配
   C. 银行不垫款　　　　　　　　　　D. 一个基本账户原则

2. 支付结算是指单位和个人在社会经济活动中使用（　　）等方式进行货币给付及资金清算的行为。
   A. 票据　　　　B. 现金　　　　C. 汇兑　　　　D. 托收承付

3. 某单位账务人员张某签发现金支票 3 000 元到开户银行提款，在该现金支票上的签章为（　　）。
   A. 预留银行的该单位财务专用章　　B. 经授权的账务人员张某的印章
   C. 该单位会计机构负责人的印章　　D. 预留银行该单位法定代表人的印章

4. 下列有关银行汇票结算方式的表述中，符合《支付结算办法》规定的是（　　）。
   A. 签发现金银行汇票，申请人和收款人都必须是个人
   B. 实际结算金额超过票面金额的，票据无效
   C. 银行汇票未记载付款日期、付款地的，票据无效
   D. 银行汇票适用于单位和个人在异地、同城的各种款项结算

5. 我国《票据法》规定的票据包括（　　）。
   A. 银行汇票　　　B. 股票　　　　C. 商业汇票　　　D. 支票

6. 出票银行签发银行汇票，除表明"银行汇票"的字样、无条件支付的承诺外，还必须记载（　　）。
   A. 出票日期　　　B. 付款日期　　　C. 出票地　　　D. 出票人签章

7. 根据《票据法》的规定，支票的记载事项可以授权补记的是（　　）。
   A. 付款人名称　　B. 收款人名称　　C. 出票日期　　D. 出票金额

8. 根据《支付结算办法》的规定，（　　）是支付结算和资金清算的中介机构。
   A. 银行　　　B. 城市信用合作社　　C. 农村信用合作社　　D. 保险公司

9. 企业发生下列情况应向开户银行申请撤销银行结算账户的是（　　）。
   A. 企业宣布破产　　　　　　　　　B. 企业被吊销营业执照
   C. 企业迁址从苏州至上海　　　　　D. 投资者发生变更

10. 丧失票据的补救措施主要有（　　）。
    A. 登报声明作废　　　　　　　　　B. 挂失止付
    C. 公示催告　　　　　　　　　　　D. 提起诉讼

三、判断题（正确的打"√"，错误的打"×"）

1. 单位、个人和银行办理支付结算未使用按中国人民银行统一规定印制的票据，则票据无效。　　　　　　　　　　　　　　　　　　　　　　　　　　　　　　（　　）

2. 票据的出票日期必须使用中文大写，如果大写日期未按要求规范书写的，银行不予受理。　　　　　　　　　　　　　　　　　　　　　　　　　　　　　　　（　　）

3. 对单位、个人在银行开设的银行结算账户的存款，银行不得为任何单位或个人查

询。 （ ）

4. 汇票的出票人必须与付款人具有真实的委托付款关系，不得签发无对价的汇票用以骗取银行或其他票据当事人的资金。 （ ）

5. 票据和结算凭证的金额必须以中文大写和阿拉伯数字同时记载，两者必须一致，否则以中文大写为准。 （ ）

6. 远东有限公司账务人员签发一张转账支票给采购员张某，用于支付采购原材料的货款，但转账支票上未记载收款人的名称，则该转账支票无效。 （ ）

7. 个人银行储蓄账户既可以办理现金存取业务，也可以办理转账结算。 （ ）

8. 因注册验资在银行开设临时存款账户的单位，若未获得工商行政管理部门核准登记的，在验资期满后，应向银行申请撤销该账户，其账户资金应退还给原汇款人账户。 （ ）

9. 银行汇票未填明实际结算金额和多余金额或实际结算金额超过出票金额的，银行不予受理。银行汇票的实际结算金额不得更改，更改实际结算金额的银行汇票无效。 （ ）

10. 票据上的签章和其他记载事项应当真实，不得伪造、变造。 （ ）

11. 无论企业或个人在银行是否开立存款账户，均可通过银行办理支付结算。 （ ）

12. 存款人因异地临时经营活动需要可以申请开立专用存款账户。 （ ）

13. 存款人银行结算账户有法定变更事项的，应于5日内书面通知开户银行，并向中国人民银行报告办理变更手续。 （ ）

14. 单位和个人的各种款项结算，均可使用银行汇票。 （ ）

15. 未填明实际结算金额和多余金额或实际结算金额超过票面金额的，银行不予受理。 （ ）

四、案例分析题

1. 甲公司2019年3月份发生以下部分事项。

（1）3月5日，财务部签发一张转账支票，付款人为基本存款账户开户银行丙，该支票未填写收款人名称和出票金额。采购员刘某持该支票向A商场购买办公用品，刘某在转账支票上补记了收款人为A商场、金额为4 800元，并将转账支票交给了A商场。A商场于3月18日持该转账支票向丙银行提示付款，被拒绝付款。

（2）3月20日，该公司向B厂购买一批原料，该公司签发了一张价值30万元、收款人为B厂、承兑为丙银行的汇票。但该汇票未记载付款日期。B厂在3月24日向丙银行提示付款时，被拒绝受理。

（3）3月25日，甲公司获准从中国建设银行乙支行取得贷款50万元，财务部在乙建设银行开设了一般存款账户。3月26日，财务部开出转账支票从该账户支付3万元给C公司，用于归还所欠C公司货款，当天，会计人员持票向乙建设银行办理转账手续时被退票。

要求：根据上述资料，结合我国金融法律制度的规定，回答下列问题。

（1）甲公司财务部签发的未填写收款人名称和出票金额的转账支票是否有效？说明理由。

（2）丙银行拒绝A商场的付款请求是否符合规定？说明理由。

（3）丙银行拒绝受理B厂的提示付款请求是否符合规定？说明理由。

（4）乙建设银行对甲公司3月26日开出的转账支票退票是否符合规定？说明理由。

2. A、B、C三方协议共同出资设立振华有限责任公司。3月份，A按规定手续在当地工商银行开设了临时存款账户，出资人 A、B、C 分别存入 40 万元、30 万元、10 万元。在验资期间，鉴于设立公司需要活动经费，A 欲在临时存款账户中取出 5 万元现金。5 月 20 日，振华有限责任公司成立，按规定在中国工商银行开立的基本存款账户中存入 70 万元，并要求银行于开户当日以转账方式支付给光宏公司 30 万元用于购置设备。6 月中旬，振华公司在中国农业银行、中国建设银行又开立了两个一般存款账户，并决定今后公司职工工资、奖金统一从农行的一般存款账户中支取。

　　要求：根据上述资料，结合我国金融法律制度的规定，回答下列问题。

（1）A 从临时存款账户中支取 5 万元的想法是否能实现？说明理由。

（2）公司于银行账户开立当天付款给光宏公司 30 万元的要求能否实现？说明理由。

（3）公司开立两个一般存款账户是否符合规定？说明理由。

（4）公司职工工资、奖金从一般存款账户中支取是否符合规定？说明理由。

第三章

税收法律制度

内容提要

1. 了解税收的概念及其分类。

2. 了解税法及其构成要素。

3. 熟悉税收征管的具体规定，包括税务登记管理、发票的要求、纳税申报及方式、税款征收方式等规定。

4. 掌握增值税、消费税、企业所得税和个人所得税的相关原理及应纳税额的计算。

5. 了解个人所得税专项附加扣除的具体规定。

第一节 税 收 概 述

一、税收的概念与分类

（一）税收的概念与作用

1. 税收的概念

税收是国家为了满足社会公共需要，凭借政治权力，按照国家法律规定，强制、无偿地取得财政收入的一种特定的分配形式。

> 所谓赋税，就是国家不付任何报酬而向居民取得东西。
>
> ——列宁

据史书记载，在我国古代的春秋时期，君主根据臣属人数征集的军役和军用品称为"赋"，而对臣属的土地征集的财物称为"税"。后来，征集军赋也以土地为依据，赋和税逐渐合在一起。以后，随着朝代的更替，国家征集财物的依据也在不断发生变化，名称也不尽相同，但其根本性质是一样的。

税收的概念包含以下含义。

（1）税收与国家存在直接联系，两者密不可分，是国家机器赖以生存并实现其职能的物质基础。

（2）税收是一个分配范畴，是国家参与并调节国民收入分配的一种手段，是国家财政收入的主要形式。

（3）税收是国家在征税过程中形成的一种特殊分配关系，即以国家为主体的分配关系，因而税收的性质取决于社会经济制度的性质。

2. 税收的作用

税收的作用是税收职能在一定经济条件下的外在表现。在不同的历史阶段，税收职能发挥着不同的作用。在现阶段，税收的作用主要表现在以下四个方面。

（1）税收是国家组织财政收入的主要形式。税收在保证和实现财政收入方面起着重要的作用。税收具有强制性、无偿性和固定性，因而能保证收入的稳定；同时，税收的征收十分广泛，能从多方面筹集财政收入。

想一想

国有企业上缴国家的税收和利润都形成财政收入，为什么前者是更可靠的财政收入形式？

（2）税收是国家调控经济运行的重要手段。国家通过税种的设置及在税目、税率、加成征收或减免税等方面的规定，可以调节社会生产、交换、分配和消费，促进社会经济的健康发展。

（3）税收具有维护国家政权的作用。国家政权是税收产生和存在的必要条件，而国家政权的存在又依赖于税收的存在。没有税收，国家机器就不可能有效运转。同时，税收分配不是按照等价原则和所有权原则分配的，而是凭借政治权力对物质利益进行调节，体现国家支持什么、限制什么，从而达到维护和巩固国家政权的目的。

议一议

国家为支持创业创新和小微企业发展，实行了哪些税收优惠政策？

（4）税收是国际经济交往中维护国家利益的可靠保证。由于税收管辖权是国家主权的组成部分，是国家权益的重要体现，所以在对外交往中，税收还具有维护国家权益的重要作用。

（二）税收的特征

税收与其他财政收入形式相比，具有强制性、无偿性和固定性三个特征。这就是所谓的税收"三性"，它是税收本身所固有的。

1. 强制性

强制性是指国家以社会管理者的身份，凭借政权力量，通过颁布法律或法规，按照一定的征收标准进行强制征税。负有纳税义务的社会集团和社会成员，都必须遵守国家强制性的税收法律制度，依法纳税，否则就要受到法律制裁。

2. 无偿性

无偿性是指国家取得税收收入既不需偿还，也不需对纳税人付出任何对价。税收的无偿性特征是与税收是国家凭借政治权力进行收入分配的本质相关联的。它既不是凭借财产所有权取得的收入，也不像商品交换那样，需要用使用价值的转换或提供特定服务取得收入。

国家凭借政治权力强制征收的税收，既不需要向纳税人直接偿还，也不需要付出任何形式的直接报酬。税收的无偿性特征是区别于其他财政收入形式的最本质的特征：它既不同于国有资产收入或利润上缴，也不同于还本付息的国债，还区别于工商、交通等行政管理部门因服务社会而收取的各种形式的规费。税收的无偿性至关重要，体现了财政分配的本质，它是税收"三性"的核心。

议一议

税收与国债收入、规费收入有什么区别？

3. 固定性

固定性是指国家征税以法律形式预先规定征税范围和征收比例，便于征纳双方共同遵守。税收的固定性既包括时间上的连续性，又包括征收比例的固定性。

议一议

税收和罚没收入都是财政收入的形式，两者有哪些相同点和不同点？

税收是按照国家法律制度规定的标准征收的，在征税之前就以法律形式将课税对象、征收比例或数额等公布于众，然后按事先公布的标准征收。课税对象、征收比例或数额等制定公布后，在一定时期内保持稳定不变，未经严格的立法程序，任何单位和个人对征税标准都不得随意变更或修改，因此税收是一种固定的连续性收入。

课堂练习

简答题

1. 在某集市上，某农民问："我们自己种的稻谷、自己做的豆腐来卖几个盐巴钱，还要上啥子税？"税务干部说："皇粮国税，这是古规大道理。"

2. 在某个企业，新上任的厂长对税务人员说："怎么纳了增值税还要纳所得税？重三重四的，哪有这个道理嘛？"税务人员说："皇粮国税，这是古规大道理。"

3. 甲：我做生意这么多年，还没有见过你这样的户管员！

乙：我接触这么多个体户，也没有见过你这样的刁难户。

甲：我不买你那一套，老子老偷税！

乙：用你们的话说，我今天就是医你，用税法医你。

甲：究竟欠你多少税？钱，我没有，我这二百零二斤你要不要？

请针对上述资料加以评析。

答案提示

1. 从单位到个人，都在一定程度上存在纳税意识淡薄、法制观念不强的现象，税收宣传要做到家喻户晓。

2. 企业拒缴税款或抗税，有的纳税人是主观故意，有的则是认识不足，不了解税收的功能和作用。

3. 从对话可以看出，一个合格的人民税务员，政治上要高标准（腰杆子要硬），思想上要高境界，业务上要高水平（要有较强的说服工作的口才和能力），工作上要高效率。

（三）税收的分类

1. 按照征税对象分类

按照征税对象分类，税收可划分为流转税（货物劳务税）类、所得税类、财产税类、资源税类和行为税类五种类型。

（1）流转税类。流转税是指以商品生产流转额和非商品生产流转额为课税对象征收的税种。由此可见，流转税税类所指的课税对象非常广泛，涉及的税种也很多。但流转税都具有一个基本特点，即在生产经营及销售环节征收，收入不受成本、费用变化的影响，而对价格变化较为敏感。我国现行税制中属于货物劳务税的税种主要有增值税、消费税和关税。

（2）所得税类。所得税也称收益税，是指以各种所得额为课税对象的税种。所得税类的特点是征税对象不是一般收入，而是总收入减去各种成本、费用及其他允许扣除项目以后的应纳税所得额；征税数额受成本、费用和利润高低的影响较大。我国现行税制中属于所得税的税种有企业所得税和个人所得税。

（3）财产税类。财产税是指以纳税人拥有的财产数量或财产价值为征税对象的税种。对财产的征税，更多地考虑到纳税人的负担能力，有利于公平税负和缓解财富分配不均的现象，有利于发展生产、限制消费和合理利用资源。这类税种的特点是税收负担与财产价值、数量关系密切，能体现量能负担、调节财富、合理分配的原则。我国现行税制中属于财产税的税种有房产税、契税、车船税等。

（4）资源税类。资源税是指以自然资源和某些社会资源为征税对象的税种。资源税类征收阻力小，并且资源税类的税源比较广泛，因而合理开征资源税类，既有利于财政收入的稳定增长，也有利于合理开发和利用国家的自然资源和某些社会资源。这类税种的特点是税负高低与资源级差收益水平关系密切，征税范围的选择也比较灵活。我国现行的资源税、土地增值税和城镇土地使用税属于这一类。

（5）行为税类。行为税也称特定行为目的税，它是国家为了实现某种特定的目的，以纳税人的某些特定行为为征税对象的税种。开征行为税类的主要目的在于国家根据一定时期的客观需要，限制某些特定的行为。这类税种的特点是征税的选择性较为明显，税种较多，并有着较强的时效性，有的还具有因时、因地制宜的特点。我国现行税制中属于行为税的税种有印花税、城市维护建设税、车辆购置税等。

议一议

目前社会上热议的物业税属于哪一类税种？

2. 按照征收管理的分工体系分类

按照征收管理的分工体系分类，税收可分为工商税类和关税类。

（1）工商税类。工商税由税务机关负责征收管理。工商税是指以从事工业、商业和服务业的单位和个人为纳税人的各税种的总称，是我国现行税制的主体部分，具体包括增值税、消费税、资源税、企业所得税、个人所得税、城市维护建设税、房产税、车船税、土地增值税、城镇土地使用税和印花税等税种。工商税的征收范围较广，既涉及社会再生产的各个环节，也涉及生产、流通、分配和消费的各个领域，占税收总额的比重超过90%，是筹集国家财政收入、调节宏观经济最主要的工具。

（2）关税类。关税类的税种由海关负责征收管理。关税是指对进出境的货物、物品征收的税种的总称，主要是指进出口关税及对入境旅客行李物品和个人邮递物品征收的进口税，不包括由海关代征的进口环节增值税、消费税和船舶吨税。关税是中央财政收入的重要来源，也是国家调节进出口贸易的主要手段。

3. 按照税收征收权限和收入支配权限分类

按照税收征收权限和收入支配权限分类，税收可分为中央税、地方税和中央与地方共享税。

（1）中央税。中央税是指由中央政府征收和管理使用或由地方政府征收后全部划归中央政府所有并支配使用的一类税，如我国现行的关税、消费税（含进口环节由海关代征的部分）、海关代征的进口环节增值税等。这类税一般收入较大，征收范围广泛。

（2）地方税。地方税是指由地方政府征收和管理使用的一类税，如我国现行的房产税、车船税、契税、土地增值税和城镇土地使用税等税种。这类税一般收入稳定，并与地方经济利益关系密切。

想一想

国家税务局和地方税务局的职能权限有何不同？

4. 按照计税标准分类

按照计税标准分类，税收可分为从价税、从量税和复合税。

（1）从价税。从价税是指以征税对象价格为计税依据，其应纳税额随货物价格的变化而变化的一类税。目前，世界各国实行的大部分税种都属于从价税，我国现行税制中的增值税、房产税等税种都属于从价税。从价税实行比例税率和累进税率，直接受价格变动影响，税收负担比较合理，有利于体现国家的经济政策。

（2）从量税。从量税是指以征税对象的数量、重量和体积等作为计税依据，其征税数额只与征税对象数量等相关，而与货物价格无关的一类税，如资源税、车船使用税和土地使用税。从量税实行定额税率，不受征税对象价格变动的影响，税负水平较为固定，计算简便。

（3）复合税。复合税又称混合税，是指对某一货物或物品既征收从价税又征收从量税，即采用从量税和从价税同时征收的一种方法。复合税可以分为两种：一种是以从量税为主加征从价税；另一种是以从价税为主加征从量税。我国消费税中的卷烟和粮食白酒、薯类白酒就采用复合税。

二、税法及构成要素

（一）税法的概念及其与税收的关系

1. 税法的概念

所谓税法，即税收法律制度，是国家权力机关和行政机关制定的用以调整国家与纳税人之间在征纳税方面的权利与义务关系的法律规范的总称，是国家法律的重要组成部分。税法是以宪法为依据，调整国家与社会成员在征纳税方面的权利与义务关系，维护社会经济秩序和纳税秩序，保障国家利益和纳税人合法权益的一种法律规范，是国家税务机关及一切纳税单位和个人依法征税、依法纳税的行为规则。

2. 税收与税法的关系

税收属于经济学概念，而税法则属于法学概念。

税收与税法存在着密切的联系，税收活动必须严格依照税法的规定进行，税法是税收的法律依据和法律保障。税收以税法为其依据和保障，而税法又必须以保障税收活动的有序进行为其存在的理由和依据。

此外，税收作为一种经济活动，属于经济基础范畴；而税法则是一种法律制度，属于上层建筑范畴。国家和社会对税收收入与税收活动的客观需要，决定了与税收相对应的税法的存在；而税法则对税收的有序进行和税收目的的有效实现起着重要的法律保障作用。

（二）税法的分类

按照税法的立法目的、征税对象、权限划分、适用范围和功能作用的不同，税法有不同的分类。

1. 按照税法功能作用的不同分类

按照税法功能作用的不同分类，税法可分为税收实体法和税收程序法。

（1）税收实体法。税收实体法是指确定税种立法，具体规定各税种的征收对象、征收范围、税目、税率和纳税地点等。《中华人民共和国个人所得税法》属于税收实体法。

（2）税收程序法。税收程序法是指税务管理方面的法律，主要包括税收管理法、纳税程序法、发票管理法、税务机关组织法和税务争议处理法等。《中华人民共和国税收征收管理法》《中华人民共和国海关法》《中华人民共和国进出口关税条例》属于税收程序法。

2. 按照主权国家行使税收管辖权的不同分类

按照主权国家行使税收管辖权的不同分类，税法可分为国内税法、国际税法和外国税法。

（1）国内税法。国内税法是指按照属人或属地原则，规定一个国家的内部税收制度。

（2）国际税法。国际税法是指国家间形成的税收制度，主要包括双边或多边国家间的税收协定、条约和国际惯例等。

（3）外国税法。外国税法是指外国各个国家制定的税收制度。

3. 按照税法法律级次分类

按照税法法律级次分类，税法可分为税收法律、税收行政法规、税收规章和税收规范性文件。

（1）税收法律。税收法律是由全国人民代表大会及其常务委员会制定的，其法律地位和法律效力仅次于宪法，高于税收法规、规章和规范性文件。在我国现行税法体系中，《中华人民共和国个人所得税法》《中华人民共和国企业所得税法》《税收征收管理法》属于税收法律。

（2）税收行政法规。税收行政法规是由国务院根据有关法律制定的，效力低于宪法、税收法律，但高于税收规章，其具体形式主要是条例或暂行条例。

（3）税收规章和税收规范性文件。税收规章和税收规范性文件是指国务院财税主管部门（财政部、国家税务总局、海关总署和国务院关税税则委员会）根据法律和国务院行政法规或规范性文件的要求，在本部门权限范围内发布的有关税收事项的规章和规范性文件，包括命令、通知、公告、通告、批复、意见、函等文件形式。《税务行政复议规则》《税务代理试行办法》《增值税暂行条例实施细则》为税收规章，《增值税专用发票使用规定》为税收规范性文件。

课堂练习

简答题

某县政府针对本县有较多人员到外省市务工的实际情况，为了加强个人所得税的管理，增加本县财政收入，做出规定："每个外出务工人员每年须缴纳个人所得税240元，凡不缴或少缴者，不予签发下一年的外出务工证明。"试问：该县政府的规定属于哪一层次的法律规范性文件？是否具有法律效力？为什么？

答案提示

不具有法律效力。县税务机关制定税收规范性文件，必须依据法律、法规、规章或省以上（含本级）税务机关税收规范性文件的明确授权；没有授权又确需制定税收规范性文件的，应当提请上一级税务机关制定。

【例3-1】 税收规范性文件可以使用哪些名称？不得使用哪些名称？

【解析】《税收规范性文件制定管理办法》已经在2009年12月15日国家税务总局第二次局务会议上审议通过，已经发布，自2010年7月1日起施行。其中规定税收规范性文件可以使用"办法"、"规定"、"规程"和"规则"等名称，但不得称"条例"、"实施细则"、"通知"或"批复"。

（三）税法的构成要素

税法的构成要素是指各种单行税法应当具备的基本要素的总称。税法的构成要素一般包括征税人、纳税义务人、征税对象、税目、税率、计税依据、纳税环节、纳税期限、纳税地点、减免税、法律责任等。其中，纳税义务人、征税对象、税率是构成税法的三个最基本的要素。

1. 征税人

征税人是指法律、行政法规规定代表国家行使征税权的征税机关，包括各级税务机关和海关。

2. 纳税义务人

纳税义务人简称纳税人，是指税法中规定的直接负有纳税义务的自然人、法人或其他组织，也称纳税主体。纳税人的规定明确了国家向谁征税的问题，是正确处理国家与纳税人之间分配关系的首要条件。纳税义务人是税收制度中区别不同税种的重要标志之一。

议一议

中等职业技术学校的在校生是不是纳税人？

在实际纳税过程中，与纳税义务人相关的概念有负税人、代扣代缴义务人。

纳税人与负税人是两个既有联系又有区别的概念。负税人是经济学中的概念，即税收的实际负担者；而纳税人是法律用语，即依法缴纳税收的人。纳税人如果能够通过一定途径把税款转嫁或转移出去，纳税人就不再是负税人，否则，纳税人同时也是负税人。税法只规定纳税人，不规定负税人。

代扣代缴义务人是指有义务从持有的纳税人收入中扣除其应纳税款并代为缴纳的企业、单位或个人。对税法规定的扣缴义务人，税务机关应向其颁发代扣代缴证书，明确其代扣代缴义务。代扣代缴义务人必须严格履行扣缴义务。

✎ 案例分析

【案例 3-1】某事业单位按照税法规定为个人所得税的扣缴义务人。该单位认为自己是行政事业单位，因此，虽经税务机关多次通知，还是未按照税务机关确定的申报期限报送"扣缴个人所得税报告表"，被主管地方税务机关责令限期改正并处以罚款 500 元。对此，该单位负责人非常不理解，认为自己不是个人所得税的纳税义务人，而是替税务机关代扣税款，只要税款没有少扣，晚几天申报不应受到处罚，所以派财务人员前往某税务师事务所进行政策咨询。税务机关的处罚决定是否正确？为什么？

分析与提示：

（1）税务机关的处罚决定是正确的。

（2）《中华人民共和国税收征收管理法》第二十五条规定："扣缴义务人必须依照法律、行政法规或税务机关依照法律、行政法规的规定确定的申报期限、申报内容如实报送代扣代缴、代收代缴税款报告表，以及税务机关根据实际需要要求扣缴义务人报送的其他有关资料。"因此，该事业单位作为扣缴义务人与纳税人一样，也应按照规定期限进行申报。

（3）《中华人民共和国税收征收管理法》第六十二条规定："纳税人、扣缴义务人未按照规定的期限办理纳税申报和报送纳税资料的，或者扣缴义务人未按照规定的期限向税务机关报送代扣代缴、代收代缴报告表和有关资料的，由税务机关责令限期改正，可处以 2 000 元以下的罚款；情节严重的，可处以 2 000 元以上 1 万元以下的罚款。"因此，税务机关做出的处罚决定是正确的。

3. 征税对象

征税对象又称征税客体、课税对象，它是税法规定的征税针对的目的物，即对什么征税。它是税法的最基本要素，也是区分不同税种的主要标志。我国现行税收法律、法规都有自己特定的征税对象。例如，企业所得税的征税对象就是应税所得，增值税的征税对象就是货物或应税劳务在生产和流通过程中的增值额。

征税对象是一种抽象的概念，它只概括地表明了征税的标的物，在税法或税收条例中，往往找不到有关征税对象的直接描述，而是通过规定计税依据和税目等方式将其具体化地表述出来。

4. 税目

税目是指各个税种所规定的具体征税项目，它是征税对象的具体化，体现每个税种的征税广度。税目的制定一般采用两种方法。

（1）列举法。列举法是指具体列举征税对象来确定对什么征税、对什么不征税的方式，如消费税。

（2）概括法。概括法是指按照商品大类或行业设计税目。概括法适用于品种类别繁杂、界限不宜划清的征税对象。

规定税目的另一个重要作用在于区别不同的具体对象，规定高低不同的税率，以体现国家的税收政策。

5. 税率

税率是对征税对象的征收比例或征收额度。税率是计算税额的尺度，反映了征税的深度。在征税对象既定的情况下，税率的高低直接影响国家财政收入的多少和纳税人税收负担的轻重，反映了国家与纳税人之间的利益分配关系。因此，税率是税法的核心要素，也是衡量税负轻重与否的重要标志。

我国现行税率有三种基本形式，比例税率、定额税率和累进税率。

（1）比例税率。比例税率是指对同一征税对象，不分数额大小，规定相同的征收比例。我国的增值税、城市维护建设税和企业所得税等采用的是比例税率。

（2）定额税率。定额税率是指按征税对象确定的计量单位，直接规定一个固定的税额，所以又称固定税额。定额税率的优点是计算简便，税负不受物价波动的影响，但有时也可能造成不公平的税负。目前采用定额税率的有资源税、城镇土地使用税和车船税等。

比一比

比例税率与定额税率有何异同点？

（3）累进税率。累进税率是指按征税对象数额的大小划分若干等级，每个等级由低到高规定相应的税率，征税对象数额越大，税率越高，数额越小，税率越低。累进税率一般多在收益课税中使用，有全额累进税率、超额累进税率和超率累进税率等形式。我国现行税法体系采用的累进税率形式只有超额累进税率和超率累进税率。

① 超额累进税率，即把征税对象按数额的大小分成若干等级，每一等级规定一个税率，税率依次提高，但每一纳税人的征税对象则依所属等级同时适用几个税率分别计算，将计算结果相加后得出应纳税款。目前采用这种税率的是个人所得税。

② 超率累进税率，即以征税对象数额的相对率划分若干级距，分别规定相应的差别税率，相对率每超过一个级距的，对超过的部分就按高一级的税率计算征税。目前采用这种税率的是土地增值税。

算一算

使用哪种累进税率的税负更轻一些？

6. 计税依据

计税依据又称税基，是计算应纳税额所依据的标准。它所解决的是在确定了征税对象之后如何计量的问题。

（1）从价计征。从价计征的税款，以征税对象的价值量（如销售额、营业额）为计税依据。

（2）从量计征。从量计征的税款，以征税的自然实物量（如体积、面积、数量和重量等）为计税依据。

（3）复合计征。复合计征是指实行从量定额和从价定率相结合计算应纳税额。消费税中的卷烟、粮食白酒、薯类白酒实行复合计税办法，其计税依据为销售额和销售数量。

7. 纳税环节

纳税环节是指税法上规定的课税对象从生产到消费的流转过程中应主动缴纳税款的环节。纳税环节一般是根据有利于生产、有利于商品流通、便于征收管理和保证财政收入等原则确定的。按照纳税环节的多少，可将税收课征制度划分为两类，即一次课征制和多次课征制。

（1）一次课征制。一次课征制是指同一税种在商品流转的全过程中只选择某一环节课征的制度，是纳税环节的一种具体形式。实行一次课征制，纳税环节多选择在商品流转的必经环节和税源比较集中的环节，以便既避免重复课征，又避免税款流失。

（2）多次课征制。多次课征制是指同一税种在商品流转的全过程中选择两个或两个以上环节课征的制度。

8. 纳税期限

纳税期限是指纳税人向国家缴纳税款的法定期限。纳税期限是税法的强制性在时间上的体现，合理确定和严格执行纳税期限对于财政收入的稳定增长和及时入库起着重要的作用。不同性质的税种及不同情况的纳税人，其纳税期限也不相同。

确定纳税期限要根据国民经济各部门生产经营的不同特点、不同的征税对象、纳税人应纳税额的多少及距离纳税地点的远近等因素决定，大体可以分为按期纳税、按次纳税、按期预缴、年终汇算清缴。

9. 纳税地点

纳税地点是指法律、行政法规规定的纳税人申报缴纳税款的地点；一般实行属地管辖，纳税地点为纳税人的所在地，但有些情况下，纳税地点为口岸地、营业行为地和财产所在地等。

10. 减免税

减免税是国家对某些纳税人和征税对象给予鼓励和照顾的一种特殊规定。它把税收的统一性和必要的灵活性结合起来，体现因地制宜和因事制宜的原则，更好地贯彻税收政策。

（1）减税和免税。减免税主要是对某些纳税人和征税对象采取减少征税或免予征税的特殊规定。减税是对应纳税额少征一部分税款，免税是对应纳税额全部免征。减免税的类型有一次性减免税、一定期限的减免税、困难照顾型减免税和扶持发展型减免税等。

（2）起征点。起征点是指税法规定的征税对象达到开始征税数额的界限，征税对象的数额未达到起征点的不征税；达到或超过起征点的，则就其全部数额征税。

（3）免征额。免征额是指征税对象总额中免予征税的数额，它是按照税法规定的标准从征税对象总额中预先扣除的数额，免征额的部分不征税，只就其超过免征额的部分征税。例如，2018 年新修订的《个人所得税法》规定免征额为每年 60 000 元，以每年收入额减除费用 60 000 元及专项扣除、专项附加扣除后的余额为应纳税所得额。纳税人甲本年度获得工资收入 80 000 元，无其他扣除项目，则应纳税额=80 000 – 60 000=20 000（元）。纳税人乙收入 40 000 元，无其他扣除项目，则应纳税额=40 000 –60 000=–20 000（元），纳税人乙无须缴税。

议一议

起征点与免征额有什么区别？

11. 税收法律责任

税收法律责任是指税收法律关系的主体因违反税收法律规范所应承担的法律后果。其主要包括两种：一种是纳税主体（纳税人和扣缴义务人）因违反税法而应承担的法律责任；另一种是作为征税主体的国家机关，主要是实际履行税收征收管理职能的税务机关等，因违反税法而应承担的法律责任。

第二节　主要税种

一、增值税

（一）增值税的概念与分类

1. 增值税的概念

增值税是以销售货物、提供劳务或发生应税行为过程中产生的增值额作为计税依据而征收的一种流转税。

2. 增值税的分类

按照外购固定资产处理方式的不同，增值税可以划分为生产型增值税、收入型增值税和消费型增值税三种类型。

（1）生产型增值税。生产型增值税不允许纳税人在计算增值税时扣除外购固定资产的价值。由于生产型增值税的税基中包含了外购固定资产的价值，对这部分价值存在重复征税问题，客观上它可以抑制企业对固定资产的投资。

（2）收入型增值税。收入型增值税允许纳税人在计算增值税时将外购固定资产折旧部分扣除。

（3）消费型增值税。消费型增值税允许纳税人在计算增值税时将外购固定资产的价值一次性扣除，可以彻底消除重复征税问题，有利于促进技术进步。它是世界上实行增值税的国家普遍采用的一种类型。我国从 2009 年 1 月 1 日开始全面实行消费型增值税。

自 2012 年 1 月 1 日起，在上海交通运输业和部分现代服务业开展营业税改征增值税试点。自 2012 年 8 月 1 日起至年底，国务院扩大营改增试点至十省市。2013 年 8 月 1 日，营改增范围已推广到全国试行。经国务院决定，2014 年 1 月 1 日起，将铁路运输和邮政服务业纳入营业税改征增值税试点，至此交通运输业已全部纳入营改增范围。自 2014 年 6 月 1 日起，将电信业纳入营业税改征增值税试点范围。至此，营改增试点已覆盖"3+7"个行业，即交通运输业、邮政业、电信业三个大类行业和研发技术、信息技术、文化创意、物流辅助、有形动产租赁、鉴证咨询、广播影视七个现代服务业。2016 年 3 月 18 日，国务院常务会议审议通过了全面推开营改增试点方案，明确自 2016 年 5 月 1 日起，全面推开营改增试点，将建筑业、房地产业、金融业、生活服务业纳入试点范围。2017 年 10 月 30 日，国务院常务会议通过《国务院关于废止<中华人民共和国营业税暂行条例>和修改<中华人民共和国增值税暂行条例>的决定（草案）》，标志着实施 60 多年的营业税正式退出历史舞台。

（二）增值税的征税范围

1. 征税范围的基本规定

（1）销售货物。销售货物是指在中国境内有偿转让货物的所有权。货物是指有形动产，包括电力、热力、气体在内。

（2）提供加工、修理修配劳务。加工是指受托加工货物，即委托方提供原材料及主要材料，受托方按照委托方的要求制造货物并收取加工费的业务；修理修配是指受托方对损伤和丧失功能的货物进行修复，使其恢复原状和功能的业务。单位或个体工商户聘用的员工为本单位或雇主提供的加工、修理修配劳务不包括在内。

（3）进口货物。进口货物是指申报进入中国海关境内的货物。我国增值税法规定，只要是报关进口的应税货物，均属于增值税的征税范围，除享受免税政策外，在进口环节缴纳增值税。

（4）销售服务。销售服务是指提供交通运输服务、邮政服务、电信服务、建筑服务、金融服务、现代服务、生活服务，但属于下列非经营活动的情形除外。

① 行政单位收取的同时满足以下条件的政府性基金或行政事业性收费：由国务院或财政部批准设立的政府性基金，由国务院或省级人民政府及其财政、价格主管部门批准设立的行政事业性收费；收取时开具省级以上（含省级）财政部门监（印）制的财政票据；所收款项全额上缴财政。

② 单位或个体工商户聘用的员工为本单位或雇主提供取得工资的服务。

③ 单位或个体工商户为聘用的员工提供服务。

④ 财政部和国家税务总局规定的其他情形。

（5）销售无形资产。销售无形资产是指转让无形资产所有权或使用权的业务活动。无形资产是指不具实物形态，但能带来经济利益的资产，包括技术、商标、著作权、商誉、自然资源使用权和其他权益性无形资产。

（6）销售不动产。销售不动产是指转让不动产所有权的业务活动。不动产是指不能移动或移动后会引起性质、形状改变的财产，包括建筑物、构筑物等。

2. 销售服务的具体内容

应税服务的具体内容如下。

（1）交通运输服务。交通运输服务是指使用运输工具将货物或旅客送达目的地，使其空间位置得到转移的业务活动，包括陆路运输服务、水路运输服务、航空运输服务和管道运输服务。

（2）邮政服务。邮政服务是指中国邮政集团公司及其所属邮政企业提供邮件寄递、邮政汇兑和机要通信等邮政基本服务的业务活动，包括邮政普遍服务、邮政特殊服务和其他邮政服务。

（3）电信服务。电信服务是指利用有线、无线的电磁系统或光电系统等各种通信网络资源，提供语音通话服务，传送、发射、接收或应用图像、短信等电子数据和信息的业务活动，包括基础电信服务和增值电信服务。

（4）建筑服务。建筑服务是指各类建筑物、构筑物及其附属设施的建造、修缮、装饰，线路、管道、设备、设施等的安装及其他工程作业的业务活动，包括工程服务、安装服务、修缮服务、装饰服务和其他建筑服务。

（5）金融服务。金融服务是指经营金融保险的业务活动，包括贷款服务、直接收费金融服务、保险服务和金融商品转让。

（6）现代服务。现代服务是指围绕制造业、文化产业、现代物流产业等提供技术性、知识性服务的业务活动，包括研发和技术服务、信息技术服务、文化创意服务、物流辅助服务、租赁服务、鉴证咨询服务、广播影视服务、商务辅助服务和其他现代服务。

（7）生活服务。生活服务是指为满足城乡居民日常生活需求提供的各类服务活动，包括文化体育服务、教育医疗服务、旅游娱乐服务、餐饮住宿服务、居民日常服务和其他生活服务。

3. 征收范围的特殊规定

（1）视同销售货物。单位和个体工商户的下列行为视同销售货物。

① 将货物交付其他单位或个人代销。

② 销售代销货物。

③ 设有两个以上机构并实行统一核算的纳税人，将货物从一个机构移送其他机构用于销售，但相关机构设在同一县（市）的除外。

④ 将自产或委托加工的货物用于集体福利或个人消费。

⑤ 将自产、委托加工或购买的货物分配给股东或投资者。

⑥ 将自产、委托加工或购买的货物作为投资，提供给其他单位或个体经营者。

⑦ 将自产、委托加工或购买的货物无偿赠送其他单位或个人。

上述第 ④ 项所称的"集体福利或个人消费"是指企业内部设置的供职工使用的食堂、浴室、理发室、宿舍、幼儿园等福利设施及设备、物品等，或者以福利、奖励、津贴等形式发放给职工个人的物品。

（2）视同销售服务、无形资产或不动产。

下列情形视同销售服务、无形资产或不动产。

① 单位和个体工商户向其他单位或个人无偿提供服务，但用于公益事业或以社会公众为对象的除外。

② 单位或个人向其他单位或个人无偿转让无形资产或不动产，但用于公益事业或以社会公众为对象的除外。

③ 财政部和国家税务总局规定的其他情形。

（3）混合销售。一项销售行为如果既涉及服务又涉及货物，为混合销售。从事货物的生产、批发或零售的单位和个体工商户的混合销售行为，按照销售货物缴纳增值税；其他单位和个体工商户的混合销售行为，按照销售服务缴纳增值税。

上述所称的"从事货物的生产、批发或零售的单位和个体工商户"，包括以从事货物的生产、批发或零售为主，并兼营销售服务的单位和个体工商户在内。

（4）兼营行为。纳税人的经营中包括销售货物、加工修理修配劳务及销售服务、无形资产和不动产的行为。纳税人发生兼营行为，应当分别核算适用不同税率或征收率的销售额；未分别核算的，按照以下方法适用税率或征收率。

① 兼有不同税率的销售货物、加工修理修配劳务、服务、无形资产或不动产，从高适用税率。

② 兼有不同征收率的销售货物、加工修理修配劳务、服务、无形资产或不动产，从高适用征收率。

③ 兼有不同税率和征收率的销售货物、加工修理修配劳务、服务、无形资产或不动产，从高适用税率。

（三）增值税纳税人

增值税纳税人是指税法规定负有缴纳增值税义务的单位和个人。在我国境内销售货物或提供加工、修理修配劳务、进口货物及销售服务、无形资产或不动产的单位和个人，为增值税纳税人。按照经营规模的大小和会计核算健全与否等标准，增值税纳税人可分为一般纳税人和小规模纳税人。

1. 一般纳税人

一般纳税人是指年应征增值税销售额（以下简称"年应税销售额"，包括一个公历年度内的全部应税销售额），超过《增值税暂行条例实施细则》规定的小规模纳税人标准的企业和企业性单位。一般纳税人的特点是增值税进项税额可以抵扣销项税额。

年应税销售额超过规定标准的其他个人不属于一般纳税人。年应税销售额超过规定标准但不经常发生应税行为的单位和个体工商户可选择按照小规模纳税人纳税。

2. 小规模纳税人

小规模纳税人是指年应税销售额在规定标准以下，并且会计核算不健全，不能按照规定报送有关税务资料的增值税纳税人。根据《关于统一增值税小规模纳税人标准的通知》的规定，自 2018 年 5 月 1 日起，小规模纳税人的认定标准为年应征增值税销售额 500 万元及以下。同时，对已登记为增值税一般纳税人的单位和个人，在 2018 年 12 月 31 日前，可转登记为小规模纳税人，其未抵扣的进项税额做转出处理。

（四）增值税扣缴义务人

中华人民共和国境外的单位或个人在境内提供应税服务，在境内未设有经营机构的，以其代理人为增值税扣缴义务人；在境内没有代理人的，以接受方为增值税扣缴义务人。

境外单位或个人在境内提供应税服务，在境内未设有经营机构的，扣缴义务人按照下列公式计算应扣缴税额：应扣缴税额=接受方支付的价款÷(1+税率)×税率。

（五）增值税税率和征收率

1. 增值税税率

（1）纳税人销售或进口货物、劳务（适用低税率的除外），提供加工、修理修配劳务，以及有形动产租赁，税率为 13%。

（2）纳税人销售交通运输、邮政、基础电信、建筑、不动产租赁服务，销售不动产、转让土地使用权，销售或进口下列货物，税率为 9%。

①粮食等农产品、食用植物油、食用盐。

②自来水、暖气、冷气、热水、煤气、石油液化气、天然气、二甲醚、沼气和居民用煤炭制品。

③图书、报纸、杂志、音像制品、电子出版物。

④饲料、化肥、农药、农机、农膜。

⑤国务院规定的其他货物。

（3）纳税人销售增值电信、金融、现代和生活服务（租赁除外），销售无形资产（转让土地使用权除外），税率为 6%。

（4）纳税人出口货物，一般适用零税率，国务院另有规定的除外；境内单位和个人跨境销售服务和无形资产，税率为零，具体范围由财政部和国家税务总局另行规定。

根据《关于明确生活性服务业增值税加计抵减政策的公告》的规定，2019 年 10 月 1 日至 2021 年 12 月 31 日，允许生活性服务业纳税人按照当期可抵扣进项税额加计 15%，抵减应纳税额。

2. 征收率

根据税法规定，会计制度不健全、难以按上述税率计算和使用增值税专用发票抵扣进项税款的增值税小规模纳税人按照简易方法计算增值税，即不含税销售额乘以征收率，不得抵扣任何进项税额。自 2009 年 1 月 1 日起，小规模纳税人增值税征收率为 3%（但适用 5% 征收率的除外）。

3. 免征增值税

（1）农业生产者销售的自产农业产品。

（2）避孕药品和用具。

（3）古旧图书。

（4）直接用于科学研究、科学试验和教学的进口仪器、设备。

（5）外国政府、国际组织无偿援助的进口物资和设备。

（6）由残疾人组织直接进口供残疾人专用的物品。

（7）销售的自己使用过的物品。

除上述规定外，增值税的免税、减税项目由国务院规定，任何地区、部门均不得规定免税、减税项目。

（六）增值税一般纳税人应纳税额的计算

增值税一般纳税人应纳税额采取税款抵扣的办法，间接计算增值税应纳税额。一般纳税人应纳税额的计算公式为：

$$应纳税额=当期销项税额-当期进项税额$$

或

$$应纳税额=当期销售额×增值税税率-当期进项税额$$

如果当期销项税额小于进项税额，其不足抵扣的部分可以结转到下期继续抵扣。

1. 销项税额

销项税额是指纳税人销售货物或提供应税劳务，按照销售额和规定的税率计算并向购买方收取的增值税税额。纳税人因销货退回或折让而退还给购买方的增值税税额，应从发生销货退回或折让当期的销项税额中冲减。销项税额的计算公式为：

$$销项税额=销售额×税率$$

需要强调的是，公式中的销售额必须是不包括收取的销项税额的销售额。

2. 销售额

销售额是指纳税人销售货物或提供应税劳务，向购买方收取的全部价款和价外费用，但不包括向购买方收取的销项税额。这表明增值税是一种价外费用。

价外费用包括价外向购买方收取的手续费、补贴、基金、集资费、返还利润、奖励费、违约金、滞纳金、延期付款利息、赔偿金、代收款项、代垫款项、包装费、包装物租金、储备费、优质费、运输装卸费及其他各种性质的价外收费。

销售额不包括向购买方收取的销项税额。在实际生活中，常常出现纳税人将销售货物的销售额和销项税额合并定价，成为含税的销售额。遇到这种情况，在计税时先要将含税销售额换算为不含税销售额，其换算公式为：

$$不含税销售额=含税销售额÷(1+增值税税率)$$

纳税人销售价格明显偏低且无正当理由或发生视同销售行为，按税法规定，由主管税务机关按下列顺序确定销售额。

（1）按纳税人最近时期同类货物的平均销售价格确定。

（2）按其他纳税人最近时期同类货物的平均销售价格确定。

（3）按组成计税价格确定。

① 销售的货物不属于消费税应税消费品：

$$组成计税价格=成本+利润=成本×(1+成本利润率)$$

② 销售的货物属于消费税应税消费品：

A. 实行从价定率办法计算纳税的组成计税价格计算公式为：

组成计税价格 = 成本 + 利润 + 消费税税额

$$=成本×(1+成本利润率)÷(1-消费税税率)$$

B. 实行从量定额办法计算纳税的组成计税价格计算公式为：

组成计税价格 = 成本 + 利润 + 消费税税额

$$=成本×(1+成本利润率)+计税数量×消费税定额税率$$

C. 实行复合计税办法计算纳税的组成计税价格计算公式为：

组成计税价格 = 成本 + 利润 + 消费税税额

$$=[成本×(1+成本利润率)+计税数量×消费税定额税率]÷(1-消费税税率)$$

公式中的"成本利润率"由国家税务总局确定，一般为10%。

【例3-2】 某商场向消费者销售冰箱，某月销售1 000台，每台含税销售价为1 130元，增值税税率为13%，则某商场这个月的销售额和销项税额分别是多少？

【解析】 不含税销售额=(1 000×1 130)÷(1+13%)=1 000 000（元）

销项税额=1 000 000×13%=130 000（元）

【例3-3】 某百货商场是一家综合商业企业，经认定为一般纳税人。该商场本月外购货物，取得的增值税专用发票上注明税金为120万元，另支付不含税运费5 000元，取得承运部门开具的增值税专用发票。本月销售情况如下。

① 批发专柜批发收入额为430万元。其中，批发给一般纳税人的货物为300万元，批发给小规模纳税人的货物为130万元（货款按价税混合收取）。

② 零售额收入为1 000万元，价税混合收取。

根据上述资料计算该百货商场本月应纳增值税税额。

【解析】 该商场本月价税混合收入额为：批发额130万元，零售额1 000万元，合计1 130万元。

销售额=11 300 000÷(1+13%)=10 000 000（元）

本月销项税额=(3 000 000+10 000 000)×13%=1 690 000（元）

本月进项税额=1 200 000+5 000×9%=1 200 450（元）

本月应纳增值税税额=1 690 000-1 200 450=489 550（元）

3. 进口增值税

进口增值税是指进口环节征缴的增值税，属于流转税的一种。不同于一般增值税以在生产、批发、零售等环节的增值额为征税对象，进口增值税是专门对进口环节的增值额进行征税的一种增值税。

我国税法规定，纳税人进口货物应按照组成计税价格和规定的增值税税率计算应纳税额，不得抵扣任何税额（在计算进口环节的应纳增值税税额时，不得抵扣发生在我国境外的各种税金）。应纳税额和组成计税价格的计算公式为：

$$应纳税额=组成计税价格×税率$$

组成计税价格的计算公式如下。

（1）进口货物不属于消费税应税消费品：

组成计税价格=关税完税价格+关税

（2）进口货物属于消费税应税消费品：

① 实行从价定率办法计算纳税的组成计税价格计算公式为：

组成计税价格 = 关税完税价格 + 关税 + 消费税税额

= (关税完税价格 + 关税)÷(1-消费税税率)

② 实行从量定额办法计算纳税的组成计税价格计算公式为：

组成计税价格 = 关税完税价格 + 关税 + 消费税税额

= 关税完税价格 + 关税 + 海关核定的应税消费品的进口数量 × 消费税定额税率

③ 实行复合计税办法计算纳税的组成计税价格计算公式为：

组成计税价格 = 关税完税价格 + 关税 + 消费税税额

= (关税完税价格 + 关税 + 海关核定的应税消费品的进口数量 × 消费税定额税率)÷(1-消费税税率)

【例 3-4】 红程化妆品有限公司为增值税一般纳税人，其进口一批应税消费品，进口货物发票上注明的价格为 36 000 元，其适用的消费税税率为 10%，关税税率为 50%，进口商品适用的增值税税率为 13%，则其进口时应纳增值税税额为多少？

【解析】 关税=36 000×50%=18 000（元）

组成计税价格=(36 000+18 000)÷(1-10%)=60 000（元）

进口商品应纳增值税税额=60 000×13%=7 800（元）

4. 进项税额

进项税额是指纳税人购进货物或接受应税劳务所支付或负担的增值税税额。它由销售方收取和缴纳，由购买方支付。销售方的销项税额就是购买方支付的进项税额，一般情况下不需要另外计算。在计算增值税时，纳税人将已支付的进项税额冲抵发生的销项税额，但不是所有的进项税额都可以抵扣，税法对准予从销项税额中抵扣的进项税额做出了严格的规定。

（1）准予抵扣的进项税额。

① 从销售方取得的增值税专用发票（含税控机动车销售统一发票）上注明的增值税税额。

② 从海关取得的海关进口增值税专用缴款书上注明的增值税税额。

③ 纳税人购进农产品，按照下列规定抵扣进项税额。

A. 取得一般纳税人开具的增值税专用发票或海关进口增值税专用缴款书的，以增值税专用发票或海关进口增值税专用缴款书上注明的增值税税额为进项税额。

B. 从按照简易计税方法依照 3%征收率计算缴纳增值税的小规模纳税人取得增值税专用发票的，以增值税专用发票上注明的金额和 9%的扣除率计算进项税额。

C. 取得（开具）农产品销售发票或收购发票的，以农产品销售发票或收购发票上注明的农产品买价和 9%的扣除率计算进项税额。

D. 一般纳税人购进用于生产或委托加工 13%税率货物的农产品，按照 10%扣除率计算进项税额。

④ 从境外单位或个人购进劳务、服务、无形资产或境内的不动产，自税务机关或扣缴义务人取得的解缴税款的完税凭证上注明的增值税税额。

（2）不得从销项税额中抵扣的进项税额。

① 用于简易计税方法计税项目、免征增值税项目、集体福利或个人消费的购进货物、加工修理修配劳务、服务、无形资产和不动产。

自 2018 年 1 月 1 日起，纳税人租入固定资产、不动产，既用于一般计税方法计税项目，又用于简易计税方法计税项目、免征增值税项目、集体福利或个人消费的，其进项税额准予从销项税额中全额抵扣。

② 非正常损失的购进货物，以及相关的加工修理修配劳务和交通运输服务。

③ 非正常损失的在产品、产成品所耗用的购进货物（不包括固定资产）、加工修理修配劳务和交通运输服务。

④ 非正常损失的不动产，以及该不动产所耗用的购进货物、设计服务和建筑服务。

⑤ 非正常损失的不动产在建工程所耗用的购进货物、设计服务和建筑服务。纳税人新建、改建、扩建、修缮、装饰不动产，均属于不动产在建工程。

⑥ 购进的旅客运输服务、贷款服务、餐饮服务、居民日常服务和娱乐服务。

⑦ 纳税人接受贷款服务向贷款方支付的与该笔贷款直接相关的投融资顾问费、手续费、咨询费等费用，其进项税额不得从销项税额中抵扣。

⑧ 财政部和国家税务总局规定的其他情形。

（七）增值税小规模纳税人应纳税额的计算

与一般纳税人相比，小规模纳税人应纳税额的计算要简单得多。小规模纳税人销售货物或提供应税劳务，按不含税销售额和规定的征收率计算应纳税额，不得抵扣进项税额，其计算公式为：

$$应纳税额=销售额×征收率$$

与一般纳税人相同的是，计算公式中的销售额也不包含增值税税额。当小规模纳税人采取价税合一的方式销售货物或提供应税劳务时，应将含税销售额换算为不含税销售额，其换算公式为：

$$不含税销售额=含税销售额÷(1+征收率)$$

需要注意两点：一是小规模纳税人不得抵扣进项税额；二是小规模纳税人取得的销售额与一般纳税人一样，都是销售货物或提供应税劳务向购买方收取的全部价款和价外费用，不包括收取的增值税税额。

自 2019 年 1 月 1 日至 2021 年 12 月 31 日，小规模纳税人发生增值税应税销售行为，合计月销售额未超过 10 万元（以一个季度为一个纳税期的，季度销售额未超过 30 万元）的，免征增值税。

【例 3-5】某小规模纳税人 2019 年 3 月销售货物，取得含税销售额 120 000 元，开具普通发票，计算其应纳增值税税额。

【解析】不含税销售额=含税销售额÷(1+征收率)=120 000÷(1+3%)=116 504.86（元）

应纳增值税税额=116 504.86×3%=3 495.15（元）

（八）增值税征收管理

1. 纳税义务发生时间

（1）纳税人发生应税行为，其纳税义务发生时间为收讫销售款项或取得索取销售款项凭据的当天；先开具发票的，为开具发票的当天。按销售结算方式的不同，具体规定如下。

① 采取直接收款方式销售货物或提供应税服务，不论货物是否发出，均为收到销售款或取得索取销售款凭据的当天。

② 采取托收承付和委托银行收款方式销售货物，为发出货物并办妥托收手续的当天。

③ 采用赊销和分期收款方式销售货物，为按合同约定的收款日期的当天。

④ 采取预收货款方式销售货物，为货物发出的当天；但销售生产工期超过 12 个月的大型机械设备、船舶、飞机等货物，为收到预收款或书面合同约定的收款日期的当天。

⑤ 委托其他纳税人代销货物，为收到代销单位销售的代销清单或收到全部或部分货款的当天。未收到代销清单及货款的，为发出代销货物满 180 天的当天。

⑥ 销售应税劳务，为提供劳务同时收讫销售款或取得索取销售款的凭据的当天。

⑦ 纳税人发生视同销售货物行为的，为货物移送的当天。

⑧ 纳税人提供租赁服务采取预收款方式的，为收到预收款的当天。

⑨ 纳税人从事金融商品转让的，为金融商品所有权转移的当天。

⑩ 纳税人发生视同销售服务、无形资产或不动产行为的，为销售服务、无形资产转让完成的当天或不动产权属变更的当天。

（2）纳税人进口货物，纳税义务发生时间为报关进口的当天。

（3）增值税扣缴义务发生时间为纳税人增值税纳税义务发生的当天。

2. 纳税期限

增值税的纳税期限分别为 1 日、3 日、5 日、10 日、15 日、1 个月或 1 个季度。纳税人的具体纳税期限，由主管税务机关根据纳税人应纳税额的大小分别核定；以 1 个季度为纳税期限的规定适用于小规模纳税人、银行、财务公司、信托投资公司、信用社及财政部和国家税务总局规定的其他纳税人；不能按照固定期限纳税的，可以按次纳税。

纳税人以 1 个月或 1 个季度为一个纳税期的，自期满之日起 15 日内申报纳税；以 1 日、3 日、5 日、10 日或 15 日为一个纳税期的，自期满之日起 5 日内预缴税款，于次月 1 日起 15 日内申报纳税并结清上月应纳税款。

纳税人进口货物，应当自海关填发海关进口增值税专用缴款书之日起 15 日内缴纳税款。

3. 纳税地点

纳税人在发生纳税义务后，一般应在其所在地缴纳增值税。由于纳税人情况不同，为有利于加强核算和征管，具体规定如下。

（1）固定业户应当向其机构所在地主管税务机关申报纳税。固定业户到外县（市）销售货物或提供应税劳务，应当向其机构所在地主管税务机关申请开具外出经营活动税收管理证明，并向其机构所在地主管税务机关申报纳税；未开具该证明的，应当向销售地或劳务发生地的主管税务机关申报纳税。

（2）非固定业户应当向应税行为发生地的主管税务机关申报纳税。

（3）进口货物，应当向报关地海关申报纳税。

（4）其他个人提供建筑服务、销售或租赁不动产、转让自然资源使用权，应向建筑服务发生地、不动产所在地、自然资源所在地主管税务机关申报纳税。

（5）扣缴义务人应当向其机构所在地或居住地主管税务机关申报缴纳其扣缴的税款。

课堂练习

判断题（正确的打"√"，错误的打"×"）

1. 增值税的征税范围中，修理修配不包括单位或个体经营者聘用员工为本单位或雇主提供的加工、修理修配劳务。 （　　）

2. 小规模商业企业纳税人适用 6%的征收率。 （　　）

3. 纳税人将不动产无偿赠送其他单位或者个人的，不征收增值税。 （　　）

4. 外购货物和销售货物所支付的运输费用，根据运费结算单据（增值税专用发票）所列费用金额 9%的扣除率计算扣除进项税额。 （　　）

答案提示

1. √　2. ×　3. ×　4. √

二、消费税

（一）消费税的概念与计税方法

1. 消费税的概念

消费税是指对在我国境内从事生产、委托加工和进口应税消费品的单位和个人征收的一种流转税，是对特定的消费品和消费行为在特定的环节征收的一种流转税。

世界上已有一百多个国家开征了该税种或类似税种，我国现行的消费税是 1994 年税制改革中新设置的一个税种。在对货物普遍征收增值税的基础上，对少数消费品再征收消费税，目的是为了加强经济的宏观调控，调节消费结构，引导消费方向，保证国家财政收入。此后，国务院对我国现行的消费税的税目、税率及相关的政策进行了调整，突出了促进环境保护和节约资源的重点，突出了引导消费和间接调节收入分配的重点，通过调整，适当扩大消费税的征税范围。2008 年 11 月 5 日通过了修订后的《消费税暂行条例》，并于 2009 年 1 月 1 日起施行。

2. 消费税的计税方法

消费税采用从价定率、从量定额和复合计税三种计税方法。

想一想

从量计征的四种消费品黄酒、啤酒、汽油和柴油有何特征？

（二）消费税的征税范围

1. 生产应税消费品

生产应税消费品在生产销售环节征税。纳税人将生产的应税消费品换取生产资料、消费资料、投资入股、偿还债务，以及用于继续生产应税消费品以外的其他方面都应缴纳消费税。

2. 委托加工的应税消费品

委托加工的应税消费品是指委托方提供原料和主要材料，受托方只收取加工费和代垫部分辅助材料加工的应税消费品。由受托方提供原材料或其他情形的一律不能视同委托加工的应税消费品。

委托加工的应税消费品，除受托方为个人外，由受托方在向委托方交货时代收代缴税款；委托个人加工的应税消费品，由委托方收回后缴纳消费税。

委托加工的应税消费品，委托方用于连续生产应税消费品的，所纳税款准予按规定抵扣；直接出售的，不再缴纳消费税。委托方将收回的应税消费品，以不高于受托方的计税价格出售的，为直接出售，不再缴纳消费税；委托方以高于受托方的计税价格出售的，不属于直接出售，需按照规定申报缴纳消费税，在计税时准予扣除受托方已代收代缴的消费税。

3. 进口应税消费品

单位和个人进口应税消费品，于报关进口时由海关代征消费税。

4. 零售应税消费品

（1）商业零售金银首饰。

经国务院批准，自1995年1月1日起，金银首饰消费税由生产销售环节征收改为零售环节征收。改在零售环节征收消费税的金银首饰仅限于金基、银基合金首饰，以及金、银和金基、银基合金的镶嵌首饰，其计税依据是不含增值税的销售额。自2002年1月1日起，对钻石及钻石饰品消费税的纳税环节由生产环节、进口环节后移至零售环节。自2003年5月1日起，铂金首饰消费税改为零售环节征税。

对既销售金银首饰，又销售非金银首饰的生产、经营单位，应将两类商品划分清楚，分别核算销售额。凡划分不清楚或不能分别核算的，在生产环节销售的，一律从高适用税率征收消费税；在零售环节销售的，一律按金银首饰征收消费税。金银首饰与其他产品组成成套消费品销售的，应按销售额全额征收消费税。

金银首饰连同包装物一起销售的，无论包装物是否单独计价，也无论会计上如何核算，均应并入金银首饰的销售额，计征消费税。

带料加工的金银首饰，应按受托方销售的同类金银首饰的销售价格确定计税依据征收消费税。没有同类金银首饰销售价格的，按照组成计税价格计算纳税。

纳税人采用以旧换新（含翻新改制）方式销售的金银首饰，应按实际收取的不含增值税的全部价款确定计税依据征收消费税。

（2）零售超豪华小汽车。

自2016年12月1日起，对超豪华小汽车，在生产（进口）环节按现行税率征收消费税基础上，在零售环节加征消费税，将超豪华小汽车销售给消费者的单位和个人为超豪华小汽车零售环节纳税人。

（三）消费税纳税人

消费税纳税人是指在中华人民共和国境内生产、委托加工和进口应税消费品的单位和个人，以及国务院确定的销售应税消费品的其他单位和个人。

"在中华人民共和国境内"是指生产、委托加工和进口属于应当缴纳消费税的消费品的起运地或所在地在境内；"单位"是指国有企业、集体企业、私有企业、股份制企业、外商投资企业、外国企业及其他企业和行政单位、事业单位、军事单位、社会团体及其他单位；"个人"是指个体经营者及其他个人。

具体来说，消费税纳税人包括如下。

（1）生产销售（包括自用）的应税消费品，以生产销售单位和个人为纳税人，由生产者直接缴纳。销售是指有偿转让应税消费品的所有权；有偿是指从购买方取得货币、货物或其他经济利益。

（2）委托加工的应税消费品，以委托的单位和个人为纳税人，由受托方代扣代缴消费税。所谓委托加工的应税消费品，是指委托方提供原料和主要材料，受托方只收取加工费和代垫部分辅助材料加工的应税消费品。委托加工的应税消费品直接出售的，不再缴纳消费税。

（3）进口的应税消费品，以进口的单位和个人为纳税人，由海关代为征收。

（四）消费税税目与税率

1. 消费税税目

现行的消费税税目共有 15 个，具体如下：烟、酒、高档化妆品、贵重首饰及珠宝玉石、鞭炮和焰火、成品油、摩托车、小汽车、高尔夫球及球具、高档手表、游艇、木制一次性筷子、实木地板、电池、涂料等。

？ 议一议

现代社会消费品种类众多，为什么只对这些部分消费品征收消费税?

2. 消费税税率

（1）税率形式。消费税税率有以下两种形式。

① 比例税率：对供求矛盾突出、价格差异较大、计量单位不规范的消费品，采用比例税率。

② 定额税率：适用于黄酒、啤酒和成品油。

（2）最高税率的应用。纳税人兼营不同税率的应当缴纳消费税的消费品，应当分别核算不同税率应税消费品的销售额、销售数量；未分别核算销售额、销售数量，或者将不同税率的应税消费品组成成套消费品销售的，按最高税率征税。

消费税税目与税率（税额）如表 3-1 所示。

表 3-1　消费税税目与税率（税额）

税　目	税　率
一、烟	
1. 卷烟	
（1）甲类卷烟（生产环节）	56%加 0.003 元/支（生产环节）
（2）乙类卷烟（生产环节）	36%加 0.003 元/支（生产环节）
（3）甲类卷烟和乙类卷烟（批发环节）	11%加 0.005 元/支（批发环节）
2. 雪茄烟（生产环节）	36%（生产环节）
3. 烟丝（生产环节）	30%（生产环节）
二、酒	
1. 白酒	20%加 0.5 元/500 克

续表

税　目	税　率
2. 黄酒	240 元/吨
3. 啤酒	
（1）甲类啤酒	250 元/吨
（2）乙类啤酒	220 元/吨
4. 其他酒类	10%
三、高档化妆品	15%
四、贵重首饰及珠宝玉石	
1. 金银首饰、铂金首饰和钻石及钻石饰品（零售环节）	5%（零售环节）
2. 其他贵重首饰和珠宝玉石	10%
五、鞭炮、焰火	15%
六、成品油	
1. 汽油	1.52 元/升
2. 柴油	1.2 元/升
3. 航空煤油	1.2 元/升
4. 石脑油	1.52 元/升
5. 溶剂油	1.52 元/升
6. 润滑油	1.52 元/升
7. 燃料油	1.2 元/升
七、摩托车	
1. 汽缸容量（排气量，下同）为 250 毫升（含 250 毫升）以下	3%
2. 汽缸容量为 250 毫升以上	10%
八、小汽车	
1. 乘用车	
（1）汽缸容量（排气量，下同）为 1.0 升（含 1.0 升）以下	1%
（2）汽缸容量为 1.0～1.5 升（含 1.5 升）	3%
（3）汽缸容量为 1.5～2.0 升（含 2.0 升）	5%
（4）汽缸容量为 2.0～2.5 升（含 2.5 升）	9%
（5）汽缸容量为 2.5～3.0 升（含 3.0 升）	12%
（6）汽缸容量为 3.0～4.0 升（含 4.0 升）	25%
（7）汽缸容量为 4.0 升以上	40%
2. 中轻型商用客车	5%
3. 超豪华小汽车（零售环节）	10%（零售环节）
九、高尔夫球及球具	10%
十、高档手表	20%
十一、游艇	10%
十二、木制一次性筷子	5%
十三、实木地板	5%
十四、电池 　无汞原电池、金属氢化物镍蓄电池（又称"氢镍蓄电池"或"镍氢蓄电池"）、锂原电池、锂离子蓄电池、太阳能电池、燃料电池和全钒液流电池免征消费税	4%
十五、涂料 　施工状态下挥发性有机化合物（Volatile Organic Compounds，VOC）含量低于 420 克/升（含 420 克/升）免征消费税	4%

（五）消费税应纳税额

1. 从价定率计征

实行从价定率计税的消费品，消费税应纳税额的计算取决于应税消费品的销售额和适用税率两个因素。计算公式为：

$$应纳税额=应税消费品的销售额×适用税率$$

销售额是指纳税人销售应税消费品向购买方收取的全部价款和价外费用。价外费用是指价外收取的基金、集资费、返还利润、补贴、违约金（延期付款利息）和手续费、包装费、储备费、优质费、运输装卸费、代收款项、代垫款项及其他各种性质的价外收费，但不包括下列款项：

① 承运部门的运费发票开具给购货方的。

② 纳税人将该项发票转交给购货方的。

该规定与增值税销售额的确定基本是一致的。

销售额的确定，应注意以下两方面的问题。

（1）其他价外费用，无论是否属于纳税人的收入，均应并入销售额计算征税。

（2）含增值税销售额的换算。根据《中华人民共和国消费税暂行条例实施细则》的规定，应税消费品的销售额，不包括应向购货方收取的增值税税额。如果纳税人应税消费品的销售额中未扣除增值税税额或因不得开具增值税专用发票而发生价款和增值税税额全部收取的，在计算消费税时，应将含增值税销售额换算为不含增值税税额的销售额，其换算公式为：

$$应税消费品的销售额=含增值税销售额÷(1+增值税税率或征收率)$$

【例 3-6】 某汽车制造公司为增值税一般纳税人。该公司发生以下经济业务：① 销售自产小汽车 100 辆，取得汽车价款（不含增值税）1 100 万元；② 销售自产小汽车轮胎取得销售价款（含增值税）113 万元。已知该小汽车消费税税率为 5%，汽车轮胎税率为 3%。要求计算：① 销售小汽车应纳消费税税额；② 销售小汽车轮胎应纳消费税税额。

【解析】 销售小汽车应纳消费税税额=1 100×5%=55（万元）

销售小汽车轮胎应纳消费税税额=113÷(1+13%)×3%=3（万元）

2. 从量定额计征

从量定额是指以应税消费品的销售数量和单位税额计算应纳消费税的一种方法。计算公式为：

$$应纳税额=应税消费品的销售数量×单位税额$$

销售数量是指纳税人生产、加工、进口应税消费品的数量，具体规定如下。

（1）销售应税消费品的，为应税消费品的销售数量。

（2）自产自用应税消费品的，为应税消费品的移送使用数量。

（3）委托加工应税消费品的，为纳税人收回的应税消费品的数量。

（4）进口应税消费品的，为海关核定的应税消费品进口征税数量。

【例 3-7】 某酒厂销售科销售黄酒 240 吨，每吨 2 000 元，收取增值税 340 元；该酒厂门市部直接向外零售黄酒 80 吨，每吨 3 400 元（含税）；此外，企业发给职工每人 50 千克，全厂职工共 400 人。已知黄酒的税率为 240 元/吨。求该企业本月应纳消费税税额。

【解析】 应纳消费税税额=销售数量×单位税额=(240+80+0.05×400)×240=340×240=81 600（元）

3. 从价从量复合计征

复合计税方法是指从价定率与从量定额相结合的一种计税方法。在现行消费税的征税范围中，只有卷烟、粮食白酒、薯类白酒采用此种方法计税。计算公式为：

$$应纳税额=销售额×比例税率+销售数量×定额税率$$

生产销售卷烟、白酒从量定额计税依据为实际销售数量；进口、委托加工、自产自用卷烟、白酒从量定额计税依据分别为海关核定的进口征税数量、委托方收回数量、移送使用数量。

【例 3-8】 某酒厂为增值税一般纳税人。本月销售粮食白酒 8 000 斤，取得销售收入 27 120 元（含增值税）。已知粮食白酒消费税定额税率为 0.5 元/斤，比例税率为 20%。计算该酒厂本月应纳消费税税额。

【解析】 该酒厂本月应纳消费税税额=27 120÷(1+13%)×20%+8 000×0.5
$$=8 800（元）$$

【例 3-9】 某化妆品厂本月共销售化妆品 100 000 套。其中，9 000 套通过银行收款，开具增值税专用发票，不含增值税的价格为 100 元/套；1 000 套收取现金，开具普通发票，单价为 113 元/套。该化妆品的消费税税率为 30%。计算本月应纳消费税税额。

【解析】

① 确定销售额。

开具增值税专用发票的销售额=9 000×100=900 000（元）

开具普通发票的销售额=1 000×113÷(1+13%)=100 000（元）

销售额合计=900 000+100 000=1 000 000（元）

② 计算应纳消费税税额。

应纳消费税税额=1 000 000×30%=300 000（元）

4. 应税消费品已纳税款扣除

（1）以外购的已纳税消费品为原料连续生产销售的应税消费品，在计税时可按当期生产领用数量计算准予扣除外购应税消费品已纳的消费税税款。

（2）委托加工的应税消费品收回后直接出售的，不再征收消费税。委托方收回货物后用于连续生产应税消费品的，其已纳税款准予按照规定从连续生产的应税消费品应纳消费税税款中抵扣。

议一议

成套化妆品中含有不同税率的化妆品应如何征税？

【例 3-10】 某企业本月购入已缴纳消费税的甲材料 30 000 元用于生产 A 应税消费品。甲材料适用的消费税税率为 20%，本月领用 20 000 元用于生产 A 产品。A 产品不含增值税的售价为 42 000 元，其适用的消费税税率为 30%。计算该企业本月应纳消费税税额。

【解析】 本月应纳消费税税额=42 000×30% - 20 000×20%=8 600（元）

5. 自产自用应税消费品应纳税额

纳税人自产自用应税消费品用于连续生产应税消费品的，不纳税；凡用于其他方面的，于移送使用时纳税。若为从价计征，应按照纳税人生产的同类消费品的销售价格计算纳税，没有同类消费品销售价格的，按照组成计税价格计算纳税；若为从量计征，则应按照纳税人自产自用应税消费品的移送使用数量计算纳税。

（1）实行从价定率方法计算纳税的自产自用应税消费品应纳税额的计算公式为：

应纳税额=同类应税消费品销售价格或组成计税价格×比例税率

其中：

组成计税价格 =(成本+利润)÷(1-比例税率)

（2）实行从量定额方法计算纳税的自产自用应税消费品应纳税额的计算公式为：

应纳税额=自产自用数量×定额税率

（3）实行复合计税方法计算纳税的自产自用应税消费品应纳税额的计算公式为：

应纳税额=同类应税消费品销售价格或组成计税价格×比例税率+自产自用数量×定额税率

其中：

组成计税价格 =(成本+利润+自产自用数量×定额税率)÷(1-比例税率)

【例3-11】 2019年1月，某化妆品厂将一批自产高档护肤类化妆品用于集体福利，生产成本为35 000元，上述货物已全部发出，均无同类产品售价。已知化妆品成本利润率为5%，消费税税率为30%。计算该化妆品厂上述业务应纳消费税税额。

【解析】 组成计税价格=(35 000+35 000×5%)÷(1-30%)=52 500（元）

应纳消费税税额=52 500×30%=15 750（元）

6. 委托加工应税消费品应纳税额

委托加工应税消费品，若为从价计征，按照受托方的同类消费品的销售价格计算纳税；没有同类消费品销售价格的，按照组成计税价格计算纳税；若为从量计征，则应按照纳税人收回的应税消费品数量计算纳税。

（1）实行从价定率方法计算纳税的委托加工应税消费品应纳税额的计算公式为：

应纳税额=同类应税消费品销售价格或组成计税价格×比例税率

其中：

组成计税价格 =(材料成本+加工费)÷(1-比例税率)

（2）实行从量定额方法计算纳税的自产自用应税消费品应纳税额的计算公式为：

应纳税额=委托加工数量×定额税率

（3）实行复合计税方法计算纳税的委托加工应税消费品应纳税额的计算公式为：

应纳税额=同类应税消费品销售价格或组成计税价格×比例税率+委托加工数量×定额税率

其中：

组成计税价格 =(材料成本+加工费+委托加工数量×定额税率)÷(1-比例税率)

【例3-12】 某化妆品企业2019年1月受托为某商场加工一批化妆品，收取不含增值税的加工费13万元，商场提供的原材料金额为50万元。已知该化妆品企业无同类产品销售价格，消费税税率为30%。计算该化妆品企业应代收代缴的消费税。

【解析】 组成计税价格=(50+13)÷(1-30%)=90（万元）

应代收代缴消费税=90×30%=27（万元）

（六）消费税征收管理

1. 纳税义务发生时间

（1）纳税人生产销售的应税消费品的纳税义务发生时间确定方法如下。

① 纳税人采取赊销和分期收款结算方式的，为书面合同约定的收款日期的当天，书面合同没有约定收款日期或无书面合同的，为发出应税消费品的当天。

② 纳税人采取预收货款结算方式的，为发出应税消费品的当天。

③ 纳税人采取托收承付和委托银行付款方式的，为发出应税消费品并办妥手续的当天。

④ 纳税人采取其他方式结算的，为收讫销售款或取得索取销售款凭证的当天。

（2）纳税人自产自用的应税消费品，为移送使用的当天。

（3）纳税人委托加工的应税消费品，为纳税人提货的当天。

（4）纳税人进口的应税消费品，为消费品报关进口的当天。

2. 纳税期限

消费税的纳税期限分别为 1 日、3 日、5 日、10 日、15 日、1 个月或 1 个季度。纳税人的具体纳税期限，由主管税务机关根据纳税人应纳税额的大小分别核定；纳税人不能按照固定期限纳税的，可以按次纳税。

纳税人以 1 个月或 1 个季度为一个纳税期的，自期满之日起 15 日内申报纳税；以 1 日、3 日、5 日、10 日或 15 日为一个纳税期的，自期满之日起 5 日内预缴税款，于次月 1 日起 15 日内申报纳税并结清上月应纳税款。

纳税人进口应税消费品，应当自海关填发海关进口消费税专用缴款书之日起 15 日内缴纳税款。

3. 纳税地点

（1）纳税人销售应税消费品及自产自用应税消费品的，除国家另有规定的外，应当向纳税人机构所在地或居住地的主管税务机关申报纳税。

（2）委托加工应税消费品的，受托方为个人的，由委托方向机构所在地或居住地的主管税务机关申报纳税；除受托方为个人外，由受托方向机构所在地或居住地的主管税务机关缴纳消费税税款。

（3）进口应税消费品的，由进口人或代理人向报关地海关申报纳税。

（4）纳税人到外县（市）销售或委托外县（市）代销自产应税消费品的，于应税消费品销售后，向机构所在地或居住地主管税务机关申报纳税。

（5）纳税人销售的应税消费品，如因质量等原因，由购买者退回时，经由所在地主管税务机关审核批准后，可退还已征收的消费税税款，但不能自行直接抵减应纳税款。

三、企业所得税

（一）企业所得税的概念

企业所得税是对在我国境内的企业和其他组织的生产经营所得和其他所得所征收的一种税。

根据《中华人民共和国企业所得税法》的规定，企业分为居民企业和非居民企业。居民企业是指依法在中国境内成立，或者依照外国（地区）法律成立但实际管理机构在中国境内的企业。非居民企业是指依照外国（地区）法律成立且实际管理机构不在中国境内，但在中国境内设立机构、场所的，或者在中国境内未设立机构、场所但有来源于中国境内所得的企业。

想一想

我国 1994 年以前的企业所得税制度是什么呢？

（二）企业所得税征税对象

企业所得税征税对象是指企业的生产经营所得和其他所得。

（1）居民企业应当就其来源于中国境内、境外的所得缴纳企业所得税。《中华人民共和国企业所得税法》对"所得"的解释为销售货物所得、提供劳务所得、转让财产所得、股息红利等权益性投资所得、利息所得、租金所得、特许权使用费所得、接受捐赠所得和其他所得。

（2）非居民企业在中国境内设立机构、场所的，应当就其所设机构、场所取得的来源于中国境内的所得，以及发生在中国境外但与其所设机构、场所有实际联系的所得，缴纳企业所得税。非居民企业在中国境内未设立机构、场所的，或者虽设立机构、场所但取得的所得与其所设机构、场所没有实际联系的，应当就其来源于中国境内的所得缴纳企业所得税。

（三）企业所得税税率

（1）企业所得税基本税率为25%，适用于居民企业和在中国境内设立机构、场所且所得与机构、场所有关联的非居民企业。

（2）非居民企业在中国境内未设立机构、场所的，或者虽设立机构、场所但取得的所得与其所设机构、场所没有实际联系的所得，适用税率为20%，但实际征税时减按10%的税率征收企业所得税。

（3）对符合条件的小型微利企业，减按20%的税率征收企业所得税；对国家需要重点扶持的高新技术企业，减按15%的税率征收企业所得税。

议一议

我国现行企业所得税的税率是否为比例税率？

（四）企业所得税应纳税所得额

根据《中华人民共和国企业所得税法》的规定，企业所得税应纳税所得额是指企业每一纳税年度的收入总额，减除不征税收入、免税收入、各项扣除及允许弥补的以前年度亏损后的余额。应纳税所得额有两种计算方法。

直接计算法下的计算公式为：

$$应纳税所得额=收入总额-不征税收入-免税收入-各项扣除-以前年度亏损$$

间接计算法下的计算公式为：

$$应纳税所得额=利润总额±纳税调整项目金额$$

1. 收入总额

收入总额是指企业以货币形式和非货币形式从各种来源取得的收入，其具体包括销售货物收入、提供劳务收入、转让财产收入、股息红利等权益性投资收益、利息收入、租金收入、特许权使用费收入、接受捐赠收入及其他收入。

2. 不征税收入

不征税收入是指从性质和根源上不属于企业营利性活动带来的经济利益、不负有纳税义务并不作为应纳税所得额组成部分的收入。在收入总额中的下列收入为不征税收入。

（1）财政拨款，是指各级人民政府对纳入预算管理的事业单位、社会团体等组织拨付的财政资金，但国务院和国务院财政、税务主管部门另有规定的除外。

（2）依法收取并纳入财政管理的行政事业性收费、政府性基金，是指依照法律、法规等有关规定，按照国务院规定程序批准，在实施社会公共管理及在向公民、法人或其他组织提供特定公共服务过程中，向特定对象收取并纳入财政管理的费用。

（3）国务院规定的其他不征税收入，是指企业取得的，由国务院财政、税务主管部门规定了专项用途并经国务院批准的财政性资金。

3. 免税收入

免税收入是指属于企业的应税所得但按照税法规定免予征收企业所得税的收入。免税收入包括：

（1）国债利息收入，是指企业持有国务院财政部门发行的国债取得的利息收入。

（2）符合条件的居民企业之间的股息、红利等权益性投资收益，是指居民企业直接投资于其他居民企业取得的投资收益，不包括连续持有居民企业公开发行并上市流通的股票不足12个月取得的投资收益。

（3）在中国境内设立机构、场所的非居民企业从居民企业取得与该机构、场所有实际联系的股息、红利等权益性投资收益，不包括连续持有居民企业公开发行并上市流通的股票不足12个月取得的投资收益。

（4）符合条件的非营利组织的收入。

课堂练习

多项选择题（从以下备选答案中选出两个或两个以上符合题意的正确答案）

下列业务应确认为应税收入的是（　　　　）。

A. 纳税人在基本建设、专项工程及职工福利等方面使用本企业的商品、产品的

B. 纳税人对外进行来料加工装配业务节省的材料，按合同规定留归企业所有的

C. 纳税人进行清产核资时发生的资产评估增值

D. 纳税人以非现金实物和无形资产对外投资发生的资产评估增值

E. 纳税人在产权转让过程中发生的非国有资产产权转让净收益

F. 企业进行股份制改造发生的资产评估增值

答案提示

答案：ABE

4. 准予扣除的项目

企业实际发生的与取得收入有关的、合理的支出，包括成本、费用、税金、损失和其他支出等，准予在计算应纳税所得额时扣除。

（1）成本是指企业在生产经营活动中发生的销售成本、销货成本、业务支出及其他耗费。

（2）费用是指企业在生产经营活动中发生的销售费用、管理费用和财务费用，已经计入成本的有关费用除外。

（3）税金是指企业发生的除企业所得税和允许抵扣的增值税以外的各项税金及其附加。根据国家税务总局制定的《企业所得税税前扣除办法》第五十一条的规定，纳税人缴纳的消费税、资源税、关税和城市维护建设费、教育费附加等产品销售税金及附加，以及发生的房产税、车船使用税、土地使用税和印花税等都可以扣除。

（4）损失是指企业在生产经营活动中发生的固定资产和存货的盘亏、毁损、报废损失，转让财产损失，呆账损失，坏账损失，自然灾害等不可抗力因素造成的损失及其他损失。

根据《企业所得税法实施条例》的规定，下列项目可按规定的标准扣除。

（1）企业发生的合理的工资薪金支出，准予扣除。

（2）企业依照国务院有关主管部门或省级人民政府规定的范围和标准为职工缴纳的基本养老保险费、基本医疗保险费、失业保险费、工伤保险费、生育保险费等基本社会保险费和住房公积金，准予扣除。

（3）企业发生的职工福利费支出，不超过工资薪金总额14%的部分，准予扣除；企业拨缴的工会经费，不超过工资薪金总额2%的部分，准予扣除；除国务院财政、税务主管部门另有规定外，企业发生的职工教育经费支出，不超过工资薪金总额8%的部分，准予扣除；超过部分，准予在以后纳税年度结转扣除。

（4）企业发生的与生产经营活动有关的业务招待费支出，按照发生额的60%扣除，但最高不得超过当年销售（营业）收入的5‰。

（5）企业发生的符合条件的广告费和业务宣传费支出，除国务院财政、税务主管部门另有规定外，不超过当年销售（营业）收入15%的部分，准予扣除；超过部分，准予在以后纳税年度结转扣除。

（6）企业通过公益性社会组织或县级（含县级）以上人民政府及其组成部门和直属机构，用于慈善活动、公益事业的捐赠支出，在年度利润总额12%以内的部分，准予在计算应纳税所得额时扣除；超过年度利润总额12%的部分，准予结转以后三年内在计算应纳税所得额时扣除。

5. 不得扣除的项目

下列支出在计算应纳税所得额时不得扣除。

（1）向投资者支付的股息、红利等权益性投资收益款项。

（2）企业所得税税款。

（3）税收滞纳金。

（4）罚金、罚款和被没收财物的损失。

（5）企业发生的公益性捐赠支出以外的捐赠支出。企业发生的公益性捐赠支出，在年度利润总额12%内的部分，准予在计算应纳税所得额时扣除。

（6）赞助支出，是指企业发生的与生产经营活动无关的各项非广告性质支出。

（7）未经核定的准备金支出，是指不符合国务院财政、税务主管部门规定的各项资产减值准备、风险准备等准备金支出。

（8）企业之间支付的管理费、企业内营业机构之间支付的租金和特许权使用费，以及非银行企业内营业机构之间支付的利息。

（9）与取得收入无关的其他支出。

6. 亏损弥补

企业纳税年度发生的亏损，准予向以后年度结转，用以后年度的所得弥补，但结转年限最长不得超过5年。自2018年1月1日起，当年具备高新技术企业或科技型中小企业资格（以下统称资格）的企业，其具备资格年度之前5个年度发生的尚未弥补完的亏损，准予结转以后年度弥补，最长结转年限由5年延长至10年。

资料卡

亏损弥补有向后转和回转两种。回转是指本年度的亏损可以用以前年度的所得弥补，向后转是指用以后年度的所得弥补本年度亏损。

【例3-13】 如表3-2所示，税务机关审定了某国有企业8年应纳税所得额情况，假设该企业一直执行5年亏损弥补规定，则该企业8年间应纳企业所得税所得额是多少？

表3-2　某国有企业2011—2018年应纳税所得额　　　　　（单位：万元）

年　　度	2011	2012	2013	2014	2015	2016	2017	2018
应纳税所得额	-100	20	-40	20	20	30	-20	80

【解析】

① 2011年的亏损可用2012年、2014年、2015年、2016年的利润弥补，未弥补完的10万元不再税前弥补。

② 2012年的20万元用于弥补2011年的亏损。

③ 2013年的亏损可用2017年的税前利润弥补完。

④ 2014年、2015年、2016年的利润用于弥补2011年的亏损。

⑤ 2017年的亏损用2018年的利润弥补。

⑥ 2018年弥补完2013年40万元亏损、2017年20万元亏损后，其实际应纳企业所得税所得额=80-40-20=20（万元）。

（五）企业所得税征收管理

1. 纳税地点

（1）除税收法律、行政法规另有规定外，居民企业以企业登记注册地为纳税地点；但登记注册地在境外的，以实际管理机构所在地为纳税地点。

居民企业在中国境内设立不具有法人资格的营业机构的，应当汇总计算并缴纳企业所得税。

（2）非居民企业在中国境内设立机构、场所的，应当就其所设机构、场所取得的来源于中国境内的所得，以及发生在中国境外但与其所设机构、场所有实际联系的所得，以机构、场所所在地为纳税地点。非居民企业在中国境内设立两个或两个以上机构、场所的，符合国务院税务主管部门规定条件的，可以选择由其主要机构、场所汇总缴纳企业所得税。

非居民企业在中国境内未设立机构、场所的，或者虽设立机构、场所但取得的所得与其所设机构、场所没有实际联系的所得，以扣缴义务人所在地为纳税地点。

2. 纳税期限

企业所得税按年计征，分月或分季预缴，自年度终了之日起5个月内汇算清缴，多退少补。

企业所得税按纳税年度计算。纳税年度自公历1月1日起至12月31日止。企业在一个纳税年度中间开业，或者中止经营活动，使该纳税年度的实际经营期不足12个月的，应当以其实际经营期为1个纳税年度。企业依法清算时，应当以清算期间作为1个纳税年度。

3. 纳税申报

企业应当自月份或季度终了之日起15日内，向税务机关报送预缴企业所得税纳税申报表，预缴税款。企业应当自年度终了之日起5个月内，向税务机关报送年度企业所得税纳税申报表，并汇算清缴，结清应缴应退税款。企业在年度中间中止经营活动的，应当自实际经营中止之日起60日内，向税务机关办理当期企业所得税汇算清缴。

企业在报送企业所得税纳税申报表时，应当按照规定附送财务会计报告和其他有关资料。依法缴纳的企业所得税，以人民币计算。所得以人民币以外的货币计算的，应当折合成人民币计算并缴纳税款。

✏ 案例分析

【案例3-2】白酒生产企业申报2017年度企业所得税应纳税所得额为-36万元。经税务机关核查，该企业发生100万元粮食类白酒广告支出，已做费用，全额在税前扣除；转让一台设备，取得净收入50万元，未做账务处理。税务机关要求该企业做出相应的纳税调整，并限期缴纳税款。但该企业以资金困难为由未缴纳，经税务机关一再催缴，至2018年8月仍拖欠税款。经税务机关了解，该企业的银行账户上没有相当于应纳税款金额的存款。2018年10月，税务机关得知，该企业有一到期债权20万元，一直未予追偿。税务机关拟行使代位权，追偿该企业到期债权20万元。已知该企业适用企业所得税税率为25%。

要求：根据上述情况和企业所得税、税收征收管理法律制度的有关规定，回答下列问题。

（1）该企业2017年度应纳企业所得税所得额为多少？应纳企业所得税税额为多少？

（2）税务机关是否有权行使代位权？简要说明理由。

分析与提示：

（1）应纳企业所得税所得额=-36+100+50=114（万元）

应纳企业所得税税额=114×25%=28.5（万元）

（2）税务机关有权行使代位权。根据《税收征收管理法》等相关规定，欠缴税款的纳税人因怠于行使到期债权，对国家造成损害的，税务机关可以依照《合同法》的有关规定行使代位权、撤销权。

📋 课堂练习

多项选择题（从以下备选答案中选出两个或两个以上符合题意的正确答案）

下列说法正确的是（　　　）。

A. 财务会计的账面收入不等于应税收入。

B. 教育费附加可视同税金在税前扣除。

C. 非居民企业仅就境内所得缴纳企业所得税。

D. 在企业所得税减免政策交叉时，两项或多项优惠政策可累加执行。

📖 答案提示

答案：AB

四、个人所得税

（一）个人所得税的概念

个人所得税是以个人（自然人）取得的各项应税所得为征税对象而征收的一种所得税。

个人所得税的纳税人不仅包括个人，还包括个体工商户。自 2000 年 1 月 1 日起，个人独资企业和合伙企业的投资者也为个人所得税的纳税人。

我国个人所得税法经历了多次修正。1980 年 9 月 10 日第五届全国人民代表大会第三次会议通过了《中华人民共和国个人所得税法》，1993 年 10 月 31 日第一次修正，1999 年 8 月 30 日第二次修正，2005 年 10 月 27 日第三次修正，2007 年 6 月 29 日第四次修正，2007 年 12 月 29 日第五次修正，2011 年 6 月 30 日第六次修正，2018 年 8 月 31 日第七次修正后于 2019 年 1 月 1 日起施行。

战争中产生的税种

个人所得税是现在世界各国普遍征收的税种。但是，个人所得税制度的形成、发展及完善却经历了 200 多年的历史。1798 年，英、法两国之间爆发了战争，英国政府为了维持战争经费的开支，不得不增加财政收入，因此，决定通过向个人征税筹集资金，首创了个人所得税，1799 年正式开征。

——《中国纳税人丛书》

（二）个人所得税纳税义务人

个人所得税以所得人为纳税义务人，以支付所得的单位或个人为扣缴义务人。具体来讲，个人所得税是指在中国境内有住所，或者虽无住所而一个纳税年度内在中国境内居住累计满 183 天及在中国境内无住所又不居住或无住所而一个纳税年度内在中国境内居住累计不满 183 天但从中国境内取得所得的个人，包括中国公民、个体工商户、外籍个人、中国香港、中国澳门、中国台湾同胞及个人独资企业和合伙企业等。依据住所和居住时间两个标准，个人所得税纳税人区分为居民纳税人和非居民纳税人。

1. 居民纳税人

居民纳税人是指在中国境内有住所，或者无住所而一个纳税年度内在中国境内居住累计满 183 天的个人。居民纳税人承担无限纳税义务，应就其来源于中国境内和境外取得的所得，向中国政府履行全面纳税义务。

2. 非居民纳税人

非居民纳税人是指在中国境内无住所又不居住，或者无住所而一个纳税年度内在中国境内居住累计不满 183 天，但从中国境内取得所得的个人。非居民纳税人承担有限纳税义务，仅就其来源于中国境内取得的所得，向中国政府履行有限纳税义务。

（三）个人所得税应税项目和税率

1. 个人所得税应税项目

个人所得税的征税范围包括个人取得的各项应税所得，《中华人民共和国个人所得税法》列举了 9 项个人应税所得。

（1）工资、薪金所得。工资、薪金所得是指个人因任职或受雇而取得的工资、薪金、奖金、年终加薪、劳动分红、津贴、补贴及与任职或受雇有关的其他所得。

下列项目不属于工资、薪金性质的补贴、津贴，不予征收个人所得税。

① 独生子女补贴。

② 执行公务员工资制度未纳入基本工资总额的补贴、津贴差额和家属成员的副食品补贴。

③ 托儿补助费。

④ 差旅费津贴、误餐补助。

（2）劳务报酬所得。劳务报酬所得是指个人从事劳务取得的所得，包括从事设计、装潢、安装、制图、化验、测试、医疗、法律、会计、咨询、讲学、翻译、审稿、书画、雕刻、影视、录音、录像、演出、表演、广告、展览、技术服务、介绍服务、经纪服务、代办服务，以及其他劳务取得的所得。

比一比

劳务报酬所得与工资、薪金所得有何不同？

（3）稿酬所得。稿酬所得是指个人因其作品以图书、报刊形式出版、发表而取得的所得。

（4）特许权使用费所得。特许权使用费所得是指个人提供专利权、商标权、著作权、非专利技术及其他特许权的使用权取得的所得；提供著作权的使用权取得的所得，不包括稿酬所得。

（5）经营所得包括如下几方面。

① 个体工商户从事生产、经营活动取得的所得，个人独资企业投资人、合伙企业的个人合伙人来源于境内注册的个人独资企业、合伙企业生产、经营的所得。

② 个人依法从事办学、医疗、咨询及其他有偿服务活动取得的所得。

③ 个人对企业、事业单位承包经营、承租经营及转包、转租取得的所得。

④ 个人从事其他生产、经营活动取得的所得。

（6）利息、股息、红利所得。利息、股息、红利所得是指个人拥有债权、股权而取得的利息、股息、红利所得。

（7）财产租赁所得。财产租赁所得是指个人出租不动产、机器设备、车船及其他财产取得的所得。

（8）财产转让所得。财产转让所得是指个人转让有价证券、股权、不动产、机器设备、车船及其他财产取得的所得。

（9）偶然所得。偶然所得是指个人得奖、中奖、中彩及其他偶然性质的所得。

居民个人取得上述（1）～（4）项所得（以下称综合所得），按纳税年度合并计算个人所得税；非居民个人取得上述（1）～（4）项所得，按月或按次分项计算个人所得税。

2. 个人所得税税率

（1）工资、薪金所得，劳务报酬所得，稿酬所得，特许权使用费所得的个人所得税的预扣率（预扣预缴）。

① 居民个人工资、薪金所得预扣预缴个人所得税的预扣率如表3-3所示。

表3-3　居民个人工资、薪金所得预扣预缴个人所得税的预扣率

级　　数	累计预扣预缴应纳税所得额	预扣率/%	速算扣除数
1	不超过36 000元的部分	3	0
2	36 000～144 000元的部分	10	2 520

续表

级　数	累计预扣预缴应纳税所得额	预扣率/%	速算扣除数
3	144 000～300 000 元的部分	20	16 920
4	300 000～420 000 元的部分	25	31 920
5	420 000～660 000 元的部分	30	52 920
6	660 000～960 000 元的部分	35	85 920
7	超过 960 000 元的部分	45	181 920

② 居民个人劳务报酬所得预扣预缴个人所得税的预扣率如表 3-4 所示。

表 3-4　居民个人劳务报酬所得预扣预缴个人所得税的预扣率

级　数	预扣预缴应纳税所得额	税率/%	速算扣除数
1	不超过 20 000 元的	20	0
2	20 000～50 000 元的部分	30	2 000
3	超过 50 000 元的部分	40	7 000

③ 居民个人稿酬所得、特许权使用费所得适用 20% 的比例预扣率。

（2）工资、薪金所得，劳务报酬所得，稿酬所得，特许权使用费所得个人所得税的适用税率（非预扣预缴）。

工资、薪金所得，劳务报酬所得，稿酬所得，特许权使用费所得称为综合所得。

① 居民个人综合所得个人所得税的适用税率（按年汇算清缴）

综合所得适用 3%～45% 七级超额累进税率，如表 3-5 所示。

表 3-5　综合所得个人所得税税率表（按年）

级　数	全年应纳税所得额	税率/%	速算扣除数
1	不超过 36 000 元的部分	3	0
2	36 000～144 000 元的部分	10	2 520
3	144 000～300 000 元的部分	20	16 920
4	300 000～420 000 元的部分	25	31 920
5	420 000～660 000 元的部分	30	52 920
6	660 000～960 000 元的部分	35	85 920
7	超过 960 000 元的部分	45	181 920

注：本表所称"全年应纳税所得额"是指依照法律规定，居民个人取得综合所得以每一纳税年度收入额减除费用 6 万元及专项扣除、专项附加扣除和依法确定的其他扣除后的余额。

② 非居民个人综合所得个人所得税的适用税率。

非居民个人综合所得依照表 3-5 按月换算后得到，如表 3-6 所示。

表 3-6　非居民个人综合所得个人所得税税率表

级　数	应纳税所得额	预扣率/%	速算扣除数
1	不超过 3 000 元的部分	3	0
2	3 000～12 000 元的部分	10	210
3	12 000～25 000 元的部分	20	1 410
4	25 000～35 000 元的部分	25	2 660
5	35 000～55 000 元的部分	30	4 410

级　　数	应纳税所得额	预扣率/%	速算扣除数
6	55 000～80 000 元的部分	35	7 160
7	超过 80 000 元的部分	45	15 160

（3）经营所得，适用 5%～35% 的五级超额累进税率，如表 3-7 所示。

表 3-7　经营所得个人所得税税率表

级　　数	全年应纳税所得额	税率/%	速算扣除数
1	不超过 30 000 元的部分	5	0
2	30 000～90 000 元的部分	10	1 500
3	90 000～300 000 元的部分	20	10 500
4	300 000～500 000 元的部分	30	40 500
5	超过 500 000 元的部分	35	65 500

注：本表所称"全年应纳税所得额"是指依照《个人所得税法》第六条的规定，以每一纳税年度的收入总额减除成本、费用及损失后的余额。

（4）利息、股息、红利所得，财产租赁所得，财产转让所得和偶然所得，适用比例税率，税率为 20%。

自 2008 年 10 月 9 日（含）起，暂免征收储蓄存款利息所得的个人所得税。

自 2008 年 3 月 1 日（含）起，对个人出租住房取得的所得暂减按 10% 的税率征收个人所得税。

（四）个人所得税应纳税额

1. 居民个人综合所得（预扣预缴）的应纳税额

自 2019 年 1 月 1 日起，扣缴义务人向居民个人支付工资、薪金所得，劳务报酬所得，稿酬所得，特许权使用费所得时，按以下方法预扣预缴个人所得税，并向主管税务机关报送《个人所得税扣缴申报表》。年度预扣预缴税额与年度应纳税额不一致的，由居民个人于次年 3 月 1 日至 6 月 30 日向主管税务机关办理综合所得年度汇算清缴，税款多退少补。

（1）扣缴义务人向居民个人支付工资、薪金所得时，应当按照累计预扣法计算预扣税款，并按月办理全员全额扣缴申报。具体计算公式为：

本期应预扣预缴税额=（累计预扣预缴应纳税所得额×预扣率-速算扣除数）-累计减免税额-累计已预扣预缴税额

累计预扣预缴应纳税所得额=累计收入-累计免税收入-累计减除费用-累计专项扣除-累计专项附加扣除-累计依法确定的其他扣除

上述公式中，计算居民个人工资、薪金所得预扣预缴税额的预扣率、速算扣除数，按表 3-3 执行。

① 累计减除费用：按照 5000 元/月乘以纳税人当年截至本月在本单位的任职受雇月份数计算。

② 专项扣除：居民个人按规定缴纳的基本养老保险、基本医疗保险、失业保险和住房公积金等。

③ 专项附加扣除。

財經法規與會計職業道德（第5版）

A. 子女教育：纳税人的子女接受全日制学历教育的相关支出，按照每个子女每月 1 000 元的标准定额扣除。

受教育子女的父母分别按照扣除标准的 50%扣除或经约定选择由其中一方按照 100%扣除，具体扣除方式在一个纳税年度内不能变更。

B. 继续教育：纳税人在中国境内接受学历（学位）继续教育支出，按照教育期间每月 400 元定额扣除，同一学历（学位）继续教育的扣除期限不能超过 48 个月；接受职业资格继续教育支出，在取得相关证书的年度，按照 3 600 元/年定额扣除。

个人接受本科及以下学历（学位）继续教育，可以选择由其父母扣除，也可以选择由本人扣除。

C. 大病医疗：在一个纳税年度内，纳税人发生的与基本医保相关的医药费用支出，扣除医保报销后个人负担累计超过 15 000 元的部分，由纳税人在办理年度汇算清缴时，在 80 000 元限额内据实扣除。

纳税人发生的医药费用支出可以选择由本人或其配偶扣除；未成年子女发生的医药费用支出可以选择由其父母一方扣除。

D. 住房贷款利息：首套住房贷款利息支出，在实际发生贷款利息的年度，按照每月 1 000 元的标准定额扣除，扣除期限最长不超过 240 个月。经夫妻双方约定，可选择由其中一方扣除。

E. 住房租金：直辖市、省会（首府）城市、计划单列市及国务院确定的其他城市，扣除标准为每月 1500 元；除第一项所列城市以外，市辖区户籍人口超过 100 万的城市，扣除标准为每月 1100 元；市辖区户籍人口不超过 100 万的城市，扣除标准为每月 800 元。

F. 赡养老人：纳税人为独生子女的，按照每月 2 000 元的标准定额扣除；纳税人为非独生子女的，由其与兄弟姐妹分摊每月 2 000 元的扣除额度，每人分摊的额度不能超过每月 1 000 元。

被赡养人是指年满 60 岁（含）的父母，以及子女均已去世的年满 60 岁的祖父母、外祖父母。

④ 其他法定扣除：企业年金、职业年金，个人购买符合国家规定的商业健康保险、税收递延型商业养老保险的支出，以及国务院规定可以扣除的其他项目。

【例 3-14】2019 年，某公司职员王某每月税前工资、薪金收入 10 000 元，每月可扣除的基本养老保险、基本医疗保险、失业保险及住房公积金 1 500 元。王某偿还首套住房贷款及利息，每月专项附加扣除金额为 1 000 元；王某没有其他专项附加扣除和依法确定的其他扣除。计算王某 2019 年工资、薪金所得预扣预缴的个人所得税。

【解析】

王某 1 月工资、薪金所得预扣预缴的个人所得税应纳税所得额=(10 000-5 000-1 500-1 000)×3%=75（元）

王某 2 月工资、薪金所得预扣预缴的个人所得税应纳税所得额=(10 000×2-5 000×2-1 500×2-1 000×2)×3%-75=75（元）

王某 3 月工资、薪金所得预扣预缴的个人所得税应纳税所得额=(10 000×3-5 000×3-1 500×3-1 000×3)×3%-75-75=75（元）

王某 4 月工资、薪金所得预扣预缴的个人所得税应纳税所得额=(10 000×4-5 000×4-1 500×4-1 000×4)×3%-75-75-75=75（元）

王某 5 月工资、薪金所得预扣预缴的个人所得税应纳税所得额=(10 000×5-5 000×5-1 500×

5-1 000×5)×3%-75-75-75-75=75（元）

王某6月工资、薪金所得预扣预缴的个人所得税应纳税所得额=(10 000×6-5 000×6-1 500×6-1 000×6)×3%-75-75-75-75-75=75（元）

王某7月工资、薪金所得预扣预缴的个人所得税应纳税所得额=(10 000×7-5 000×7-1 500×7-1 000×7)×3%-75-75-75-75-75-75=75（元）

王某8月工资、薪金所得预扣预缴的个人所得税应纳税所得额=(10 000×8-5 000×8-1 500×8-1 000×8)×3%-75-75-75-75-75-75-75=75（元）

王某9月工资、薪金所得预扣预缴的个人所得税应纳税所得额=(10 000×9-5 000×9-1 500×9-1 000×9)×3%-75-75-75-75-75-75-75-75=75（元）

王某10月工资、薪金所得预扣预缴的个人所得税应纳税所得额=(10 000×10-5 000×10-1 500×10-1 000×10)×3%-75-75-75-75-75-75-75-75-75=75（元）

王某11月工资、薪金所得预扣预缴的个人所得税应纳税所得额=(10 000×11-5 000×11-1 500×11-1 000×11)×3%-75-75-75-75-75-75-75-75-75-75=75（元）

王某12月工资、薪金所得预扣预缴的个人所得税应纳税所得额=(10 000×12-5 000×12-1 500×12-1 000×12)×3%-75-75-75-75-75-75-75-75-75-75-75=75（元）

王某2019年工资、薪金所得预扣预缴的个人所得税=75×12=900（元）

（2）扣缴义务人向居民个人支付劳务报酬所得、稿酬所得、特许权使用费所得，按次或按月预扣预缴个人所得税。

劳务报酬所得、稿酬所得、特许权使用费所得以收入减除费用后的余额为收入额。其中，稿酬所得的收入额减按70%计算。

劳务报酬所得、稿酬所得、特许权使用费所得每次收入不超过4 000元的，减除费用按800元计算；每次收入4 000元以上的，减除费用按20%计算。

劳务报酬所得、稿酬所得、特许权使用费所得，以每次收入额为预扣预缴应纳税所得额。劳务报酬所得适用20%～40%的超额累进预扣率，稿酬所得、特许权使用费所得适用20%的比例预扣率。

劳务报酬所得应预扣预缴税额=预扣预缴应纳税所得额×预扣率-速算扣除数

稿酬所得、特许权使用费所得应预扣预缴税额=预扣预缴应纳税所得额×20%

【例3-15】居民个人李某2019年3月从甲公司取得一次性劳务报酬收入32 800元，4月从乙公司取得一项特许权使用费收入4 200元。（1）计算李某劳务报酬所得应由甲公司预扣预缴的个人所得税;（2）计算李某特许权使用费所得应由乙公司预扣预缴的个人所得税。

【解析】（1）李某劳务报酬所得应由甲公司预扣预缴的个人所得税=3 2800×(1-20%)×30%-2 000=5 872（元）

（2）李某特许权使用费所得应由乙公司预扣预缴的个人所得税=4 200×(1-20%)×20%=672（元）

2. 居民个人综合所得（汇算清缴）的应纳税额

居民个人的综合所得，以每一纳税年度的收入额减除费用6万元及专项扣除、专项附加扣除和依法确定的其他扣除后的余额，为应纳税所得额。

综合所得包括工资、薪金所得，劳务报酬所得，稿酬所得，特许权使用费所得。其中，劳务报酬所得、稿酬所得、特许权使用费所得以收入减除20%的费用后的余额为收入额。稿酬所得的收入额减按70%计算。计算公式为：

应纳税额=应纳税所得额×适用税率-速算扣除数

=(年收入额-60 000-专项扣除-专项附加扣除-其他法定扣除项目)×适用税率-
速算扣除数

=[工资、薪金收入额+劳务报酬收入×(1-20%)+稿酬收入×(1-20%)×70%+
特许权使用费收入×(1-20%)-60 000-专项扣除-专项附加扣除-其他法定扣除
项目]×适用税率-速算扣除数

【例3-16】 2019年某公司职员王某全年取得工资、薪金收入180 000元。本年度可扣除的基本养老保险、基本医疗保险、失业保险及住房公积金总计27 000元。王某正在偿还首套住房贷款及利息；王某为独生女，其独生子正在读大学三年级，王某父母均已年过60岁，王某夫妻约定由王某扣除贷款利息和子女教育费。计算2019年王某应缴纳的个人所得税。

【解析】（1）全年减除费用60 000元。

（2）专项扣除27 000元。

（3）专项附加扣除：

王某首套住房贷款利息支出实行定额扣除，每年扣除1 000×12=12 000（元）

王某子女教育支出实行定额扣除，每年扣除1 000×12=12 000（元）

王某赡养老人支出实行定额扣除，每年扣除2 000×12=24 000（元）

专项附加扣除合计=12 000+12 000+24 000=48 000（元）

（4）应纳税所得额=180 000-60 000-27 000-48 000=45 000（元）

（5）应纳税额=45 000×10%-2 520=1 980（元）

3. 非居民个人综合所得的应纳税额

非居民个人的工资、薪金所得，以每月收入额减除费用5 000元后的余额为应纳税所得额；劳务报酬所得、稿酬所得、特许权使用费所得，以每次收入额为应纳税所得额。

其中，劳务报酬所得、稿酬所得、特许权使用费所得以收入减除20%的费用后的余额为收入额。稿酬所得的收入额减按70%计算。计算公式为：

非居民个人工资薪金应纳税额=应纳税所得额×适用税率-速算扣除数

=(月收入额-5 000)×适用税率-速算扣除数

非居民个人劳务报酬应纳税额=应纳税所得额×比例税率

=每次收入额×(1-20%)×适用税率-速算扣除数

非居民个人稿酬所得应纳税额=应纳税所得额×比例税率×70%

=每次收入额×(1-20%)×70%×适用税率-速算扣除数

非居民个人特许权使用费应纳税额=应纳税所得额×比例税率

=每次收入额×(1-20%)×适用税率-速算扣除数

劳务报酬所得、稿酬所得、特许权使用费所得，属于一次性收入的，以取得该项收入为一次；属于同一项目连续性收入的，以一个月内取得的收入为一次。

【例3-17】 非居民个人玛丽本月一次性取得稿酬收入6 000元，劳务报酬收入18 000元。计算玛丽本月应缴纳的个人所得税。

【解析】稿酬所得的应纳税所得额=6 000×(1-20%)×70%=3 360（元）

稿酬所得应纳个人所得税=3 360×10%-210=126（元）

劳务报酬所得的应纳税所得额=18 000×(1-20%)=14 400（元）

劳务报酬所得应纳个人所得税=14 400×20%-1 410=1 470（元）

玛丽本月应缴纳的个人所得税=126+1 470=1 596（元）

4. 经营所得的应纳税额

经营所得，以每一纳税年度的收入总额减除成本、费用及损失后的余额，为应纳税所得额。计算公式为：

应纳税额=应纳税所得额×适用税率-速算扣除数

=(纳税年度收入总额-成本、费用及损失)×适用税率-速算扣除数

自2019年1月1日起，取得经营所得的个人，没有综合所得的，计算其每一纳税年度的应纳税所得额时，应当减除费用6万元、专项扣除、专项附加扣除及依法确定的其他扣除。

5. 财产租赁所得的应纳税额

财产租赁所得，每次收入不超过4 000元的，减除准予扣除项目、修缮费用（800元为限），再减除费用800元；4 000元以上的，减除准予扣除项目、修缮费用（800元为限），再减除20%的费用，其余额为应纳税所得额。计算公式如下。

① 每次（月）收入不足4 000元的：

应纳税额=(每次（月）收入额-准予扣除项目-修缮费用（800元为限）-800)×20%

② 每次（月）收入在4 000元以上的：

应纳税额=(每次（月）收入额-准予扣除项目-修缮费用（800元为限）)×(1-20%)×20%

【例3-18】 2018年11月，张三出租住房取得不含增值税的租金收入3 000元，房屋租赁过程中缴纳的可以税前扣除的相关税费为120元。已知个人出租住房取得的所得按10%的税率征收个人所得税，计算本月张三出租住房应缴纳的个人所得税税额。

【解析】财产租赁所得，每次收入不超过4 000元的，减除费用800元。

应纳税额=(3 000-120-800)×10%=208（元）

6. 财产转让所得的应纳税额

财产转让所得，以转让财产的收入额减除财产原值和合理费用后的余额，为应纳税所得额。计算公式为：

应纳税额=应纳税所得额×适用税率

=(收入总额-财产原值-合理费用)×20%

7. 利息、股息、红利所得和偶然所得的应纳税额

利息、股息、红利所得和偶然所得，以每次收入为应纳税所得额。

应纳税额=应纳税所得额×适用税率

=每次收入额×20%

【例3-19】 2019年11月，陈某在商场举办的有奖销售活动中获得奖金4 000元，陈某领奖时支付交通费30元、餐费70元。计算陈某中奖奖金的所得税税额。

【解析】应纳税额=每次收入额×20%=4 000×20%=800（元）

（五）免征个人所得税项目

下列项目免征个人所得税。

（1）省级人民政府、国务院部委和中国人民解放军军以上单位，以及外国组织、国际组织颁发的科学、教育、技术、文化、卫生、体育、环境保护等方面的奖金。

（2）国债和国家发行的金融债券利息。

（3）按照国家统一规定发给的补贴、津贴。

（4）福利费、抚恤金、救济金。

（5）保险赔款。

（6）军人的转业费、复员费、退役金。

（7）按照国家统一规定发给干部、职工的安家费、退职费、基本养老金或退休费、离休费、离休生活补助费。

（8）依照我国有关法律规定应予免税的各国驻华使馆、领事馆的外交代表、领事官员和其他人员的所得。

（9）中国政府参加的国际公约、签订的协议中规定免税的所得。

（10）国务院规定的其他免税所得。

（六）个人所得税征收管理

我国个人所得税实行以代扣代缴为主、自行申报为辅的征收方式。

1. 自行申报

自行申报是指纳税人自行在税法规定的纳税期限内，向税务机关申报取得的应税所得项目和数额，如实填写个人所得税纳税申报表，并按照税法规定计算应纳税额，据此缴纳个人所得税的一种方法。

纳税义务人有下列情形之一的，应当按照规定到主管税务机关办理纳税申报。

（1）取得综合所得需要办理汇算清缴。

需要办理汇算清缴的情形包括：

① 从两处以上取得综合所得，且综合所得年收入额减除专项扣除的余额超过6万元。

② 取得劳务报酬所得、稿酬所得、特许权使用费所得中一项或多项所得，且综合所得年收入额减除专项扣除的余额超过6万元。

③ 纳税年度内预缴税额低于应纳税额。

④ 纳税人申请退税。

（2）取得应税所得没有扣缴义务人。

（3）取得应税所得，扣缴义务人未扣缴税款。

（4）取得境外所得。

（5）因移居境外注销中国户籍。

（6）非居民个人在中国境内从两处以上取得工资、薪金所得。

（7）国务院规定的其他情形。

2. 代扣代缴

代扣代缴是指按照税法规定负有扣缴税款义务的单位或个人，在向个人支付应纳税所得时，应计算应纳税额，从其所得中扣除并缴入国库，同时向税务机关报送扣缴个人所得税报告表。

凡支付个人应纳税所得的企业、事业单位、社会团体、军队、驻华机构（不含依法享有外交特权和豁免的驻华使领馆、联合国及其国际组织驻华机构）、个体户等单位或个人，为个人所得税的扣缴义务人。

3. 纳税期限

（1）居民个人取得综合所得，按年计算个人所得税；有扣缴义务人的，由扣缴义务人按月或按次预扣预缴税款；需要办理汇算清缴的，应当在取得所得的次年3月1日至6月30日内办理汇算清缴。

非居民个人取得工资、薪金所得，劳务报酬所得，稿酬所得和特许权使用费所得，有扣缴义务人的，由扣缴义务人按月或按次代扣代缴税款，不办理汇算清缴。

（2）纳税人取得经营所得，按年计算个人所得税，由纳税人在月度或者季度终了后15日内向税务机关报送纳税申报表，并预缴税款；在取得所得的次年3月31日前办理汇算清缴。

纳税人取得利息、股息、红利所得，财产租赁所得，财产转让所得和偶然所得，按月或按次计算个人所得税，有扣缴义务人的，由扣缴义务人按月或按次代扣代缴税款。

（3）纳税人取得应税所得没有扣缴义务人的，应当在取得所得的次月15日内向税务机关报送纳税申报表，并缴纳税款。

纳税人取得应税所得，扣缴义务人未扣缴税款的，纳税人应当在取得所得的次年6月30日前，缴纳税款；税务机关通知限期缴纳的，纳税人应当按照期限缴纳税款。

居民个人从中国境外取得所得的，应当在取得所得的次年3月1日至6月30日内申报纳税。

非居民个人在中国境内从两处以上取得工资、薪金所得的，应当在取得所得的次月15日内申报纳税。

纳税人因移居境外注销中国户籍的，应当在注销中国户籍前办理税款清算。

（4）扣缴义务人每月或每次预扣、代扣的税款，应当在次月15日内缴入国库，并向税务机关报送扣缴个人所得税申报表。

案例分析

【案例3-3】南方某城市一家日化用品有限公司为增值税一般纳税人，2019年1月，该公司发生以下经济业务。

① 外购一批原材料，货款已付并验收入库。从供货方取得的防伪税控系统开具的增值税专用发票上注明的增值税税额为30万元。另支付运费10万元，运输单位已开具运输发票。

② 销售一批化妆品，取得产品销售收入2 373万元（含增值税），向购货方收取手续费11.3万元（含增值税）。

其他相关资料：该公司月初增值税进项税额余额为6.3万元；取得的专用发票已经过税务机关认证并申报抵扣，取得的运输发票已经税务机关比对；增值税税率为13%，消费税税率为30%。

要求：根据上述资料及税法相关规定，回答下列问题。

（1）计算该公司1月的增值税销项税额及可抵扣的进项税额。

（2）计算该公司1月应纳增值税税额。

（3）计算该公司 1 月应纳消费税税额。

分析与提示：

（1）1 月增值税销项税额=(2 373+11.3)÷(1+13%)×13% =274.3（万元）

　　　1 月可抵扣的增值税进项税额=30+10×9%=30.9（万元）

（2）1 月应纳增值税税额=274.3-30.9-6.3=237.1（万元）

（3）1 月应纳消费税税额=(2 373+11.3)÷(1+13%)×30% =633（万元）

第三节　税收征管

税收征收管理是指国家税务机关依据国家税收法律、行政法规的规定，按照统一的标准，通过一定的程序，对纳税人应纳税额组织入库的一种行政活动，是国家将税收政策贯彻实施到每个纳税人，有效地组织税收收入，及时、足额入库一系列活动的总称。

一、税务登记

税务登记又称纳税登记，是税务机关依据税法规定，对纳税人的生产、经营活动进行登记管理的一项法定制度，也是纳税人依法履行纳税义务的法定手续。税务登记是税务机关对纳税人实施税收管理的首要环节和基础工作。

企业及企业在外地设立的分支机构和从事生产、经营的场所，个体工商户和从事生产、经营的事业单位，均应当按照《税收征管法》《税收征管法实施细则》《税务登记管理办法》的规定办理税务登记。除此以外的纳税人，除国家机关、个人和无固定生产、经营场所的流动性农村小商贩外，也应当按照规定办理税务登记。根据税收法律、行政法规的规定，负有扣缴税款义务的扣缴义务人（国家机关除外）应当按照规定办理扣缴税款登记。

根据《税务登记管理办法》的规定，税务登记包括开业登记，变更登记，停业、复业登记，注销登记，跨区域涉税事项报验登记，纳税人税种登记，扣缴义务人扣缴税款登记等。

自 2015 年 10 月 1 日起，实施工商营业执照、组织机构代码证和税务登记证"三证合一、一照一码"；自 2016 年 10 月 1 日起，进一步整合社会保险登记证和统计登记证，实施"五证合一、一照一码"。2017 年 4 月 28 日，国家工商行政管理总局表示，要求 2017 年 10 月底前，在全国全面推行"多证合一"。

（一）开业登记

开业登记又称设立登记，是指从事生产、经营的纳税人，经工商行政管理部门批准开业后办理的纳税登记。

1. 开业登记的对象

根据有关规定，办理开业登记的纳税人分为以下两类。

（1）领取营业执照从事生产、经营的纳税人。其包括：① 企业，即从事生产、经营的单位或组织，包括国有、集体、私营企业，中外合资合作企业，外商独资企业，以及各种联营、联合、股份制企业等；② 企业在外地设立的分支机构和从事生产、经营的场所；③ 个体工商户；

④ 从事生产、经营的事业单位。

（2）其他纳税人。上述规定以外的纳税人，除国家机关、个人和无固定生产经营场所的流动性农村小商贩外，也应当按照规定办理税务登记。此外，根据税收法律、行政法规的规定，负有扣缴税款义务的扣缴义务人（国家机关除外）应当按照规定办理扣缴税款登记。

2. 开业登记的时间

在工商行政部门或市场监督管理部门领取"一照一码"营业执照后，等同于办理了税务登记证，应当在领取"一照一码"营业执照之日起 15 日内，将其财务、会计制度或财务、会计处理办法报送国地税主管税务机关备案；在开立存款账户之日起 15 日内，向国地税主管税务机关报告全部账号，并按规定进行申报纳税。

（二）变更登记

变更登记是指纳税人办理设立税务登记后，因登记内容发生变化，需要对原有登记内容进行更改，而向主管税务机关申请办理的税务登记。变更登记的主要目的在于及时掌握纳税人的生产、经营情况，减少税款的流失。

1. 变更登记的适用范围

纳税人办理税务登记后，如发生下列情形之一，应当办理变更税务登记并填写变更税务登记表：改变名称、改变法定代表人、改变经济性质或经济类型、改变住所和经营地点（不涉及主管税务机关变动的）、改变生产或经营方式、增减注册资金（资本）、改变隶属关系、改变生产经营期限、改变或增减银行账号、改变生产经营权属及改变其他税务登记内容。

2. 变更登记的时间要求

（1）对涉及营业执照照面记载事项（即名称、主体类型、住所、法定代表人等）的变更：2015 年 7 月 1 日后新办的商事主体，统一到工商行政部分或市场监督管理部门办理变更，无须再到税务登记部门办理税务变更登记；2015 年 6 月 30 日之前成立的商事主体，应先核对变更前事项与税务登记信息是否一致，如不一致，应到国税、地税任何一方税务主管机关处理后再提交变更申请。

（2）对营业执照照面以外的信息，应当自工商行政管理机关或市场监督管理部门变更登记之日起 30 日内，或者自税务登记内容实际发生变化之日起 30 日内，或者自有关机关批准或宣布变更之日起 30 日，到原税务登记机关申报办理变更税务登记。

（3）商事主体变更后在工商行政部分或者市场监督管理部门领取新的"一照一码"营业执照，同时需交回税务登记证(包括国税和地税)等相关证照并作废。

（三）停业、复业登记

实行定期定额征收方式的纳税人，在营业执照核准的经营期限内需要停业的，应当在停业前向税务机关申报办理停业登记。纳税人的停业期限不得超过 1 年。

? 想一想

在税务登记管理方面，税务部门是否有与技术监督和民政部门相互配合的必要？

纳税人在申报办理停业登记时，应如实填写停业申请登记表，说明停业理由、停业期限、停业前的纳税情况，以及发票的领、用、存情况，并结清应纳税款、滞纳金、罚款。税务机关应收存其税务登记证件、发票领购簿、未使用完的发票和其他税务证件。

纳税人应当于恢复生产、经营之前，向税务机关申报办理复业登记，如实填写停、复业报告书，领回并启用税务登记证件、发票领购簿及其停业前领购的发票。

纳税人停业期满不能及时恢复生产、经营的，应当在停业期满前向税务机关提出延长停业登记申请，并如实填写停、复业报告书。纳税人停业期满未按期复业又不申请延长停业的，税务机关应当视为已恢复营业，实施正常的税收征收管理。纳税人在停业期间发生纳税义务的，应当及时向主管税务机关申报缴纳税款。

【例3-20】 克里斯蒂娜美容厅（系有证个体户），经税务机关核定实行定期定额税收征收方式，核定月均应纳税额为760元。2018年7月7日，其因店面装修向税务机关提出自2018年7月9日至2018年8月31日申请停业的报告。税务机关经审核后，在2018年7月8日做出同意核准停业的批复，并下达了核准停业通知书，在办税服务厅予以公示。2018年8月2日，税务机关接到群众举报，称克里斯蒂娜美容厅已经恢复营业。2018年8月3日，税务机关派员实地检查，发现该美容厅确在营业，遂于2018年8月4日送达复业通知书，并告知需按月定额纳税。分析税务机关的做法是否正确。

【解析】 税务机关的做法是正确的。根据我国税法的有关规定，纳税人应当于恢复生产、经营之前，向税务机关申报办理复业登记，如实填写停、复业报告书，领回并启用税务登记证件、发票领购簿及其停业前领购的发票。因此，税务机关的做法是及时、正确的。

（四）注销登记

注销登记是指纳税人由于法定原因终止纳税义务时，向原税务机关申请办理取消税务登记的手续。办理注销税务登记后，该当事人不再接受原税务机关的管理。

1. 注销登记的适用范围

纳税人办理税务登记后，如发生下列情形之一，应当办理注销税务登记。

（1）纳税人因经营期限届满而自动解散。

（2）企业由于改组、分立、合并等原因而被撤销。

（3）企业资不抵债而破产。

（4）纳税人住所、经营地址迁移而涉及改变原主管税务机关。

（5）纳税人被工商行政管理部门吊销营业执照。

（6）纳税人依法终止履行纳税义务的其他情形。

2. 注销登记的程序

已实行"五证合一、一照一码"登记模式的企业办理注销登记，须先向税务主管机关申报清税，填写《清税申报表》。纳税人持税务机关出具的《清税证明》，再向企业登记机关申请办理注销登记。如果在过渡期内没有换发"一照一码"的企业申请注销，税务机关还是根据原先的规定来办理。

（五）跨区域涉税事项报验登记

根据《国家税务总局关于创新跨区域涉税事项报验管理制度的通知》（税总发〔2017〕103号）要求，就跨区域涉税事项报验管理制度的相关内容做出创新。

1. 外出经营活动税收管理的更名与创新

（1）将"外出经营活动税收管理"更名为"跨区域涉税事项报验管理"。外出经营活动税收管理作为现行税收征管的一项基本制度，是税收征管法实施细则和增值税暂行条例规定的法定事项，也是落实现行财政分配体制、解决跨区域经营纳税人的税收收入及征管职责在机构所在地与经营地之间划分问题的管理方式，对维持税收属地入库原则、防止漏征漏管和重复征收具有重要作用。按照该项制度的管理实质，将其更名为"跨区域涉税事项报验管理"。

（2）纳税人跨区域经营前不再开具相关证明，改为填报《跨区域涉税事项报告表》。纳税人跨省（自治区、直辖市和计划单列市）临时从事生产经营活动的，不再开具《外出经营活动税收管理证明》，改向机构所在地的国税机关填报《跨区域涉税事项报告表》。纳税人在省（自治区、直辖市和计划单列市）内跨县（市）临时从事生产经营活动的，是否实施跨区域涉税事项报验管理由各省（自治区、直辖市和计划单列市）税务机关自行确定。

（3）取消跨区域涉税事项报验管理的固定有效期。税务机关不再按照 180 天设置报验管理的固定有效期，改按跨区域经营合同执行期限作为有效期限。合同延期的，纳税人可向经营地或机构所在地的国税机关办理报验管理有效期限延期手续。

（4）实行跨区域涉税事项报验管理信息电子化。跨区域报验管理事项的报告、报验、延期、反馈等信息，通过信息系统在机构所在地和经营地的国税机关之间传递，机构所在地的国税机关、地税机关之间，经营地的国税机关、地税机关之间均要实时共享相关信息。

2. 跨区域涉税事项报告、报验及反馈

（1）《跨区域涉税事项报告表》填报具备网上办税条件的，纳税人可通过网上办税系统，自主填报《跨区域涉税事项报告表》。不具备网上办税条件的，纳税人向主管税务机关（办税服务厅）填报《跨区域涉税事项报告表》，并出示加载统一社会信用代码的营业执照副本（未换照的出示税务登记证副本），或者加盖纳税人公章的副本复印件（以下统称"税务登记证件"）；已实行实名办税的纳税人只需填报《跨区域涉税事项报告表》。

（2）跨区域涉税事项由纳税人首次在经营地办理涉税事宜时，向经营地的国税机关报验。纳税人报验跨区域涉税事项时，应当出示税务登记证件。

（3）跨区域涉税事项信息反馈纳税人跨区域经营活动结束后，应当结清经营地的国税机关、地税机关的应纳税款及其他涉税事项，向经营地的国税机关填报《经营地涉税事项反馈表》。

经营地的国税机关核对《经营地涉税事项反馈表》后，将相关信息推送经营地的地税机关核对（2 个工作日内完成核对并回复，实行联合办税的即时回复），地税机关同意办结的，经营地的国税机关应当及时将相关信息反馈给机构所在地的国税机关。纳税人不需要另行向机构所在地的税务机关反馈。

（4）跨区域涉税事项反馈信息的处理机构所在地的国税机关要设置专岗，负责接收经营地的国税机关反馈信息，及时以适当方式告知纳税人，并适时对纳税人已抵减税款、在经营地已预缴税款和应预缴税款进行分析、比对，发现疑点的，及时推送至风险管理部门或稽查部门组织应对。

（六）纳税人税种登记

纳税人在办理开业或变更登记的同时应当申报填报税种登记，由税务机关根据其生产、经营范围及拥有的财产等情况，认定录入纳税人适用的税种、税目、税率、报缴税款期限、征收方式和缴库方式等。税务机关依据纳税人税种登记表所填写的项目，自受理之日起 3 日内进行税种登记。

（七）扣缴义务人扣缴税款登记

已办理税务登记的扣缴义务人应当在扣缴义务发生之日起 30 日内，向税务登记地税务机关申报办理扣缴税款登记。税务机关在其税务登记证件上登记扣缴税款事项，税务机关不再发给扣缴税款登记证件。

根据税收法律、行政法规的规定可不办理税务登记的扣缴义务人，应当在扣缴义务发生之日起 30 日内，向机构所在地税务机关申报办理扣缴税款登记。税务机关核发扣缴税款登记证件。

纳税人应提供扣缴义务人登记表、税务登记证（副本）原件（已办理税务登记的）、组织机构代码证书（未办理税务登记的）、受托加工应税消费品的相关协议、合同原件及复印件（发生本项代扣代缴义务的）向税务登记地税务机关申报办理扣缴义务人扣缴税款登记。

（八）违反税务登记规定的法律责任

纳税人未按照规定的期限申报办理税务登记、变更或注销税务登记的，由税务机关责令限期改正，可以处 2 000 元以下的罚款；情节严重的，处 2 000 元以上 1 万元以下的罚款。未按规定使用税务登记证件，或者转借、涂改、损毁、买卖、伪造税务登记证件的，处 2 000 元以上 1 万元以下的罚款；情节严重的，处 1 万元以上 5 万元以下的罚款。

课堂练习

判断题(正确的打"√"，错误的打"×")

1. 个体工商户不需进行开业登记。   （ ）

2. 纳税人停业期满未按期复业又不申请延长停业的，税务机关应当视为已恢复营业，实施正常的税收征收管理。   （ ）

3. 根据有关法规规定，不从事生产、经营，但依照法律法规的规定负有纳税义务的单位和个人，除临时取得应税收入或发生应税行为及只缴纳个人所得税、车船税的外，都应按规定向税务机关办理税务登记。   （ ）

📖 **答案提示**

1.× 2.√ 3.√

二、发票开具与管理

（一）发票概述

> 税务机关是发票的主管机关，负责发票的印制、领购、开具、取得、保管、缴销的管理和监督。
> ——《税收征管法》第二十一条第一款

发票是指在购销商品、提供或接受服务及从事其他经营活动中，开具、收取的收付款的书面证明。它是确定经营收支行为发生的法定凭证，是会计核算的原始依据，也是税务稽查的重要依据。

1. 发票的内容

发票的基本联次为三联：第一联为存根联，收款方或开票方留存备查；第二联为发票联，付款方或受票方作为付款的原始凭证；第三联为记账联，收款方或开票方作为记账的原始凭证。

增值税专用发票的基本联次还应包括抵扣联，收执方作为抵扣税款的凭证。除增值税专用发票外，县（市）以上税务机关根据需要可适当增减联次并确定其用途。

发票的基本内容包括：发票的名称、发票代码和号码、联次及用途、客户名称、开户银行及账号、商品名称或经营项目、计量单位、数量、单价、大小写金额、开票人、开票日期、开票单位（个人）名称（章）等。

2. 发票的特征

发票具有以下几个方面的特征。

（1）发票具有合法性。发票的确立是由法律、行政法规做出规定的，它是由法定的管理机关——税务机关统一监制的，依法印制、使用的发票是财务收支的合法凭证，任何人不得无故拒绝接受，其流通、传递受法律保护。

（2）发票具有真实性。用票单位和个人必须依照法律、行政法规的规定，从客观事实出发，对经济业务进行如实、客观的记录；对外来的发票进行严格审核把关，去伪存真，以保证原始凭证的真实性。税务机关通过对发票的开具情况实施监督检查，可以全面、准确地了解用票单位和个人的经营状况。

（3）发票具有时效性。发票是一种经济信息的载体，为了便于从发票中获取和利用经济信息，要求填开发票必须按照税务机关规定的时效进行。

（4）发票具有共享性。发票是经济信息的重要载体，填开方和取得方都具有共享性。同时，财政、审计、税务、物价、工商等部门通过发票可以了解企业的经营状况，为国家宏观经济管理和企业管理提供详尽的信息。

（5）发票具有传递性。发票从印制、运输、存储、发售、开具到记账有一个复杂的传递过程。发票只有通过传递，其信息才能为人们感知并接受，才能找到它的归宿，价值才能得以实现。

（二）发票的种类

1. 增值税专用发票

增值税专用发票是指专门用于结算销售货物、提供加工、修理修配劳务和发生应税行为使用的一种发票，包括增值税专用发票和机动车销售统一发票。

（1）根据《增值税专用发票使用规定》，增值税专用发票由基本联次或基本联次附加其他联次构成，基本联次为三联：第一联为记账联，第二联为抵扣联，第三联为发票联。记账联作为销售方核算销售收入和增值税销项税额的记账凭证；抵扣联作为购买方报送主管税务机关认证和留存备查的凭证；发票联作为购买方核算采购成本和增值税进项税额的记账凭证；其他联次的用途，由一般纳税人自行确定。

（2）增值税专用发票只限于增值税一般纳税人领购使用，增值税小规模纳税人不得领购使用。根据《增值税专用发票使用规定》，一般纳税人如有下列情形的，不得领购使用增值税专用发票。

① 会计核算不健全，不能向税务机关准确提供增值税销项税额、进项税额、应纳税额数据及其他有关增值税税务资料的。

② 有《税收征管法》规定的税收违法行为，拒不接受税务机关处理的。

③ 有下列行为之一，经税务机关责令限期改正而仍未改正的：a. 虚开增值税专用发票；

b. 私自印制专用发票；c. 向税务机关以外的单位和个人买取专用发票；d. 借用他人专用发票；e. 未按规定开具专用发票；f. 未按规定保管专用发票和专用设备；g. 未按规定申请办理防伪税控系统变更发行；h. 未按规定接受税务机关检查。

一般纳税人销售货物或提供应税劳务，应向购买方开具专用发票，但是商业企业一般纳税人零售的烟、酒、食品、服装、鞋帽（不包括劳保专用部分）、化妆品等消费品不得开具专用发票。根据 2009 年 1 月 1 日开始施行的《增值税暂行条例》的规定，属于下列情形之一的，不得开具增值税专用发票。

① 向消费者个人销售货物或者应税劳务的。

② 销售货物或应税劳务适用免税规定的。

③ 小规模纳税人销售货物或应税劳务的。

根据《国家税务总局关于增值税发票管理等有关事项的公告》，自 2020 年 2 月 1 日起，增值税小规模纳税人（其他个人除外）发生增值税应税行为，需要开具增值税专用发票的，可以自愿使用增值税发票管理系统自行开具。选择自行开具增值税专用发票的小规模纳税人，税务机关不再为其代开增值税专用发票。

（3）专用发票实行最高开票限额管理。最高开票限额是指单份专用发票开具的销售额合计数不得达到的上限额度。

最高开票限额由一般纳税人申请，税务机关依法审批。最高开票限额为 10 万元及以下的，由区县级税务机关审批；最高开票限额为 100 万元的，由地市级税务机关审批；最高开票限额为 1 000 万元及以上的，由省级税务机关审批。防伪税控系统的具体发行工作由区县级税务机关负责。根据国家税务总局的规定，自 2007 年 9 月 1 日起原省、地市税务机关的增值税一般纳税人专用发票最高开票限额审批权下放至区县税务机关，地市税务机关对此项工作进行监督检查。

（4）税务机关使用新系统代开增值税专用发票和增值税普通发票。代开增值税专用发票使用六联票，代开增值税普通发票使用五联票。

2. 增值税普通发票

增值税普通发票包括增值税电子普通发票和增值税普通发票（卷票），主要是增值税小规模纳税人使用，增值税一般纳税人在不能开具专用发票的情况下也可使用普通发票。

3. 其他发票

其他发票包括农产品收购发票、农产品销售发票、门票、收费公路通行费电子普通发票、定额发票、客运发票和二手车销售统一发票等。

（三）发票的印制

（1）发票的种类由省级以上税务机关确定。在全国范围内统一式样的发票，由国家税务总局确定，如增值税专用发票。省、自治区和直辖市范围内统一式样的发票，由省、自治区、直辖市税务局（以下简称省税务局）确定。

（2）全国统一的发票防伪措施由国家税务总局确定，省税务局可以根据需要增加本地区的发票防伪措施，并向国家税务总局备案。

（3）发票应当套印全国统一发票监制章。全国统一发票监制章的形状、规格、内容、印色，由国务院税务主管部门规定。

（4）全国范围内发票换版由国家税务总局确定，省、自治区、直辖市范围内发票换版由省税务局确定。

（5）发票应当使用中文印制。民族自治地方的发票可以加印当地一种通用的民族文字。有实际需要的，也可以同时使用中外两种文字印制。

（四）发票的领购

（1）依法办理税务登记的个人和单位，在领取税务登记证件后，向主管税务机关申请领购发票。依法不需要办理税务登记的单位需要领购发票的，可以按照法律规定向主管税务机关申请领购发票。

（2）需要领购发票的单位和个人，应当持税务登记证件、经办人身份证明、按照国务院税务主管部门规定式样制作的发票专用章的印模，向主管税务机关办理发票领购手续。主管税务机关根据领购单位和个人的经营范围和规模，确认领购发票的种类、数量及领购方式，在5个工作日内发给发票领购簿。

（3）需要临时使用发票的单位和个人，可以凭购销商品、提供或接受服务及从事其他经营活动的书面证明和经办人身份证明，直接向经营地税务机关申请代开发票。依照税收法律、行政法规规定应当缴纳税款的，税务机关应当先征收税款，再开具发票。税务机关根据发票管理的需要，可以按照国务院税务主管部门的规定委托其他单位代开发票。禁止非法代开发票。

（4）临时到本省、自治区、直辖市以外从事经营活动的单位或个人，应当凭所在地税务机关的证明，向经营地税务机关领购经营地的发票。临时在本省、自治区、直辖市以内跨市、县从事经营活动领购发票的办法，由省、自治区、直辖市税务机关规定。

（5）税务机关对外省、自治区、直辖市来本辖区从事临时经营活动的单位和个人领购发票的，可以要求其提供保证人或根据所领购发票的票面限额及数量交纳不超过1万元的保证金，并限期缴销发票。提供保证人或缴纳保证金的具体范围由省税务局规定。

按期缴销发票的，解除保证人的担保义务或退还保证金；未按期缴销发票的，由保证人或以保证金承担法律责任。

（五）发票的开具要求

（1）销售商品、提供服务及从事其他经营活动的单位和个人，对外发生经营业务收取款项的，收款方应当向付款方开具发票；特殊情况下，由付款方向收款方开具发票。单位和个人在发生经营业务、确认营业收入时才能开具发票；未发生经营业务，一律不得开具发票。

（2）所有单位和从事生产、经营活动的个人购买商品、接受服务及从事其他经营活动支付款项，应当向收款方取得发票。取得发票时，不得要求变更品名和金额。

（3）开具发票时应按号码顺序填开，填写项目齐全、内容真实、字迹清楚、全部联次一次性复写或打印，内容完全一致，并在发票联和抵扣联加盖单位财务印章或发票专用章。

（4）使用电子计算机开具发票必须报主管税务机关批准，使用税务机关统一监制的机打发票。

（5）任何单位和个人不得转借、转让、代开发票；未经税务机关批准，不得拆本使用发票；不得自行扩大专业发票的使用范围。

（6）除国务院税务主管部门规定的特殊情形外，发票限于领购单位和个人在本省、自治区、直辖市内开具；除国务院税务主管部门规定的特殊情形外，任何单位和个人不得跨规定的使用区域携带、邮寄、运输空白发票；禁止携带、邮寄或运输空白发票出入境。

（7）开具发票的单位和个人应当建立发票使用登记制度，设置发票登记簿，并定期向主管税务机关报告发票使用情况。开具发票的单位和个人应当按照税务机关的规定妥善存放和保管发票，不得丢失。已开具的发票存根联和发票登记簿应当保存5年，保存期满，报经税务机关查验后销毁。发票丢失，应于发现丢失当日书面报告税务机关。

（六）违反发票管理法规的法律责任

（1）违反《发票管理办法》的规定，有下列情形之一的，由税务机关责令改正，可以处1万元以下的罚款；有违法所得的予以没收。

① 应当开具而未开具发票，或者全部联次未按照规定的时限、顺序、栏目一次性开具发票，或者未加盖发票专用章的。

② 使用税控装置开具发票，未按期向主管税务机关报送开具发票的数据的。

③ 使用非税控电子器具开具发票，未将非税控电子器具使用的软件程序说明资料报主管税务机关备案，或者未按照规定保存、报送开具发票的数据的。

④ 拆本使用发票的。

⑤ 扩大发票使用范围的。

⑥ 以其他凭证代替发票使用的。

⑦ 跨规定区域开具发票的。

⑧ 未按照规定缴销发票的。

⑨ 未按照规定存放和保管发票的。

（2）跨规定的使用区域携带、邮寄、运输空白发票，以及携带、邮寄、运输空白发票出入境的，由税务机关责令改正，可以处1万元以下的罚款；情节严重的，处1万元以上3万元以下的罚款；有违法所得的予以没收。丢失发票或擅自损毁发票的，依照上述规定进行处罚。

（3）违反《发票管理办法》第二十二条第二款的规定虚开发票的，由税务机关没收违法所得；虚开金额在1万元以下的，并处5万元以下的罚款；虚开金额超过1万元的，并处5万元以上50万元以下的罚款；构成犯罪的，依法追究刑事责任。非法代开发票的，依照上述规定进行处罚。

（4）私自印制、伪造、变造发票，非法制造发票防伪专用品，伪造发票监制章的，由税务机关没收违法所得，没收、销毁作案工具和非法物品，并处1万元以上5万元以下的罚款；情节严重的，并处5万元以上50万元以下的罚款；对印制发票的企业，可以并处吊销发票准印证；构成犯罪的，依法追究刑事责任。

（5）有下列情形之一的，由税务机关处1万元以上5万元以下的罚款；情节严重的，处5万元以上50万元以下的罚款；有违法所得的予以没收。

① 转借、转让、介绍他人转让发票、发票监制章和发票防伪专用品的。

② 知道或应当知道是私自印制、伪造、变造、非法取得或废止的发票而受让、开具、存放、携带、邮寄、运输的。

（6）对违反发票管理规定两次以上或情节严重的单位和个人，税务机关可以向社会公告。

（7）违反发票管理法规，导致其他单位或个人未缴、少缴或骗取税款的，由税务机关没收违法所得，可以并处未缴、少缴或骗取的税款1倍以下的罚款。

【例 3-21】 根据《发票管理办法》及其实施细则的规定，纳税人已开具的发票存根联和发票登记簿的保存期限是（ ）。

A. 3 年 B. 5 年 C. 10 年 D. 15 年

【答案】 B

【解析】 已开具的发票存根联和发票登记簿应当保存 5 年，要注意发票的保存期限与发票存根联和发票登记簿的保存期限是不同的。

课堂练习

简答题

下列票据单证是否合法？取得不合法发票将造成什么后果？

1. 白条及使用收款纸张直接制作的支付款凭证。
2. 伪造的假发票、假作废发票。
3. 没有加盖财物印章或财务专用章的发票。
4. 向第三者转借或购买的发票。

答案提示

1. 发票本身不符合规定。
2. 发票来源不符合规定。
3. 发票开具不符合规定。
4. 不符合发票的使用管理规定。

后果：一是影响付款单位正确地进行会计核算；二是进行非法交易，侵吞单位或集体资产；三是逃避税款监督，造成国家税款流失。

三、纳税申报

纳税申报是指纳税人、扣缴义务人按照法律、行政法规的规定，在申报期限内就纳税事项向税务机关书面申报的一种法定手续。纳税申报是纳税人履行纳税义务、界定法律责任的主要依据。

纳税人必须依照法律、行政法规的规定或税务机关依照法律、行政法规的规定在确定的申报期限内办理纳税申报。临时取得应税收入或发生应税行为的纳税人，在发生纳税义务之后，应立即向经营地税务机关办理纳税申报和缴纳税款。扣缴义务人应当在规定的申报期限内办理代扣代缴、代收代缴税款的申报手续。纳税人在纳税期内没有应纳税款的，也应当按照规定办理纳税申报；纳税人享受减税、免税待遇的，在减税、免税期间也应当按照规定办理纳税申报。

（一）纳税申报的方式

1. 直接申报

直接申报也称上门申报，是指纳税人、扣缴义务人按照规定的期限自行直接到主管税务机关（报税大厅）办理纳税申报手续。这是传统的纳税申报方式。

2. 邮寄申报

邮寄申报是指经税务机关批准，纳税人、扣缴义务人使用统一规定的纳税申报特快专递专用信封，通过邮政部门办理交寄手续，并向邮政部门索取收据作为申报凭据的方式。邮寄申以寄出地的邮政局邮戳日期为实际申报日期。这种申报方式比较适宜边远地区的纳税人。

3. 数据电文申报

数据电文申报是指以税务机关确定的电话语音、电子数据交换和网络传输等电子方式进行纳税申报。采用数据电文申报的，收件人指定特定系统接收数据电文的，该数据电文进入该特定系统的时间，视为申报、报送到达的时间；未指定特定系统的，该数据电文进入收件人的任何系统的首次时间，视为到达时间。这种方式运用了新的电子信息技术，代表着纳税申报方式的发展方向，适用范围逐渐扩大。但由于数据电文申报方式，其数据的可靠性尚不稳定，所以税法要求纳税人采取电子方式办理纳税申报的，应当按照税务机关规定的期限和要求保存有关（纸质）资料，并定期书面报送主管税务机关。

小知识

目前，纳税人的网上申报就是数据电文申报方式的一种形式。

4. 简易申报

所谓简易申报，就是由实行定期定额征收方式的个体工商户（或个人独资企业）在税务机关规定的期限内按照法律、行政法规的规定缴清应纳税款，当期（纳税期）可以不办理申报手续。在定额执行期结束后，再将每月实际发生的经营额、所得额一并向税务机关申报。这种方法既节省了时间，降低了纳税成本，也符合及时、足额征收税款的原则。

5. 其他方式

《税收征管法》及其实施细则规定，实行定期定额缴纳税款的纳税人可以使用简并征期等申报纳税方式。

简并征期是指将实行定期定额征收方式的个体工商户（或个人独资企业）若干纳税期的应纳税额集中在一个纳税期限内缴纳。简并征期最大限度地简化了税款征收程序，适用于实行定期定额征收方式的个体工商户（或个人独资企业）经营地点偏远、缴纳税款数额较小，或者税务机关征收税款有困难的情况。简并征期相当于延长了纳税期限，本身并不是一种纳税申报方式。

除上述方式以外，纳税人、扣缴义务人还可以委托税务师事务所等有税务代理资质的中介机构或他人代理申报纳税。

（二）违反纳税申报规定的法律责任

纳税人未按照规定的期限办理纳税申报和报送纳税资料的，或者扣缴义务人未按照规定的期限向税务机关报送代扣代缴、代收代缴税款报告表和有关资料的，由税务机关责令限期改正，可以处 2 000 元以下的罚款；情节严重的，可以处 2 000 元以上 1 万元以下的罚款。

四、税款征收

税款征收是税务机关依照税收法律、法规的规定将纳税人应当缴纳的税款组织入库的一系列活动的总称。它是税收征收管理工作的中心环节，在整个税收征收管理工作中占有极其重要的地位。

（一）税款征收的原则

1. 税务机关是征税的唯一行政主体

《税收征管法》第二十九条规定："除税务机关、税务人员以及经税务机关依照法律、行政法规委托的单位和人员外，任何单位和个人不得进行税款征收活动。"第四十一条同时规定："采取税收保全措施、强制执行措施的权力，不得由法定的税务机关以外的单位和个人行使。"

2. 税务机关只能依照法律、行政法规的规定征收税款

根据《税收征管法》第二十八条的规定，税务机关只能依照法律、行政法规的规定征收税款。未经法定机关和法定程序调整，征纳双方均不得随意变动。税务机关代表国家向纳税人征收税款，不能随意征收，只能依法征收。

3. 税务机关不得违反法律、行政法规的规定开征、停征、多征、少征、提前征收、延缓征收或摊派税款

《税收征管法》第二十八条规定："税务机关依照法律、行政法规的规定征收税款，不得违反法律、行政法规的规定开征、停征、多征、少征、提前征收、延缓征收或摊派税款。"

4. 税务机关征收税款必须遵守法定权限和法定程序

采取税收保全措施或强制执行措施时，办理减税、免税、退税时，核定应纳税额时，进行纳税调整时，针对纳税人的欠税进行清理、采取各种措施时，税务机关都必须按照法律或行政法规规定的审批权限和程序进行操作，否则就是违法。

5. 税务机关征收税款或扣押、查封商品、货物或其他财产时，必须给纳税人开具完税凭证或开付扣押、查封的收据或清单

《税收征管法》第三十四条规定："税务机关征收税款时，必须给纳税人开具完税凭证。"第四十七条规定："税务机关扣押商品、货物或其他财产时，必须开付收据；查封商品、货物或其他财产时，必须开付清单。"

6. 税款、滞纳金、罚款统一由税务机关上缴国库

《税收征管法》第五十三条规定："国家税务局和地方税务局应当按照国家规定的税收征收管理范围和税款入库预算级次，将征收的税款缴入国库。对审计机关、财政机关依法查出的税收违法行为，税务机关应当根据有关机关的决定、意见书，依法将应收的税款、滞纳金按照税款入库预算级次缴入国库，并将结果及时回复有关机关。"

7. 税款优先

《税收征管法》第四十五条第一次在税收法律上确定了税款优先的地位，确定了税款征收在纳税人支付各种款项和偿还债务时的顺序。税款优先的原则不但增强了税法的刚性，而且增强了税法在执行中的可操作性。

（1）税收优先于无担保债权。这里所说的"税收优先于无担保债权"是有条件的，也就是说，税收并不优先于所有的无担保债权，对于法律上另有规定的无担保债权，不能行使税收优先权。

（2）纳税人发生欠税在前的，税收优先于抵押权、质权和留置权的执行。这里有两个前提条件：其一，纳税人有欠税；其二，欠税发生在前，即纳税人的欠税发生在以其财产设定抵押、质押和被留置之前。纳税人在有欠税的情况下设定抵押权、质权、留置权时，纳税人应当向抵押权人、质权人说明欠税情况。

（3）税收优先于罚款、没收非法所得。其主要包含两层含义。

① 纳税人欠缴税款，同时要被税务机关处以罚款、没收非法所得的，税收优先于罚款、没收非法所得。

② 纳税人欠缴税款，同时又被税务机关以外的其他行政部门处以罚款、没收非法所得的，

税款优先于罚款、没收非法所得。

（二）税款征收的方式

1. 查账征收

查账征收是指税务机关对财务健全的纳税人，依据其报送的纳税申报表、财务会计报表和其他有关纳税资料，计算应纳税款，填写缴款书或完税证明，由纳税人到银行划解税款的征收方式。这种税款征收方式较为规范，适用于经营规模较大、财务制度健全、能够如实核算和提供生产经营状况、正确计算应纳税款的纳税人。税务机关的努力方向就是要扩大查账征收纳税人的范围。

2. 查定征收

查定征收是指对账务资料不全，但能控制其材料、产量或进销货物的纳税单位或个人，由税务机关依据正常条件下的生产能力对其生产的应税产品查定产量、销售额，然后依照税法规定的税率征收的一种税款征收方式。这种征收方式适用于生产经营规模较小、产品零星、税源分散、会计账册不健全，但能控制原材料或进销货的小型厂矿和作坊。

3. 查验征收

查验征收是指税务机关对纳税人的应税产品，通过查验数量，按市场一般销售单价计算其销售收入，并据以计算应纳税款的一种征收方式。这种征收方式适用于经营品种比较单一，经营地点、时间和商品来源不固定的纳税人。

4. 定期定额征收

定期定额征收是指对小型个体工商户在一定经营地点、一定经营时期、一定经营范围内的应纳税经营额（包括经营数量）或所得额（简称定额）进行核定，并以此为计税依据，确定其应纳税款的一种征收方式。这种征收方式适用于生产经营规模小，又确无建账能力，经主管税务机关审核批准可以不设置账簿或暂缓建账的小型纳税人。

5. 核定征收

核定征收是税务机关对不能完整、准确提供纳税资料的纳税人采用特定方式确定其应纳税收入或应纳税额，纳税人据以缴纳税款的一种方式。

（1）核定应纳税额的适用范围。根据《税收征管法》第三十五条、第三十七条的规定，纳税人（包括单位纳税人和个人纳税人）有下列情形之一的，税务机关有权核定其应纳税额。

① 依照法律、行政法规的规定可以不设置账簿的。

② 依照法律、行政法规的规定应当设置账簿但未设置的。

③ 擅自销毁账簿或拒不提供纳税资料的。

④ 虽设置账簿，但账目混乱或成本资料、收入凭证、费用凭证残缺不全，难以查账的。

⑤ 发生纳税义务，未按照规定的期限办理纳税申报，经税务机关责令限期申报，逾期仍不申报的。

⑥ 纳税人申报的计税依据明显偏低，又无正当理由的。

⑦ 未按照规定办理税务登记的从事生产、经营的纳税人及临时从事经营的纳税人。

税务机关核定应纳税额的具体程序和方法由国务院税务主管部门规定。

对未按照规定办理税务登记的从事生产、经营的纳税人及临时从事经营的纳税人，由税务机关核定其应纳税额，责令缴纳；不缴纳的，税务机关可以扣押其价值相当于应纳税款的商品、货物。扣押后缴纳应纳税款的，税务机关必须立即解除扣押，并归还所扣押的商品、货物；扣押后仍不缴纳应纳税款的，经县以上税务局（分局）局长批准，依法拍卖或变卖所扣押的商品、货物，以拍卖或变卖所得抵缴税款。

（2）核定应纳税额的方法。税务机关有权采用下列任何一种方法核定其应纳税额。

① 参照当地同类行业或类似行业中经营规模和收入水平相近的纳税人的税负水平核定。

② 按照营业收入或成本加合理的费用和利润的方法核定。

③ 按照耗用的原材料、燃料、动力等推算或测算核定。

④ 按照其他合理方法核定。

采用以上所列一种方法不足以正确核定应纳税额时，可以同时采用两种以上的方法核定。纳税人对税务机关采取本条规定的方法核定的应纳税额有异议的，应当提供相关证据，经税务机关认定后，调整应纳税额。

6. 代扣代缴

代扣代缴是指按照税法规定，负有扣缴税款义务的单位和个人，负责对纳税人应纳的税款进行代扣代缴的一种方式，即由支付人在向纳税人支付款项时，从所支付的款项中直接扣收税款的方式。其目的是对零星分散、不易控制的税源实行源泉控制。

7. 代收代缴

代收代缴是指按照税法规定，负有收缴税款义务的单位和个人，负责对纳税人应纳的税款进行代收代缴的一种方式，即由与纳税人有经济业务往来的单位和个人向纳税人收取款项时，依照税收的规定收取税款。这种方式同样适用于对零星分散、不易控制的税源实行源泉控制，如受托加工应缴消费税的消费品，由受托方代收代缴消费税。

想一想

代扣代缴与代收代缴有何区别？

8. 委托代征

委托代征是指受托单位按照税务机关核发的代征证书的要求，以税务机关的名义向纳税人征收一些零散税款的一种税款征收方式。这种方式适用于零星、分散和流动性较大的税款征收，如集贸市场税款的征收。

9. 其他方式

除上述方式之外，还有邮寄申报纳税、自计自填自缴、自报核缴等方式。

（三）税收保全措施

1. 税收保全措施的适用情形

税收保全是指税务机关在规定的纳税期限之前，对由于纳税人的行为或某种客观原因，致使以后的税款征收不能保证或难以保证而采取的限制纳税人处理或转移商品、货物或其他财产的措施。税务机关有根据认为从事生产、经营的纳税人有逃避纳税义务的行为的，可以在规定的纳税期之前，责令限期缴纳税款；在限期内发现纳税人有明显的转移、隐匿其应纳税的商品、货物及其他财产或应纳税额收入迹象的，税务机关可以责成纳税人提供纳税担保。如果纳税人不能提供纳税担保，经县以上税务局（分局）局长批准，税务机关可以采取税收保全措施。

2. 税收保全的措施

（1）书面通知纳税人开户银行或其他金融机构冻结纳税人的金额相当于应纳税款的存款。

（2）扣押、查封纳税人的价值相当于应纳税款的商品、货物或其他财产。"其他财产"是指纳税人的房地产、现金、有价证券等不动产和动产。

3. 税收保全的解除

纳税人在税务机关采取税收保全措施后，按照税务机关规定的期限缴纳了税款，税务机关应按规定在收到税款或银行转回的完税凭证之日起1日内解除税收保全。

4. 不适用税收保全的财产

个人及所抚养家属维持生活必需的住房和用品，不在税收保全措施的范围之内。

（四）税收强制执行

1. 税收强制执行的适用情形

税收强制执行是指当事人不履行法律、行政法规规定的义务，有关国家机关告诫和限期缴纳无效的情形下，采用法定的强制手段，强迫当事人履行义务的行为。税收强制执行是行政强制执行的一种，是税务机关对纳税人拖欠税款的行为采取的一种行政强制执行措施。从事生产、经营的纳税人、扣缴义务人未按照规定的期限缴纳或者解缴税款，纳税担保人未按照规定的期限缴纳所担保的税款，由税务机关责令限期缴纳，逾期仍未缴纳的，经县以上税务局（分局）局长批准，税务机关可以采取强制执行措施。

2. 税收强制执行措施的形式

（1）书面通知其开户银行或其他金融机构从其存款中扣缴税款。

（2）扣押、查封、依法拍卖或变卖其价值相当于应纳税款的商品、货物或其他财产，以拍卖或变卖所得抵缴税款。

税务机关采取强制执行措施时，对纳税人、扣缴义务人、纳税担保人未缴纳的滞纳金同时强制执行。个人及其所抚养家属维持生活必需的住房和用品，不在强制执行措施的范围之内。税务机关对单价5 000元以下的其他生活用品，不采取税收强制执行措施。

比一比

税收强制执行措施与税收保全措施有何不同？

案例分析

【案例3-4】某县供销社下属的某乡农副产品采购供应站现已累计欠税4万多元。2018年11月15日，该乡税务所的税务员通知该供应站负责人：11月20日前再不缴清欠税，就采取措施。11月20日上午，税务所将该站价值4万多元的物资扣押，并留下了一张查封（扣押）证和一份扣押商品、货物财产专用收据。分析该乡税务所扣押供应站的货物是否合法。

分析与提示：

税务所的行为是违法的。税务所扣押供应站货物的行为既不是税收保全措施，也不是税收强制执行措施。

税收强制执行措施，应当依照《税收征管法》第四十条的规定，先向供应站下达《限期缴纳税款通知书》，若逾期仍未缴纳时，才可以经县以上税务局局长批准，采取扣押货物等强制执行措施。扣押货物后，直接对扣押的货物进行依法拍卖或变卖，以拍卖或变卖所得抵缴税款。

税收保全措施，应该先向供应站下达《限期缴纳税款通知书》，在限期内发现供应站有明显的转移、隐匿其应纳税的商品、货物及其他财产或应纳税额的收入的迹象时，税务机关还应首先责成供应站提供纳税担保。若供应站不能提供纳税担保，才可以经县以上税务局局长批准，对供应站采取扣押货物等税收保全措施。

（五）税款的追缴与退还

在实际工作中，税款的课征难免有征多或征少的情形，为体现税收法定原则，对纳税人多缴的税款要予以退还，对纳税人少缴的税款要予以追缴。

（1）纳税人多缴税款的，税务机关发现后应当立即退还；纳税人自结算缴纳税款之日起3年内发现的，可以向税务机关要求退还多缴的税款并加算银行同期存款利息，税务机关及时查实后应当立即退还。纳税人在结清缴纳税款之日起3年后向税务机关提出退还多缴税款要求的，税务机关不予受理。

（2）因税务机关的责任，致使纳税人、扣缴义务人未缴或少缴税款的，税务机关在3年内可以要求纳税人、扣缴义务人补缴税款，但是不得加收滞纳金。因纳税人、扣缴义务人计算错误等失误，未缴或少缴税款的，税务机关在3年内可以追征税款、滞纳金；有特殊情况的（数额在10万元以上的），追征期可以延长到5年。所谓特殊情况，是指纳税人或扣缴义务人因计算错误等失误，未缴或少缴、未扣或少扣、未收或少收税款，累计数额在10万元以上的。补缴和追征税款、滞纳金的期限，自纳税人、扣缴义务人应缴款未缴或少缴税款之日起计算。

对偷税、抗税、骗税的，税务机关追征其未缴或少缴的税款、滞纳金或所骗取的税款，不受前款规定期限的限制，即税务机关可以无限期追征。

（六）延期纳税

纳税人、扣缴义务人按照法律、行政法规的规定或税务机关依照法律、行政法规的规定在确定的期限缴纳或解缴税款。纳税人因有特殊困难，不能按期缴纳税款的，经省、自治区、直辖市国家税务局、地方税务局批准，可以延期缴纳税款，但是最长不得超过3个月。

上述特殊困难是指：

（1）因不可抗力，导致纳税人发生较大损失，正常生产经营活动受到较大影响的。

（2）当期货币资金在扣除应付职工工资、社会保险费后，不足以缴纳税款的。

纳税人需要延期缴纳税款的，应当在缴纳税款期限届满前提出申请，并报送下列材料：申请延期缴纳税款报告、当期货币资金余额情况及所有银行存款账户的对账单、资产负债表、应付职工工资和社会保险费等税务机关要求提供的支出预算。税务机关应当自收到申请延期缴纳税款报告之日起20日内做出批准或不予批准的决定；不予批准的，从缴纳税款期限届满之日起加收滞纳金。

（七）加收滞纳金

纳税人未按照规定期限缴纳税款的、扣缴义务人未按规定期限解缴税款的，税务机关除责令限期缴纳外，从滞纳税款之日起，按日加收滞纳税款0.5‰（万分之五）的滞纳金。《税收征管法》规定的加收滞纳金的起止时间，为法律、行政法规规定或税务机关依照法律、行政法规的规定确定的税款缴纳期限届满次日起至纳税人、扣缴义务人实际缴纳或解缴税款之日止。滞纳金的计算公式为：

$$滞纳金金额=滞纳税额×滞纳金比率(0.5‰)×滞纳天数$$

五、税务代理

（一）税务代理的概念

税务代理指代理人接受纳税主体的委托，在法定的代理范围内依法代其办理相关税务事宜的行为。

（二）税务代理的特点

1. 公正性

税法规定了征收机关与纳税人的权利与义务，而税务代理人作为税收征收机关与纳税人的中介，与征纳双方没有任何利益冲突。税务代理人站在客观、公正的立场上，以税法为准绳，以服务为宗旨，既为维护纳税人的合法权益服务，又为维护国家税法的尊严服务。因此，公正性是税务代理的固有特性，离开公正性，税务代理就无法存在。

2. 自愿性

税务代理的选择一般有单向选择和双向选择，无论哪种选择都是建立在双方自愿的基础上的。也就是说，税务代理人实施税务代理行为，应当以纳税人、扣缴义务人自愿委托和自愿选择为前提。

3. 有偿性

税务代理机构是社会中介机构，它不是国家行政机关的附属机构，因此同其他企事业单位一样要自负盈亏，实行有偿服务，通过代理取得收入并抵补费用，获得利润。

4. 独立性

税务代理机构与国家行政机关、纳税人或扣缴义务人等没有行政隶属关系，既不受税务行政部门的干预，也不受纳税人、扣缴义务人所左右，独立代办税务事宜。

5. 确定性

税务代理人的税务代理范围，是以法律、行政法规和行政规章的形式确定的。因此，税务代理人不得超越规定的内容从事代理活动。税务机关按照法律、行政法规规定委托其代理以外，代理人不得代理应由税务机关行使的行政权力。

（三）税务代理的法定业务范围

（1）办理税务登记、变更税务登记和注销税务登记手续。

（2）办理除增值税专用发票外的发票领购手续。

（3）办理纳税申报或扣缴税款报告。

（4）办理缴纳税款和申请退税手续。

（5）制作涉税文书。

（6）审查纳税情况。

（7）建账建制，办理账务。

（8）税务咨询、受聘税务顾问。

（9）税务行政复议手续。

（10）国家税务总局规定的其他业务。

六、税收检查

税收检查是指税务机关依照税收法律、行政法规的规定对纳税人、扣缴义务人履行纳税义务和扣缴义务的情况所进行的检查和处理工作的总称，是税收征管的重要环节，是对税收日常征管工作的补充。

通过税收检查，可以发现纳税人是否按照规定履行了纳税义务，对逃避纳税的行为进行及时纠正和处罚，促使纳税人依法履行纳税义务；通过税收检查，还可以发现税收征收管理工作中的漏洞或不足，从而堵塞漏洞、弥补不足，提高税收征收管理工作的质量和效率；通过税收检查，对重大偷漏税案件进行查处，可以维护税法的权威，保证税收法规政策的贯彻实施；通过税收检查，还可以促使企业改善经营管理，加强经济核算，提高经济效益。总之，通过税收检查，可以加强各项税收政策的贯彻执行，提高税收管理水平，保证国家的财政收入。

七、税收法律责任

税收法律责任是税收法律关系主体违反税收法律制度的行为所引起的不利法律后果。税收法律责任的确认必须依照税法规定来进行，追究税收法律责任应以税收违法行为的存在为基本前提，必须按照法定的程序进行。

1. 税收行政法律责任

税收行政法律责任是指税收法律关系主体违反了税收行政管理法律、法规，尚不构成税收刑事法律责任。按照处罚形式，它可分为行政处罚和行政处分。

对纳税主体（纳税人、扣缴义务人）而言，其税收行政法律责任形式主要是行政处罚，主要有以下形式：

（1）责令限期改正。

（2）罚款。

（3）没收财产。

（4）收缴未用发票和暂停供应发票。

（5）停止出口退税权。

2. 税收刑事法律责任

税收刑事法律责任是指税收法律关系主体违反税收法律规定，情节严重构成犯罪所应承担的法律责任。税收法律关系主体违反刑事法律规定所构成的犯罪主要有偷税罪、逃税罪、抗税罪、伤害罪、杀人罪、行贿罪、诈骗罪、受贿罪和玩忽职守罪等。犯罪所要承担的法律责任就是刑罚。刑罚分为主刑和附加刑。主刑有管制、拘役、有期徒刑、无期徒刑和死刑五种，附加刑有罚金、剥夺政治权利和没收财产三种。

想一想

税收行政处罚与刑罚的区别是什么？

八、税务行政复议

税务行政复议是指当事人（纳税人、扣缴义务人、纳税担保人及其他税务当事人）对税务机关及其工作人员做出的税务具体行政行为不服，依法向上一级税务机关（复议机关）提出申请，复议机关对具体行政行为的合法性、合理性做出裁决。纳税人、扣缴义务人和纳税担保人同税务机关在纳税上发生争议时，必须先依照税务机关的纳税决定缴纳或解缴税款及滞纳金或提供相应的担保，然后可以依法申请行政复议，对行政复议决定不服的可以依法向人民法院起诉。

（一）复议范围

（1）征税行为包括确认纳税主体、征税对象、征税范围、减税、免税、退税、抵扣税款、适用税率、计税依据、纳税环节、纳税期限、纳税地点和税款征收方式等具体行政行为，征收税款、加收滞纳金，扣缴义务人、受税务机关委托的单位和个人做出的代扣代缴、代收代缴、代征行为等。

（2）行政许可、行政审批行为。

（3）发票管理行为包括发售、收缴、代开发票等。

（4）税收保全措施、强制执行措施。

（5）行政处罚行为包括罚款、没收财物和违法所得、停止出口退税权。

（6）不依法履行下列职责的行为包括颁发税务登记，开具、出具完税凭证、外出经营活动税收管理证明，行政赔偿，行政奖励，其他不依法履行职责的行为。

（7）资格认定行为。

（8）不依法确认纳税担保行为。

（9）政府信息公开工作中的具体行政行为。

（10）纳税信用等级评定行为。

（11）通知出入境管理机关阻止出境行为。

（12）其他具体行政行为。

申请人对上述第（1）项规定的行为不服的，应当先向复议机关申请行政复议，对复议决定不服的，可以再向人民法院提起行政诉讼。

申请人对上述第（1）项规定以外的具体行政行为不服的，可以申请行政复议，也可以直接向人民法院提起行政诉讼。

（二）复议管辖

对各级国家税务局的具体行政行为不服的，向其上一级国家税务局申请行政复议。对国家税务总局的具体行政行为不服的，向国家税务总局申请行政复议。对行政复议决定不服的，申请人可以向人民法院提起行政诉讼，也可以向国务院申请裁决。国务院的裁决为最终裁决。

（三）行政复议决定

1. 行政复议决定的做出

申请人可以在知道税务机关做出具体行政行为之日起 60 日内提出行政复议申请。行政复议机关应当自受理申请之日起 60 日内做出行政复议决定。情况复杂，不能在规定期限内做出行政复议决定的，经行政复议机关负责人批准，可以适当延期，并告知申请人和被申请人；但是延期不得超过 30 日。

2. 行政复议决定的种类

（1）具体行政行为认定事实清楚、证据确凿、适用证据正确、程序合法、内容适当的，决定维持。

（2）被申请人不履行法定职责的，决定其在一定期限内履行。

（3）具体行政行为有下列情形之一的，复议机关应决定撤销、变更或确认该具体行政行为违法：主要事实不清，证据不足的；适用依据错误的；违反法定程序的；超越职权或滥用职权的；具体行政行为明显不当的。

（4）被申请人不按照规定提出书面答复，提交当初做出具体行政行为的证据、依据和其他有关材料的，视为该具体行政行为没有证据、依据，决定撤销该具体行政行为。

3. 行政复议决定的效力

行政复议决定书一经送达，即发生法律效力。

案例分析

【案例3-5】2018年7月16日，某区税务局稽查人员在对某加油站进行日常纳税检查时发现，该加油站于6月8日，根据城市规划的统一安排，由原经营地新华大街33号，搬迁到马路对面新华大街38号经营。由于加油站的经营地址中只是门牌号稍有不同，该加油站的财务人员就将税务登记证件中的地址33号直接改为38号。稽查人员还发现，该加油站在搬迁中不慎致使加油机的税控装置部分损坏，还有部分账簿的账页损毁丢失。由于6月加油站装修、搬迁，停止营业，无销售收入，所以未向税务机关申报纳税。上述情况，该加油站均未报告税务机关。

请分别指出该加油站的违法行为，并针对该加油站的违法行为分别提出处理意见，并进行处罚。

分析与提示：

（1）该加油站未按照规定的期限申报办理变更税务登记，税务机关对此应限期改正，并处2 000元以下的罚款。

（2）该加油站涂改税务登记证件，税务机关对此应限期改正，并处2 000元以上1万元以下的罚款。

（3）该加油站损毁税控装置，税务机关对此应限期改正，并处2 000元以下的罚款。

（4）该加油站未按照规定保管账簿，税务机关对此应限期改正，并处2 000元以下的罚款。

（5）该加油站未按照规定的期限办理纳税申报和报送纳税资料，税务机关对此应限期改正，并处2 000元以下的罚款。

法律依据如下。

《税收征管法》第六十条规定："纳税人有下列行为之一的，由税务机关责令限期改正，可以处2 000元以下的罚款；情节严重的，处2 000元以上1万元以下的罚款。

（1）未按照规定的期限申报办理税务登记、变更或注销登记的。

（2）未按照规定设置、保管账簿或保管记账凭证和有关资料的。

（3）未按照规定将财务、会计制度或财务、会计处理办法和会计核算软件报送税务机关备查的。

（4）未按照规定将其全部银行账号向税务机关报告的。

（5）未按照规定安装、使用税控装置，或者损毁或擅自改动税控装置的。

纳税人不办理税务登记的，由税务机关责令限期改正；逾期不改正的，经税务机关提请，由工商行政管理机关吊销其营业执照。

纳税人未按照规定使用税务登记证件，或者转借、涂改、损毁、买卖和伪造税务登记证件的，处2000元以上1万元以下的罚款；情节严重的，处1万元以上5万元以下的罚款。"

《税收征管法》第六十二条规定："纳税人未按照规定的期限办理纳税申报和报送纳税资料的，或者扣缴义务人未按照规定的期限向税务机关报送代扣代缴、代收代缴税款报告表和有关资料的，由税务机关责令限期改正，可以处2000元以下的罚款；情节严重的，可以处2000元以上1万元以下的罚款。"

本章小结

税收是国家为了实现其职能，凭借社会公共权力，根据法律、法规对纳税人强制无偿征收，取得财政收入的一种形式。税收的重要职能和作用在于：筹集国家财政收入、调节社会经济活动、引导资源配置、帮助国家进行宏观调控、促进对外经济技术交流。根据征税对象的不同，我国的现行税种划分为货物劳务税、所得税、财产税、特定行为税和资源税。其中每个税种又包含若干种税。我国税收管理体制的中心内容是全面推行分税制。税收征收管理是税务机关对纳税人依法征收税款和进行税务监督管理的总称。《税收征管法》是基本的法律文件。

综合实训

1. A企业委托B企业加工某产品，A企业提供的材料成本为6万元，支付加工费3000元，计算该企业应纳消费税税额（税率为10%）。

2. 某企业的企业所得税税率为25%，2018年度产品销售收入为170万元，产品销售成本为120万元，销售费用为8万元，财务费用为3万元，管理费用为14万元，该企业本期共缴纳增值税5万元，城市维护建设税与教育费附加1.2万元，营业外支出只有向灾区某单位的直接捐款1万元。根据上述资料计算：

（1）企业所得税税前允许扣除的销售税金及附加费是多少？

（2）当年实现应纳税所得额是多少？

（3）当年应纳所得税税额是多少？

3. 刘某从事美容美发个体经营（会计账目健全），2019年经营收入50000元，耗用美发用品、器材9000元，缴纳其他税费5000元，刘某2019年应纳多少个人所得税？

自测题

一、单项选择题（从以下备选答案中选出一个符合题意的正确答案）

1. 下列各项中，不属于税收特征的有（　　　）。

A. 强制性　　　　B. 分配性　　　　C. 无偿性　　　　D. 固定性

2. 下列各项中，税种按照征收管理的分工体系分类的是（　　　）。

A. 所得税类　　　B. 行为税类　　　　C. 工商税类　　　　D. 复合税

3. 我国税法构成要素中，（　　）是税法中具体规定应当征税的项目，是征税的具体根据，它规定了征税对象的具体范围。

　　A. 税率　　　　B. 税目　　　　　　C. 纳税人　　　　D. 征税对象

4. 增值税一般纳税人销售货物的税率为（　　）。

　　A. 3%　　　　B. 13%　　　　　　C. 15%　　　　　D. 16%

5. 某酒厂为一般纳税人，3月向一小规模纳税人销售白酒，开具的普通发票上注明含税金额为93 600元，同时收取包装物押金2 000元，此业务酒厂应计算的销项税额为（　　）。

　　A. 13 600元　　B. 13 186.20元　　C. 15 011.32元　　D. 15 301.92元

6. 某食品厂为增值税一般纳税人，6月购进免税农产品一批，用于生产面粉，其收购凭证上注明收购价为20 000元，另支付运输公司6 600元，并取得了运输公司开具的增值税专用发票，其中发票上注明运费6 000元、装卸费500元、保险费100元。根据规定，该食品厂准予抵扣的进项税额为（　　）。

　　A. 2 420元　　B. 2 600元　　　　C. 2 636元　　　　D. 3 260元

7. 根据增值税的规定，纳税人以一个月或者一个季度为一个纳税期的，自期满之日起（　　）日内申报纳税。

　　A. 5　　　　　B. 7　　　　　　　C. 15　　　　　　D. 20

8. 下列税法构成要素中，衡量纳税义务人税收负担轻重与否的重要标志是（　　）。

　　A. 计税依据　　B. 减税免税　　　　C. 税率　　　　　D. 征税对象

9. 某啤酒厂3月生产啤酒50吨，当月销售自产啤酒30吨，取得含税收入40 000元，啤酒适用的消费税税率为250元/吨，则其应缴纳的消费税税额为（　　）元。

　　A. 0　　　　　B. 5 000　　　　　C. 7 500　　　　　D. 12 500

10. 根据《消费税暂行条例》的规定，下列各项中，属于在零售环节缴纳消费税的是（　　）。

　　A. 高档手表　　B. 鞭炮　　　　　C. 成品油　　　　D. 钻石

11. 根据税法的规定，小型微利企业实行的企业所得税税率为（　　）。

　　A. 10%　　　　B. 15%　　　　　　C. 20%　　　　　D. 25%

12. 根据税法的规定，个人所得税的纳税义务人不包括（　　）。

　　A. 个体工商户　　　　　　　　　　B. 个人独资企业投资者
　　C. 有限责任公司　　　　　　　　　D. 在中国境内有所得的外籍个人

13. 税务登记不包括（　　）。

　　A. 开业登记　　B. 变更登记　　　　C. 核定应纳税额　D. 注销登记

14. 纳税人停业期满不能及时恢复生产、经营的，应当在（　　）向税务机关提出延长停业登记申请。

　　A. 停业期满前　B. 停业期满后　　　C. 停业期满前5日　D. 停业期满后5日

15. 下列关于增值税专用发票开具时限的说法中，不正确的是（　　）。

　　A. 采取直接收款方式销售货物，如果货物已经发出，为发出货物的当天
　　B. 采取赊销方式销售货物，为书面合同约定的收款日期的当天
　　C. 采取委托银行收款方式销售货物，为发出货物并办妥托收手续的当天
　　D. 销售应税劳务，为提供劳务同时收讫销售款或取得索取销售款凭据的当天

二、多项选择题（从以下备选答案中选出两个或两个以上符合题意的正确答案）

1. 下列各项中，体现税收作用的有（　　）。
   A. 组织财政收入　B. 调节经济　　　　C. 维护国家政权　　D. 维护国家利益

2. 下列各项中，属于流转税的有（　　）。
   A. 增值税　　　　B. 消费税　　　　　C. 关税　　　　　　D. 所得税

3. 税法的构成要素一般包括（　　）。
   A. 征税对象　　　B. 计税依据　　　　C. 减免税　　　　　D. 纳税期限

4. 按照税法功能作用的不同，可将税法分为（　　）。
   A. 税收行政法规　B. 税收实体法　　　C. 税收程序法　　　D. 国际税法

5. 下列各项中，属于税收实体法的有（　　）。
   A.《中华人民共和国企业所得税法》　　　B.《中华人民共和国个人所得税法》
   C.《中华人民共和国海关法》　　　　　　D.《中华人民共和国进出口关税条例》

6. 按照外购固定资产处理方式的不同，增值税分为（　　）。
   A. 生产型增值税　B. 消费型增值税　　C. 利润型增值税　D. 收入型增值税

7. 下列各项中，属于增值税价外费用的有（　　）。
   A. 销项税额　　　B. 违约金　　　　　C. 手续费　　　　D. 包装物租金

8. 根据消费税法律制度的规定，对部分应税消费品实行从量定额和从价定率相结合的复合计税方法。下列各项中，属于实行复合计税方法的消费品有（　　）。
   A. 化妆品　　　　B. 烟丝　　　　　　C. 卷烟　　　　　D. 粮食白酒

9. 下列各项中，属于企业不征税收入的有（　　）。
   A. 财政拨款
   B. 依法收取并纳入财政管理的行政事业性收费
   C. 政府性基金
   D. 符合规定条件的非营利组织的收入

10. 根据企业所得税法律制度的有关规定，下列各项中，在计算企业所得税应纳税所得额时不得扣除的有（　　）。
    A. 企业所得税税款　　　　　　　　　B. 罚款
    C. 缴纳的税收滞纳金　　　　　　　　D. 未经核定的准备金支出

11. 个人所得税纳税义务人，应当按照规定到主管税务机关办理纳税申报的情形有（　　）。
    A. 年个人所得在12万元以上的
    B. 从中国境内两处或两处以上取得工资、薪金所得的
    C. 从中国境外取得所得的
    D. 取得应纳税所得，没有扣缴义务人的

12. 根据税收征收管理法律制度的有关规定，下列各项中，属于股份有限公司在申报办理开业税务登记时，应出示的证件和资料有（　　）。
    A. 银行账号证明　　　　　　　　　B. 合同、章程和协议书
    C. 营业执照　　　　　　　　　　　D. 公司出资证明书

13. 下列各项中，不得开具增值税专用发票的有（　　）。
    A. 向消费者个人销售货物的　　　　B. 销售货物适用免税规定的

C. 小规模纳税人销售货物的　　　　　　D. 向一般纳税人销售货物的

14. 下列项目中，可以实行税款优先原则的有（　　　）。

A. 对于法律上另有规定的无担保债权，税收优先于该无担保债权

B. 当纳税人发生的欠税在前时，税收优先于抵押权

C. 纳税人欠税，同时被税务机关决定处以罚款时，税收优先于罚款

D. 纳税人欠税，同时被工商局处以罚款时，税款优先于罚款

15. 根据我国《税收征管法》的规定，纳税人的下列行为中，属于偷税行为的有（　　　）。

A. 擅自销毁账簿、记账凭证，不缴应纳税款的

B. 在账簿上多列支出，少缴应纳税款的

C. 进行虚假的纳税申报，少缴应纳税款的

D. 以暴力、威胁方法拒不缴纳应纳税款的

16. 根据《中华人民共和国个人所得税法》的规定，下列各项所得中，免纳个人所得税的有（　　　）。

A. 军人的转业费

B. 按照国家统一规定发放的离休生活补助费

C. 国家发行的金融债券利息

D. 救济金

17. 根据《中华人民共和国企业所得税法》的有关规定，判定居民企业的标准有（　　　）。

A. 登记注册地标准

B. 所得来源地标准

C. 经营行为实际发生地标准

D. 实际管理机构所在地标准

三、判断题（正确的打"√"，错误的打"×"）

1. 税收的强制性至关重要，是国家税收的保障，它是税收"三性"的核心。　　（　　）

2. 起征点是指征税对象达到一定数额才开始征税的界限,征税对象的数额达到规定数额的，只对其超过起征点部分的数额征税。　　（　　）

3. 纳税义务人可以是自然人，也可以是法人或其他社会组织。　　（　　）

4. 财产税类是以纳税人拥有的财产数量或财产价值为征税对象的一类税收。我国现行的车船税就属于财产税类。　　（　　）

5. 免征额是指对征税对象总额中免予征税的数额，即将纳税对象中的一部分给予减免，只就减除后的剩余部分计征税款。　　（　　）

6. 非企业性单位、不经常发生应税行为的企业可选择按小规模纳税人纳税。　　（　　）

7. 增值税是指对从事销售货物或者加工、修理修配劳务，以及进口货物的单位和个人取得的销售收入为计税依据征收的一种流转税。　　（　　）

8. 现行消费税的征税范围中，只有烟丝、粮食白酒和薯类白酒采用复合计征方法。（　　）

9. 扣缴义务人应当向纳税人机构所在地或者居住地主管税务机关申报缴纳其扣缴的增值税税款。　　（　　）

10. 现行税法规定，企业应当自年度终了之日起 3 个月内，向税务机关报送年度企业所得

税申报表，并汇算清缴税款。 （　　）

11. 个人所得税的征税对象不仅包括个人，还包括具有自然人性质的企业。 （　　）

12. 对既没有税收纳税义务又不需领用收费（经营）票据的社会团体等，也必须进行税务登记并颁发税务登记证。 （　　）

13. 从事生产、经营的纳税人不得转借、转让发票，但根据需要可以代开。 （　　）

14. 纳税人享受减税、免税待遇的，在减税、免税期间应当按照规定办理纳税申报。（　　）

15. 纳税人同税务机关在纳税上发生争议时，可以先申请行政复议，然后依照税务机关的纳税决定缴纳滞纳金。 （　　）

四、不定项选择题（从以下备选答案中选出一个或两个及以上符合题意的正确答案）

1. 甲公司进口一批应税消费品，海关应征进口关税 30 万元（关税税率假定为 20%），消费税税率为 10%，增值税税率为 13%，则（　　）。
   - A. 增值税为 26 万元
   - B. 消费税为 60 万元
   - C. 增值税为 30 万元
   - D. 消费税为 20 万元

2. 下列关于税收与税法关系的表述中，正确的有（　　）。
   - A. 税法是税收的法律依据和法律保障
   - B. 税收属于经济基础范畴，而税法属于上层建筑范畴
   - C. 税收活动必须严格依照税法的规定进行
   - D. 国家和社会对税收收入与税收活动的客观需要，决定了与税收相对应的税法的存在

3. 下列各项中，属于财产税类的有（　　）。
   - A. 房产税
   - B. 车船税
   - C. 车辆购置税
   - D. 契税

4. 根据《消费税暂行条例》的规定，下列各项中，属于消费税征收范围的有（　　）。
   - A. 卷烟
   - B. 实木地板
   - C. 火车
   - D. 彩色电视机

5. 下列各项中，不得在企业所得税前扣除的有（　　）。
   - A. 向投资者支付的股息、红利等权益性投资收益款项
   - B. 税收滞纳金
   - C. 企业所得税
   - D. 消费税

6. 根据《中华人民共和国个人所得税法》的规定，下列所得中，适用比例税率的是（　　）。
   - A. 财产租赁所得
   - B. 特许权使用费所得
   - C. 工资、薪金所得
   - D. 承包经营所得

7. 企业向税务机关办理税务登记时需要提供的资料有（　　）。
   - A. 营业执照
   - B. 法定代表人的身份证
   - C. 企业章程
   - D. 企业财务报表

8. 企业未按规定办理税务登记的，税务机关可以做出（　　）处罚。
   - A. 通报
   - B. 责令限期改正
   - C. 对责任人处以 2 000 元的罚款
   - D. 对单位处以 1 500 元的罚款

9. 纳税人有（　　）情形之一的，税务机关有权核定其应纳税额。
   - A. 纳税人申报的计税依据明显偏低，又无正当理由的
   - B. 依照法律、行政法规的规定应当设置账簿但未设置的
   - C. 擅自销毁账簿或拒不提供纳税资料的

D. 依照法律、行政法规的规定可以不设置账簿的

五、案例分析题

1. 某小五金制造企业为增值税一般纳税人，2018 年 11 月发生经济业务如下。

（1）购进一批原材料，取得防伪税控增值税专用发票，注明的价款为 50 万元，增值税为 6.5 万元。取得运输普通发票，注明的运费为 2 万元，保管费为 0.1 万元，装卸费为 0.2 万元。

（2）接受其他企业投资转入材料一批，取得防伪税控增值税专用发票，注明的价款为 100 万元，增值税为 13 万元。

（3）销售产品一批，取得不含税销售额 200 万元，另外收取包装物租金 1.16 万元。

已知：该企业取得的增值税专用发票均符合规定，并已认证；购进和销售产品适用的增值税税率为 13%。计算该企业当月应纳增值税税额。

2. 中国公民李某是国内甲公司工程师。假设 2019 年全年有关收支情况如下：

（1）每月工资、薪金收入 10 000 元，公司代扣代缴社会保险费共 840 元，住房公积金 960 元。

（2）到乙公司连续开展技术培训取得报酬 3 800 元。

（3）出版技术专著取得稿酬收入 15 000 元，发生材料费支出 4 000 元。

（4）到期国债利息收入 886 元。

已知：李某正在偿还首套住房贷款及利息；李某为独生女，其独生子正在读高中，李某父母均已年过 60 岁，李某夫妻约定由李某扣除住房贷款利息和子女教育费。

要求：计算李某 2019 年应缴纳的个人所得税税额。

第四章

财政法规制度

内容提要

1. 了解预算法律制度的构成。
2. 了解国库集中收付制度的概念。
3. 了解政府采购法律制度的构成和原则。
4. 掌握国家预算的级次划分和构成、预算管理的职权、预算的组织程序及预算、决算的监督。
5. 掌握政府采购的执行模式和方式。
6. 掌握国库单一账户体系的构成及财政收支的方式。

第一节　预算法律制度

（预算法律制度）

预算法律制度是指调整国家在进行预算资金的筹措、分配、使用和管理的过程中发生的经济关系的法律规范的总称。预算法律制度在财政法律体系中处于核心地位。目前，我国预算法律制度由《中华人民共和国预算法》（以下简称《预算法》）、《中华人民共和国预算法实施条例》（以下简称《预算法实施条例》）及有关国家预算管理的其他法律制度构成。

> 国家预算是一个重大问题，里面反映着整个国家的政策，因为它规定政府活动的范围和方向。
>
> ——毛泽东

一、预算法律制度的构成

（一）预算法

我国现行《预算法》于 1994 年 3 月 22 日由第八届全国人民代表大会第二次会议通过，自 1995 年 1 月 1 日起施行，全国人民代表大会常务委员会分别于 2014 年和 2018 年做出修改。目前，该法共 11 章 101 条，主要包括总则、预算管理权限、预算收支范围、预算编制、预算审查和批准、预算执行、预算调整、决算、监督、法律责任和附则等。

在我国财政法律体系中，《预算法》是第一部财政基本法律，是我国国家预算管理工作的根本性法律及制定其他预算法律的基本依据，是核心法、骨干法。

（二）预算法实施条例

为了保证我国《预算法》的贯彻实施，使之更具有操作性，为预算及其监督提供更为具体、明确的行为准则，1995 年 11 月 2 日中华人民共和国国务院第三十七次常务会议通过《预算法实施条例》，1995 年 11 月 22 日国务院令第 186 号发布《预算法实施条例》，自发布之日起施行。

《预算法实施条例》共 8 章 79 条，具体包括总则、预算收支范围、预算编制、预算执行、预算调整、决算、监督和附则等内容。

【例 4-1】 在财政法律体系中，处于核心法、骨干法地位的法是（　　　）。

A.《预算法》　　　　　　　　　　B.《政府采购法》

C.《国库集中收付制度》　　　　　D.《税法》

【答案】 A

【解析】 在我国财政法律体系中，《预算法》是第一部财政基本法律，是我国国家预算管理工作的根本性法律及制定其他预算法律的基本依据，是核心法、骨干法。

二、国家预算

（一）国家预算的概念

国家预算也称政府预算，是政府的基本财政收支计划，即经法定程序批准的国家年度财政收支计划。国家预算是实现财政职能的基本手段，反映国家的施政方针和社会经济政策，规定政府活动的范围和方向。

在现代社会，任何一个国家要维持其运行，要为社会提供公共服务，都必须有资金做保障。这种国家对资金的筹集、使用活动就是通常所说的财政。国家的这种分配活动要通过许多工具的运用才能实现。例如，国家通过税收工具向个人和企业单位无偿征收税款，以取得收入，通过制定各种开支标准和规程来保证财政资金的合理有序运用。国家的财政分配活动不能盲目进行，国家要从社会产品中收取多少，通过什么方式收取，收来的钱用在什么地方，怎么使用，达到什么效果，都必须事先做出估算，并经过法定程序予以确认。

国家预算的编制必须遵循一定的原则。国家预算原则是指国家选择预算形式和体系应遵循的指导思想，也就是制定政府财政收支计划的方针，其主要有公开性、可靠性、完整性、统一性和年度性。

1. 公开性

国家预算反映政府的活动范围、方向和政策，与全体公民的切身利益息息相关，因此国家预算及其执行情况必须采取一定的公开形式，为人民所了解并置于人民的监督之下。

2. 可靠性

每一收支项目的数字指标必须运用科学的方法，依据充分确实的资料，并总结出规律性，进行计算，不得假定或估算，更不能任意编造。

3. 完整性

应列入国家预算的一切财政收支都要列在预算中，不得打埋伏、造假账、预算外另列预算。国家允许的预算外收支，也应在预算中有所反映。

4. 统一性

虽然一级政府设立一级预算，但所有地方预算连同中央预算共同组成统一的国家预算。因此，要求设立统一的预算科目，每个科目都应按统一的口径、程序计算和填列。

5. 年度性

政府必须按照法定预算年度编制国家预算，这一预算要反映全年的财政收支活动，同时，不允许将不属于本年度财政收支的内容列入本年度的国家预算之中。

（二）国家预算的作用

国家预算作为财政分配和宏观调控的主要手段，具有分配、调控和监督职能。国家预算的作用是国家预算职能在社会经济生活中的具体体现，它主要包括以下三个方面。

1. 财力保证作用

国家预算既是保障国家机器运转的物质条件，又是政府实施各项社会经济政策的有效保证。它确定政府可获得的资源，有利于全面安排支出。通过预算的编制，事先进行预测，掌握一年内能筹集到多少收入，并根据财力的多少和支出的需要确定支出，也就是通常所说的要量入为出。

2. 调节制约作用

国家预算作为国家的基本财政计划，是国家财政实行宏观控制的主要依据和主要手段。国家预算的收支规模可调节社会总供给和总需求的平衡，预算支出的结构可调节国民经济结构，因而国家预算的编制和执行情况对国民经济和社会发展都有直接的制约作用。

3. 反映监督作用

国家预算是国民经济的综合反映，预算收入反映国民经济发展规模和经济效益水平，预算支出反映各项建设事业发展的基本情况。因此，通过国家预算的编制和执行便于掌握国民经济的运行状况、发展趋势及出现的问题，从而采取对策措施，促进国民经济稳定、协调地发展。

资料卡

现代国家的预算制度产生于13世纪以后的英国。当时，英国的资本主义生产方式已经在封建制度内部萌芽发展了，因而新兴的资产阶级同封建君主之间及地主贵族之间发生了尖锐的矛盾。最初是在课税问题上展开了斗争，当时新兴资产阶级就是以接受或否决预算作为与封建君主斗争的武器的。

（三）国家预算的级次划分

国家预算也就是政府收支预算，一般来说，有一级政府，也就应有一级预算。依据财政法原理中的"一级政权，一级财政"原则，我国《预算法》规定，国家实行一级政府一级预算。

从纵向方面来看，国家预算包括：①中央预算；② 省级（省、自治区、直辖市）预算；③地市级（设区的市、自治州）预算；④ 县市级（县、自治县、不设区的市、市辖区）预算；⑤乡镇级（乡、民族乡、镇）预算。

其中，对于不具备设立预算条件的乡、民族乡、镇，经省、自治区、直辖市政府确定，可以暂不设立预算。县级以上地方政府的派出机关，根据本级政府授权进行预算管理活动，但是不作为一级预算。

从横向方面来看，国家预算包括：① 中央预算；② 部门预算，由各级人民政府的各主管部门的自身及其所属各单位的预算和企业财务收支计划中的预算拨款计划组成；③ 单位预算，是指列入部门预算的国家机关、社会团体和其他单位的收支预算。

成立单位预算的条件有：① 按单位人员编制和事业需要及预算情况经批准而成立；② 设独立的单位会计，下属单位的支出，凭单据报销；③ 按规定编制预算和提供预算资料；④ 编报决算。

【例4-2】我国国家预算体系中不包括（　　　）。

A. 中央预算

B. 省级（省、自治区、直辖市）预算

C. 地市级（设区的市、自治州）预算

D. 县级以上地方政府的派出机关预算

【答案】 D

【解析】 我国国家预算分为中央预算和地方预算。地方预算又分为省级（省、自治区、直辖市）预算、地市级（设区的市、自治州）预算、县市级（县、自治县、不设区的市、市辖区）预算、乡镇级（乡、民族乡、镇）预算。县级以上地方政府的派出机关，根据本级政府授权进行预算管理活动，但不作为一级预算。

（四）国家预算的构成

1. 按照政府级次不同分类

国家预算按照政府级次不同可分为中央预算和地方预算。

（1）中央预算。中央预算是指中央政府预算，由中央各部门（含直属单位）的预算组成。中央预算包括地方向中央上解的收入数额和中央对地方返还或者给予补助的数额。

其中，中央各部门是指与财政部直接发生预算缴款、拨款关系的国家机关、军队、政党组织和社会团体；直属单位是指与财政部直接发生预算缴款、拨款关系的企事业单位。

中央预算支出由中央本级支出和补助地方支出组成，主要包括国防支出、外交支出、援外支出、中央级行政管理费、文教卫生事业费、中央统筹的基本建设投资，以及中央本级负担的公检法支出、中央财政对地方的税收返还等。中央预算收入在不同的预算管理体制下有不同的规定。我国的分税制规定，中央预算收入主要由中央固定收入、共享收入的中央收入部分和地方上缴收入等组成。

（2）地方预算。地方预算由各省、自治区、直辖市总预算组成。地方各级政府预算由本级各部门（含直属单位）的预算组成，包括下级政府向上级政府上解的收入数额和上级政府对下级政府返还或者给予补助的数额。

其中，本级各部门是指与本级财政部门直接发生预算缴款、拨款关系的地方国家机关、政党组织和社会团体；直属单位是指与本级财政部门直接发生预算缴款、拨款关系的企事业单位。

地方预算支出根据地方政府的职能划分，主要包括地方行政管理费、公检法支出、地方统筹的基本建设投资、支农支出、地方文教卫生事业费支出、地方上解支出等。地方预算收入主要有地方固定收入、共享收入的地方收入部分、中央对地方的返还收入与补助收入等。

2. 按照收支管理范围分类

国家预算按照收支管理范围可分为总预算和部门单位预算。

（1）总预算。总预算是指政府的财政汇总预算。根据国家实行一级政府一级预算的原则，可划分为各级次的总预算，如中央总预算、省（自治区、直辖市）总预算、市总预算、县总预算等。各级总预算都是由本级政府预算和汇总的下一级总预算组成的；下一级只有本级预算的，下一级总预算即指下一级的本级总预算；没有下一级预算的，总预算即指本级预算。

（2）部门单位预算。部门单位预算是指部门、单位的收支预算。各部门预算由本部门所属各单位预算组成。单位预算是指列入部门预算的国家机关、社会团体和其他单位的收支预算。部门单位预算是总预算的基础，其预算收支项目比较详细、具体，它由各级预算部门和单位编制。

3. 国家预算按照收支的内容可分为一般公共预算、政府性基金预算、国有资本经营预算、社会保险基金预算

（1）一般公共预算。一般公共预算是对以税收为主体的财政收入，安排用于保障和改善民生、推动经济社会发展、维护国家安全、维持国家机构正常运转等方面的收支预算。

（2）政府性基金预算。政府性基金预算是国家通过向社会征收以及出让土地、发行彩票等方式取得收入，并专项用于支持特定基础设施建设和社会事业发展的财政收支预算，是政府预算体系的重要组成部分。

（3）国有资本经营预算。国有资本经营预算是国家以所有者身份对国有资本实行存量调整和增量分配而发生的各项收支预算，是政府预算的重要组成部分。

（4）社会保险基金预算。社会保险基金预算是指社会保险经办机构根据社会保险制度的实施计划和任务编制的、经规定程序审批的年度基金财务收支计划。

三、预算管理的职权

国家的预算活动必须依法进行管理，才能有效地实现《预算法》的宗旨，而预算管理必须按照法定职权进行。明确划分国家各级权力机关、各级政府、各级财政部门及各部门、各单位在预算活动中的职权，是保证依法管理预算的前提条件，也是将各级预算编制、预算审批、预算执行、预算调整和预算决算的各个环节纳入法制化、规范化轨道的必要措施。

根据统一领导、分级管理、权责结合的原则，《预算法》明确规定了各级人民代表大会及其常务委员会、各级政府、各级财政部门和各部门、各单位的预算管理职权。

（一）各级人民代表大会及其常务委员会的职权

我国是社会主义国家，一切权力属于人民。人民行使国家权力的机关是全国人民代表大会和地方各级人民代表大会。全国人民代表大会的常设机关是全国人民代表大会常务委员会，县级以上地方各级人民代表大会的常设机关也是其常务委员会。需要注意的是，乡、民族乡、镇一级人民代表大会不设立常务委员会。

1. 全国人民代表大会及其常务委员会的职权

全国人民代表大会是最高国家权力机关，实施预算管理是全国人民代表大会的一项基本职权。根据我国《预算法》的规定，它的预算管理职权主要有三项。

（1）审查中央和地方预算草案及中央和地方预算执行情况的报告。

（2）批准中央预算和中央预算执行情况的报告。

（3）改变或者撤销全国人民代表大会常务委员会关于预算、决算的不适当的决议。

全国人民代表大会常务委员会的职权具体包括：

（1）监督中央和地方预算的执行。

（2）审查和批准中央预算的调整方案。

（3）审查和批准中央决算。

（4）撤销国务院制定的同宪法、法律相抵触的关于预算、决算的行政法规、决定和命令。

（5）撤销省、自治区、直辖市人民代表大会及其常务委员会制定的同宪法、法律和行政法规相抵触的关于预算、决算的地方性法规和决议。

【例4-3】 下列关于全国人民代表大会预算职权的表述中，正确的有（　　）。

A. 审查中央和地方预算草案及中央和地方预算执行情况的报告

B. 审查和批准中央预算的调整方案

C. 撤销国务院制定的同宪法、法律相抵触的关于预算、决算的行政法规、决定和命令

D. 改变或者撤销全国人民代表大会常务委员会关于预算、决算的不适当的决议

【答案】 AD

【解析】 根据我国《预算法》的规定，全国人民代表大会的预算管理职权主要有三项：① 审查中央和地方预算草案及中央和地方预算执行情况的报告；② 批准中央预算和中央预算执行情况的报告；③ 改变或者撤销全国人民代表大会常务委员会关于预算、决算的不适当的决议。全国人民代表大会常务委员会作为全国人民代表大会的常设机构，其职权具体包括：① 监督中央和地方预算的执行；② 审查和批准中央预算的调整方案；③ 审查和批准中央预算；④ 撤销国务院制定的同宪法、法律相抵触的关于预算、决算的行政法规、决定和命令；⑤ 撤销省、自治区、直辖市人民代表大会及其常务委员会制定的同宪法、法律和行政法规相抵触的关于预算、决算的地方性法规和决议。

2. 县级以上地方各级人民代表大会及其常务委员会的职权

县级以上地方各级人民代表大会的预算管理职权主要有四项。

（1）审查本级总预算草案及本级总预算执行情况的报告。

（2）批准本级预算和本级预算执行情况的报告。

（3）改变或撤销本级人民代表大会常务委员会关于预算、决算的不适当的决议。

（4）撤销本级政府关于预算、决算的不适当的决定和命令。

县级以上地方各级人民代表大会常务委员会的职权具体包括：

（1）监督本级总预算的执行。

（2）审查和批准本级预算的调整方案。

（3）审查和批准本级政府决算。

（4）撤销本级政府和下一级人民代表大会及其常务委员会关于预算、决算的不适当的决定和命令。

3. 乡、民族乡、镇的人民代表大会的职权

设立预算的乡、民族乡、镇的人民代表大会的预算管理职权主要有五项。

（1）审查和批准本级预算和本级预算执行情况的报告。

（2）监督本级预算的执行。

（3）审查和批准本级预算的调整方案。

（4）审查和批准本级决算。

（5）撤销本级政府关于预算、决算的不适当的决定和命令。

（二）各级政府的职权

各级政府是预算管理的国家行政机关，是国家行政管理的主体，其职权主要包括编制权、执行权、报告权、决定权、监督权和撤销权等。

1. 国务院的职权

（1）编制中央预算、决算草案。

（2）向全国人民代表大会做关于中央和地方预算草案的报告。

（3）将省、自治区、直辖市政府报送备案的预算汇总后报全国人民代表大会常务委员会备案。

（4）组织中央和地方预算的执行。

（5）决定中央预算预备费的动用。

（6）编制中央预算的调整方案。

（7）监督中央各部门和地方政府的预算执行。

（8）改变或者撤销中央各部门和地方政府关于预算、决算的不适当的决定、命令。

（9）向全国人民代表大会、全国人民代表大会常务委员会报告中央和地方预算的执行情况。

2. 县级以上地方各级政府的职权

（1）编制本级总预算、决算草案。

（2）向本级人民代表大会做关于本级总预算草案的报告。

（3）将下一级政府报送备案的预算汇总后，报本级人民代表大会常务委员会备案。

（4）组织本级总预算的执行。

（5）决定本级预算预备费的动用。

（6）编制本级预算的调整方案。

（7）监督本级各部门和下级政府的预算执行。

（8）改变或者撤销本级各部门和下级政府关于预算、决算的不适当的决定、命令。

（9）向本级人民代表大会、本级人民代表大会常务委员会报告本级总预算的执行情况。

3. 乡、民族乡、镇政府的职权

（1）编制本级预算、决算草案。

（2）向本级人民代表大会做关于本级预算草案的报告。

（3）组织本级预算的执行。

（4）决定本级预算预备费的动用。

（5）编制本级预算的调整方案。

（6）向本级人民代表大会报告本级预算的执行情况。

（三）各级财政部门的职权

各级财政部门是预算管理的职能部门，直接负责各级预算的组织实施工作，它要依法组织预算收入，严格管理预算支出，努力提高资金的使用效益。它要经常分析、研究经济发展变化趋势，加强预算执行情况的监督检查，及时反映和解决预算管理中存在的问题，真正做到依法办事、依法理财。因此，《预算法》《监督法》等对各级财政部门预算管理职权做了相应的规定。

1. 国务院财政部门的预算管理职权

国务院财政部门代表国务院具体行使财政职能，其预算管理职权主要有五项。

（1）具体编制中央预算、决算草案。

（2）具体组织中央和地方预算的执行。

（3）提出中央预算预备费动用方案。

（4）具体编制中央预算的调整方案。

（5）定期向国务院报告中央和地方预算的执行情况。

2. 地方各级财政部门的预算管理职权

地方各级财政部门代表本级政府具体行使财政职能，其预算管理职权主要有五项。

（1）具体编制本级预算、决算草案。

（2）具体组织本级总预算的执行。

（3）提出本级预算预备费动用方案。

（4）具体编制本级预算的调整方案。

（5）定期向本级政府和上一级政府财政部门报告本级总预算的执行情况。

（四）各部门、各单位的职权

各部门、各单位是预算的具体执行单位。预算执行状况如何，在很大程度上取决于部门、单位预算管理工作的优劣。因此，各部门、各单位都要依法加强预算管理，严格执行预算，保证预算任务的实现。

1. 各部门的职权

根据《预算法》的规定，与地方财政部门直接发生预算缴款、拨款关系的国家机关、军队、政党组织和社会团体等各部门的预算管理职权包括：

（1）各部门负责编制本部门预算、决算草案。

（2）组织和监督本部门预算的执行。

（3）定期向本级财政部门报告预算的执行情况。

2. 各单位的职权

根据《预算法》的规定，与地方财政部门直接发生预算缴款、拨款关系的企事业单位的预算管理职权包括：

（1）各单位负责编制本单位的预算、决算草案。

（2）按照国家规定及时、足额地上缴预算收入，合理安排预算支出，接受国家有关部门的监督检查。

案例分析

【案例4-1】2018年7月，某财政局接到群众举报，反映某科学研究所私分转包收入问题。某财政局派人前往调查，经查：某科学研究所系差额预算单位，现有职工174人，2017年，该所转手承包某科研项目所得收入为25万元，同年11月，科学研究所以劳务费等名义全部私分给本所职工，人均达1400元，而未按规定将该收入纳入预算内。财政局认为，该科学研究所违反了《预算法》和《事业行政单位预算会计制度》的有关规定，决定：① 将私分转包收入的25万元全部追回上缴财政；② 对该科学研究所予以通报批评；③ 建议主管部门对直接责任人员给予记大过行政处分。

请分析：差额单位转包收入如何处理？若违法应如何处理？

分析与提示：

本案例主要涉及财政局依法有权对私分预算收入的单位进行行政处罚的问题。

财政部颁发的《事业行政单位预算会计制度》第三十九条规定："差额单位预算经费以

外组织的各项收入，除应缴国家的预算收入外，经同级财政机关同意，可以留给单位使用。"第四十条第二款规定："国家规定的各种财务制度和费用开支标准，各单位都必须遵守，不得任意改变。"《预算法》第七十五条规定："隐瞒预算收入或将不应在预算内支出的款项转为预算内支出的，由上一级政府或本级政府部门责令纠正，并由上级机关给予负有直接责任的主管人员和其他直接责任人员行政处分。"

本案例中，某科学研究所的转包收入按规定应纳入单位预算内，而该所擅自将这笔收入 25 万元全部分发给职工，属于私分公款，是严重的违法行为，所以应由财政部门依法予以惩处。

四、预算收入与预算支出

根据我国《预算法》第十九条的规定，我国预算由预算收入和预算支出组成。

（一）预算收入

（1）预算收入是通过一定的形式和渠道集中起来的由政府集中掌握使用的货币资金。在世界各国，取得预算收入的主要形式都是税收，除此之外，其他非税收收入形式，则视各国的政治制度、经济结构和财政制度的不同而有所区别。根据我国《预算法》的规定，目前我国预算收入按来源可分为以下几个方面。

① 税收收入。它是国家预算收入的最主要的部分，在许多国家都占预算收入总额的 90%以上。

② 行政事业性收费收入。这是指国家机关、事业单位、代行政府职能的社会团体及其他组织根据法律、行政法规、地方性法规等有关规定，依照国务院规定程序批准，在向公民、法人提供特定服务的过程中，按照成本补偿和非营利原则向特定服务对象收取的费用。

③ 国有资源（资产）有偿使用收入。其指有偿转让国有资源（资产）使用权而取得的收入。国有资源和资产有偿使用收入包括国有自然资源有偿使用收入、社会公共资源有偿使用收入和行政事业单位国有资产有偿使用收入。

④ 转移性收入。转移性收入就是指国家、单位、社会团体对居民家庭的各种转移支付和居民家庭间的收入转移。包括政府对个人收入转移的离退休金、失业救济金、赔偿等；单位对个人收入转移的辞退金、保险索赔、住房公积金、家庭间的赠送和赡养等。

⑤ 其他收入。

（2）预算收入按归属划分为中央预算收入、地方预算收入、中央和地方预算共享收入。

① 中央预算收入是指按照分税制财政管理体制，纳入中央预算、地方不参与分享的收入，包括中央本级收入和地方按照规定向中央上解的收入。

② 地方预算收入是指按照分税制财政管理体制，纳入地方预算、中央不参与分享的收入，包括地方本级收入和中央按照规定返还或者补助地方的收入。

③ 中央和地方预算共享收入是指按照分税制财政管理体制，中央预算和地方预算对同一税种的收入，按照一定划分标准或者比例分享的收入。

想一想

我国现行预算收入主要包括哪些方面？

（二）预算支出

预算支出是政府将集中起来的货币资金，有计划地分配使用到各种用途上去的过程。通过对预算资金的支出，以满足整个社会再生产和公共部门等各方面活动的资金需要，从而为实现政府的各项职能服务。因此，预算支出是财政分配活动的重要环节，它反映了政府的政策，规定了政府活动的范围和方向，从而也就鲜明地体现了不同社会制度下财政的特殊本质。

（1）按照我国《预算法》规定，目前我国财政支出按功能可分为以下几个方面：① 一般公共服务支出；② 外交、公共安全、国防支出；③ 农业、环境保护支出；④ 教育、科技、文化、卫生、体育支出；⑤ 社会保障及就业支出；⑥ 其他支出。

（2）预算支出按经济性质划分为工资福利支出、商品和服务支出、资本性支出和其他支出。

五、预算的组织程序

国家预算的组织程序是指预算决策和控制的程序，它贯穿于预算的编制、审批、执行和监督的全过程。预算的组织程序与国家政权有直接关系，一般由有关的法律予以规定。我国预算的组织程序是由《预算法》及其实施条例规定的。

（一）预算的编制

1. 预算年度

预算年度又称财政年度。任何一个国家预算的编制和实现，都要有时间上的界定，预算年度是国家预算的有效起止期限，通常为 1 年。

我国实行的是历年制预算年度，即从公历 1 月 1 日起，至 12 月 31 日止。

【例 4-4】 一般来说，每个国家都有自己的预算年度，即在一定时间界度内，全面反映该年度的财政收支活动。但是，各国预算年度的起止日期并不一样。我国预算年度的起止期限是（　　　）。

A. 每年 1 月 1 日至同年 12 月 31 日　　　B. 每年 4 月 1 日至次年 3 月 31 日

C. 每年 7 月 1 日至次年 6 月 30 日　　　D. 每年 10 月 1 日至次年 9 月 30 日

【答案】 A

【解析】 我国和德国、法国等国家预算年度实行历年制，即从每年 1 月 1 日起，至同年 12 月 31 日止。有的国家采用不同的跨年制。

2. 预算草案的编制依据

预算草案是指各级政府、各部门和各单位编制的未经法定程序审查和批准的预算收支计划。预算草案包括各级政府编制的预算草案和各部门、各单位编制的预算草案。

各级预算应当根据年度经济社会发展目标、国家宏观调控总体要求和跨年度预算平衡的需要，参考上一年预算执行情况、有关支出绩效评价结果和本年度收支预测，按照规定程序征求各方面意见后，进行编制。

（1）各级政府编制年度预算草案的依据包括：① 相关法律、法规；② 国民经济和社会发展计划、财政中长期计划及有关的财政经济政策；③ 本级政府的预算管理职权和财政管理体制确定的预算收支范围；④ 上一年度预算执行情况和本年度预算收支变化因素；⑤ 上级政府对编制本年度预算草案的指示和要求。

（2）各部门、各单位编制年度预算草案的依据包括：① 相关法律、法规；② 本级政府的指示和要求及本级政府财政部门的部署；③ 本部门、本单位的职责、任务和事业发展计划；

④ 本部门、本单位的定员定额标准；⑤ 本部门、本单位上一年度预算执行情况和本年度预算收支变化因素。

3. 预算草案的编制内容

（1）中央预算的编制内容包括：① 本级预算收入和支出；② 上一年度结余用于本年度安排的支出；③ 返还或补助地方的支出；④ 地方上解的收入。

中央财政本年度举借的国内外债务和还本付息数额应当在本级预算中单独列示。

（2）地方各级政府预算的编制内容包括：① 本级预算收入和支出；② 上一年度结余用于本年度安排的支出；③ 上级返还或补助的收入；④ 返还或补助下级的支出；⑤ 上解上级的支出；⑥ 下级上解的收入。

（二）预算的审批

预算的审批是指各级国家权力机关对同级政府所提出的预算草案进行审查与批准的活动。国家预算草案一经批准，就成为正式的国家预算，具有法律效力，任何单位和个人必须严格遵守，不得随意变更。

1. 预算的审查和批准

根据《预算法》的规定，各级预算草案在审批之前，应当在本级人民代表大会会议举行前1个月提交相关部门进行初步审查。

中央预算由全国人民代表大会审查和批准。地方各级政府预算由本级人民代表大会审查和批准。

全国人民代表大会和地方各级人民代表大会对预算草案及其报告、预算执行情况的报告重点审查下列内容。

（1）上一年预算执行情况是否符合本级人民代表大会预算决议的要求。

（2）预算安排是否符合本法的规定。

（3）预算安排是否贯彻国民经济和社会发展的方针政策，收支政策是否切实可行。

（4）重点支出和重大投资项目的预算安排是否适当。

（5）预算的编制是否完整，是否细化。

（6）对下级政府的转移性支出预算是否规范、适当。

（7）预算安排举借的债务是否合法、合理，是否有偿还计划和稳定的偿还资金来源。

（8）与预算有关重要事项的说明是否清晰。

2. 预算的备案

预算的备案，即各级政府预算批准后，必须依法向相应的国家机关备案，以加强预算监督。预算备案是与预算审批密切相关的一个制度。

乡、民族乡、镇政府应当及时将经本级人民代表大会批准的本级预算报上一级政府备案。县级以上地方各级政府应当及时将经本级人民代表大会批准的本级预算及下一级政府报送备案的预算汇总报上一级政府备案。

县级以上地方各级政府将下一级政府依照前款规定报送备案的预算汇总后，报本级人民代表大会常务委员会备案。国务院将省、自治区、直辖市政府依照前款规定报送备案的预算汇总后，报全国人民代表大会常务委员会备案。

3. 预算的批复

预算的批复是指本级政府预算经过本级人民代表大会的批准之后，本级政府财政部门应当及时向本级政府各部门批复预算。

各级政府财政部门应当自本级人民代表大会批准本级政府预算之日起 30 日内，批复本级各部门预算。各部门应当自本级财政部门批复本部门预算之日起 15 日内，批复所属各单位预算。

【例 4-5】 预算草案需要经过特定的机构批准生效，才能成为正式的国家预算，并具有法律约束力，而且非经法定程序，不得变更。根据我国《预算法》的规定，下列机构中负责审查和批准中央预算的是（　　）。

A. 全国人民代表大会　　　　　　B. 全国人民代表大会常务委员会

C. 国务院　　　　　　　　　　　D. 中国人民政治协商会议全国委员会

【答案】 A

【解析】 根据我国《预算法》的规定，全国人民代表大会负责审查和批准中央预算。全国人民代表大会常务委员会、国务院和中国人民政治协商会议全国委员会没有这方面的职权。

（三）预算的执行

预算经过批准后，就进入了预算的执行阶段。预算执行是指经法定程序批准的预算进入具体实施阶段，各级政府、各部门、各预算单位在组织实施本级权力机关批准的本级预算中筹措预算收入、拨付预算支出等的活动。我国预算执行的主体包括各级政府、各级政府财政部门、预算收入征收部门、国家金库、各有关部门和有关单位。

《预算法》规定，各级预算由本级政府组织执行，具体工作由本级政府财政部门负责。各部门、各单位是本部门、本单位的预算执行主体，负责本部门、本单位的预算执行，并对执行结果负责。

预算收入征收部门和单位，必须依照法律、行政法规的规定，及时、足额征收应征的预算收入。不得违反法律、行政法规规定，多征、提前征收或者减征、免征、缓征应征的预算收入，不得截留、占用或者挪用预算收入。各级政府不得向预算收入征收部门和单位下达收入指标。

各级政府财政部门必须依照法律、行政法规和国务院财政部门的规定，及时、足额地拨付预算支出资金，加强对预算支出的管理和监督。各级政府、各部门、各单位的支出必须按照预算执行，不得虚假列支。各级政府、各部门、各单位应当对预算支出情况开展绩效评价。

（四）预算的调整

预算调整是指经过批准的各级预算，在执行中因发生特殊情况，经法定程序对原定预算收支规模或收支项目所做的变动，是预算执行过程中保持收支平衡的基本手段。

经全国人民代表大会批准的中央预算和经地方各级人民代表大会批准的地方各级预算，在执行中出现下列情况之一的，应当进行预算调整：需要增加或者减少预算总支出的；需要调入预算稳定调节基金的；需要调减预算安排的重点支出数额的；需要增加举借债务数额的。

各级政府对于必须进行的预算调整，应当编制预算调整方案。中央预算的调整方案必须提请全国人民代表大会常务委员会审查和批准。县级以上地方各级政府预算的调整方案必须提请本级人民代表大会常务委员会审查和批准。乡、民族乡、镇政府预算的调整方案必须提请本级人民代表大会审查和批准。未经批准，不得调整预算。

根据《预算法实施条例》的有关规定，以下几个问题需要注意。

（1）预算调整方案由政府财政部门负责具体编制。预算调整方案应当列明调整的原因、项目、数额、措施及有关说明，经本级政府审定后，提请本级人民代表大会常务委员会审查和批准。

（2）接受上级返还或者补助的地方政府，应当按照上级政府规定的用途使用款项，不得擅自改变用途。

（3）政府有关部门以本级预算安排的资金拨付给下级政府有关部门的专款，必须经本级政府财政部门同意并办理预算划转手续。

（4）各部门、各单位的预算支出，必须按照本级政府财政部门批复的预算科目和数额执行，不得挪用；确需做出调整的，必须经本级政府财政部门同意。

（5）年度预算确定后，企业、事业单位改变隶属关系，引起预算级次和关系变化的，应当在改变财务关系的同时，相应办理预算划转。

议一议

预算调整要通过哪个部门批准？

六、决算

决算是对年度预算收支执行结果的会计报告，是预算执行的总结，是国家管理预算活动的最后一道程序，是经法定程序批准的年度国家预算执行情况及结果总结性的书面文件，包括决算报表和文字说明两个部分。尚未经法定程序批准的称为决算草案。

（一）决算草案编制

编制决算草案，必须符合法律、行政法规，做到收支真实、数额准确、内容完整、报送及时。决算草案应当与预算相对应，按预算数、调整预算数、决算数分别列出。一般公共预算支出应当按其功能分类编列到项，按其经济性质分类编列到款。

决算草案由各级政府、各部门、各单位在每一预算年度终了后按国务院规定的时间编制，具体事项由国务院财政部门部署。各部门对所属单位的决算草案，应当审核并汇总编制本部门的决算草案，在规定的期限内报本级政府财政部门审核。

（二）决算草案审批

国务院财政部门编制中央决算草案，经国务院审计部门审计后报国务院审定，由国务院提请全国人民代表大会常务委员会审查和批准。县级以上地方各级政府财政部门编制本级决算草案，经本级政府审计部门审计后报本级政府审定，由本级政府提请本级人民代表大会常务委员会审查和批准。乡、民族乡、镇政府编制本级决算草案，提请本级人民代表大会审查和批准。

（三）决算草案批复

县级以上各级政府决算草案经本级人民代表大会常务委员会批准后，本级政府财政部门应当自批准之日起20日内向本级各部门批复决算。各部门应当自本级政府财政部门批复本部门决算之日起15日内向所属各单位批复决算。

七、预算、决算的监督

为了保证预算、决算的贯彻实施，各级国家权力机关、政府及财政审计部门应依法履行法律赋予的预算、决算监督职责，保证预算工作的顺利进行。根据《预算法》确立的监督体系，对各级政府实施的预算与决算活动进行的监督，可以分为各级国家权力机关的监督、各级政府

的监督、各级政府财政部门的监督和各级政府审计部门的监督。

（一）各级国家权力机关的监督

权力机关的监督也称立法机关的监督。权力机关预算监督的主体是各级人民代表大会及其常务委员会。

全国人民代表大会及其常务委员会对中央和地方预算、决算进行监督。县级以上地方各级人民代表大会及其常务委员会对本级和下级政府预算、决算进行监督。乡、民族乡、镇人民代表大会对本级预算、决算进行监督。

（二）各级政府的监督

各级政府应当在每一预算年度内至少两次向本级人民代表大会或者其常务委员会做预算执行情况的报告。各级政府监督下级政府的预算执行，下级政府应当定期向上一级政府报告预算执行情况。

（三）各级政府财政部门的监督

各级政府财政部门负责监督本级各部门及其所属各单位预算管理有关工作，监督检查本级各部门及其所属各单位预算的执行，并向本级政府和上一级政府财政部门报告预算执行情况。

各部门及其所属各单位应当接受本级财政部门有关预算的监督检查，按照本级财政部门的要求，如实提供有关预算资料，执行本级财政部门提出的检查意见。

（四）各级政府审计部门的监督

各级政府审计部门的监督简称审计监督，是一种专门的监督。各级审计机关应当依照《中华人民共和国审计法》及有关法律、行政法规的规定，对本级预算执行情况，对本级各部门和下级政府预算的执行情况和决算进行审计监督。

✎ 案例分析

【**案例4-2**】2018年，上级拨给某县民政局40万元救灾款，该民政局挪用18万元办企业。2019年，上级又拨给救灾款50万元，该民政局挪用41万元投资办企业。两年总计挪用59万元。市财政局接到群众举报，遂对其进行了查处：① 追回被侵占、挪用的救灾款59万元；② 对该民政局通报批评；③ 建议对主要责任人员给予行政记过处分，并处以两个月基本工资的罚款。

请分析：挪用救灾款应如何处罚？

分析与提示：

本案例主要涉及市财政局对挪用救灾款的县民政局依法享有行政处罚权的问题。

国务院《关于加强预算外资金管理的决定》第九条规定："对擅自将财政预算挪作他用或转为有偿使用的，其资金一律追回上缴上一级财政，并相应核减以后年度的财政预算拨款，同时给予有关责任人相应的处分……情节严重的，要移送司法机关追究刑事责任。"国务院《关于违反财政法规处罚的暂行规定》第十四条规定："挪用或者克扣支前、救灾、防灾、抚恤、救济、教育等专项资金和物资的，……从重处罚。"

本案例中，某县民政局两次挪用救灾款项，且挪用数目较大，其行为违反了上述法律规定，所以应予以必要的行政处罚。市财政局认定事实清楚，适用法律准确，其处罚是正确的。

第二节　政府采购法律制度

政府采购法律制度是政府采购制度的法律体现和重要依托。对政府采购进行法制化管理是对政府采购进行有效管理的主要方式。我国由于长期实行计划经济体制，对政府采购的认识不足，直到 20 世纪 90 年代中期，有些地方和部门才开始规范政府采购活动，但由于政出多门，没有进行统一的论证和科学的制度设计，条块分割情况十分严重，政府采购仍处于较混乱的状态。随着我国市场经济的不断完善和深入发展，政府采购活动急需进一步规范，要求健全政府采购的统一法律制度。

一、政府采购法律制度的构成

政府采购法律制度是调整政府采购关系的法律规范的总称。我国政府采购法律制度由《政府采购法》、国务院各部门特别是财政部颁布的一系列部门规章，以及政府采购地方性法规和政府规章构成。

（一）政府采购法

我国《政府采购法》由中华人民共和国第九届全国人民代表大会常务委员会第二十八次会议于 2002 年 6 月 29 日通过，自 2003 年 1 月 1 日起开始施行，并于 2014 年 8 月 31 日修订。《政府采购法》是针对政府采购的专门性法规，该法共 9 章 88 条，主要包括总则、政府采购当事人、政府采购方式、政府采购程序、政府采购合同、质疑与投诉、监督检查、法律责任和附则等。《政府采购法》是规范我国政府采购活动的基本法律，也是制定其他政府采购法律制度的依据。

（二）政府采购部门规章

政府采购部门规章是财政部根据法律、行政法规的规定，在其权限范围内发布的有关政府采购方面的规定、决定、命令和细则等规范性文件，属于财政部门规章，是对财政法律、财政行政法规的补充、发展和具体化。目前，我国政府采购部门规章主要有《政府采购信息公告管理办法》《政府采购货物和服务招标投标管理办法》《政府采购供应商投诉处理办法》等。

> **资料卡**
>
> 政府采购制度首先在英国出现，有其客观原因：一是英国从 18 世纪 60 年代开始的产业革命，为政府采购提供了充裕的产品；二是财政支出规模不断扩大，要求财政提高支出效益，而实施政府采购是其方法之一；三是财政收入总额增加。

（三）政府采购地方性法规和政府规章

政府采购地方性法规是省、自治区、直辖市人民代表大会及其常务委员会，依照法律、行政法规的规定，结合本地区的具体情况，制定适用于本行政区域的政府采购的规范性文件。

政府规章是指省、自治区、直辖市和较大的市的人民政府根据法律、行政法规和本省、自治区、直辖市的地方性法规拟定的法律规范形式，其效力等级低于宪法、法律、行政法规和地方性法规。

二、政府采购的概念与原则

（一）政府采购的概念

根据《政府采购法》的规定，政府采购是指各级国家机关、事业单位和团体组织，使用财政性资金采购依法制定的集中采购目录以内的或者采购限额标准以上的货物、工程和服务的行为。

1. 政府采购的主体范围

政府采购的主体，亦即采购人，是指使用财政性资金采购依法制定的集中采购目录以内的或者采购限额标准以上的货物、工程和服务的国家机关、事业单位和团体组织。国家机关是指各级党务机关、政府机关、人大机关和政协机关等；事业单位是指依法设立的履行公共事业发展职能的机构和单位，如学校、医院和科研机构等；团体组织是指依法设立由财政供养的从事公共社会活动的组织，如企业联合会、有关行业协会和民主党派等。《政府采购法》没有将国有企业的采购纳入政府采购制度的约束范围之内。

想一想

我国政府采购的主体范围包括哪些？

【例4-6】 下列各项中，适用《政府采购法》的是（   ）。

A. 某中外合资经营企业采购设备
B. 某国有独资公司采购基本建设项目设备
C. 某大学用教育经费拨款购买教学用计算机
D. 某上市公司承揽了国家重点建设项目而采购加工设备

【答案】 C

【解析】 《政府采购法》用于规范在我国境内的各级国家机关、事业单位和团体组织，使用财政性资金依法采购货物、工程和服务的活动。选项 A、B、D 的当事人都不属于该法的采购主体。

2. 政府采购的资金范围

采购资金的性质是确定采购行为是否属于政府采购制度规范范围的重要依据。《政府采购法》明确规定，政府采购资金为财政性资金。财政性资金是指预算内资金和预算外资金及与财政资金相配套的单位自筹资金的总和。

3. 政府集中采购目录和政府采购限额标准

为了明确我国各级国家机关、事业单位和团体组织实施政府采购的范围和标准，进一步加强政府采购的管理，根据《政府采购法》的有关规定，中央和地方都必须制定政府集中采购目录及政府采购限额标准。在政府采购目录确定方面，政府采购实行集中采购和分散采购相结合。政府集中采购目录和政府采购限额标准由省级以上人民政府确定并公布。其中，属于中央预算的政府采购项目，其集中采购目录由国务院确定并公布；属于地方预算的政府采购项目，其集中采购目录由省、自治区、直辖市人民政府或其授权的机构确定并公布。纳入集中采购目录的政府采购项目，应当实行集中采购。

4. 政府采购的对象范围

为了满足实现社会公共职能的需要，政府及相关部门需要进行各种各样的采购。政府采购所涉及的对象包罗万象，既有有形的又有无形的，既有物品、工程又有技术，非常庞杂。为了便于管理和统计，国际上通行的做法是按其性质将采购内容分为三大类：货物、工程和服务。

货物是政府为发挥职能所采购的最常见的对象。我国《政府采购法》对货物的定义：货物是指各种形态和种类的物品，包括原材料、燃料、设备和产品等。

工程指建设工程，包括建造房屋、兴修水利、改造环境、交通设施和铺设下水道等建筑项目。

服务是指货物和工程以外的其他政府采购对象。

就政府采购的整体发展而言，货物和工程属于政府采购比较传统和常见的项目，工程和项目以外的服务则是政府采购领域的新事项。

（二）政府采购的原则

1. 公开透明原则

公开透明原则是政府采购必须遵循的基本原则之一，政府采购被誉为"阳光下的交易"，即源于此。政府采购的资金来源于纳税人缴纳的各种税金，只有坚持公开透明，才能为供应商参加政府采购提供公平竞争的环境，为公众对政府采购资金的使用情况进行有效的监督创造条件。公开透明要求政府采购的信息和行为不但要全面公开，而且要完全透明。仅公开信息但仍搞暗箱操作属于违法行为。依《政府采购法》的精神，公开透明要求做到政府采购的法规和规章制度要公开，招标信息及中标或成交结果要公开，开标活动要公开，投诉处理结果或司法裁判决定等都要公开，使政府采购活动在完全透明的状态下运作，全面、广泛地接受监督。

公开透明原则应当贯穿于政府采购的全过程，具体体现在以下三个方面。

（1）公开的内容。应当公开的政府采购信息包括政府采购法规政策，省级以上人民政府公布的集中采购目录、政府采购限额标准和公开招标数额标准，政府采购招标业务代理机构名录，招标投标信息，财政部门受理政府采购投诉的联系方式和投诉处理决定，财政部门集中采购的考核结构，采购代理机构、供应商不良行为记录名单等。

（2）公开的标准。政府采购公开的信息应当符合内容真实、准确可靠、发布及时、便于获得和查找等标准。

（3）公开的途径。《政府采购法》规定："除涉及商业秘密的外，政府采购的信息应当在政府采购监督管理部门指定的媒体上及时向社会公开发布。"

2. 公平竞争原则

公平竞争原则是市场经济运行的重要法则，是政府采购的基本规则。公平竞争要求在竞争的前提下公平地开展政府采购活动。首先，要将竞争机制引入采购活动中，实行优胜劣汰，让采购人通过优中选优的方式，获得价廉物美的货物、工程或服务，提高财政性资金的使用效益。其次，竞争必须公平，不能设置妨碍充分竞争的不正当条件。公平竞争是指政府采购的竞争是有序竞争，要公平地对待每个供应商，不能有歧视某些潜在的符合条件的供应商参与政府采购活动的现象，而且采购信息要在政府采购监督管理部门指定的媒体上公平地披露。《政府采购法》有关这方面的规定将推进我国政府采购市场向竞争更为充分、运行更为规范、交易更为公平的方向发展，不仅有利于采购人获得价格低廉、质量有保证的货物、工程和服务，同时还有利于提高企业的竞争能力和自我发展能力。

3. 公正原则

公正原则是为采购人与供应商在政府采购活动中处于平等地位而确立的。公正原则要求政府采购要按照事先约定的条件和程序进行，对所有供应商一视同仁，不得有歧视条件和行为，任何单位或个人无权干预采购活动的正常开展。尤其是在评标活动中，要严格按照统一的评标标准评定中标或成交供应商，不得存在任何主观倾向。为了实现公正，《政府采购法》提出了评标委员会及有关的小组人员必须有一定数量的要求，要有各方面代表，而且人数必须为单数，相关人员要回避，同时规定了保护供应商合法权益及方式。这些规定都有利于实现公正原则。

4. 诚实信用原则

诚实信用原则是发展市场经济的内在要求，在市场经济发展初期向成熟时期过渡阶段，尤其要大力推崇这一原则。诚实信用原则要求政府采购当事人在政府采购活动中，本着诚实、守信的态度履行各自的权利和义务，讲究信誉，兑现承诺，不得散布虚假信息，不得有欺诈、串通、隐瞒等行为，不得伪造、变造、隐匿、销毁需要依法保存的文件，不得规避法律、法规，不得损害第三人的利益。《政府采购法》对此及违法后应当承担的法律责任做了相应规定。坚持诚实信用原则，能够增强公众对采购过程的信任。

【例4-7】 公开政府采购法规政策，省级以上人民政府公布的集中采购目录、政府采购限额标准和公开招标数额标准，政府采购招标业务代理机构目录，招标投标信息等。这一做法体现了政府采购的（　　　）。

A. 公开透明原则　　　B. 公平竞争原则　　　C. 公正原则　　　D. 诚实信用原则

【答案】 A

【解析】 公开透明原则应当贯穿于政府采购的全过程，具体体现为公开的内容、公开的标准和公开的途径。

三、政府采购的功能与执行模式

（一）政府采购的功能

政府采购是财政支出的一项重要内容，它理所当然具有重要的财政意义；政府采购又是一种政府的经济行为，会对一国的经济和政治产生一定的影响；政府采购还在跨国的经济交往中发挥重要的作用。归纳起来，政府采购的功能主要包括以下五个方面。

1. 节约财政支出，提高采购资金的使用效益

推行政府采购的初衷就是加强财政支出管理，因此，节约财政支出就是政府采购的基本功能，它源自其制度本身固有的利益激励约束机制。节支主要表现在两个方面。一是从投入的财政资金量上看，政府采购可以适当节约资金。实行统一集中的政府采购后，政府采购主体在市场中的地位发生了变化，由一个普通的市场购买者转变为一个对市场价格拥有一定自主权的垄断购买者，这是因为，统一的政府集中采购使采购规模得到扩大，其在市场中所占份额足以对市场价格产生影响。政府采购买方市场的形成，使得政府采购机构能以较低廉的价格购买到高质量的产品、服务和工程。二是从采购到的对象上看，政府采购可以提高资金的使用效益。例

如，在采购原则上，政府采购引入竞争机制和信息披露制度，使更多的供应商有机会参与竞争，从而使政府掌握了选取优质产品的主动权。

2. 强化宏观调控

财政政策和货币政策是政府实现宏观调控的两大传统政策工具。财政政策寓于财政收支之中，相应地，财政政策也分为财政收入政策和财政支出政策。政府采购是财政支出的重要组成部分，是实现财政支出政策的重要工具。政府在政府采购中处于有利地位，可以通过调整采购规模、采购时间、采购项目和采购规则等方式来实现特定的宏观调控目标。

政府是市场中最大的消费者，它的某项消费行为足以对整个国民经济产生举足轻重的影响。政府可以通过调整采购总量来实现对经济的总量调控，可以通过选择采购对象对国民经济各行业进行调控，可以通过对采购地区的选择来实现支持某些特殊地区发展的目的。因此，政府采购能否科学有效地开展，不仅影响采购成本，还会影响到政府各项方针、政策的落实情况。政府采购的数量、品种和频率，直接影响着财政支出的总量和结构，反映了一定时期的财政政策取向。

3. 活跃市场经济

相对于计划经济体制来说，市场经济最大的特点无疑是引进竞争机制。由于竞争机制的存在，整个市场经济才更具活力。

政府采购必须遵循公开、公平、公正的原则，在竞标过程中执行严密、透明的"优胜劣汰"机制，所有这些都会调动供应商参与政府采购的积极性，并能够促使供应商不断提高产品质量、降低生产成本或改善售后服务，以使自己能够赢得政府的订单。由于供应商（厂商）是市场上最活跃的因素，所以供应商竞争能力的提高又能带动整个国内市场经济的繁荣。从国际竞争的角度看，政府采购又有助于供应商迈出国门、走向国际市场，提高我国产品在国际市场上的竞争能力，并早日进入国际政府采购市场。总之，政府采购制度的引入，使得整个市场经济因此而更加活跃起来，产生较好的"鲶鱼效应"。

4. 推进反腐倡廉

政府采购作为一项制度安排可以从两个方面推进政府的反腐倡廉工作：首先，政府采购内在的监督约束机制，可以促进反腐倡廉；其次，在实践过程中，实行政府采购的国家都建立了一套外在的监督机制，最大限度地增加政府采购的透明度，做到尽可能避免腐败现象的发生。推行政府采购能够提高财政支出效率，其中，政府采购内外监督机制运行起到了重要的作用。因此，政府采购在发挥其节支功能的同时，还具有推进反腐倡廉的功能，这两项功能之间有着内在的联系。

5. 保护民族产业

当今世界是一个开放的世界，各国的发展都不可能置身于国际经济之外。但同时，各国又都有其特色的民族产业，这些民族产业的发展需要政府给予一定的扶持，如果完全实行贸易自由化，民族产业必然要受到冲击。

随着世界经济一体化进程的加快，各国曾经作为保护本国民族产业的有效手段——关税贸易壁垒的作用逐渐减小，相反，非关税贸易壁垒的作用日渐增强，如许可证、进口配额、绿色环保标志等。在众多的关税贸易壁垒中，政府采购是世界各国为保护民族产业所普遍采用的有效手段。《政府采购法》规定，除少数法定情形外，政府采购应当采购本国货物、工程和服务。这一规定就体现了国货优先原则，即政府采购实现了保护民族产业的功能。

（二）政府采购的执行模式

政府采购的执行模式是指政府采购是否进行集中管理及集中管理的程度类型。根据《政府采购法》的规定，政府采购实行集中采购和分散采购相结合。

1. 集中采购

集中采购是将纳入政府采购范围内的各行政事业单位分散的、同类的项目集中起来统一采购的方式。根据《政府采购法》的规定，集中采购必须委托集中采购机构代理采购。设区的市、自治州以上人民政府根据本级政府采购项目组织集中采购的，需要设立集中采购机构。

集中采购的范围由省级以上人民政府公布的集中采购目录确定。属于中央预算的政府采购项目，其集中采购目录由国务院确定并公布；属于地方预算的政府采购项目，其集中采购目录由省、自治区、直辖市人民政府或其授权的机构确定并公布。

采购人采购纳入集中采购目录的政府采购项目，应当实行集中采购。实行集中采购的优点：① 取得规模效益，降低采购成本；② 争取价格优势和优质服务；③ 保证采购质量；④ 贯彻落实政府采购有关政策取向，便于实施统一的管理和监督。缺点：① 难以适应紧急情况采购；② 难以满足用户多样性需求；③ 采购程序复杂；④ 采购周期较长。

2. 分散采购

分散采购是指由各使用单位自行进行的政府采购模式。根据《政府采购法》的规定，分散采购所采购的对象是集中采购目录以外、采购限额标准以上的货物、工程和服务。分散采购可以由预算单位自行采购，也可以委托集中采购机构在委托的范围内代理采购。

实行分散采购的优点：① 具有灵活性；② 自主性强；③ 手续简便；④ 满足采购及时性和多样性的需求。缺点：① 失去了规模效益，加大了采购成本；② 导致资产闲置及资金浪费，不利于国家宏观调控；③ 容易滋生腐败。

四、政府采购当事人

政府采购当事人是指在政府采购活动中享有权利和承担义务的各类主体，包括采购人、供应商和采购代理机构等。

（一）采购人

采购人是依法进行政府采购的国家机关、事业单位和团体组织。采购人是政府采购的需求方和采购活动的发起人，是重要的政府采购当事人。

从《政府采购法》的规定来看，采购人的权利主要包括：① 自行选择采购代理机构的权利；② 要求采购代理机构遵守委托协议的权利；③ 审查政府采购供应商的资格的权利；④ 依法确定中标供应商的权利；⑤ 签订采购合同并参与对供应商履约验收的权利；⑥ 特殊情况下提出特殊要求的权利，例如，对于纳入集中采购目录，属于本部门、本系统有特殊要求的项目，可以实行部门集中采购，属于本单位有特殊要求的项目，经省级以上人民政府批准，可以自行采购；⑦ 其他合法权利。

采购人的义务主要包括：① 遵守政府采购的各项法律、法规和规章制度；② 接受和配合政府采购监督管理部门的监督检查，同时还要接受和配合审计机关的审计监督及监察机关的监察；③ 尊重供应商的正当合法权益；④ 遵守采购代理机构的工作秩序；⑤ 在规定时间内与中标供应商签订政府采购合同；⑥ 在指定媒体上及时向社会发布政府采购信息、招标结果；⑦ 依法答复供应商提出的疑问和质疑；⑧ 妥善保存每项采购活动的采购文件；⑨ 其他法定义务。

（二）供应商

供应商是指向采购人提供货物、工程或服务的法人、其他组织或自然人。供应商是政府采购对象的供给方，也是重要的政府采购当事人。供应商参加政府采购活动应当具备以下条件。

（1）有独立承担民事责任的能力。

（2）有良好的商业信誉和健全的财务会计制度。

（3）有履行合同所必需的设备和专业技术能力。

（4）有依法缴纳税收和社会保障资金的良好记录。

（5）参加政府采购活动前3年，在经营活动中没有重大违法纪录。

（6）法律、行政法规规定的其他条件。

从《政府采购法》的规定来看，供应商的权利主要包括：

（1）平等地取得政府采购供应商资格的权利。

（2）平等地获得政府采购信息的权利。

（3）自主、平等地参加政府采购竞争的权利。

（4）就政府采购活动事项提出询问、质疑和投诉的权利。

（5）自主、平等地签订政府采购合同的权利。

（6）要求采购人或采购代理机构保守其商业秘密的权利。

（7）监督政府采购依法公开、公正进行的权利。

（8）其他合法权利。

供应商的义务主要包括：

（1）遵守政府采购的各项法律、法规和规章制度。

（2）按规定接受供应商资格审查，并在资格审查中客观真实地反映自身情况。

（3）在政府采购活动中，满足采购人或采购代理机构的正当要求。

（4）投标中标后，按规定程序签订政府采购合同并严格履行合同义务。

（5）其他法定义务。

（三）采购代理机构

采购代理机构是指根据采购人的委托代理政府采购事宜的机构，包括集中采购机构和经财政部或省级财政部门认定资格的一般采购代理机构。

1. 集中采购机构

集中采购机构是政府集中采购的法定代理机构，由设区的市、自治州以上人民政府根据本级政府采购项目组织集中采购的需要设立。集中采购机构应当独立设置，不得与行政机关存在隶属关系或其他利益关系。

采购人采购纳入集中采购目录的属于通用的政府采购项目，以及不属于依法可以实行部门集中采购和自行采购的政府采购项目，必须委托集中采购机构代理采购；采购未纳入集中采购目录的政府采购项目，可以自行采购，也可以委托集中采购机构在委托的范围内代理采购。集中采购机构进行政府采购活动，应当符合采购价格低于市场平均价格、采购效率更高、采购质量优良和服务良好的要求。

2. 一般采购代理机构

一般采购代理机构的资格由国务院有关部门或省级人民政府有关部门认定，主要负责分散采购的代理业务。

政府采购代理机构作为一种特殊的利益主体，应当对包括自身在内的政府采购当事人负责，自觉履行政府采购法律规定的义务，依法开展代理采购活动，维护国家利益和社会公共利益。就具体操作而言，其义务和责任主要包括：① 依法开展代理采购活动并提供良好服务；② 依法发布采购信息；③ 依法接受监督管理；④ 不得向采购人行贿或采用其他不正当手段谋取非法利益；⑤ 其他法定义务和责任。

【例4-8】 下列情形中，不符合有关政府采购法律规定的有（　　　）。

A. 某市工商局在招标采购中，因符合技术要求的供应商只有两家而废标

B. 某市某区人民政府设立集中采购机构

C. 某区卫生局在政府采购中要求供应商提供有关资质证明

D. 某县人民政府因需购置一批办公计算机而采用单一来源方式进行采购

【答案】 BD

【解析】 集中采购机构为采购代理机构。设区的市、自治州以上人民政府根据本级政府采购项目组织集中采购的需要设立集中采购机构。集中采购机构是非营利性事业法人，根据采购人的委托办理采购事宜。可见，区级及以下人民政府无权设立集中采购机构。故选项B不正确。

符合下列情形之一的货物或服务，可以依照《政府采购法》采用单一来源方式采购：① 只能从唯一供应商处采购的；② 发生了不可预见的紧急情况不能从其他供应商处采购的；③ 必须保证原有采购项目一致性或服务配套的要求，需要继续从原供应商处添购，且添购资金总额不超过原合同采购金额10%的。因此，某县人民政府因需购置一批办公计算机是不能采用单一来源方式进行采购的。故选项D不正确。

五、政府采购方式

《政府采购法》第二十六条规定，政府采购的方式有六种：公开招标、邀请招标、竞争性谈判采购、单一来源采购、询价、国务院政府采购监督管理部门认定的其他采购方式。

（一）公开招标

公开招标是指采购人或其委托的政府采购代理机构以招标公告的方式邀请不特定的供应商参加投标，从中择优选择中标供应商的采购方式。

根据《政府采购法》的规定，货物、服务采购项目达到公开招标数额标准的，必须采用公开招标方式。对于应当采用公开招标方式的，其具体的数额标准，属于中央预算的由国务院规定，属于地方预算的由省、自治区、直辖市人民政府规定；因特殊情况需要采用公开招标以外的采购，应当在采购活动开始前获得政府采购监督管理部门的批准。采购人不得将应当以公开招标方式采购的货物或服务化整为零或以其他方式规避公开招标采购。

（二）邀请招标

邀请招标是指采购人或其委托的政府采购代理机构以投标邀请书的方式邀3家或3家以上特定的供应商参与投标的采购方式。

政府采购货物或服务，采用邀请招标的，应当具备以下条件：① 该货物或服务具有特殊性，

只能从有限范围的供应商处采购的；② 采用公开招标方式的费用占政府采购项目总价值的比例过大的。

📝 案例分析

【案例4-3】某单位组织某设备采购，采购前，根据前一阶段时间系统内对该设备的使用情况，觉得某厂生产的某型设备性能和质量均能满足使用要求，且价格较为适中，因此，在采购预算下达后，经单位领导层研究决定，本次采购依然指定购买该型设备。为此，该单位向某集中采购机构提出了书面委托，并向集中采购机构提供了有关该产品的4家代理商名单，随后在该机构的组织下，向该4家代理商发出了招标邀请，并在10日内举行了邀请招标。

请问：对该项目的采购实施情况，你有何看法？

分析与提示：

（1）《政府采购货物和服务招标投标管理办法》第六条规定："任何单位和个人不得阻挠和限制供应商自由参加货物和服务的招标投标活动，不得指定货物的品牌、服务的供应商和采购代理机构，以及采用其他方式非法干涉货物和服务的招标投标活动。"第二十一条规定："招标文件不得要求或标明特定的投标人或产品，以及含有倾向性或排斥潜在投标人的其他内容。"

（2）本案例是一起典型的采购人在委托采购中指定品牌型号的案例。集中采购机构在接受委托后，竟然完全屈从于采购人的不合理要求，在没有经过采购方式审批的情况下，简单地向采购人推荐的4家代理商发出了招标邀请，并在10日内举行了邀请招标，这是一种严重违法、违规采购的行为。不但指定采购品牌违法，而且整个招标过程也违法。既没有向政府采购监管机构报批非公开招标方式，也没有依法按照规定的程序选择供应商，虽然有4家供应商参加，但供应商产生的程序不合法。

（3）此外，没有按照《政府采购法》第三十五条"货物和服务项目实行招标方式采购的，自招标文件开始发出之日起至投标人提供投标文件截止之日止，不得少于20日"的规定，在发出邀请10日内就举行了邀请招标。

（4）由于该项目采购涉嫌严重违法采购，根据《政府采购货物和服务招标投标管理办法》第六十八条的规定，应该责令招标采购单位（采购人和集中采购机构的统称）限期改正，给予警告，同时可以按照有关法律规定处以罚款，对直接负责的主管人员和其他直接责任人员，由其行政主管部门或者有关机关依法给予处分，并予以通报。

（5）上述违法行为影响或可能影响中标结果的，应当按照下列情况分别处理：① 未确定中标候选供应商的，终止招标活动，依法重新招标；② 中标候选供应商已经确定但采购合同尚未履行的，撤销合同，从中标候选供应商中按顺序另行确定中标供应商；③ 采购合同已经履行的，给采购人、投标人造成损失的，由责任人承担赔偿责任。

（三）竞争性谈判采购

竞争性谈判采购是指采购人或其委托的政府采购代理机构通过与不少于3家的供应商就采购事宜进行谈判，经分析比较后从中确定中标供应商的采购方式。

采用竞争性谈判采购的法定情形有：

（1）招标后没有供应商投标或者没有合格标的或重新招标未能成立的。

（2）技术复杂或性质特殊，不能确定详细规格或具体要求的。

（3）采用招标所需时间不能满足用户紧急需求的。

（4）不能事先计算价格总额的。

案例分析

【案例4-4】 某竞争性谈判采购，共有3家供应商参加。谈判过程中，谈判小组经过认真研究发现，原采购文件中提出的技术要求有较大偏差，为此，经与采购人代表现场商议，谈判小组当场将技术要求做了相应调整。随后，谈判小组经过比较，觉得3家参加谈判的供应商中，A和B的第一次报价较合理，C的报价偏高，因此，认定C的成交希望不大，决定将其排除。于是，谈判小组口头通知了A和B两家供应商关于技术要求的相应调整，并请他们重新报价，最后根据在满足配置、服务的前提下价格最低的原则，确定B供应商成交，并当场宣布了采购结果。

请问：该谈判小组的采购做法有无不妥？若C供应商认为自己的合法权益受到侵害，应该采取怎样的做法？

分析与提示：

（1）《政府采购法》第三十八条规定："谈判小组从符合相应资格条件的供应商名单中确定不少于3家的供应商参加谈判，并向其提供谈判文件。谈判文件有实质性变动的，谈判小组应当以书面形式通知所有参加谈判的供应商。"

（2）本案例中谈判小组的做法有三个方面均不符合《政府采购法》的相关规定：① 谈判小组调整相关技术要求后，没有根据法律规定通知包括C供应商在内的所有参加谈判的供应商；② 未采用书面形式通知供应商；③ 由于没有通知C供应商，最终的二次报价，实际上只有两家供应商参加，不符合"不少于3家"的有关规定。

（3）由于在谈判过程中，谈判小组仅凭主观推断就认定C供应商没有成交希望，从而人为地剥夺了C供应商在技术调整后参加二次报价的机会，对C供应商的合法权益造成了严重侵害。

（4）根据《政府采购法》的有关规定，C供应商如果认为合法权益受到侵害，可在知道受侵害之日起7个工作日内向政府采购中心提出书面质疑，采购人应当在收到供应商的书面质疑后7个工作日内做出答复，并书面通知质疑供应商和其他有关供应商，但答复的内容不得涉及商业秘密。质疑供应商对采购人、采购代理机构的答复不满意或采购人、采购代理机构未在规定时间内做出答复的，可以在答复期满后15个工作日内向同级政府采购监督管理部门投诉。政府采购监督管理部门应当在收到投诉后30个工作日内，对投诉事项做出处理决定，并以书面形式通知投诉人和与投诉事项有关的当事人。政府采购监督管理部门在处理投诉事项期间，可以视投诉具体情况书面通知采购人暂停采购活动，但暂停时间最长不得超过30日。投诉人对政府采购监督管理部门的投诉处理决定不服或政府采购监督管理部门逾期未做处理的，可以依法申请行政复议或向人民法院提起行政诉讼。

（四）单一来源采购

单一来源采购是指采购人采购不具备竞争条件的物品，只能从唯一的供应商取得采购货物或服务的情况下，直接向该供应商协商采购的采购方式。

采用单一来源采购的法定情形有：

（1）只能从唯一供应商处采购的。

（2）发生了不可预见的紧急情况，不能从其他供应商处采购的。

（3）必须保证原有采购项目一致性或服务配套的要求，需要继续从原供应商处添购，且添购资金总额不超过原合同采购金额10%的。

案例分析

【案例4-5】 2018年12月，我国某省级机关政府采购中心受采购人的委托，分别采购一批蓝鸟智尊、通用别克、广州本田雅阁、丰田花冠等不同种类的公务用车，总采购数量高达200辆，采购主体所选择的政府采购方式为单一来源采购。单一来源采购方式采购的供应商总共有4家，分别来自该省的某汽车销售公司、某汽车贸易公司、某汽车产品开发公司、某汽车服务公司。在政府采购信息公示的最后一天，也就是第7天，该省的一家供应商某汽车服务公司以书面的形式向采购主体提出了质疑，与此同时，该质疑供应商将质疑书和采购信息的公示内容发给了北京市某律师事务所，咨询某省级机关政府采购中心的采购行为是否合法。

分析与提示：

（1）从前述基本案情得知，本次巨额公务用车采购项目，政府采购中心全部是通过单一来源采购方式进行的，且明确指定了品牌和代理供应商。采购主体的政府采购代理行为有悖于我国《政府采购法》所规定的内容。我国《政府采购法》第三十九条对单一来源采购方式提出了一些基本管理要求，主要是规定采取单一来源采购方式应当遵循的基本要求，具体如下。① 采购人与供应商应当坚持本法第三条规定的"政府采购应当遵循公开透明原则、公平竞争原则、公正原则和诚实信用原则"开展采购活动。单一来源采购是政府采购方式之一，尽管有其特殊性，缺少竞争，但仍要尽可能地遵循这些原则。② 保证采购质量。政府采购的质量直接关系到政府机关履行行政事务的效果，因此，保证采购质量非常重要。虽然单一来源采购供货渠道单一，但也要考虑采购产品的质量，否则实行单一来源政府采购本身就没有任何意义。③ 价格合理。单一来源采购虽然缺少竞争，但也要按照物有所值的原则与供应商进行协商，本着互利原则，合理确定成交价格。

（2）从提供的材料来看，4家被选定的单一来源供应商，均非当地的直接生产厂家，也非产品的唯一提供者，而是属于经营、销售各种款式、不同价位的汽车贸易公司或销售公司。在确定这4家代理公司作为政府采购对象的供应商的同时，采购主体也就剥夺了其他经营同种类采购对象的供应商的公平竞争权。采购主体所选择的单一来源采购方式类似于直接采购，它是指达到了限额标准和公开招标数额标准，但所购商品的来源渠道单一，或属专利、首次制造、合同追加、原有采购项目的后续扩充和发生了不可预见的紧急情况而不能从其他供应商处采购等情况。这种采购方式的最主要特点是没有竞争性。正是由于单一来源采购具有直接采购、没有竞争的特点，使单一来源采购只能同唯一的供应商签订政府采购合同，也就是说，采购活动处于一对一和非常隐蔽的状态，且采购主体处于主动地位。因此，在这种采购方式的交易过程中，最容易滋生各种不规范行为和腐败行为。

（3）我国《政府采购法》第二十六条规定："公开招标应作为政府采购的主要采购方式。如果因特殊情况需要采用公开招标以外的采购方式，如采取单一来源采购、询价、竞争性谈判、邀请招标等其他采购方式进行政府采购的，应当在采购活动开始之前获得设区的市、自治州以上人民政府采购监督管理部门的批准。"从提供的材料来看，某省级机关政府采购中心未曾获得合法批准。在实践中，获得政府采购活动主管部门的批准或获得行政许可，并非很困难。因此，判断所选择的采购方式是否合法，关键还需要从单一来源采购方式的适用条件进行分析。

（4）我国《政府采购法》第三十一条规定："符合下列情形之一的货物或服务，采购主体可以依照本法采用单一来源采购方式：一是只能从唯一供应商处采购的；二是发生了不可预见的紧急情况而不能从其他供应商处采购的；三是必须保证原有采购项目一致性或者服务配套的要求，需要继续从原供应商处添购，且添购资金总额不超过原合同采购金额10%的。"具体来说：① 采购的项目只有唯一的制造商和产品提供者。从提供的材料来看，政府采购中心选择的 4 家供应商不是唯一政府采购对象的提供者，也不是该省唯一能够提供政府采购对象的销售者。由此可见，本次单一来源供应商不是本次采购项目唯一的产品提供者。② 发生不可预见的紧急情况不能或来不及从其他供应商处采购的。这种情形也不适用于本案例。③ 就政府采购合同而言，在原供应商替换或扩充货物及服务的情况下，更换供应商会造成不兼容或不一致的困难，不能保证原有采购项目一致性或服务配套的要求，需要继续从原供应商处添购，且添购金额不超过原合同采购金额的10%。同样，本案例的公务用车采购项目也不符合这一种情形。

（5）根据上述内容，显而易见，某省政府采购中心通过单一来源采购方式，指定 4 家供应商作为不同汽车的单一来源提供者，不符合我国法律所规定的任何一种法定情形。我国《政府采购法》第三十九条规定："采取单一来源方式采购的，采购人与供应商应当遵循本法规定的原则，在保证采购项目质量和双方商定合理价格的基础上进行采购。"由于采购主体实施单一来源采购方式，没有公布采购成交价格信息，所以无从获悉本次采购项目所达成的采购价格是否合理。

（五）询价

询价是指采购人向 3 家以上潜在的供应商发出询价单，对各供应商一次性报出价格进行分析比较，按照符合采购需求、质量和服务相等且报价最低的原则确定中标供应商的采购方式。

采购的货物规格与标准统一、现货货源充足且价格变化幅度小的政府采购项目，可以采用询价方式采购。

✎ 案例分析

【案例 4-6】某省举办大型扶贫物资采购，总金额 500 万元，因为时间紧急，若采用公开招标的方式则无法满足采购需求。因此，采购中心接到采购任务后，考虑到该批货物规格、标准统一，且现货货源充足，经中心领导同意，决定采用询价采购的方式，并迅速成立了项目小组。

请问：该采购中心的采购做法是否规范、合法？

分析与提示：

《政府采购法》第二十六、第二十七条规定："公开招标应作为政府采购的主要采购方式。因特殊情况需要采用公开招标以外的采购方式的，应当在采购活动开始前获得设区的市、自治州以上人民政府采购监督管理部门的批准。"

本案例由于时间问题，且"该批货物规格、标准统一，且现货货源充足"，因此选择询价采购方式应该是正确的。

但关键是，应该采取公开招标的方式而没有采用，有没有得到政府采购监督管理部门的审批？本案例该方式只是得到政府采购中心领导的内部审批。因此，在没有得到政府采购监督管理部门审批的情况下就直接进行询价采购的行为明显是一种违法采购行为，根据《政府采购法》第七十一条的规定，采购中心应受到相应的处理。

（六）国务院政府采购监督管理部门认定的其他采购方式

国务院政府采购监督管理部门认定的其他采购方式是弹性条款，政府采购的方式应当符合政府采购实际的要求。例如，《上海市政府采购管理办法》规定的定点采购、中央单位采用的协议供货制度，在实践中都取得了良好的效果。所以，授权国务院政府采购监督管理部门认定其他的采购方式是必要的，但新的政府采购方式在程序上应当由国务院政府采购监督管理部门认定。

六、政府采购的监督检查

政府采购的监督检查可分为专门机构的监督检查和有关机关的监督检查、外部的监督检查和内部的监督检查。

（一）政府采购监督管理部门的监督检查

根据《政府采购法》的规定，各级人民政府财政部门是负责政府采购的监督管理部门，依法履行对政府采购活动的监督检查职责。

财政部门是政府采购专门的监督检查部门，监督检查的主要内容包括：① 有关政府采购的法律、行政法规和规章的执行情况；② 采购范围、采购方式和采购程序的执行情况；③ 政府采购人员的职业素质和专业技能。

（二）集中采购机构的内部监督

集中采购机构是政府采购的执行机构，应当建立、健全内部监督管理制度。集中采购机构的监督管理体现在内部的机构设置上，形成相互监督、相互制约的机制。

采购活动的决策和执行程序分开。政府采购活动的决策程序和执行程序是不同的程序，两者应当明确，并形成相互监督、相互制约的机制。集中采购机构的政府采购活动的决策主要内容有制定政府采购活动的规章制度、操作规程，政府采购活动的方式、范围、程序，政府采购活动的人员组成等。

办理采购的人员与负责采购合同审核、验收人员相分离。经办采购的人员是组织招标、谈判和询价等采购行为的具体操作人员，主要职责是依法确定供应商并签订采购合同。政府采购合同订立之后，是政府采购合同的履行阶段，合同的订立是否合法有效，合同是否完全实际履行，就需要有专门人员对经办采购的人员所签订的合同依法审核，在合同履行过程中或合同履行之后进行验收。所以，采购人员与合同的审核、验收人员的权限应当明确，并相互分离。

（三）采购人员的内部监督

政府采购关系到国家利益和社会公共利益，责任重大，且专业性强，所以集中采购机构的采购人员应当具有相关职业素质和专业技能。政府采购监督管理部门可以制定政府采购人员的职业道德和执业纪律规范，规定政府采购专业岗位任职要求。从事政府采购的工作人员应严格遵守职业道德和执业纪律规范，并符合专业岗位的任职要求。

集中采购机构对其工作人员应当加强教育和培训，教育培训的内容包括《政府采购法》和相关法律、专业知识、商品知识等。对采购人员的专业水平、工作实绩和职业道德状况定期进行考核。采购人员经考核不合格的，不得继续任职。

采购人员和采购代理机构必须按照《政府采购法》规定的采购方式和采购程序进行采购。任何单位和个人不得违反《政府采购法》的规定，要求采购人员向其指定的供应商进行采购。政府采购项目的标准和采购结果应当公开。

（四）政府有关部门的监督检查

依照法律、行政法规的规定对政府采购负有行政监督职责的政府有关部门，应当按照其职责分工，加强对政府采购活动的监督。

（1）审计机关的审计监督。审计机关对政府采购监督管理部门、政府采购各当事人有关政府采购活动依法进行审计监督，政府采购监督管理部门、政府采购各当事人应当接受审计机关的审计监督。

（2）监察机关的监察。监察机关对参与政府采购活动的国家机关、国家公务员和国家行政机关任命的其他人员实施监察。

（五）政府采购活动的社会监督

政府采购被誉为"阳光采购"，应当接受社会监督。任何单位和个人对政府采购活动中的违法行为，都有权控告和检举，有关部门、机关应当依照各自职责及时处理。

第三节　国库集中收付制度

国库集中收付制度，在公共财政运行中处于十分重要的地位，兼有预算资金的保障、核算和监督三项职能。改革开放以来，我国财税体制进行了一系列改革，重点是调整收入分配关系，基本上未对预算和国库管理制度进行较大的调整。我国原有财政性资金的拨付，主要是通过预算单位设立多重账户分散进行管理的，导致财政收支活动透明度不高、监管不严、财政资金使用效率低等。因此，党中央、国务院明确提出"推行和完善国库集中收付制度"，全面推行财政国库管理制度改革。

一、国库集中收付制度的概念

国库集中收付制度一般也称为国库单一账户制度，是指由财政部门代表政府设置国库单一账户体系，所有的财政性资金都纳入国库单一账户体系收缴、支付和管理的制度。所有财政性收入都纳入国库单一账户体系管理，所有财政性支出通过国库单一账户体系支付到商品和劳务供应者或用款单位。

国库集中收付制度包括国库集中支付制度和收入收缴管理制度。财政收入通过国库单一账户体系，直接缴入国库；财政支出通过国库单一账户体系，以财政直接支付和财政授权支付的方式，将资金支付到商品和劳务供应者或用款单位，即预算单位使用资金但见不到资金；未支用的资金均保留在国库单一账户，由财政部门代表政府进行管理运作，降低政府筹资成本，为实现宏观调控政策提供可选择的手段。

【例4-9】 国库集中收付制度也称（　　　）。

A. 国库集中支付制度 　　　　　　B. 国库收入收缴制度

C. 国库单一账户制度 　　　　　　D. 国库集中管理制度

【答案】 C

【解析】 国库集中收付制度一般也称为国库单一账户制度，包括国库集中支付制度和收入收缴管理制度。

二、国库单一账户体系

（一）国库单一账户体系的概念

国库单一账户体系是指以财政国库存款账户为核心的各类财政性资金账户的集合。所有财政性资金的收入、支付、存储及资金清算活动均在该账户体系运行。这个账户体系主要由国库单一账户、财政零余额账户、单位零余额账户、预算外资金财政专户和特设专户等主要银行账户构成。单位最常使用的、最重要的账户为财政零余额账户和单位零余额账户。财政直接支付各单位的预算内资金就是通过财政零余额账户进行核算支付的，该账户不得提取现金；财政授权支付是通过单位零余额账户进行核算支付的，该账户可提取现金。国库单一账户是在中国人民银行开设的国库存款账户，它与财政零余额账户、单位预算内零余额账户和特设专户进行清算，实现财政国库集中支付。

（二）国库单一账户体系的构成

国库单一账户体系由下列银行账户构成。

1. 国库单一账户

国库单一账户即财政部门在中国人民银行开设的国库存款账户，用于记录、核算和反映纳入预算管理的财政收入和财政支出活动，并用于同财政部门在商业银行开设的零余额账户进行清算，实现支付。

代理银行应当按日将支付的财政预算内资金和纳入预算管理的政府性基金与国库单一账户进行清算。国库单一账户在财政总预算会计中使用，行政单位和事业单位会计中不设置该账户。

2. 财政部门零余额账户

财政部门在商业银行开设的零余额账户，用于财政直接支付和与国库单一账户进行清算。该账户每日发生的支付，于当日营业终了前与国库单一账户清算；营业中单笔支付额在5 000万元人民币以上的（含5 000万元），应当及时与国库单一账户清算。财政部门零余额账户在国库会计中使用。

3. 预算单位零余额账户

财政部门在商业银行为预算单位开设的零余额账户，用于财政授权支付和与国库单一账户进行清算。该账户每日发生的支付，于当日营业终了前由代理银行在财政部门批准的用款额度内与国库单一账户清算；营业中单笔支付额在 5 000 万元人民币以上的（含 5 000 万元），应当及时与国库单一账户清算。

预算单位零余额账户可以办理转账、提取现金等结算业务，可以向本单位按账户管理规定保留的相应账户划拨工会经费、住房公积金及提租补贴，以及经财政部门批准的特殊款项，不得违反规定向本单位其他账户和上级主管单位、所属下级单位账户划拨资金。预算单位零余额账户在行政单位和事业单位会计中使用。

4. 预算外资金财政专户

财政部门在商业银行开设的预算外资金财政专户，用于记录、核算和反映预算外资金的收入和支出活动，并用于预算外资金日常收支清算。预算外资金财政专户在财政部门设立和使用。

5. 特设专户

经国务院或国务院授权财政部门批准为预算单位在商业银行开设的特殊专户，用于记录、核算和反映预算单位的特殊专项支出活动，并与国库单一账户清算。预算单位不得将特设专户的资金转入本单位其他账户，也不得将其他账户资金转入本账户核算。

【例 4-10】用于财政直接支付和与国库单一账户清算的账户是（   ）。

A. 国库单一账户　　　　　　　　　　　B. 财政部门零余额账户

C. 特设专户　　　　　　　　　　　　　D. 预算单位零余额账户

【答案】 B

【解析】 财政部门零余额账户是财政部门在商业银行开设的，该账户用于财政直接支付和与国库单一账户清算。

三、财政收支的方式和程序

（一）财政收入收缴方式和程序

1. 收缴方式

适应财政国库管理制度的改革要求，财政收入的收缴分为直接缴库和集中汇缴两种方式。

（1）直接缴库。直接缴库是指由缴款单位或缴款人按有关法律、法规的规定，直接将应缴收入缴入国库单一账户或预算外资金财政专户。

（2）集中汇缴。集中汇缴是指由征收机关（有关法定单位）按有关法律、法规的规定，将所收的应缴收入汇总缴入国库单一账户或预算外资金财政专户。

2. 收缴程序

（1）直接缴库程序。直接缴库的税收收入，由纳税人或税务代理人提出纳税申报，经征收机关审核无误后，由纳税人通过开户银行将税款缴入国库单一账户。直接缴库的其他收入，比照本程序缴入国库单一账户或预算外资金财政专户。

（2）集中汇缴程序。小额零散税收和法律另有规定的应缴收入，由征收机关于收缴收入的当日汇总缴入国库单一账户。非税收入中的现金缴款，比照本程序缴入国库单一账户或预算外资金财政专户。

（二）财政支出支付方式和程序

财政支出总体上分为购买性支出和转移性支出。根据支付管理需要，购买性支出具体分为：① 工资支出，即预算单位的工资性支出；② 购买支出，即预算单位除工资支出、零星支出之外的购买服务、货物、工程项目等支出；③ 零星支出，即预算单位购买性支出中的日常小额部分，除《政府采购品目分类表》所列品目以外的支出，或虽列入《政府采购品目分类表》所列品目但未达到规定数额的支出。转移性支出，即拨付给预算单位或下级财政部门，未指明具体用途的支出，包括拨付企业补贴和未指明具体用途的资金、中央对地方的一般性转移支付等。

1. 支付方式

按照不同的支付主体，对于不同的支出，分别实行财政直接支付和财政授权支付。

（1）财政直接支付。财政直接支付是由财政部门向中国人民银行和代理银行签发支付指令，代理银行根据支付指令通过国库单一账户体系，直接将财政资金支付给收款人（商品和劳务供应者）或用款单位账户。

（2）财政授权支付。财政授权支付是预算单位按照财政部门授权，自行向代理银行签发支付指令，代理银行根据支付指令，在财政部门批准的预算单位的用款额度内，通过国库单一账户体系将资金支付到收款人账户。实行财政授权支付的支出包括未实行财政直接支付的购买支出和零星支出。

2. 支付程序

（1）财政直接支付程序。预算单位实行财政直接支付的财政性资金包括工资支出、工程采购支出、物品和服务采购支出。财政直接支付的申请由一级预算单位汇总，填写"财政直接支付汇总申请书"，报财政部门国库支付执行机构。财政部门国库支付执行机构审核一级预算单位提出的支付申请无误后，开具"财政直接支付汇总清算额度通知单"和"财政直接支付凭证"，经财政部门国库管理机构加盖印章签发后，分别送中国人民银行和代理银行。代理银行根据"财政直接支付凭证"及时将资金直接支付给收款人或用款单位。

议一议

财政直接支付的支出项目包括哪些？

（2）财政授权支付程序。财政授权支付程序适用于未纳入工资支出、工程采购支出、物品和服务采购支出管理的购买支出和零星支出，其包括单件物品或单项服务购买额不足10万元人民币的购买支出、年度财政投资不足50万元人民币的工程采购支出、特别紧急的支出和经财政部门批准的其他支出。财政部门根据批准的一级预算单位用款计划中月度授权支付额度，每月25日前以"财政授权支付汇总清算额度通知单""财政授权支付额度通知单"的形式分别通知中国人民银行、代理银行。代理银行在收到财政部门下达的"财政授权支付额度通知单"时，向相关预算单位发出"财政授权支付额度到账通知书"。基层预算单位凭 "财政授权支付额度到账通知书"所确定的额度支用资金；代理银行凭 "财政授权支付额度通知单"受理预算单位财政授权支付业务，控制预算单位的支付金额，并与国库单一账户进行资金清算。预算单位支用授权额度时，填制财政部门统一制定的"财政授权支付凭证"送代理银行；代理银行根据"财政授权支付凭证"，通过零余额账户办理资金支付。

本章小结

　　财政法规制度包括预算法律制度、政府采购法律制度和国库集中收付制度。凡是与国家财政有关的法律、行政法规及部门规章、地方性法规都是财政法规制度的法律依据，其主要包括《预算法》《预算法实施条例》《政府采购法》、中央和地方有关国库集中收付制度的规范性文件等。预算法律制度包括预算法律制度的构成，国家预算的概念、作用、级次划分和构成，预算管理的职权，预算收入与预算支出，预算的组织程序，决算和预算、决算的监督等。政府采购法律制度包括政府采购法律制度的构成、政府采购的概念与原则、政府采购的功能与执行模式、政府采购当事人、政府采购方式，政府采购的监督检查等。国库集中收付制度包括国库集中收付制度的概念、国库单一账户体系、财政收支的方式和程序。

综合实训

财政部被推上了被告席

　　2005 年 5 月 23 日《法制日报》报道，卫计委、国家发展和改革委员会在采购国家医疗救治体系项目的物资中有违法行为，而负责监管政府采购的财政部接到投诉后行政不作为，北京现代沃尔经贸有限公司一纸诉状，把财政部推上了被告席。北京市第一中级人民法院开庭审理了此案。据悉，此案是 2003 年 1 月 1 日中国《政府采购法》颁布实施后，首例由政府采购引发的行政诉讼案。

　　原告企业经理王建军说，发现卫计委在采购血气分析仪过程中放着质优价廉的设备不选，却选中了定价高出市场价 40% 的厂家的同类产品，他们拿着投诉信在国家发展和改革委员会、财政部之间来回转圈子，正是由于政府部门"踢皮球"，他们在没有办法的情况下才向法院起诉。

焦点一：政府采购的监管部门是谁

　　卫计委采购血气分析仪该由哪个部门监管成为庭审的焦点之一。原告企业认为，《政府采购法》第十三条明确规定："各级财政部门是负责政府采购的监管部门。"企业投诉卫计委、国家发展和改革委员会在政府采购中有违法行为，理应向财政部投诉。而财政部的代理人则说，企业投诉的国家医疗救治体系项目是由国家发展和改革委员会审核并报国务院批准的重大建设项目，采取招投标方式进行，按照国务院划分的行政监督职责，对于国家重大建设项目的投诉，应由国家发展和改革委员会处理。接到企业的投诉后，财政部在法定的 30 天内联合国家发展和改革委员会召开了协调会，已经把北京现代沃尔经贸有限公司的投诉移交给了国家发展和改革委员会。

焦点二：财政部是否存在行政不作为

　　北京现代沃尔经贸有限公司的代理人说："按照《政府采购法》第五十六条的规定，政府采购监督管理部门应该在接到投诉后的 30 个工作日内，对投诉事项做出处理决定，并以书面形式通知投诉人。北京现代沃尔经贸有限公司在 2004 年 12 月 21 日和 2005 年 1 月 7 日，曾两次以书面形式向财政部投诉，但是财政部在长达 4 个多月的时间内没有给予原告企业任何答复意见。从这一点上说已经构成了行政不作为。"

　　财政部的代理人反驳道，接到北京现代沃尔经贸有限公司的投诉后，他们并没有行政不作为，而是在 2005 年 2 月 23 日，请国家发展和改革委员会、卫计委等有关人员召开协调会，在会上研究决定把此投诉移交国家发展和改革委员会处理。他们也曾多次在电话里和北京现代沃尔经贸有限公司负责人沟通过情况，并不是没有给予企业任何答复意见。财政部不存在行政不作为的情况。

对此，北京现代沃尔经贸有限公司的代理人指出，财政部提交法庭的证据里，没有一份证据能够证明财政部曾给过投诉企业任何答复意见。此案还将进一步审理。

实行政府采购可加强预算资金形态转化过程的管理，在货币资金转化为实物的过程中可把市场机制运用到预算分配环节上，将单一的货币管理形式逐步扩展到采用货币、实物和劳务等多种管理形式；将财政的监督职能从预算资金分配领域扩展到预算资金使用领域，从而起到规范政府采购行为、节约预算资金、降低采购成本、防止重复购置、优化资源配置和抑制腐败现象等重要作用。但是，操作不完善不但使政府采购的优势未发挥，而且造成了更多的困扰。本案例就是操作不当引起的纠纷，从侧面反映出我国预算制度上的不合理，我国预算制度需要加强。

自测题

一、单项选择题（从以下备选答案中选出一个符合题意的正确答案）

1. 《预算法》开始实施的时间是（　　）。
   A. 1995 年 1 月 1 日
   B. 1994 年 3 月 22 日
   C. 1996 年 1 月 1 日
   D. 1997 年 1 月 1 日

2. 根据我国的政权结构，可以把我国的预算分为（　　）。
   A. 6 级
   B. 3 级
   C. 4 级
   D. 5 级

3. 国家预算收入的最主要部分是（　　）。
   A. 税收收入
   B. 依照规定应当上缴的国有资产收益
   C. 专项收入
   D. 其他收入

4. 根据《预算法》的规定，下列各项中，负责审查各级总预算草案及总预算执行情况的报告的是（　　）。
   A. 本级人民代表大会
   B. 本级人民代表大会常务委员会
   C. 本级政府审计部门
   D. 本级政府财政部门

5. 下列表述违反《预算法》规定的是（　　）。
   A. 国家实行中央和地方分税制
   B. 经本级人民代表大会批准的预算，可随意改变
   C. 预算年度自公历 1 月 1 日起，至 12 月 31 日止
   D. 预算收入和预算支出以人民币为计算单位

6. 预算收入、预算支出必须通过国库来进行，各级国库库款的支配权属于（　　）。
   A. 本级人民政府
   B. 本级人民政府财政部门
   C. 本级人民代表大会常务委员会
   D. 本级人民代表大会

7. 各部门、各单位的预算支出，必须按照本级政府财政部门批复的预算科目和数额执行；确需做出调整的，须经（　　）同意。
   A. 本级政府
   B. 本级人民代表大会常务委员会

C. 本级政府财政部门　　　　　　　　　　D. 国务院

8. 根据《政府采购法》的规定，下列关于政府采购的表述中，正确的是（　　　）。

　　A. 政府采购只能采用公开招标方式

　　B. 政府采购只能由集中采购机构代理

　　C. 政府采购当事人只包括采购人和供应商

　　D. 采购人进行政府采购使用的是财政性资金

9. 下列各项中，不属于政府采购中供应商权利的是（　　　）。

　　A. 排斥其他供应商参与竞争的权利

　　B. 平等地获得政府采购信息的权利

　　C. 要求采购人保守其商业秘密的权利

　　D. 平等地取得政府采购供应商资格的权利

10. 根据《政府采购法》的有关规定，招标后没有供应商投标或没有合格标的或重新招标未能成立的，其适用的政府采购方式是（　　　）。

　　A. 询价方式　　B. 邀请招标方式　　　　C. 公开招标方式　　D. 竞争性谈判方式

11. 根据政府采购法律制度的规定，采用邀请招标方式的，采购人应当在省级以上人民政府财政部门指定的政府采购信息媒体上发布资格预审公告。资格预审公告的期限不得少于（　　　）。

　　A. 3 个工作日　　B. 5 个工作日　　　　C. 7 个工作日　　　　D. 10 个工作日

12. 预算单位零余额账户用于财政授权支付和清算。该账户每日发生的支付，于当日营业终了前由代理银行在财政部门批准的用款额度内与国库单一账户清算；营业中单笔支付额在（　　　）万元人民币以上的，应及时与国库单一账户清算。

　　A. 1 000　　　　B. 2 000　　　　　　　C. 3 000　　　　　　D. 5 000

13. 竞争性谈判采购是指要求采购人就有关采购事项，与不少于（　　　）家供应商进行谈判。

　　A. 2　　　　　　B. 3　　　　　　　　　C. 4　　　　　　　　D. 5

14. 供应商认为采购文件、采购过程和中标、成交结果使自己的权益受到侵害的，可以在知道或应知其权益受到侵害之日起（　　　）内，以书面形式向采购人提出质疑。

　　A. 15 个工作日　　B. 10 个工作日　　　　C. 7 个工作日　　　D. 30 个工作日

15. 财政直接支付各单位的预算内资金就是通过（　　　）进行核算支付的。

　　A. 单位零余额账户　　　　　　　　　　B. 基本存款账户

　　C. 临时存款账户　　　　　　　　　　　D. 财政零余额账户

16. 任何单位不得擅自设立、变更或撤销国库单一账户体系中的各类银行账户，管理国库单一账户体系的职能部门是（　　　）。

　　A. 国家税务总局　　　　　　　　　　　B. 财政部

　　C. 中国人民银行　　　　　　　　　　　D. 商务部

17. 财政收入收缴方式中，由征收机关（有关法定单位）按有关法律、法规的规定，将所收的应缴收入汇总缴入国库单一账户或预算外资金财政专户的方式是（　　　）。

　　A. 分次汇缴　　　　B. 直接缴库　　　　C. 集中汇缴　　　D. 汇总缴纳

18. 财政支出支付方式中，由财政部门向中国人民银行和代理银行签发支付指令，代理银行根据支付指令通过国库单一账户体系，直接将财政资金支付给收款人或用款单位账户的方式称为（　　）。

A. 财政直接支付   B. 财政授权支付

C. 财政委托支付   D. 财政集中支付

19. 下列支付项目中，不适用财政授权支付程序进行支付的是（　　）。

A. 单件物品购买额为 5 万元人民币的购买支出

B. 单项服务购买额为 8 万元人民币的购买支出

C. 投资额为 80 万元人民币的工程项目支出

D. 特别紧急的支出

20. 下列支付项目中，适用预算单位实行财政直接支付的财政性资金项目是（　　）。

A. 工资支出

B. 特别紧急的支出

C. 单项服务购买额为 8 万元人民币的购买支出

D. 投资额为 40 万元人民币的工程项目支出

二、多项选择题（从以下备选答案中选出两个或两个以上符合题意的正确答案）

1. 国家预算的作用有（　　）。

A. 财力保证作用   B. 调节制约作用

C. 反映监督作用   D. 平衡收支作用

2. 下列关于国家预算构成的说法中，正确的是（　　）。

A. 中央预算由中央各部门预算和地方各级预算组成

B. 地方各级总预算由本级预算的汇总和下一级总预算组成

C. 中央政府预算指的就是中央预算

D. 各部门预算是由所属各单位预算组成的

3. 我国《预算法》规定的预算收入形式包括（　　）。

A. 税收收入   B. 罚没收入   C. 专项收入   D. 规费收入

4. 下列表述正确的有（　　）。

A. 由国务院财政部门编制的中央决算草案，经国务院审定后，由国务院提请全国人民代表大会批准

B. 由国务院财政部门编制的中央决算草案，由国务院提请全国人民代表大会常务委员会审批

C. 由县级以上地方各级政府财政部门编制的本级决算草案，经本级政府审定后，由本级人民代表大会常务委员会审批

D. 由乡级政府编制的决算草案，由本级人民代表大会审批

5. 下列选项中，不属于我国《政府采购法》适用范围的有（　　）。

A. 我国境内事业单位适用财政性拨款采购限额标准以上的货物

B. 因发生大地震所实施的紧急采购

C. 军事采购

D. 特别行政区的政府采购

6. 下列各项中，（   ）属于各级政府编制的预算调整方案应当列明的事项。

    A. 调整的原因   B. 调整的项目

    C. 调整的数额   D. 调整的措施

7. 根据我国《预算法》的规定，不属于全国人民代表大会预算职权的有（   ）。

    A. 批准中央预算和中央预算执行情况的报告

    B. 审查和批准中央预算的调整方案

    C. 监督中央和地方预算的执行

    D. 改变或撤销全国人民代表大会常务委员会关于预算、决算不适当的决议

8. 下列选项中，可以作为政府采购当事人中采购人的有（   ）。

    A. 中华人民共和国商务部   B. 人民教育出版社

    C. 中国红十字会   D. 甲个人独资企业

9. 根据政府采购法律制度的规定，下列情形中，采购人可以采用单一来源方式采购的是（   ）。

    A. 只能从唯一供应商处采购的

    B. 发生了不可预见的紧急情况而不能从其他供应商处采购的

    C. 采用招标方式所需时间不能满足用户紧急需要的

    D. 不能事先计算价格总额的

10. 政府采购的投诉人对政府采购监督管理部门的投诉处理决定不服或政府采购监督管理逾期未做处理的，可以（   ）。

    A. 申请行政复议   B. 申请仲裁

    C. 向人民法院提起诉讼   D. 向人民法院提起申诉

11. 下列可以对政府采购进行监督的有（   ）。

    A. 财政部门   B. 审计部门   C. 监察部门   D. 社会上的个人

12. 下列各项中，（   ）属于《预算法》规定的与财政部门直接发生预算缴款、拨款关系的企业和事业单位等各单位的预算职权。

    A. 编制本单位的预算、决算草案   B. 按照国家规定上缴预算收入

    C. 安排预算支出   D. 接受国家有关部门的监督

13. 根据政府采购法律制度的规定，下列情形中，采购人可以采用邀请招标方式采购的是（   ）。

    A. 具有特殊性，只能从有限范围的供应商处采购的

    B. 技术复杂或性质特殊，不能确定详细规格或具体要求的

    C. 采用公开招标方式的费用占政府采购项目总价值的比例过大的

    D. 招标后没有供应商投标或没有合格标的或重新招标未能成立的

14. 根据政府采购法律制度的规定，下列情形中，采购人可以采用竞争性谈判方式采购的是（   ）。

    A. 采用招标方式所需时间不能满足用户紧急需要的

    B. 不能事先计算价格总额的

    C. 采用公开招标方式的费用占政府采购项目总价值的比例过大的

    D. 技术复杂或性质特殊，不能确定详细规格或具体要求的

15. 下列关于财政直接支付的表述中，不正确的有（　　　）。

 A. 由中国人民银行向代理银行签发支付指令

 B. 由财政部门向中国人民银行和代理银行签发支付指令

 C. 代理银行根据财政部门支付指令通过国库单一账户体系将资金直接支付到收款人账户

 D. 代理银行根据预算单位支付指令通过国库单一账户体系将资金直接支付到收款人账户

16. 国库集中收付制度包括（　　　）。

 A. 集中收入管理 　　　　　　　　　　 B. 集中支出管理

 C. 集中账户管理 　　　　　　　　　　 D. 集中监督管理

17. 预算单位适用财政直接支付的财政性资金包括（　　　）。

 A. 工资支出 　　　 B. 工程采购支出 　　　 C. 物品采购支出 　　　 D. 服务采购支出

18. 下列账户属于国库单一账户体系的是（　　　）。

 A. 预算外资金财政专户 　　　　　　　 B. 小额现金账户

 C. 国库单一账户 　　　　　　　　　　 D. 财政部门零余额账户

19. 目前，我国财政支出支付方式主要有（　　　）。

 A. 财政直接支付 　　　　　　　　　　 B. 财政授权支付

 C. 财政无偿支付 　　　　　　　　　　 D. 财政有偿支付

20. 下列关于实行国库集中收付制度作用的表述中，正确的有（　　　）。

 A. 有利于提高财政资金的拨付效率和规范化运作程度

 B. 有利于加强对收入缴库和支出拨付过程的监管

 C. 有利于预算单位用款及时和便利

 D. 有利于增强财政资金收付过程的透明度

三、判断题（正确的打"√"，错误的打"×"）

1. 我国预算法律制度由《预算法》和《预算法实施条例》构成。　　　　　　　　　（　　）

2. 《预算法》是我国第一部财政基本法律，是我国国家预算管理工作的根本性法律及制定其他预算法律的基本依据。　　　　　　　　　　　　　　　　　　　　　　　（　　）

3. 国家预算是指经法定程序批准的、国家在一定期间内的财政收支计划，是国家进行财政分配的依据和宏观调控的重要手段。　　　　　　　　　　　　　　　　　　（　　）

4. 我国国家预算分为中央预算、省级预算、地市级预算、县市级预算和乡镇级预算 5级。　　　　　　　　　　　　　　　　　　　　　　　　　　　　　　　　　　（　　）

5. 全国人民代表大会有权审查和批准中央预算的调整方案。　　　　　　　　　　（　　）

6. 中央预算由全国人民代表大会常务委员会审查和批准。地方各级政府预算由本级人民代表大会常务委员会审查和批准。　　　　　　　　　　　　　　　　　　　（　　）

7. 各级政府审计部门对本级各部门、各单位和下一级政府部门的预算执行和决算实行审计监督。　　　　　　　　　　　　　　　　　　　　　　　　　　　　　　　（　　）

8. 我国的政府采购法律制度由《政府采购法》、国务院颁布的一系列部门规章，以及地方性法规和政府规章组成。　　　　　　　　　　　　　　　　　　　　　　　（　　）

9. 政府采购主体中的国家机关是指各级国家权力机关、行政机关、司法机关和党务机关。(　　)

10. 政府采购资金为财政性资金。按照财政部的现行规定,财政性资金是指预算内资金、预算外资金的总和。　　　　　　　　　　　　　　　　　　　　　　(　　)

11. 属于中央预算的政府采购项目,其集中采购目录和政府采购限额标准由国务院财政部门确定并公布。　　　　　　　　　　　　　　　　　　　　　　　　　　　(　　)

12. 《政府采购法》规定,政府采购实行集中采购和分散采购相结合。采购人采购纳入集中采购目录的政府采购项目,应当实行集中采购。　　　　　　　　　　　　　(　　)

13. 政府采购中公开招标是政府采购的主要采购方式。　　　　　　　　　　(　　)

14. 招标后没有供应商投标或没有合格标的或重新招标未能成立的,可以采用竞争性谈判方式采购。　　　　　　　　　　　　　　　　　　　　　　　　　　　(　　)

15. 各级人民政府审计部门是负责政府采购的监督管理部门,依法履行对政府采购活动的监督管理职责。　　　　　　　　　　　　　　　　　　　　　　　　　　　(　　)

16. 国库单一账户在财政总预算会计中使用,行政单位和事业单位会计中不设置该账户。(　　)

17. 财政部门在商业银行为预算单位开设的零余额账户,简称财政部门零余额账户。(　　)

18. 财政部门是持有和管理国库单一账户体系的职能部门,任何单位不得擅自设立、变更或撤销国库单一账户体系中的各类银行账户。　　　　　　　　　　　　　(　　)

19. 小额零散税收和法律另有规定的应缴收入,由征收机关于收缴收入的当日汇总缴入国库单一账户。　　　　　　　　　　　　　　　　　　　　　　　　　　　(　　)

20. 财政直接支付的申请由各预算单位填写"财政直接支付申请书",报财政部门国库支付执行机构。　　　　　　　　　　　　　　　　　　　　　　　　　　　(　　)

四、不定项选择题（从以下备选答案中选出一个或两个及以上符合题意的正确答案）

1. 我国预算法律制度是由(　　)构成的。
   A.《预算法》　　　　　　　　　　B.《预算法实施条例》
   C.《预算法实施细则》　　　　　　D. 有关国家预算管理的其他法律制度

2. 下列关于全国人民代表大会常务委员会的预算管理职权的表述中,不正确的是(　　)。
   A. 批准中央预算和中央预算执行情况的报告
   B. 审查和批准中央预算的调整方案
   C. 审查和批准中央决算
   D. 撤销国务院制定的同宪法、法律相抵触的关于预算、决算的行政法规、决定和命令

3. 下列关于县级以上地方各级人民代表大会常务委员会的预算管理职权的表述中,正确的是(　　)。
   A. 审查本级预算及本级预算执行情况的报告
   B. 批准本级预算和本级预算执行情况的报告
   C. 改变或撤销本级人民代表大会常务委员会关于预算、决算的不适当的决议
   D. 审查和批准本级预算的调整方案

4. 下列关于乡、民族乡、镇政府的预算管理职权的表述中,正确的是(　　)。

　A. 编制本级预算、决算草案

　B. 向本级人民代表大会做关于本级预算草案的报告

　C. 组织本级预算的执行

　D. 编制本级预算的调整方案

5. 我国《预算法》规定的预算收入形式不包括（　　　）。

　A. 依法应当上缴的国有资产投资产生的股息收入

　B. 征收排污费收入

　C. 福利彩票销售收入

　D. 规费收入

6. 下列不属于中央预算编制内容的是（　　　）。

　A. 本级预算收入和支出 　　　　B. 上一年度结余用于本年度安排的支出

　C. 返还或补助地方的支出 　　　　D. 返还或补助地方的收入

7. 下列有关预算的审批、执行、调整等的表述中，正确的是（　　　）。

　A. 中央预算由全国人民代表大会审查和批准

　B. 地方各级政府预算由上级人民代表大会审查和批准

　C. 各级预算由本级政府组织执行，具体工作由本级政府财政部门负责

　D. 乡、民族乡、镇政府预算的调整方案必须提请本级人民代表大会常务委员会审查和
　　批准

8. 对预算、决算的监督按照时间先后，可以分为（　　　）。

　A. 事先监督 　　　　B. 事中监督

　C. 事后监督 　　　　D. 审计监督

9. 下列有关对预算、决算监督的表述中，不正确的是（　　　）。

　A. 全国人民代表大会及其常务委员会对中央和地方预算、决算进行监督

　B. 县级以上地方各级人民代表大会对本级和下级预算、决算进行监督

　C. 乡、民族乡、镇人民代表大会对本级预算、决算进行监督

　D. 各级政府审计部门对本级各部门、各单位和下级政府预算的执行情况和决算进行审
　　计监督

10. 《政府采购信息公告管理办法》是由（　　　）制定的。

　A. 全国人民代表大会 　　　　B. 全国人民代表大会及其常务委员会

　C. 国务院 　　　　D. 国务院财政部门

11. 下列有关政府集中采购目录和政府采购限额标准的表述中，不正确的是（　　　）。

　A. 政府集中采购目录和政府采购限额标准由省级以上人民政府确定并公布

　B. 属于中央预算的政府采购项目，其集中采购目录和政府采购限额标准由国务院确
　　定并公布

　C. 属于地方预算的政府采购项目，其集中采购目录和政府采购限额标准由省、自治
　　区、直辖市人民政府确定并公布

　D. 省、自治区、直辖市人民政府授权的机构无权确定并公布集中采购目录和政府采
　　购限额标准

12. 我国《政府采购法》规定，采购未纳入集中采购目录的政府采购项目，可以实行（　　　）。

A. 自行采购

B. 委托集中采购机构在委托的范围内代理采购

C. 公开招标

D. 竞争性谈判

13. 符合下列情形之一的货物或服务，可以采用邀请招标方式采购的是（　　）。

A. 具有特殊性，只能从有限范围的供应商处采购的

B. 招标后没有供应商投标或没有合格标的或者重新招标未能成立的

C. 采用公开招标方式的费用占政府采购项目总价值的比例过大的

D. 采用招标所需时间不能满足用户紧急需要的

14. 采购人向 3 家以上潜在的供应商发出询价单，对各供应商一次性报出价格进行分析比较，按照符合采购需求、质量和服务相等且报价最低的原则确定中标供应商的采购方式为（　　）。

A. 公开招标　　　B. 邀请招标　　　　C. 竞争性谈判　　　D. 询价

15. 政府采购可以采用的采购方式有（　　）。

A. 公开招标　　　B. 邀请招标　　　　C. 单一来源　　　　D. 询价

16. （　　）是政府采购的监督部门。

A. 各级人民代表大会　　　　　　　B. 各级人民代表大会常务委员会

C. 各级人民政府　　　　　　　　　D. 各级人民政府财政部门

17. 政府采购的监督检查的主要内容有（　　）。

A. 有关政府采购的法律、行政法规和规章的执行情况

B. 采购范围、采购方式和采购程序的执行情况

C. 政府采购人员的职业素质和专业技能

D. 政府采购的立法情况

18. 在国库单一账户体系下，所有财政性资金的（　　）活动均在该账户体系运行。

A. 收入　　　　　B. 支付　　　　　　C. 存储　　　　　　D. 资金清算

19. 预算单位零余额账户可以办理的业务有（　　）。

A. 转账、提取现金等结算业务　　　B. 向按规定保留的相应账户划拨工会经费

C. 经财政部门批准的特殊款项　　　D. 国库单一账户结算

20. 财政直接支付程序适用的支出范围主要包括（　　）。

A. 特别紧急的支出　　　　　　　　B. 工资支出

C. 工程采购支出　　　　　　　　　D. 物品和服务采购支出

五、案例分析题

1. 甲事业单位（以下简称甲单位）拟对其办公设备（均未纳入集中采购目录）进行政府采购。其中，根据 A 设备的采购条件，甲单位选择采用询价方式予以采购；根据 B 设备的采购条件，甲单位选择采用邀请招标方式予以采购；根据 C 设备的采购条件，甲单位选择采用竞争性谈判方式予以采购；根据 D 设备的采购条件，甲单位选择采用单一来源方式予以采购。

按照甲单位采购 A、B、C、D 设备的方式，试分析 A、B、C、D 设备的采购条件。

2. 甲事业单位执行国库集中收付制度。2019 年发生如下经济业务事项。

（1）工资由财政直接支付，收到代理银行转来的"财政直接支付入账通知书"及工资发放明细表，款项已由代理银行支付到个人工资账户，发放工资100万元。

（2）对于单件物品或单项服务购买额不足10万元人民币的购买支出等，采用财政授权支付方式支付。甲单位收到代理银行转来的"授权支付到账通知书"，注明的授权支付额度为8万元。

（3）甲单位购买随买随用的办公用品，填制"财政授权支付凭证"送代理银行，购买办公用品2万元。

（4）甲单位为开展业务活动购买材料5万元，填制"财政授权支付凭证"送代理银行，款项支付完毕，材料已入库，并已全部用于业务活动。

（5）采购一台管理用设备，按照合同规定，购买价格为60万元，由财政直接支付，甲单位收到代理银行转来的"财政直接支付入账通知书"及有关凭证，设备已验收完毕。

请分析：

（1）执行国库集中收付制度的单位，经过申请可设立哪些账户？

（2）财政直接支付与财政授权支付的适用范围是否合法？

（3）财政授权支付的程序是如何规定的？

第五章

会计职业道德

内容提要

1. 了解职业道德的功能。
2. 熟悉会计职业道德的含义。
3. 熟悉加强会计职业道德教育的途径。
4. 掌握会计职业道德规范的主要内容。

第一节　会计职业道德概述

一、职业道德的特征与作用

（一）职业道德的概念

职业道德的概念有广义和狭义之分。广义的职业道德是指从业人员在职业活动中应该遵循的行为准则，涵盖了从业人员与服务对象、职业与职工、职业与职业之间的关系。狭义的职业道德是指在一定职业活动中应遵循的、体现一定职业特征的、调整一定职业关系的职业行为准则和规范。其本质表现在：

（1）职业道德是社会经济关系所决定的社会意识形态。

（2）职业道德是职业活动对职业行为的道德要求，与职业活动的要求密切相关。

（3）职业道德是调节职业活动形式的各种职业关系的手段。

> "道德"一词，在汉语中可追溯到先秦思想家老子所著的《道德经》一书。老子说："道生之，德畜之，物形之，势成之。是以万物莫不尊道而贵德。道之尊，德之贵，夫莫之命而常自然。"其中"道"是指自然运行与人世共通的真理，而"德"是指人世的德性、品行、王道。在当时，"道"与"德"是两个概念，并无"道德"一词。"道德"两字连用始于荀子《劝学》篇："故学至乎礼而止矣，夫是之谓道德之极。"

（二）职业道德的特征

1. 职业性（行业性）

职业道德的内容与职业实践活动密切相关，反映着特定职业活动对从业人员的行为要求。

一定的职业道德规范只适用于一定的职业活动领域，有些具体的行业道德规范，只适用于本行业，其他行业就不完全适用或完全不适用。

2. 实践性

职业道德的作用是调整职业关系，对从业人员职业活动的具体行为进行规范，并解决职业实践活动中的具体道德冲突，因此职业道德具有较强的实践性。

3. 继承性

由于职业道德是与职业活动紧密结合的，所以即使在不同的社会经济环境下，同样一种职业因为职业服务对象、服务手段、职业利益、职业责任和义务相对稳定，所以职业行为道德要求的核心内容也就被继承和发扬。

4. 多样性

随着社会的不断进步，科学技术突飞猛进地发展，社会分工也向着多样化方向发展，社会分工越来越细。社会分工的多样性，决定了职业道德的多样性。可以说，有多少种分工就有多少种职业道德。虽然道德的基本精神在最高的理论层次上也是可以相通的，但是不同的职业有不同的职业道德标准。

资料卡

由于各行各业的职业活动内容和职业特征不同，因此不同职业的职业道德内容也不尽相同，但是各种不同职业的职业道德都有共同的基本内容。我国《公民道德建设实施纲要》提出了职业道德的主要内容是爱岗敬业、诚实守信、办事公道、服务群众、奉献社会。职业道德是道德在职业实践活动中的具体体现。

（1）爱岗敬业就是对自己的职业、自己的工作认真负责。热爱自己的本职工作，以恭敬、严肃的态度对待自己的职业，对本职工作一丝不苟、尽心尽力、忠于职守，为实现职业目标而努力奋斗。一个人要做好自己的本职工作，没有爱岗敬业的职业精神是做不好的。现代社会人与人之间只是分工不同，职业无贵贱之分，这是职业道德的基础，也是社会主义道德所要倡导的首要规范。

（2）诚实守信就是实事求是地为人做事，讲信用、守诺言，这是做人的基本准则，是企业等社会组织安身立命的根本。因此，诚实守信是职业道德的精髓。

（3）办事公道就是指处理各种职业事务时要公道正派、客观公正、不偏不倚、公开公平；对不同的对象一视同仁，秉公办事，不因职位高低、贫富、亲疏的差别而区别对待。

（4）服务群众是指听取群众意见，了解群众需要，端正服务态度，改进服务措施，提高服务质量，这是职业道德的核心。

（5）奉献社会就是要履行对社会、对他人的职业义务，自觉努力为社会、为他人做出贡献，这是职业道德的出发点和归宿。当社会利益与局部利益、个人利益发生冲突时，应要求每个从业人员把社会利益放在首位。

（三）职业道德的作用

1. 促进职业活动的有序进行

职业道德作为社会道德体系的重要组成部分，是所有从业人员在活动中应该遵循的基本行为准则。在现实社会中，无论从事何种行业，具有良好职业道德的从业人员必定有很强的责任心。职业道德对于提高服务质量、调节从业人员内部及从业人员与服务对象间的和谐关系有很大的作用，从而促进职业活动的有序进行。

2. 对社会道德风尚产生积极的影响

职业道德是整个社会道德的主要内容。职业道德一方面涉及每个从业者如何对待职业，如何对待工作，同时也是一个从业人员的生活态度、价值观念的表现，是一个人的道德意识、道德行为发展的成熟阶段，具有较强的稳定性和连续性；另一方面，职业道德也是一个职业集体，甚至一个行业全体人员的行为表现。如果每个行业、每个职业集体都具备优良的道德，那么对整个社会道德风尚将产生积极的影响。

二、会计职业道德的概念与特征

（一）会计职业道德的概念

会计职业道德是指在会计职业活动中应当遵循的、体现会计职业特征的、调整会计职业关系的职业行为准则和规范，其含义包括以下三个方面。

1. 会计职业道德是调整会计职业活动中各种利益关系的手段

会计工作的性质决定了在会计职业活动中要处理方方面面的经济关系，包括单位与单位、单位与国家、单位与投资者、单位与债权人、单位与职工、单位内部各部门之间及单位与社会公众之间的经济关系，这些经济关系的实质是经济利益关系。在我国社会主义市场经济建设中，当各经济主体的利益与国家利益、社会公众利益发生冲突时，会计职业道德不允许通过损害国家和社会公众利益而获取违法利益，但允许个人和各经济主体获取合法的自身利益。会计职业道德可以配合国家法律制度，调整职业关系中的经济利益关系，维护正常的经济秩序。

2. 会计职业道德具有相对稳定性

会计是一种专业技术性很强的职业，在其对单位经济事项进行确认、计量、记录和报告中，会计标准的设计、会计政策的制定、会计方法的选择，都必须遵循其内在的客观经济规律和要求。由于人们面对的是共同的客观经济规律，因此，会计职业道德在社会经济关系不断的变迁中，始终保持自己的相对稳定性。在会计职业活动中，诚实守信、客观公正等是对会计人员的普遍要求。没有任何一个社会制度能够容忍虚假会计信息，也没有任何一个经济主体会允许会计人员私自向外界提供或泄露单位的商业秘密。

3. 会计职业道德具有广泛的社会性

会计职业道德的社会性是由会计职业活动所生成的产品决定的。特别是在所有权和经营权分离的情况下，会计不但要为政府机构、企业管理层、金融机构等提供符合质量要求的会计信息，而且要为投资者、债权人及社会公众服务。因其服务对象涉及面很广，提供的会计信息是公共产品，所以会计职业道德的优劣将影响国家和社会公众利益。因此，会计职业道德必然受到社会关注，具有广泛的社会性。

（二）会计职业道德的特征

会计作为社会经济活动中的一种特殊职业，除具有职业道德的一般特征外，还具有一定的强制性和较多关注公众利益的特征。

1. 具有一定的强制性

为了强化会计职业道德的调整职能，我国会计职业道德中的许多内容都被纳入了会计法律法规。例如，《会计法》《会计基础工作规范》等均对会计职业道德的内容和要求做出了规定。因此，会计职业道德体现出一定的强制性。当然，会计职业道德还有许多非强制性内容，如提高技能、强化服务、参与管理等，但其直接影响到会计人员的专业胜任能力、会计信息质量和会计职业的声誉，因此也要求会计人员遵守。

2. 较多关注公众利益

会计人员在遵循会计职业道德的过程中，往往会受到利益因素的驱动。由于会计人员的利益取决于经济主体的利益，当个人利益、经济主体利益与国家利益、社会公众利益出现矛盾时，如果会计人员与经济主体利益协调一致，而忽视国家利益和社会公众利益，便产生了会计职业道德危机。因此，会计职业的社会公众利益性，要求会计人员客观公正，在会计职业活动中，发生道德冲突时要坚持准则，把国家利益、社会公众利益放在第一位。

三、会计职业道德的功能与作用

（一）会计职业道德的功能

1. 指导功能

指导功能是指会计职业道德指导会计人员会计行为的功能。会计职业道德不但规范和约束会计人员的职业行为，而且通过规范性的要求正确引导、规范和约束会计人员树立良好的职业观念，遵循职业道德要求，从而达到规范会计行为的目的。

2. 评价功能

评价功能是指对会计人员的行为，根据会计职业道德标准进行客观评判和认定的功能。会计职业道德对遵守职业道德行为的主体进行赞扬和褒奖，从而引发其自豪感和荣誉感；对违反职业道德行为的主体进行批评和谴责，使其产生羞愧感和内疚感。因此，道德评价是一种巨大的社会力量和人们内在的意志力量，是人以评价来把握现实的一种方式，它通过把周围社会现象划分为"善"与"恶"而实现。

3. 教化功能

教化功能是指会计职业道德对会计人员具有教育和感化的功能。人们常把道德比作催人奋进的引路人，说的就是道德对人的这种教育和感化功能。会计职业道德不仅明确了会计人员会计行为方面的要求，还明确了会计人员自身素质方面的要求，这种内在要求对会计人员能起到积极的教育和引导作用，并且将规范延伸至日常工作和生活中，从而树立正确的道德观念和道德意识，养成高尚的道德品质。

（二）会计职业道德的作用

会计职业道德的作用，主要体现在以下几个方面。

1. 会计职业道德是规范会计行为的基础

动机是行为的先导，有什么样的动机就有什么样的行为。会计职业道德对会计的行为动机提出了相应的要求，如诚实守信、客观公正等，引导、规劝、约束会计人员树立正确的职业观念，建立良好的职业品行，从而达到规范会计行为的目的。

2. 会计职业道德是实现会计目标的重要保证

从会计职业关系角度讲，会计目标就是为会计职业关系中的各个服务对象提供真实、可靠的会计信息。由于会计职业活动既是技术性的处理过程，又涉及对多种经济利益关系的调整，因此，会计目标能否顺利实现，既取决于会计从业者的专业技能水平，又取决于会计从业者能否严格履行职业行为准则。如果会计从业者故意或非故意地提供了不真实、不可靠的会计信息，就会导致服务对象的决策失误，甚至导致社会经济秩序混乱。因此，依靠会计职业道德规范约束会计从业者的职业行为，是实现会计目标的重要保证。

3. 会计职业道德是对会计法律制度的重要补充

在现实生活中，人们的很多行为很难由法律做出规定。例如，会计法律只能对会计人员不得违法的行为做出规定，不宜对他们如何爱岗敬业、诚实守信和提高技能等提出具体要求，但是，如果会计人员缺乏爱岗敬业的热情和态度，缺乏诚实守信的做人准则，没有必要的职业技能，就很难保证会计信息达到真实、完整的法定要求。很显然，会计职业道德是其他会计法律制度所不能替代的。会计职业道德是对会计法律规范的重要补充。

4. 会计职业道德是提高会计人员职业素养的内在要求

社会的进步和发展，对会计人员素质的要求越来越高。会计职业道德是会计人员素质的重要体现。一个高素质的会计人员应当爱岗敬业并具备专业胜任能力，这不仅是会计职业道德的主要内容，还是会计人员遵循会计职业道德的可靠保证。倡导会计职业道德，加强会计职业道德教育，并结合会计职业活动，引导会计人员进一步加强自我修养，提高专业胜任能力，有利于促进会计人员整体素质的不断提高。

四、会计职业道德与会计法律制度的关系

（一）会计职业道德与会计法律制度的联系

会计职业道德和会计法律制度有着共同的目标、相同的调整对象，承担着同样的职责，两者联系密切。

1. 在作用上相互补充、相互渗透

在规范会计行为时，既需要会计法律制度的强制功能，又需要会计职业道德的教化功能。因此，会计法律制度和会计职业道德在功能上是相互补充的，会计职业道德是会计法律制度的重要补充。

2. 在内容上相互借鉴、相互吸收

会计法律制度中含有会计职业道德规范的内容，同时会计职业道德规范中也包含有会计法律制度的某些条款。

（二）会计职业道德与会计法律制度的区别

1. 两者的性质不同

会计法律制度是由国家立法部门或行政管理部门颁布的对会计人员的工作行为进行约束的具体规定，通过国家机器来强制执行，具有很强的他律性。会计职业道德主要从品行角度对会计人员的会计行为做出规范，主要依靠会计人员的自觉性，并依靠社会舆论、传统习惯和良心来实现，具有很强的自律性。

2. 两者的作用范围不同

会计法律制度侧重于调整会计人员的外在行为和结果的合法化，具有很强的客观性。会计职业道德不仅要求调整会计人员的外在行为，还要求调整会计人员的内心精神世界，主要靠自律，具有较强的主观性。

3. 两者的表现形式不同

会计法律制度是通过一定的程序由国家立法机关或行政管理机关制定的，其表现形式是具体的、明确的、成文的规定。会计职业道德则出自会计人员的职业生活和职业实践，其表现形式既有明确的成文规定，也有不成文的规范，依靠社会舆论、道德教育、传统习俗和道德评价来实现。

4. 两者的实施保障机制不同

会计法律制度由国家强制力保障实施，既包括法律规范内容中明确的制裁和处罚条款，也包括设有与之相配合的权威的制裁和审判机关。会计职业道德既有国家法律的相应要求，也需要会计人员的自觉遵守。当人们在会计职业道德上的权利与义务发生争议时，由于没有权威机构对其中的是非曲直做出明确的裁定，或者即使有裁定也是舆论性质的，缺乏权威机构对裁定执行的保障。

5. 两者的评价标准不同

会计法律制度要求的是"必须"，评价的标准是对和错，对违反会计法律制度的行为，应对其后果进行禁止性追究，并视情节轻重予以不同程度的惩罚。会计职业道德要求的是"应该"，评价标准是善和恶，是一个价值判断，对违背会计职业道德规范的行为应予以舆论谴责，并引起行为人对违背良心的内疚和行为的反思。

（三）会计行为的法治与德治

法律与道德都是社会上层建筑的重要组成部分，都是规范人们行为的重要手段，虽然两者具有各自不同的特点和作用，但它们相互联系、相互补充。会计职业道德规定了会计人员的最高行为标准和一些基本原则及行为规范，会计法律制度所规定的行为规范是会计职业道德的最低要求。会计法律制度所规定的行为规范包括在会计职业道德要求之中，会计职业道德所规定的内容和范围比会计法律制度广泛得多，贯穿于社会经济活动的各个领域、各个方面。违反会计法律制度的行为必定违反会计职业道德，而违反会计职业道德的行为则不一定违反会计法律制度。因此，从根本上治理会计行为失范问题，必须把依法治理和以德治理紧密结合起来，两者相辅相成，充分发挥各自的作用。

案例分析

【案例 5-1】

南纺股份财务舞弊案

南纺股份有限责任公司主要经营业务涉及机电、纺织品、服装等的进出口，南纺旗下的子公司共有 27 家，且拥有 12 家参股公司，这些子公司和参股公司的主要业务包括纺织品、展会、医药和机电产品各个方面。公司于 2001 年在上交所上市，实现主营收入 2.9 亿元，2004 年净利润为 6 205.26 亿元。但至此之后，南纺股份有限责任公司的业绩开始逐年下滑，2011 年 7 月，在南京市纪委、公安局、审计局等多方协助下，证监会约谈南纺股份有限责任公司的高管单晓钟、丁杰、刘盛宁等，2012 年 3 月 23 日，南纺股份有限责任公司由于涉嫌违反法律法规进行财务舞弊，收到证监会发出的调查通知书。之后，南纺股份有限责任公司于 2012 年 3 月 27 日称公司受到证监会调查但并未说明具体原因，2012 年

11 月 28 日上海证券交易所公开谴责南纺股份有限责任公司，指出该公司董事长单晓钟、副总经理刘盛宁和副总经理丁杰共同欺骗造假，对公司的舞弊负有重大责任。

2014 年 5 月，证监会在行政处罚决定书中指出：2006—2010 年，南纺股份有限责任公司连续虚构盈利 3.4 亿元，2006 年虚构利润 3 109 万元，2007 年虚构利润 4 223 万元，2008 年虚构利润 1.52 亿元，2009 年和 2010 年分别虚构利润 6 053 万元和 5 864 万元。与万福生科、绿大地等典型造假案例相比，南纺股份有限责任公司的时间跨度、造假方法和数额有过之而无不及。与此同时，证监会相关负责人对南纺股份有限责任公司做出行政处罚，具体金额为：南纺股份有限责任公司被罚 50 万元，负责人被罚款 3 万～20 万元，共计 153 万元。

分析与提示：

（一）南纺股份有限责任公司财务舞弊案分析

1. 内部管理制度混乱

南纺股份有限责任公司上市 17 年间，公司董事长单晓钟一直身兼董事长和总监理两个重要角色，独揽南纺股份有限责任公司的相关决策权，而且其在任职时间段内不断修改各项公司章程，几乎完全控制了公司，可以随时操纵公司信息的时效性，为财务舞弊提供了机会。

2. 外部审计监管不力

南纺股份有限责任公司聘任南京立信华永会计师事务所长达近 14 年，在 2006—2010 年公司财务报表造假数额巨大的 5 年间，事务所始终出具标准无保留意见的审计报告，可判断出注册会计师独立性已经丧失，在事务所的掩护下，南纺股份有限责任公司更能肆无忌惮地进行报表造假。

（二）南纺股份有限责任公司财务舞弊案启示

1. 恪守职业道德

无论是公司财务人员，还是社会审计人员，都应该规范自己的职业道德，加强职业道德体系的学习，保持应有的职业怀疑态度，"诚信为本，操守为重"。有人说，"会计没有了诚实，就像战士没有了勇敢，科学家没有了智慧，官员没有了廉洁。"比喻形象，言之有理。切不可因为收受贿赂而丢失职业道德，损害公众利益。总之，做人与做事之间，做人应为先。

2. 提高审计独立性

在审计工作中，独立性是至关重要的，是审计生存和发展的前提条件，缺少独立性的审计工作也就失去了它存在的意义。我国的审计业务应尽量避免同一家公司与同一家会计师事务所保持长期的业务往来，即使定期更换在审计报告上签字的注册会计师也不行。长期合作会使双方关系变得更为亲密，出于想要继续合作的动因或是由于巨大的经济诱惑，注册会计师也可能抵挡不住诱惑，从而出具虚假的审计报告，影响审计质量，侵犯了投资者的知情权。

3. 加大违规惩罚力度

在我国现在的法律环境中，公司和注册会计师的违规成本很低，这是导致审计报告出现问题的主要原因，因此，我国政府应当加大市场违规的惩罚力度。首先，应提高违规的罚款金额，可以在一定程度上监督相关人员的工作；其次，政府还要采取刑事处罚措施。

仅仅进行经济处罚还不能引起相关人员的重视，还要建立刑事处罚机制，吊销有关人员的工作执照，加大违法成本，震慑并警告那些有违法念头的人，从外部环境改善审计社会环境，这样有利于公司和审计人员更好地约束自己的行为。

课堂练习

单项选择题（从以下备选答案中选出一个符合题意的正确答案）

狭义的职业道德是指在一定职业活动中应遵循的、体现一定职业特征的、调整一定职业关系的职业行为（　　　）。

A. 规章和要求　　B. 准则和规范　　C. 规则和纪律　　D. 纪律和规范

答案提示

正确选项为 B。

第二节　会计职业道德规范的主要内容

（会计职业道德规范的主要内容）

会计职业道德规范是指在一定社会经济条件下，对会计职业行为及职业活动的系统要求或明文规定，是会计人员处理职业活动中各种关系的行为准则，是职业道德在会计职业行为和会计职业活动中的具体体现。我国会计职业道德规范的主要内容为爱岗敬业、诚实守信、廉洁自律、客观公正、坚持准则、提高技能、参与管理和强化服务。

一、爱岗敬业

（一）爱岗敬业的含义

爱岗敬业指的是忠于职守的事业精神，这是会计职业道德的基础。爱岗就是会计人员应该热爱自己的本职工作，安心于本职岗位，稳定、持久地在会计天地中耕耘，恪尽职守地做好本职工作。敬业就是会计人员应该充分认识本职工作在社会经济活动中的地位和作用，认识本职工作的社会意义和道德价值，具有会计职业的荣誉感和自豪感，在职业活动中具有高度的劳动热情和创造性，以强烈的事业心、责任感从事会计工作。

爱岗敬业是爱岗与敬业的总称。爱岗和敬业互为前提，相互支持、相辅相成。"爱岗"是"敬业"的基石，"敬业"是"爱岗"的升华。如果会计人员对所从事的会计工作不热爱，工作中就难以做到兢兢业业，就不会主动刻苦钻研业务，更新专业知识，提高业务技能；就不会珍惜会计这份工作，努力维护会计职业的声誉和形象；就无法具备与其职务相适应的业务素质和能力；更谈不上坚持准则、客观公正、文明服务，维护国家和集体的利益，为国家和企业承担责任。反之，会计人员虽有热爱会计职业的一腔热情，但如果没有勤奋踏实的工作作风和忠于职守的实际行动，敬业也就成为一句空话。

（二）爱岗敬业的基本要求

第一，正确认识会计职业，树立职业荣誉感。

爱岗敬业精神，自始至终都是以人们对职业的认识程度及所采取的态度作为行动的指导并体现在实际工作中的。如果会计人员对所从事的会计职业缺乏正确的认识，认为会计不过是简单的"写写算算""收收支支"的琐碎工作，或者有"会计难当，职权难用，成绩难见，违纪难免"的想法，就必然会自觉不自觉地把这些意识体现到其工作中，就会表现出"懒""惰""拖"的不良行为，给会计职业及其声誉造成不良影响。

会计人员只有正确认识会计本质，明确会计在经济管理工作中的地位和重要性，树立职业荣誉感，才有可能爱岗敬业。这是做到爱岗敬业的前提，也是首要要求。

第二，热爱会计工作，敬重会计职业。

热爱一项工作，首先就意味着对这项工作有一种职业的荣誉感，有自信心和自尊心；其次是对这项工作抱有浓厚的兴趣，把职业生活看成一种乐趣。于是，平凡的甚至琐碎的日常工作，就成为生活中不可缺少的内容，并且能在工作中时时感受到它的乐趣。

只要人们根据自己的爱好、兴趣和特长来选择职业，通常就会对所选职业充满情感，喜爱这一职业。但是，任何社会、任何时候都难以保证人们所选择的职业是自己满意的。因而，当所从事的职业与自己的兴趣、爱好不一致时，要求人们对其所从事的职业有一个正确的认识和态度。如果做了会计，就应该热爱会计工作，敬重会计职业，即使对会计职业并不感兴趣。

各行各业无数职业道德标兵的先进事迹告诉我们，对自己的工作是否热爱，对自己的岗位是否敬重，是做好本职工作的前提。会计人员只要树立了"干一行爱一行"的思想，就会发现会计职业中的乐趣；只有树立"干一行爱一行"的思想，才会刻苦钻研会计业务技能，才会努力学习会计业务知识，才会发现在会计核算、企业理财领域有许多值得人们去研究和探索的东西。有了对本职工作的热爱，就会激发一种敬业精神，自觉自愿地执行职业道德的各种规范，不断改进自己的工作，在平凡的岗位上做出不平凡的业绩。

第三，安心工作，任劳任怨。

安心本职工作，就是以从事会计工作为"乐"，而不是"这山望着那山高"。只有安心本职工作，才能潜下心来"勤学多思，勤问多练"，才能对会计工作中不断出现的新问题去探索和研究，才能真正做到敬业。任劳任怨，要求会计人员具有不怕吃苦的精神和不计较个人得失的思想境界。会计人员在进行会计事项的处理中，有时会出现两难的境地，当集体利益与职工个人利益或国家利益与单位利益发生冲突时，会计人员如果维护了国家利益或集体利益，就可能不被人们理解甚至遭到抱怨；反之，则会有道德危机。会计职业道德要求会计人员既任劳也任怨。

第四，严肃认真，一丝不苟。

从业者对自己本职工作的热爱，必定会体现在对工作所必需的职业技能的态度上，体现在对自己工作成果的追求上，这就是对工作严肃认真、一丝不苟，对技术精益求精。会计工作是一项严肃细致的工作，没有严肃认真的工作态度和一丝不苟的工作作风，就容易出现偏差。对一些损失、浪费、违法乱纪的行为和一切不合法、不合理的业务开支，要严肃认真地对待，把好费用支出关。严肃认真、一丝不苟的职业作风贯穿于会计工作的始终，不但要求数字计算准确，手续清楚完备，而且绝不能有"都是熟人不会错"的麻痹思想和"马马虎虎"的工作作风。

第五，忠于职守，尽职尽责。

忠于职守就是忠实地履行自身的岗位职责，主要表现在三个方面，即忠实于服务主体、忠实于社会公众、忠实于国家。尽职尽责表现为会计人员对自己承担的责任和义务所表现出的责任感和义务感。责任有两个方面的内容：一是社会或他人对会计人员规定的责任，二是会计人员对社会或他人所负的道义责任。

会计人员忠实于服务主体，就是要客观、真实地记录和反映服务主体的经济活动状况，监督其财产安全，同时还应筹划其资金的有效运作，积极参与经营和决策。会计人员忠实于社会公众，就是要正确、真实地对外提供有关服务主体的会计信息，以便让投资者、债权人及其他社会公众获取客观、真实的会计信息，从而进行正确判断和合理决策。会计人员忠实于国家，就是对社会整体利益负责。

议一议

会计人员怎样才能做到既爱岗又敬业？

二、诚实守信

（一）诚实守信的含义

诚实是指言行和内心思想一致，不弄虚作假，不欺上瞒下，做老实人，说老实话，办老实事。守信就是遵守自己所做出的承诺，讲信用，重信用，信守诺言，保守秘密。诚实守信是做人的基本准则，是人们在古往今来的交往中产生的最根本的道德规范，也是会计职业道德的精髓。

诚实与守信具有内在的因果联系，一般来说，诚实即为守信，守信就是诚实。有诚无信，道德品质得不到推广和延伸；有信无诚，信就失去了根基，德就失去了依托。诚实必须守信。

人无信不立，国无信不强。在现代市场经济社会，诚信尤为重要。市场经济是"信用经济""契约经济"，注重的就是诚实守信。可以说，信用是维护市场经济步入良性发展轨道的前提和基础，是市场经济社会赖以生存的基石。

（二）诚实守信的基本要求

第一，做老实人，说老实话，办老实事，不搞虚假。

做老实人，要求会计人员言行一致，表里如一，光明正大。说老实话，要求会计人员说话诚实，是一说一，是二说二，不夸大，不缩小，不隐瞒，如实反映和披露单位经济业务事项。办老实事，要求会计人员工作踏踏实实，不弄虚作假，不欺上瞒下。总之，会计人员应言行一致，实事求是，如实反映单位经济业务活动情况，不为个人和小集团利益伪造账目、弄虚作假，损害国家和社会公众利益。

近年来，在财政部进行的会计信息质量抽查中，假凭证、假账簿、假报表比较普遍。而虚假信息均是出自单位管理层和会计人员之手，而且一些注册会计师也扮演了不光彩的角色，严重影响了会计职业的社会信誉。

第二，保密守信，不为利益所诱惑。

所谓保守秘密，就是指会计人员在履行自己的职责时，应树立保密观念，做到保守商业秘密，对机密资料不外传、不外泄，守口如瓶。会计人员因职业特点经常接触到单位和客户的一些商业秘密，如单位的财务状况、经营情况、成本资料及重要单据、经济合同等。因而，会计人员应依法保守单位秘密，这是会计人员应尽的义务，也是诚实守信的具体体现。

泄密，不仅是一种不道德的行为，还是违法行为，是会计职业的大忌。除法律规定或经单位规定程序批准外，会计人员不能以任何借口或方式把单位商业秘密泄露出去。我国有关法律制度对会计人员保守秘密做了相关的规定。例如，《中华人民共和国注册会计师法》第十九条规定："注册会计师对执行业务中知悉的商业秘密，负有保密的义务。"财政部印发的《会计基础工作规范》第二十三条规定："会计人员应当保守本单位的商业秘密。除法律规定和单位领导人同意外，不能私自向外界提供或泄露单位的会计信息。"

第三，执业谨慎，信誉至上。

诚实守信，要求注册会计师在执业中始终保持应有的谨慎态度，对客户和社会公众尽职尽责，形成"守信光荣、失信可耻"的氛围，以维护职业信誉。首先，注册会计师在选择客户时应谨慎，不要一味地追求营业收入，迎合客户不正当要求，接受违背职业道德的附加条件。其次，注意评估自身的业务能力，正确判断自身的知识、经验和专业能力能否胜任所承担的委托业务。再次，严格按照独立审计准则和执业规范、程序实施审计，对审计中发现的违反国家统一的会计制度及国家相关法律制度的经济业务事项，应当按照规定在审计报告中予以充分反映。最后，在接受委托业务后，应积极完成所委托的业务，认真履行合同，维护委托人的合法权益，以免当事人的利益受到损害。

案例分析

【案例 5-2】

违背诚实守信，泄露公司商业秘密

张红是一家软件公司的主管会计，工作努力，钻研业务，积极提出合理化建议，是公司财务部门的一把好手，深受公司领导信任。张红的男友在一家私有电子企业任总经理，在其男友的多次请求下，张红将其在工作中接触到的公司新产品研发计划及相关会计资料复印件提供给他，给公司带来一定的损失。公司认为张红不宜继续担任会计工作。

分析与提示：

会计诚实守信是指会计人员应当做老实人，说老实话，办老实事，执业谨慎，信誉至上，不为利益所诱惑，不弄虚作假，不泄露秘密。张红把在工作中接触到的公司新产品研发计划及相关会计资料复印件，提供给在一家私有电子企业任总经理的男友，因情感和利益诱惑等因素，违背了诚实守信的原则，泄露了公司的商业秘密，给公司带来一定的损失。张红也因此失去了工作。

三、廉洁自律

（一）廉洁自律的含义

廉洁就是不贪污钱财，不收受贿赂，保持清白。自律是指自律主体按照一定的标准，自己约束自己、自己控制自己的言行和思想的过程。廉洁自律是会计职业道德的前提，也是会计职业道德的内在要求，这是由会计工作的特点决定的。

作为整天与钱财打交道的会计人员，必须两袖清风，不取不义之财，做到面对金钱不眼红。

会计人员只有首先做到自身廉洁，严格约束自己，才能要求别人廉洁，才能理直气壮地阻止或防止别人侵占集体利益，正确行使反映和监督的会计职责，保证各项经济活动正常进行。

自律的核心就是用道德观念自觉抵制自己的不良欲望。一个能自律的人，能保持清醒的头脑，把持住自我，不迷失方向；而不能自律的人则头脑昏昏，丧失警惕，终将成为权、财的奴隶。惩治腐败，打击会计职业活动中的各种违法活动和违反职业道德的行为，除依靠法制手段，建立、健全法律制度外，会计人员严格自律，防微杜渐，构筑思想道德防线，也是防止腐败和非职业道德行为的有效手段。

会计人员的廉洁是会计职业道德自律的基础，而自律是廉洁的保证。自律性不强就很难做到廉洁，不廉洁就谈不上自律。

（二）廉洁自律的基本要求

第一，树立正确的人生观和价值观。

廉洁自律，首先要求会计人员必须加强世界观的改造，树立正确的人生观和价值观。人生观是人们对人生的目的和意义的总的观点和看法。价值观是指人们对于价值的根本观点和看法，它是世界观的重要组成部分，包括对价值的本质、功能、创造、认识和实现等有关价值的一系列问题的基本观点和看法。会计人员应以马克思主义、毛泽东思想、邓小平理论、"三个代表"重要思想、科学发展观、习近平新时代中国特色社会主义思想为指导，树立科学的人生观和价值观，自觉抵制享乐主义、个人主义和拜金主义等错误的思想，这是在会计工作中做到廉洁自律的思想基础。

第二，公私分明，不贪不占。

公私分明就是指严格划分公与私的界线，公是公，私是私。如果公私分明，就能够廉洁奉公，一尘不染，做到"常在河边走，就是不湿鞋"。如果公私不分，就会出现以权谋私的腐败现象，甚至出现违法违纪行为。

廉洁自律的天敌就是"贪""欲"。在会计工作中，由于大量的钱财要经过会计人员之手，所以很容易诱发会计人员的"贪""欲"。一些会计人员贪图金钱和物质上的享受，利用职务之便，自觉或不自觉地行"贪"，有的被动受贿，有的主动索贿，有的贪污、挪用公款，有的监守自盗，有的集体贪污。究其根本原因是这些会计人员忽视了世界观的自我改造，放松了道德的自我修养，弱化了职业道德的自律。

第三，遵纪守法，一身正气。

遵纪守法，正确处理会计职业权利与职业义务的关系，增强抵制行业不正之风的能力，是会计人员廉洁自律的又一个基本要求。会计人员的权利和义务在《会计法》中做出了明确规定。会计人员不但要遵纪守法，不违法乱纪、以权谋私，做到廉洁自律，而且要敢于、善于运用法律所赋予的权利，尽职尽责，勇于承担职业责任，履行职业义务，保证廉洁自律。

会计人员应当一身正气，维护职业声望，这既关系到行业利益，也关系到每个从业人员的切身利益，同时也是反映社会对不同职业的认可程度的依据。如果会计人员不能廉洁自律，就必然会损失方方面面的利益，会计职业的公信力就会受到质疑。贪污浪费、公款吃喝、岗位谋私等行为不但损害了国家利益、集体利益和他人利益，而且降低了会计界的职业声望。

案例分析

【案例 5-3】

公款炒股，身陷囹圄

王某是山东省某投资公司的一名会计，丈夫是一家国有企业的技术工人，有一个活泼可爱的小男孩。王某一家像城市中的许多家庭一样，过着平淡而充实的生活。当汽车、洋房成为都市人追逐的时尚时，王某他们对此并没有太多的奢望。安贫乐道，平安是福，在简单的生活中她有着自己的追求——梦想自己的孩子也像有钱人的孩子一样上名校、考大学、出国留学。

在一次同学聚会中，王某看到自己的同学，发财的发财、升官的升官，想想自己学习并不比他们差，水平并不比他们低，结果工作单位平平，要地位没地位，要钱财没钱财，心里很不平衡。闲谈中听到同学李小虎炒股发了大财，一年赚了 100 多万元，王某心里羡慕极了，也想炒点股票试一试，可是资金哪里来呢？同学们你一言，我一语，出谋划策。其中有个同学对她说："你真是一个死心眼，你不是管着单位的钱吗？先拿来用一用，等赚了钱再还回去不就行了，这有什么难的，公款炒股，公款私存，不是很正常吗？"听了同学的话，王某动摇了。第二天就挪用 50 万元资金投进了股市。贪婪一旦战胜理智，就如同洪水猛兽一般，一发而不可收。到事情败露前的 5 年时间里，王某利用提取现金不记账等手段累计挪用资金 249.7 万元，非法获利 87.6 万元。

分析与提示：

一失足成千古恨。这位已为人母的会计王某，今后将有 6 年时间在铁窗中度过。漫长的牢狱生活告诫人们：会计人员应该自尊、自爱，自觉遵守国家的财经法规，廉洁自律。切记：手莫伸，伸手必被捉！

四、客观公正

（一）客观公正的含义

客观是指按事物的本来面目去反映，不掺杂个人的主观意愿，也不为他人意见所左右。公正就是平等、公平、正直，没有偏失。但公正是相对的，世上没有绝对的公正。客观公正是会计职业道德所追求的理想目标。

对会计职业活动而言，客观主要包括两层含义：一是真实性，即以实际发生的经济活动为依据，对会计事项进行确认、计量、记录和报告；二是可靠性，即会计核算要准确，记录要可靠，凭证要合法。

在会计职业活动中，由于涉及对多方利益的协调处理，所以，公正就是要求各企事业单位管理层和会计人员不仅要具备诚实的品质，还要公正地开展会计核算和会计监督工作，即在履行会计职能时，摒弃单位、个人私利，公平公正、不偏不倚地对待相关的利益各方。作为注册会计师，在进行审计鉴证时，应以超然独立的姿态，进行公平公正的判断和评价，出具客观、适当的审计意见。

客观是公正的基础，公正是客观的反映。要达到公正，仅仅做到客观是不够的。公正不仅仅指诚实、真实和可靠，还包括在真实、可靠中做出公正的选择。这种选择尽管建立在客观的基础之上，还需要在主观上做出公平、合理的选择。是否公平、合理，既取决于客观的选择标准，也取决于选择者的道德品质和职业态度。

（二）客观公正的基本要求

第一，依法办事。

依法办事，认真遵守法律、法规，是会计工作保证客观公正的前提。当会计人员有了端正的态度和专业知识技能之后，必须依据法律、法规和制度的规定进行会计业务处理，并对复杂疑难的经济业务做出客观的会计职业判断。总之，只有熟练掌握并严格遵守会计法律、法规，才能客观公正地处理会计业务。

第二，实事求是。

社会经济是复杂多变的，会计法律制度不可能对所有的经济事项做出规范，那么会计人员对经济事项的职业判断，就可能会出现偏差。因此，客观公正是会计工作和会计人员追求的目标，通过不断提高专业技能，正确理解、把握并严格执行会计准则、制度，不断消除非客观、非公正因素的影响，才能做到最大限度的客观公正。

在实际生活中，客观公正应贯穿于会计活动的整个过程。要做到客观公正，最根本的是要有实事求是的科学态度。没有实事求是的严谨态度，主观、片面、表面地看问题，就无法做到"情况明"，也就无法根据客观情况来公正地处理问题。即使主观上想客观公正，客观上也无从实现。

议一议

"实事求是"的"是"是什么含义？如何做到实事求是？

第三，如实反映。

各单位必须根据实际发生的经济业务事项进行会计核算，填制会计凭证，登记会计账簿，编制财务会计报告。任何单位不得以虚假的经济业务事项或资料进行会计核算，所以会计人员无论是记账、算账，还是报账，都应该做到内容真实、数字准确、手续完备、账目清楚，不为他人左右，更不为谋取个人私利而歪曲事实、弄虚作假。

案例分析

【案例5-4】

拒绝付款，杜绝违法会计行为

某年3月5日，某商业公司会计人员张某在审核一笔托收付款凭证时，无意中发现其商品单价每台高出合同价40元，总差价24 000元。当时业务部门已经核对了付款凭证，签字同意付款；并且由于该批商品进货及时、适销对路，已经全部售出，收益可观。进货业务员也因此受到公司领导的好评。但张某想到自己是会计，必须实事求是、客观公正、真实反映情况。对托收凭证与合同存在的问题，张某找到业务员，要求核实情况。业务员一听要核实进货价格，态度蛮横地拒绝了张某的要求。张某又要求他提供合法的凭据，否则拒付差额款。业务员说是对方电话通知涨价，合同价已经更改。张某给供货方打电话查询此事。对方回答：货款未涨，但我方业务员已"借"走现金 24 000 元，要求一并托收。事实真相查清后，张某向单位负责人做了专题汇报。

分析与提示：

根据《会计法》的规定，会计机构、会计人员对违反本法和国家统一的会计制度规定的会计事项，有权拒绝办理或按照职权予以纠正。本案例中，张某作为会计人员，根据《会计法》赋予会计人员的职权，发现账实不符时，依法履行了在会计监督中的职责，杜绝了违法会计行为的发生，体现了会计人员应有的职业道德，同时起到了单位内部会计监督的作用。

【案例 5-5】

不偏不倚，一视同仁

某商场出纳员在报销差旅费时，对于同样是领导批准、主管会计审核无误的差旅费报销单，对和自己私人关系不错的人是随来随报，但对和自己有矛盾、私人关系较为疏远的人则以账面无款、库存无现金和整理账务等理由无故拖欠。

该出纳员在报销差旅费时，是否遵守了会计人员的职业道德规范？如果你是出纳员，对此问题应该如何处理？

分析与提示：

这名出纳员没有遵守会计人员的职业道德规范，违背了客观公正的会计职业道德要求。客观公正要求会计人员端正态度，依法办事，实事求是，不偏不倚，保持应有的独立性。

出纳员对任何持领导批准、主管会计审核无误的差旅费报销单的人员应一视同仁，不应因关系的远近而有所不同。

课堂练习

多项选择题（从以下备选答案中选出两个或两个以上符合题意的正确答案）

下列有关会计职业道德"客观公正"的表述中，正确的有（   ）。

A. 扎实的理论功底和较高的专业技能是做到客观公正的重要条件

B. 依法办事是会计工作保证客观公正的前提

C. 在会计工作中，客观是公正的基础，公正是客观的反映

D. 会计活动的整个过程应保持独立

答案提示

正确选项为 ABCD。

五、坚持准则

（一）坚持准则的含义

坚持准则是指会计人员在处理业务的过程中，要严格按照会计法律制度办事，不为主观或

他人意志左右。这里所说的"准则"，不仅指会计准则，还包括会计法律、法规和国家统一的会计制度及与会计工作相关的法律制度。坚持准则是会计职业道德的核心。

会计人员在进行核算和监督的过程中，只有坚持准则，才能以准则作为自己的行动指南。在发生道德冲突时，应坚持准则，以维护国家利益、社会公众利益和正常的经济秩序。注册会计师在进行审计业务时，应严格按照独立审计准则的有关要求和国家统一的会计制度的规定，出具客观公正的审计报告。

（二）坚持准则的基本要求

第一，熟悉准则。

熟悉准则是指会计人员应了解和掌握《会计法》和国家统一的会计制度及与会计工作相关的法律制度，这是遵循准则、坚持准则的前提。只有熟悉准则，才能按准则办事，才能遵纪守法，才能保证会计信息的真实性、完整性。

第二，遵循准则。

遵循准则即执行准则。准则是会计人员开展会计工作的外在标准和参照物。会计人员在会计核算和监督时要自觉地严格遵守各项准则，将单位具体的经济业务事项与准则相对照，先做出是否合法合规的判断，对不合法的经济业务不予受理。在实际工作中，由于经济的发展和社会环境的变化，会计业务日趋复杂，所以准则规范的内容也在不断变化和完善。这就要求会计人员不仅要经常学习、掌握准则的最新变化，了解本部门、本单位的实际情况，准确地理解和执行准则，还要在面对经济活动中出现的新情况、新问题及准则未涉及的经济业务或事项时，通过运用所掌握的会计专业理论和技能，做出客观的职业判断，予以妥善的处理。

第三，敢于同违法行为做斗争。

市场经济是利益经济。在会计工作中，常常由于各种利益的交织，引起会计人员道德上的冲突。如果会计人员为了自己的个人利益不受影响，放弃原则，会使会计工作严重偏离准则，会计信息的真实性、完整性就无法保证。会计人员坚持准则，往往会受到单位负责人和其他方面的阻挠、刁难甚至打击报复。

为了切实维护会计人员的合法权益，《会计法》强化了单位负责人对单位会计工作的法律责任，赋予了会计人员相应的权力，改善了会计人员的执法环境。会计人员应认真执行国家统一的会计制度，依法履行会计监督职责，发生冲突时，应坚持准则，对法律负责，对国家和社会公众负责，敢于同违反会计法律、法规和财务制度的现象做斗争，确保会计信息的真实性和完整性。

想一想

做假账要承担什么法律责任？

案例分析

【案例5-6】

法尔莫公司案例——老板拉着财务总监一路走到黑

从孩提时代开始，米奇·莫纳斯就喜欢几乎所有的运动，尤其是篮球。但是因天资及身高所限，他没有机会到职业球队打球。然而，莫纳斯确实拥有一个所有顶级球员共有的特征，那就是他有一种无法抑制的求胜欲望。

莫纳斯把他无穷的精力从球场上转移到他的董事长办公室里。他首先设法获得了位于（美）俄亥俄州阳土敦市的一家药店，在随后的 10 年中他又收购了另外 299 家药店，从而组建了全国连锁的法尔莫公司。遗憾的是，这一切辉煌都是建立在资产造假——未检查出来的存货高估和虚假利润的基础上的，这些舞弊行为最终导致莫纳斯及其公司破产，同时也使为其提供审计服务的"五大"事务所损失了数百万美元。下面是这起案件的经过。

自获得第一家药店开始，莫纳斯就梦想着把他的小店发展成一个庞大的药品帝国。其所实施的策略就是他所谓的"强力购买"，即通过提供较低的折扣来销售商品。莫纳斯首先做的就是把实际上并不赢利且未经审计的药店报表拿来，用自己的笔为其加上并不存在的存货和利润。然后凭着自己空谈的天分及一套夸大了的报表，在一年之内骗得了足够的投资，用以收购 8 家药店，奠定了他的小型药品帝国的基础。这个帝国后来发展到了拥有 300 家连锁店的规模。一时间，莫纳斯成为金融领域的风云人物，他的公司则在阳土敦市赢得了令人崇拜的地位。

一次偶然的机会导致这个精心设计的、至少引起 5 亿美元损失的财务舞弊事件浮出水面，而莫纳斯和他的公司炮制虚假利润已达 10 年之久。这实在不是一件容易的事。当时法尔莫公司的财务总监认为因公司以低于成本的价格出售商品而导致了严重的损失，但是莫纳斯认为通过"强力购买"，公司完全可以发展得足够大以使得它能顺利地坚持它的销售方式。最终在莫纳斯的强大压力下，这位财务总监卷入了这起舞弊案件。在随后的数年之中，他和他的几位下属保持了两套账簿，一套用以应付注册会计师的审计，另一套反映糟糕的现实。

他们先将所有的损失归入一个所谓的"水桶账户"，然后再将该账户的金额通过虚增存货的方式重新分散到公司的数百家成员药店中。他们仿造购货发票，制造增加存货并减少销售成本的虚假记账凭证，确认购货却不同时确认负债，多计或加倍计算存货的数量。财务部门之所以可以隐瞒存货短缺，是因为注册会计师只对 300 家药店中的 4 家进行存货监盘，而且他们会提前数月通知法尔莫公司他们将检查哪些药店。管理人员随之将那 4 家药店堆满存货，而把那些虚增的部分分配到其余的 296 家药店。如果不考虑其会计造假，法尔莫公司实际已濒临破产。事发后，那位财务总监被判 33 个月的监禁，莫纳斯本人则被判入狱 5 年。

分析与提示：

现阶段，我国绝大部分会计人员主要在单位负责人的领导下工作，市场经济条件下的激烈竞争，使部分会计人员经常面临被辞退、下岗、失业的压力，会计人员如果不听领导的安排或不按领导的意图办事，就可能失去工作。在这种情况下，一些平常较为敬业的会计人员在面临授意、指使、强令其伪造、变造会计资料时，出于无奈被迫放弃职业道德，失去原则违心操作。上述案例中的那位财务总监正是面临这样的情况，为了保住工作他选择了做假，最终的结果是他被老板拖下了水，一路走到黑。

试想，倘若当初那位财务总监在发现问题时能坚持原则，"不为五斗米而折腰"的话，又岂能有后面的牢狱之灾；此外，替老板做假账一旦事发，会计人员不仅要承担法律责任，其人力资本在人才市场上也势必贬值，还会影响未来的职业生涯；再者，一家要靠做假账才能生存的企业断然不是会计人员可长栖的"良木"。所以，遇到上述情形敢于说"不"，才是会计人员明智的选择。

【案例 5-7】

老板授意做假账，会计顶得住吗

某年 11 月，甲公司因产品销售不畅，新产品研发受阻，公司财会部预测公司本年度将发生 800 万元的亏损。刚刚上任的公司总经理责成总会计师王某千方百计地实现当年的赢利目标，并说："实在不行，可以对会计报表做一些技术处理。"总会计师很清楚公司本年度亏损已成定局，要落实总经理的赢利目标，只能在财务会计报告上做手脚。总会计师感到左右为难，如果不按总经理的意见去办，自己以后无法在公司立足；如果按照总经理的意见去办，自己就会有风险。为此，总会计师思想负担很重，不知如何是好。

分析与提示：

总会计师王某应当拒绝总经理的要求。因为总经理违反了《会计法》中规定的"单位负责人对本单位的会计工作和会计资料的真实性、完整性负责""任何单位或个人不得以任何方式授意、指使、强令会计机构、会计人员伪造、变造会计凭证、会计账簿和其他会计资料，提供虚假财务会计报告"。王某在工作中应当把会计职业道德规范作为行为准则，诚实守信，客观公正，坚持准则。

课堂练习

简答题

某公司为获得一项工程合同，拟向工程发包方的有关人员支付好处费 10 万元。公司市场部经理持公司董事长的批示到财务部申领该笔款项。财务部经理王某认为该项支出不符合有关规定，但考虑到公司主要领导已做了批示，即同意拨付该笔款项。分析财务部经理王某的行为违反了哪项职业道德。

【解析】 财务部经理王某的行为违反了坚持准则的会计职业道德要求。坚持准则是指会计人员在处理业务的过程中，要严格按照会计法律制度办事，不为主观或他人意志左右。

六、提高技能

（一）提高技能的含义

会计人员是会计工作的主体。会计工作质量的好坏，一方面受会计人员职业技能水平的影响，另一方面受会计人员道德品行的影响。会计人员的道德品行是会计职业道德的根本和核心，会计人员的职业技能水平是会计人员职业道德水平的保证。会计工作是一门专业性和技术性很强的工作，从业人员必须"具备一定的会计专业知识和技能"，才能胜任会计工作。作为一名会计工作者，必须不断提高其职业技能，这既是会计人员的义务，也是会计人员在职业活动中做到客观公正、坚持准则的基础，是其参与管理的前提。

提高技能是指会计人员通过学习、培训和实践等途径，持续提高会计职业技能，以达到和维持足够的专业胜任能力的活动。遵守会计职业道德客观上需要不断提高会计职业技能。职业技能也可称为职业能力，是人们进行职业活动、承担职业责任的能力和手段。就会计职业而言，职业技能包括会计理论水平、会计实务操作能力、职业判断能力、自动更新知识能力、提供会计信息的能力、沟通交流能力及职业经验等。

会计人员在对会计事项进行确认、计量、记录和报告及对单位内部会计控制制度设计中，都需要有扎实的理论功底和丰富的实践经验；在进行具体业务处理时，对会计处理方法的选择、会计估计的变更、会计信息电算化的处理、网络化传输等技术性很强的工作，没有娴熟的专业技能，是无法开展会计工作、履行会计职责的。特别是我国加入世界贸易组织以后，我国经济逐渐融入全球经济体系，要求会计准则、会计制度与国际会计惯例充分协调，需要会计人员不断学习新的会计理论和新的准则制度，熟悉和掌握新的法律、法规。会计人员只有不断地学习，才能保持持续的专业胜任能力、职业判断能力和交流沟通能力，不断地提高会计专业技能，以适应我国深化会计改革和会计国际化的要求。

（二）提高技能的基本要求

第一，具有不断提高会计专业技能的意识和愿望。

随着市场经济的发展、全球经济一体化及科学技术的日新月异，会计在经济发展中的作用越来越明显，对会计的要求也越来越高，会计人才的竞争也越来越激烈。会计人员要想生存和发展，就必须具有不断提高会计专业技能的意识和愿望，不断进取，主动地求知、求学，刻苦钻研，使自身的专业技能不断提高，使自己的知识不断更新，从而掌握过硬的本领，在会计人才的竞争中立于不败之地。

第二，具有勤学苦练的精神和科学的学习方法。

专业技能的提高和学习不是一劳永逸的，必须持之以恒，不间断地学习、充实和提高，"活到老学到老"。只有锲而不舍地"勤学"，同时掌握科学的学习方法，在学中思，在思中学，在实践中不断锤炼，才能不断提高自己的业务水平，才能推动会计工作和会计职业的发展，以适应不断变化的新形势和新情况的需要。

谦虚好学、刻苦钻研、锲而不舍，是练就高超的专业技术和过硬本领的唯一途径，也是衡量会计人员职业道德水准高低的重要标志之一。

案例分析

【案例5-8】某企业每周二下午都有两个小时固定的业务理论学习时间。因为会计人员工作繁忙，现会计主管向领导提出建议：财务部门的全体人员不参加或少参加学习。

试分析：该会计主管的建议是否正确？为什么？

分析与提示：

该会计主管的建议不正确，违背了提高技能的会计职业道德要求。提高技能就是要求会计人员增强提高专业技能的自觉性和紧迫感，勤学苦练，刻苦钻研，不断进取，提高业务水平。会计人员也只有通过不断学习，持续提高职业技能，才能一直保持足够的专业胜任能力。不能找借口或因工作繁忙就不参加或少参加学习。

📝 **课堂练习**

多项选择题（从以下备选答案中选出两个或两个以上符合题意的正确答案）

根据会计职业道德要求，下列各项中，有利于会计人员提高技能的有（　　　　）。

A. 参加财政部门组织的会计法规制度培训　　B. 参加会计专业技术资格考试

C. 参加单位组织的业务比赛和经验交流　　D. 参加会计国际研讨会

📖 **答案提示**

正确选项为 ABCD。

七、参与管理

（一）参与管理的含义

参与管理，简单来讲就是间接参加管理活动，为管理者当参谋，为管理活动服务。会计管理是企业管理的重要组成部分，在企业管理中具有十分重要的作用。但会计工作的性质决定了会计在企业管理活动中更多的是从事间接管理活动。

参与管理就是要求会计人员积极主动地向单位领导反映本单位的财务、经营状况及存在的问题，主动提出合理化建议，积极地参与市场调研和预测，参与决策方案的制定和选择，参与决策的执行、检查和监督，为领导的经营管理和决策活动，当好助手和参谋。如果没有会计人员的积极参与，企业的经营管理就会出现问题，决策就可能出现失误。会计人员特别是会计部门的负责人，必须强化自己参与管理、当好参谋的角色意识和责任意识。

💬 **议一议**

财务人员审核经济合同是参与管理吗？再举一例说明参与管理的具体工作。

（二）参与管理的基本要求

第一，努力钻研业务，熟悉财经法规和相关制度，提高业务技能，为参与管理打下坚实的基础。

娴熟的业务、精湛的技能，是会计人员参与管理的前提。会计人员只有努力钻研业务，不断提高业务技能，深刻领会财经法规和相关制度，才能有效地参与管理，为改善经营管理、提高经济效益服务。钻研业务、提高技能，首先，要求会计人员要有扎实的基本功，掌握会计的基本理论、基本方法和基本技能，做好会计核算的各项基础性工作，确保会计信息真实、完整；其次，要充分利用掌握的大量会计信息，运用各种管理分析方法，对单位的经营管理活动进行分析、预测，找出经营管理中的问题和薄弱环节，提出改进意见和措施，把管理结合在日常工作之中，从而使会计的事后反映变为事前的预测和事中的控制，真正起到当家理财的作用，成为决策层的参谋、助手。

第二，熟悉服务对象的经营活动和业务流程，使管理活动更具针对性和有效性。

会计人员应当了解本单位的整体情况，特别是要熟悉本单位的生产经营、业务流程和管理情况，掌握单位的生产经营能力、技术设备条件、产品市场及资源状况等情况。只有如此，才能充分利用会计工作的优势，更好地满足经营管理的需要，才能在参与管理的活动中有针对性地拟定可行性方案，从而提高经营决策的合理性和科学性，更有效地服务于单位的总体发展目标。

📝 课堂练习

多项选择题（从以下备选答案中选出两个或两个以上符合题意的正确答案）

下列各项中，符合会计职业道德"参与管理"行为的有（   ）。

A. 参加公司重大投资项目的可行性研究和投资效益论证

B. 对公司财务会计报告进行综合分析，并提交风险预警报告

C. 分析现金流量状况，查找存在的问题，提出改进措施

D. 分析坏账形成的原因，提出加强授信管理、加快货款回收的建议

📖 答案提示

正确选项为 ABCD。参与管理就是要求会计人员积极主动地向单位领导反映本单位的财务、经营状况及存在的问题，主动提出合理化建议，积极地参与市场调研和预测，参与决策方案的制定和选择，参与决策的执行、检查和监督，为领导的经营管理和决策活动，当好助手和参谋。

八、强化服务

（一）强化服务的含义

强化服务就是要求会计人员具有文明的服务态度、强烈的服务意识和优良的服务质量。服务态度是服务者的行为表现。"文明服务，以礼待人"，不但是对服务行业提出的道德要求，而且是对所有职业活动提出的道德要求。在人们的社会生活中，各岗位的就业者都处于服务他人和接受他人服务的地位。在服务他人的过程中，人们承担对他人的责任和义务的同时，也接受他人的服务。

会计工作虽不能说是"窗口"行业，但其工作涉及面广，又往往需要服务对象和其他部门的协作及配合，而且会计工作的政策性又很强，在工作交往和处理业务过程中，容易同其他部门及服务对象有利益冲突或意见分歧。这样，会计人员为人处世的态度直接关系到工作能否顺利开展和工作的成效。这就要求会计人员不但要有热情、耐心、诚恳的工作态度，礼貌待人，而且遇到问题要以商量的口吻，充分尊重服务对象和其他部门的意见，做到大事讲原则，小事讲风格，沟通讲策略，用语讲准确，建议看场合。

强化服务的结果，就是奉献社会。任何职业的利益、职业劳动者个人的利益都必须服从社会的利益、国家的利益。如果说爱岗敬业是职业道德的出发点，那么，强化服务、奉献社会就是职业道德的归宿点。

（二）强化服务的基本要求

第一，强化服务意识。

会计人员要树立强烈的服务意识，为管理者服务，为所有者服务，为社会公众服务，为人民服务。不论服务对象的地位高低，都要摆正自己的工作位置，管钱管账是自己的工作职责，参与管理是自己的义务。只有树立了强烈的服务意识，才能做好会计工作，履行会计职能，为单位和社会经济的发展做出应有的贡献。

议一议

财务人员如何积极主动地为员工服务？

第二，提高服务质量。

强化服务的关键是提高服务质量。单位会计人员的服务质量表现在，是否真实地记录单位的经济活动，向有关方面提供可靠的会计信息，是否积极主动地向单位领导反映经营活动的情况和存在的问题，提出合理化建议，协助领导决策，参与经营管理活动。注册会计师的服务质量表现在，是否以客观公正的态度正确评价委托单位的财务状况、经营成果，出具恰当的审计报告，为社会公众及信息使用者提供优质的服务。

需要注意的是，在会计工作中提供上乘的服务质量，并非是无原则地满足服务主体的需要，而是在坚持原则、坚持准则的基础上尽量满足用户或服务主体的需求。

案例分析

【案例 5-9】

【现象一】 会计人员看人办事：官大办得快，官小办得慢，无官拖着办。

【现象二】 会计人员在工作中，领导怎么说就怎么做，只要领导高兴，"原则"可以变成"圆则"。

【现象三】 会计人员整天与钱、物打交道，"常在河边走，哪有不湿鞋"，只要不触犯法律就行了。

上述三种现象违背了哪三种会计职业道德规范？为什么？

分析与提示：

【现象一】 违背了"强化服务"的会计职业道德规范。强化服务要求会计人员具有文明的服务态度、强烈的服务意识和优良的服务质量。强化服务的基本要求就是会计人员要有强烈的服务意识，服务要文明，质量要上乘。"官大办得快，官小办得慢，无官拖着办"违背了强化服务的基本要求。

【现象二】 违背了"坚持准则"的会计职业道德规范。坚持准则要求会计人员在处理业务的过程中，严格按照会计法律制度办事，不为主观或他人意志左右。坚持准则的基本要求：一是熟悉准则，二是遵循准则，三是敢于同违法行为做斗争。而会计人员在办理会计业务时，将"原则"变成"圆则"，违背了坚持准则的基本要求。

【现象三】 违背了"廉洁自律"的会计职业道德规范。廉洁是指不贪污钱财，不收受贿赂，保持清白。自律是指自律主体按照一定的标准，自己约束自己、自己控制自己的言行和思想的过程。廉洁自律的基本要求：一是树立正确的人生观和价值观；二是公私分明，不贪不占；三是遵纪守法，一身正气。会计人员整天与钱、物打交道，抱着"常在河边走，哪有不湿鞋"的态度对待会计工作，放松自我难免会误入歧途。

课堂练习

多项选择题（从以下备选答案中选出两个或两个以上符合题意的正确答案）

刘某系某代理记账公司提供专业服务的会计人员，为了遵循会计职业道德强化服务的要求，李某为客户提供的下列服务中，正确的有（　　　）。

A. 为帮助委托单位负责人完成业绩考核任务，提出将银行借款利息挂账处理的建议

B. 在委托单位举办财会知识培训班，宣讲会计法律制度，帮助树立依法理财的观念

C. 利用专业知识向委托单位提出偷税的建议

D. 向委托单位提出改进内部控制的建议和意见

答案提示

正确选项为 BD。

第三节　会计职业道德教育

一、会计职业道德教育的含义

会计职业道德教育是指根据会计工作的特点，有目的、有组织、有计划地对会计人员施加系统的会计职业道德影响，促使会计人员形成会计职业道德品质，履行会计职业道德义务的活动。提高会计人员的道德素质，既需要对会计人员加强会计职业道德方面的教育，也需要会计人员自身加强会计职业道德方面的修养，从他律走向自律，促使会计人员养成自觉遵守会计职业道德规范的良好行为。

二、会计职业道德教育的形式

会计职业道德教育的主要形式包括接受教育（外在教育）和自我修养（内在教育）。

（一）接受教育

接受教育即外在教育，是指通过学校或培训单位对会计从业人员进行以职业责任、职业义务为核心内容的正面灌输，以规范其职业行为，维护国家和社会公众利益的教育。接受教育具有导向作用。行业部门或行业协会通常是职业道德教育的组织者，由其对从业人员开展正面的职业道德教育。接受教育是一种被动学习、被动接受教育。

（二）自我修养

自我修养即内在教育，是指从业人员自我学习、自我改造和自身道德修养的行为活动。自我教育是把外在的职业道德的要求，逐步转变为会计从业人员内在的职业道德情感、职业道德意志和职业道德信念。要大力提倡和引导会计人员的自我教育，在社会实践中不断加强职业道德修养，养成良好的道德行为，从而实现道德境界的升华。

三、会计职业道德教育的内容

（一）会计职业道德观念教育

会计职业道德观念教育就是在社会上广泛宣传会计职业道德基本常识，使广大会计人员懂得什么是会计职业道德，了解会计职业道德对社会经济秩序、会计信息质量的影响，以及违反会计职业道德将受到的惩戒和处罚；并利用广播、电视、报纸、杂志等媒介，表彰坚持原则、德才兼备的会计人员，鞭挞违法违纪的会计行为，形成遵守职业道德光荣、违反职业道德可耻的社会氛围。

（二）会计职业道德规范教育

会计职业道德规范教育就是指对会计人员开展以会计职业道德规范为内容的教育。会计职业道德规范的主要内容包括爱岗敬业、诚实守信、廉洁自律、客观公正、坚持准则、提高技能、参与管理和强化服务。这是会计职业道德教育的核心内容，应贯穿于会计职业道德教育的始终。

（三）会计职业道德警示教育

会计职业道德警示教育就是指通过开展对违反会计职业道德行为和对违法会计行为典型案例的讨论和剖析，给会计人员以启发和警示，从而可以提高会计人员的法律意识和会计职业道德观念，提高会计人员辨别是非的能力。

（四）其他与会计职业道德相关的教育

其他与会计职业道德相关的教育包括形势教育、品德教育和法制教育等。

四、会计职业道德教育的途径

（一）接受教育的途径

1. 岗前职业道德教育

岗前职业道德教育是指对将要从事会计职业的人员进行的道德教育，包括会计学历教育及从事会计工作前的职业道德教育。教育的侧重点应放在职业观念、职业情感及职业规范等方面。

（1）会计学历教育中的职业道德教育。《公民道德建设实施纲要》指出："学校是进行系统道德教育的重要阵地。各级各类学校必须认真贯彻党的教育方针，全面推进素质教育。"在我国，大专院校是培养各类专门人才的基地，其会计类专业就读的学生，是会计队伍的预备人员，他们当中大部分将进入会计队伍，从事会计工作。会计学历教育阶段是他们的会计职业情感、道德观念和是非善恶判断标准初步形成的时期，所以会计专业类大专院校是会计职业道德教育的重要阵地，是会计人员岗前道德教育的主要场所，在会计职业道德教育中具有基础性地位。据统计，我国每年有 10 万名左右的大中专毕业生进入会计队伍的行列。为保证进入会计队伍的"新鲜血液"具有良好的职业道德观念，会计职业道德教育必须从会计学历教育抓起。

（2）从事会计工作前的职业道德教育。在我国，财政部门对各单位从事会计工作的人员的专业能力和遵守职业道德实施监督，因此，在从事会计工作前，不仅要对其专业能力进行教育，还要对职业道德进行教育。德才兼备，两者相辅相成，缺一不可。

想一想

俗话说："君子爱财，取之有道。"那么什么是"道"？

2. 岗位职业道德继续教育

继续教育是指从业人员在完成某一阶段的工作和学习后，重新接受一定形式的、有组织的、知识更新的教育和培训活动。会计人员继续教育是强化会计职业道德教育的有效形式。

会计职业道德教育应贯穿于整个会计人员继续教育的始终。在职业道德的继续教育中应体现社会经济的发展变化对道德的要求，也就是说在不同的阶段，道德教育的侧重点应有所不同。就现阶段而言，会计人员继续教育中的会计职业道德教育目标是适应新的市场经济形势的发展变化，在不断更新、补充、拓展会计人员业务能力的同时，使其政治素质、职业道德水平不断提高，具体包括形势教育、品德教育、专业理论教育和法制教育四个方面。

（二）自我修养的途径

1. 会计职业道德自我修养环节

会计职业道德修养的环节一般包括道德认知、道德情感、道德信念和道德行为等方面，它们之间相互联系，不可缺少，形成一个完整的体系。

（1）形成正确的会计职业道德认知

会计职业道德认知是指对会计职业道德的准则、行为及其意义的认识、理解和掌握，这是会计职业道德修养的前提和首要环节。没有一定的会计职业道德认知，就不可能形成良好的会计职业道德的行为和习惯，因此，会计人员必须加强会计职业道德知识的学习，正确理解和掌握会计职业道德规范的内容，提高对会计职业道德理想、品质等方面的认识，增强履行职责和道德义务的自觉性。

（2）培养高尚的会计职业道德情感

会计职业道德情感是指会计人员依据一定的会计职业道德标准，对现实的道德关系和自己或他人的道德行为等所产生的情绪体验。职业道德情感主要表现为责任感、自豪感、荣誉感、成就感等，而会计职业道德情感的培养能使会计人员把自己所从事的职业与整个社会的经济建设联系起来，把个人自我价值实现与社会价值有机地统一起来，引导会计人员增强职业责任感，具有热爱会计职业、献身会计事业的崇高理想。

（3）树立坚定的会计职业道德信念

会计职业道德信念是指会计人员对会计职业道德义务具有的强烈责任感和对会计职业的理想目标的坚定信仰，这是会计职业道德修养的核心内容。会计人员如果树立坚定的会计职业道德信念，那么必然会对自己的职业充满热情，就能自觉形成遵守会计职业道德规范的意识，从而以实际行动来履行自己的义务，切实贯彻和落实法律、法规，努力做好本职工作。

（4）养成良好的会计职业道德行为

会计职业道德行为是指会计人员在会计职业道德规范的指引和约束下所具有的从事会计职业时始终自觉遵守规范的行为习惯。这不仅是会计职业道德修养的重要环节，也是终极目标。只有当会计人员把遵守会计职业道德规范当成是自觉的行为习惯时，会计秩序才能稳定，会计工作也才会健康发展。因此，会计人员在会计职业道德修养中，要特别重视会计职业道德行为的培养，努力养成良好的职业习惯。

2. 会计职业道德自我修养的途径

（1）慎独慎欲。会计职业道德修养的最高境界在于做到慎独，即在一个人单独处事、无人监督的情况下，也应该自觉地按照道德准则去办事。慎独的前提是具有坚定的职业信念和职业良心。会计职业道德修养讲慎独，就是要求每个会计人员严格要求自己，在履行职责时自律谨慎，不管财经法规、制度是否有漏洞，也不管是否有人监督，领导管理是否严格，都按照职业道德的要求去办。慎欲就是指用正当的手段获得物质利益。会计人员做到慎欲，一是要把国家、社会公众和集体利益放在首位，在追求自身利益时，不损害国家和他人利益；二是做到节欲，对利益的追求要适度适当，要合理合法，反对用不正当的手段达到利己的目的。

（2）慎省慎微。慎微就是指在微处、小处自律，从微处、小处着眼，积小善成大德。慎微，首先要求从微处自律，俗话说，"千里之堤，溃于蚁穴"；其次要求从小事着手，从一点一滴的小事做起，日积月累，就能获得良好的信誉。会计工作是一项非常细致而又复杂的工作，经常与钱、财、物打交道，稍有差错就可能产生严重的后果。因此，会计人员在处理每一笔会计业务时，对是否符合国家法律、法规，是否真实、准确，都需要认真自省，不断修正错误，树立正确的职业道德观念，培养高尚的道德品质，提高自己的精神境界。

（3）自警自励。自警就是要随时警醒、告诫自己，要警钟长鸣，防止各种不良思想对自己的侵袭。自励就是要以崇高的会计职业道德理想、信念激励自己、教育自己。经常用会计职业道德规范这把标尺，认真度量自己在职业实践中的一切言行，树立正确的会计职业道德观。

案例分析

【案例 5-10】

胆大妄为，刚走上工作岗位就犯罪

安徽王某，23岁，大学专科毕业后分配到某市一国债服务部，担任柜台出纳兼任金库保管员。2018年5月11日，王某偷偷从金库中取出国库券30万元，4个月后，王某见无人知晓，胆子开始大了起来，又取出50万元，通过证券公司用融资回购的方法，拆借人民币89.91万元，用来炒股，没想到赔了钱。王某在无力返还单位债券的情况下，索性于2018年12月14日、15日，将金库里剩余的14.03万元国库券和股市上所有的73.7万元人民币全部取出后潜逃，用化名在该市一处民房租住隐匿。至此，王某共贪污2018年国库券94.03万元，折合人民币118.51万元。案发后，当地人民检察院立案侦查，王某迫于各种压力，于2019年1月8日投案自首，检察院依法提起公诉。

根据上述案例回答下列问题。

（1）上述案例中犯罪嫌疑人王某刚走上工作岗位就触犯了法律。这说明了什么？

（2）结合上述案例简述会计职业道德教育的意义。

（3）简述会计职业道德教育的层次。

分析与提示：

（1）这说明该会计人员在学校缺乏会计职业道德教育，没有丝毫会计职业道德观念和法制观念，内心深处没有构筑道德防线，或者说道德防线十分脆弱，不堪一击。从会计职业道德规范的角度分析，该会计人员违背了"爱岗敬业""诚实守信""廉洁自律"等会计职业道德规范。此外，此案也说明了建立单位内部控制制度的重要性。

（2）会计职业道德教育有利于提高会计职业道德水平，会计职业道德教育有利于培养会计人员会计职业道德情感，会计职业道德教育有利于树立会计职业道德信念。

（3）层次：一是对潜在会计人员的会计职业道德教育，二是对从事会计职业的人员进行岗前会计职业道德教育，三是对会计人员的继续教育。

课堂练习

简答题

某企业在讨论会计职业道德修养问题时，会计小陈认为会计职业道德修养是一种自我道德完善，与社会实践无关。分析小陈的观点是否正确。

📖 答案提示

小陈的观点不正确。会计职业道德修养虽然是道德品质和思想素质方面的自我锻炼，但绝不是"闭门思过"，人们所说的修养，是在社会实践中的自我锻炼。在会计职业活动中，会计人员会遇到各种利益关系和人际关系的协调处理，这就需要加强意志的修养；在会计职业活动中，会计人员还会遇到现实的义利关系、理欲关系，要抵制社会各种不良风气和错误思潮的侵袭，就需要加强品质的修养；在会计职业活动中，会计人员为了更好地与职业对象打交道，还要注意自身形象的修养。总之，会计职业道德修养一刻也离不开社会实践，只有在社会实践中不断磨炼，才能不断提高会计职业道德修养。

第四节　会计职业道德建设组织与实施

为了充分发挥会计职业道德的作用，健全会计职业道德体系，应在建立会计职业道德规范和加强会计职业道德教育的基础上，强化对会计人员职业道德规范遵循情况的检查，强化和改善会计职业道德建设的组织和领导，建立以各级财政部门、会计职业组织、机关和企事业单位为主的会计职业道德建设，齐抓共管，保证会计职业道德建设的各项任务和要求落到实处。

一、财政部门的组织推动

财政部门作为会计工作的主管部门，要充分认识新形势下加强会计职业道德建设的重要意义，正确认识法治与德治的辩证关系，认识会计职业道德建设的重要意义及其紧迫性、艰巨性、长期性，把会计职业道德建设作为新时期会计管理工作的一项重要的内容，列入财政部门管理会计工作的重要议事日程，做到常抓不懈。

各级财政部门要把会计职业道德建设与会计法制建设紧密结合起来。在认真宣传贯彻《会计法》和国家统一的会计制度的同时，加大执法力度，严厉打击违法会计行为，维护国家和社会公众利益，维护正常经济秩序，为会计职业道德建设提供强有力的法律支持和政策保障。

各级财政部门应当根据会计法律制度，积极探索将会计职业道德建设与会计专业技术人员管理相结合的机制，逐步完善会计专业技术人员的资格准入、考核、奖惩、培训和退出等制度，同时通过继续教育、注册和年检等手段，建立会计专业技术人员诚信档案。各地在组织开展会计专业技术人员的继续教育中，要将会计职业道德作为一项重要内容。通过组织一定学时的继续教育，使会计人员了解和掌握会计职业道德的主要内容。

二、会计职业组织的行业自律

会计职业组织起着联系会员与政府的桥梁作用，应充分发挥协会等会计职业组织的作用，改革和完善会计职业组织自律机制，有效发挥自律机制在会计职业道德建设中的促进作用。

我国可以借鉴国外通过会计职业组织实施职业道德约束的做法和经验，在注册会计师协会、会计学会和总会计师协会等职业组织中设立职业道德委员会，专门管理职业道德规范的制定、解释、修订和实施。对涉及会计职业道德的案件由会计职业组织进行处罚。

三、企事业单位内部监督

在企事业单位内部形成约束机制，防范舞弊和经营风险，支持并督促会计人员遵循会计职业道德，依法开展会计工作。各企事业单位必须任用具备专业能力和职业道德的人员从事会计工作，在任用重要会计岗位的人员时，应审查其职业记录和诚信档案，选择业务素质高、职业道德好的会计人员；在日常工作中，应注意开展对会计人员的道德和纪律教育，并加强检查，督促会计人员坚持原则，诚实守信；在制度建设上，要加强单位内部控制制度的建立和完善，形成内部约束机制，依法开展会计工作，为会计人员遵守职业道德提供良好的执业环境，从而可以有效地防范舞弊和经营风险，规避道德失范。

同时，单位负责人要做遵纪守法的表率，支持会计人员依法开展工作。根据《会计法》的规定，单位负责人是单位会计工作的责任主体，单位负责人必须重视和加强本单位会计人员的职业道德建设。

四、社会各界的监督与配合

加强会计职业道德建设，既是提高广大会计人员素质的一项基础性工作，也是一项复杂的社会系统工程，不仅是某个单位、某个部门的任务，还是各地区、各部门和各单位的共同责任。《公民道德建设实施纲要》指出："推进公民道德建设，需要社会各方面的共同努力。各级宣传、教育、文化、科技、组织人事和纪检监察等党政部门，工会、共青团和妇联等群众团体及社会各界，都应当在党委的统一领导下，各尽其责，相互配合，把道德建设与业务工作紧密结合起来，纳入目标管理责任制，制定规划，完善措施，扎实推进。要充分发挥各民主党派和工商联在公民道德建设中的作用。"因此，加强会计职业道德建设，各级党组织要管，各级机关、群众组织等也要管。只有重视和加强各级组织、广大群众和新闻媒体的监督作用，齐抓共管，形成合力，才能有效地搞好会计职业道德建设，更好地提高广大会计人员的思想道德素质。

第五节　会计职业道德检查与奖惩

为了充分发挥会计职业道德的作用，健全会计职业道德体系，应在建立会计职业道德规范和加强会计职业道德教育的基础上，强化对会计人员职业道德规范遵循情况的检查，并根据检查的结果进行相应的表彰和惩罚，建立会计职业道德的奖惩机制，这是会计职业道德他律机制的重要组成部分。

一、会计职业道德检查与奖惩的意义

开展会计职业道德检查与奖惩是道德规范付诸实施的必要方式，也是促使道德力量发挥作用的必要手段，有着很重要的现实意义。

（1）会计职业道德的检查与奖惩，具有促使会计人员遵守职业道德规范的作用。奖惩机制利用人类趋利避害的特点，以利益的给予或剥夺为砝码，对会计人员起着引导或威慑的作用，使会计行为主体不论出于什么样的动机，都必须遵循会计职业道德规范，否则就会遭受利益上的损失。奖惩机制把会计职业道德要求与个人利益结合起来，体现了义利统一的原则。

（2）会计职业道德的检查与奖惩，可以对各种会计行为进行裁决，对会计人员具有深刻的教育作用。作为会计人员哪些会计行为是对的，哪些会计行为是错的，均可通过会计职业道德的检查与奖惩做出裁决。在这里，会计职业道德的检查与奖惩起着道德法庭的作用。它是运用各种会计法规、条例及道德要求等一系列标准，鞭挞违反道德的行为，同时褒奖那些符合职业道德要求的行为，并使其发扬光大，蔚成风气，人之效尤，互相砥砺。因此，通过会计职业道德的检查与奖惩，使广大会计人员生动而直接地感受道德的价值分量，其教育的作用是不可低估的。

（3）会计职业道德的检查与奖惩，有利于形成抑恶扬善的社会环境。会计职业道德是整个社会道德的一个组成部分，因此，会计职业道德的好坏，对社会道德环境的优劣会产生一定的影响；反之，社会道德环境的好坏，也影响着会计的职业行为。奖惩机制是抑恶扬善的杠杆。对会计行为而言，判断善恶的标准就是会计职业道德规范。那些遵守职业道德规范的行为，就可称善行；反之，那些违背职业道德规范的行为，就可称恶行。通过倡导、赞扬、鼓励自觉遵守会计职业道德规范的行为，贬抑、鞭挞、查处会计造假等不良行为，有助于人们分清是非，形成良好的社会风气，从而进一步促进会计职业道德的发展。

就道德规范的自身特点而言，它主要是依靠传统习俗、社会舆论和内心信念来维系的。这种非刚性的特征也就决定了它的落实、实施还必须同时借助政府部门的行政监管、职业团体自律性监管和企事业单位内部纪律等外在的硬性他律机制，只有这样才能有效地发挥道德规范潜在的裁判和激励效力。

二、会计职业道德检查与奖惩机制

会计职业道德检查与奖惩机制的建立是一个复杂的系统工程，需要政府部门、行业组织、有关单位的积极参与，运用经济、法律、行政和自律等综合治理手段。在我国，会计职业道德检查与奖惩机制的建立尚处于探索阶段，需要在理论上深入研究，在实践中不断探索。

（一）财政部门的监督检查

《中华人民共和国会计法》规定，国务院财政部门主管全国的会计工作，县级以上财政部门管理本行政区域内的会计工作。同时，财政部门对注册会计师、会计师事务所和注册会计师协会进行监督指导。会计职业道德建设是会计管理工作的重要组成部分，因此各级财政部门应负起组织和推动本地区会计职业道德建设的责任。财政部门可以利用行政管理上的优势，对会计职业道德情况实施必要的行政监管。

1. 采用多种形式开展会计职业道德宣传教育

会计职业道德建设是会计管理工作的重要组成部分，作为管理会计工作的各级财政部门，应当将会计职业道德建设纳入重要议事日程，负起组织和推动本地区会计职业道德建设的责任，要深入实际，调查研究，了解新情况，分析新问题，及时发现、总结和推广会计职业道德建设的新经验，在内容、形式、方法、手段和机制等方面积极创新，与时俱进，探索新的有效途径和实践形式。

各级财政部门应当根据本地区的实际情况，加大对会计职业道德的宣传教育力度，注重发挥网络、媒体的宣传作用和舆论的监督作用，积极组织开展形式多样的宣传教育活动，如举办会计职业道德演讲会、知识竞赛、有奖征文、论坛、专题研讨等多种活动，引导广大会计人员积极参与会计职业道德教育活动，弘扬正气，树立诚实守信等会计新风尚，不断发现、总结和推广会计职业道德建设的新经验，探索会计职业道德建设的有效途径和实现形式，努力营造会计职业道德建设的良好氛围。

2. 会计职业道德建设与会计专业技术资格考评、聘用相结合

根据财政部、人事部联合印发的《会计专业技术资格考试暂行规定》及其实施办法的规定，报考初级资格、中级资格的会计人员，应"坚持原则，具备良好的职业道德品质"等。会计专业技术资格考试管理机构在组织报名时，应对参加报名的会计人员职业道德情况进行检查。对有不遵循会计职业道德记录的，应取消其报名资格。

目前，高级会计师资格的取得采取考试和评审相结合，其中会计职业道德也要进行检查、考核。一是在考试方面，考虑到职业道德对高级会计师的重要性，增设职业道德的内容，从理论上加深其对会计职业道德的理解和认识；二是在评审方面，要对申报人的会计职业道德情况严格审查。

此外，规定一些关于会计职业道德规范的否决条款。例如，申报人曾因违法犯罪行为而受过刑事处罚的，不能参加高级会计师资格的评审。将会计职业道德奖惩与会计专业技术资格的考、评、聘联系起来，必将使广大会计人员像重视自己的专业技术职称一样重视自己的职业道德形象，在日常的学习工作中不断提高自身的职业道德修养。

3. 会计职业道德建设与会计执法检查相结合

财政部门作为《会计法》的执法主体，可以依法对社会各单位执行会计法律制度情况及会计信息质量进行不同形式的检查或抽查。通过检查，一方面督促各单位严格执行会计法律、法规，另一方面也是对各单位会计人员执行会计职业道德情况进行检验。

改革开放以来，我国财政部门经常开展全国性的财经大检查。有违反法律的行为，同时也一定是违反了会计职业道德要求的行为，所以国家在开展会计执法检查的同时，也对会计人员是否遵守会计职业道德规范的情况进行了检查。财政部门把会计职业道德建设与会计执法检查相结合，是构筑会计职业道德检查与奖惩机制的重要组成部分和有力抓手。

4. 会计职业道德建设与会计人员表彰奖励制度相结合

《会计法》规定，对认真执行本法、忠于职守、坚持原则、做出显著成绩的会计人员，应给予精神的和物质的奖励。对自觉遵守会计职业道德规范的优秀单位和优秀会计工作者进行表彰奖励的具体形式有晋升工资、职级，发放一定数额的奖金，授予荣誉称号，颁发荣誉证书，在公共媒体上积极宣传其先进事迹等，这样既可以使受奖者感到自豪和骄傲，进一步调动他们的工作积极性和主动性，从而促使他们强化职业道德行为，同时还可以起到弘扬正气、鞭笞后进的作用，从而在潜移默化中提高全体会计人员的职业道德素质。

（二）会计行业组织的自律管理与约束

对会计职业道德情况的检查，除了依靠政府监管外，行业自律也是一种重要手段。会计行业自律是一个群体概念，是会计职业组织对整个会计职业的会计行为进行自我约束、自我控制的过程。在会计职业较成熟的市场经济国家，会计职业道德准则一般由会计职业组织制定、颁布与督导实施。

在日常会计工作中，经常发生这样的情况，一些会计人员缺乏必要的专业胜任能力，业务素质低下，专业知识贫乏，对新颁布的会计准则、会计制度知之甚少，从而导致记账不符合规范，账簿混乱，账账、账表不符，报表挤数现象时有发生；还有一些会计人员按照领导的要求，放弃了客观性原则，钻准则、制度的空子，通过改变会计估计或会计方法，调节利润或亏损，从而达到隐瞒、拖欠或逃避应交税费的目的。这些做法有的虽然没有触犯法律，但却违反了会计职业道德的要求。在会计行业自律组织比较健全的情况下，可以由职业团体通过自律性监管，对发现的违反会计职业道德规范的行为进行相应的惩罚，根据情节轻重程度采取通报批评、罚款、支付费用、取消其会员资格、警告、退回向客户收取的费用、参加后续教育等方式。目前，我国会计职业的行业自律机制尚不健全，对违反会计职业道德的会计人员和会计师事务所惩处的力度还不够。所以，必须建立、健全会计职业团体自律性监管机制，确保会计职业的健康发展。

当然，近些年来，我国通过会计行业组织强化自律管理和行业惩戒也已取得了一定的进展。中国注册会计师协会作为注册会计师行业的自律组织，为提高我国注册会计师职业道德水平做出了积极贡献，先后发布了《中国注册会计师职业道德基本准则》《中国注册会计师职业道德规范指导意见》《注册会计师、注册资产评估师行业诚信建设实施纲要》等，研究建立了调查委员会、技术鉴定委员会、惩戒委员会等行业自律性决策组织。由于我国会计职业组织建立比较晚，自律性监管还比较薄弱，在注册会计师职业道德规范的实施与惩戒过程中仍存在不少问题，要求注册会计师职业组织从行业整体利益和社会责任出发，切实改进管理和服务，把行业建设好。

（三）激励机制的建立

对自觉遵守会计职业道德的优秀会计工作者进行表彰、宣传，可以使受奖者感受到对遵守道德规范的回报，从而促使其强化道德行为；同时，还可以树立本行业的楷模、榜样，使会计职业道德原则和规范具体化、人格化，使广大会计工作者从这些富于感染性、可行性的道德榜样中获得启示、动力，在潜移默化中逐渐提高自身的职业道德素质。奖励是积极的，是对一个人的肯定。它利用人的上进心，增强人的荣誉感，使其遵纪守法、尽职尽责，并发挥其内在的潜能。它带给人的是满足、自尊、自豪感。而惩罚则是消极的，它利用人的恐惧心理，使人循规蹈矩。过分的惩罚会使人产生挫折感，损伤自尊心和自信心。

实践中的大量事实表明，奖励和惩罚相结合的方法优于只奖不罚或只罚不奖。赏罚结合可以带来双重的激励效果。因此，在对违反会计职业道德的行为进行惩戒的同时，还应对自觉遵守会计职业道德的先进人物进行表彰。

会计职业道德激励机制应当与会计人员表彰制度相结合，以起到弘扬正气、激励先进、鞭笞后进的作用。对会计职业道德检查中涌现的先进人物事迹进行表彰奖励，应注意将物质奖励和精神奖励相结合。

我国会计人员的队伍庞大，其中蕴藏着许多优秀的先进人物和动人事迹。在会计职业道德检查中，应善于发现典型，树立榜样。通过对优秀会计工作者进行表彰奖励，营造抑恶扬善的环境，从而在潜移默化中提高全体会计人员的职业道德素质。

课堂练习

单项选择题（从以下备选答案中选出一个符合题意的正确答案）

下列各项中，不属于对《会计法》执行情况进行检查的是（　　　）。

A. 会计机构负责人（会计主管人员）是否符合任职资格

B. 在岗会计人员是否持有会计专业技术职务资格证书

C. 是否存在账外账和私设"小金库"的行为

D. 按法律、法规规定应当设置总会计师的单位是否按规定设置总会计师

答案提示

正确选项为 D。

第六节　会计职业道德案例分析

案例分析

【案例5-11】某集团公司财务部拟组织本系统人员进行会计职业道德培训。为了使培训工作更具针对性，公司财务部就会计职业道德概念、会计职业道德与会计法律制度的关系、会计职业道德规范的内容、会计职业道德教育及会计职业道德建设组织实施等问题，分别与会计人员王晴、周雯、姚萍、范涛和陈进5人进行了座谈。现就5人回答的主要观点摘录如下。

（1）关于会计职业道德概念问题，王晴认为，会计职业道德是会计人员在社会交往和公共生活中应当遵循的行为准则，涵盖了人与人、人与社会、人与自然之间的关系。

（2）关于会计职业道德与会计法律制度的关系问题，周雯认为，会计职业道德与会计法律制度两者在性质、表现形式上都完全相同。

（3）关于会计职业道德规范的内容问题，姚萍认为，会计职业道德规范的全部内容归纳起来就是两条：一是廉洁自律，会计职业是一个极为特殊的职业，整天与钱、财、物打

交道，如果爱贪爱占，很容易走上犯罪道路，会计职业的特殊性决定了会计人员必须做到
"常在河边走，就是不湿鞋"；二是强化服务，会计人员的根本任务就是为单位负责人提供
服务，应当无条件服从领导，不折不扣地贯彻领导的意图。

（4）关于会计职业道德教育问题，范涛认为，开展会计职业道德教育的唯一途径就是
依靠学历教育，只有这样，才能培养会计职业道德观念，陶冶会计道德情操。

（5）关于会计职业道德建设组织实施问题，陈进认为，会计职业道德建设组织实施，
只能依靠财政部门的力量，因为会计的行业自律组织缺乏约束力，本单位又与会计人员存
在利益上的密切关系，而财政部门承担着管理会计工作的职责，离开财政部门的组织推动，
会计职业道德建设绝不可能得到有效实施。

要求：从会计职业道德角度，分别分析判断王晴、周雯、姚萍、范涛和陈进5人的观
点是否正确。如不正确，请阐述正确的观点。

分析与提示：

（1）王晴关于会计职业道德概念的观点不正确。

正确的观点：会计职业道德是指在会计职业活动中应当遵循的、体现会计职业特征的、
调整会计职业关系的职业行为准则和规范。

（2）周雯关于会计职业道德与会计法律制度两者在性质、表现形式上完全相同的观点
不正确。

正确的观点：会计职业道德和会计法律制度两者在性质和表现形式上是不同的。

在性质上，会计法律制度通过国家机器强制执行，具有很强的他律性；会计职业道德
主要依靠会计人员的自觉性，具有很强的自律性。

在表现形式上，会计法律制度是通过一定的程序由国家立法机关或行政管理机关制定
的，其表现形式是具体的、明确的、正式形成文字的成文规定；会计职业道德出自会计人
员的职业生活和职业实践，其表现形式既有成文规定，也有不成文的规范，存在于人们的
意识和信念之中。

（3）姚萍关于会计职业道德规范内容的观点不全面。姚萍关于强化服务的观点不正确。

正确的观点：会计职业道德规范的主要内容除廉洁自律、强化服务外，还包括爱岗敬
业、诚实守信、客观公正、坚持准则、提高技能和参与管理。

强化服务要求会计人员树立服务意识，提高服务质量，努力维护和提升会计职业的良
好社会形象。会计人员应当坚持准则，不能无条件服从领导。

（4）范涛关于会计职业道德教育的观点不正确。

正确的观点：会计职业道德教育途径包括会计学历教育、会计继续教育、会计人员的
自我修养与教育。会计职业道德教育需要内外结合，不能片面强调学历教育，无视或忽视
会计人员继续教育、自我修养与教育。

（5）陈进关于会计职业道德建设组织实施的观点不正确。

正确的观点：会计职业道德建设需要全社会的共同努力，不仅要依靠财政部门，还需要
通过会计职业组织、企事业单位、社会各界和社会舆论等多方面力量各司其职，相互配合，
齐抓共管。

【案例 5-12】

公生明，廉生威

刘新华，一位极普通的会计人员，在十多年的财会工作中，恪尽职守，勤奋敬业，甘于清贫，淡泊名利。多年的职业生涯使他树立了一个职场信念：没有人能打败你，能打败你的只有你自己，无论是对个人还是对公司而言都是如此，必须从自身做起，廉洁自律，诚实守信，坚持原则。他最欣赏的一句话就是："会计人员要有一双透射的眼睛，要知道数字背后是什么，这就需要不断了解企业的运营，了解企业的战略，并结合企业战略制定财务战略，转而达到提升企业的目的。"刘新华任职的上市公司是一家历史悠久的大型国有企业，但公司的产品质量与国外的同类产品有很大的差距。产品的重要原料有80%靠进口，自己生产的原料质量达不到国内重要大客户的要求。进口原料价格昂贵，导致成本居高不下，在市场中价格没有竞争优势，同时进口原料的产量波动也会对其产品造成直接的影响。

根据当时的情况，公司要想生存下去，就必须对原料自行生产，进行技术改造，提高原料质量。但进行技术改造，公司就需要投入大量的资金，相应的生产设备也要大量进口，并且在技术上也需要专家指导。公司虽然在目前的情况下还不至于亏损，可是公司现金流不充足，技术改造需要的大量资金要从银行贷款，同时每年的贷款利息也是很大的支出。

这个重大决策从某种程度上讲可能是公司唯一的生存之路，但同样也可能让公司败走麦城，陷入困境。一旦技术改造失败，对公司来讲就是灭顶之灾，也许从此就一蹶不振，更不要说发展了。这个重大决策要经过各部门和领导层的反复讨论，在很大程度上需要真实的财务数据做支持，财务数据是决定是否进行投资和技术改造的重要依据。

然而，这个重大决策却在匆忙之中由公司上市后的第一批领导层做出了。当在第二批领导层接手时，这个决策的失误就已经初见端倪了，公司因此走上亏损之路。第一批领导层见公司已经深陷泥潭，便一走了之。于是在危难之际，第二批领导层匆忙上任。作为第二批领导层中的一员，刘新华上任以后开始认真分析公司目前所处的境况：公司所需设备是从国外进口的二手设备，公司高层对这个项目所需资金估计不足，2年内已经陆续投入2个亿，2年的资金利息让公司不堪重负，同时随着国际市场的变化，当公司在大张旗鼓地进行技术改造投入时，国外已经停止生产这种产品了，也就是说这些产品基本属于淘汰品种，受到国外大环境的影响，国内市场对这种产品的需求也急转直下。

刘新华根据对公司目前状况的分析，清楚地意识到公司现在所处的困境，公司实际上已经陷入了一个死循环——用自己的原料生产出来的产品质量达不到客户要求，可是又不能停止生产，因为机器设备停止生产后重新启动的成本更大，产品不断生产又不断积压，公司为了维持生存，保证现金流，又不得不亏本出售，生产越多，亏损就越多。

总之，公司寄希望的技术改造非但没有给公司带来一线生机，反而把公司引入了死胡同。还有一个更大的压力，那就是公司已经亏损1年了，如果再亏损1年就有退市的风险。在这种情况下，只有良好的年度报告才会使投资者增加信心，才会对公司的股票价格产生有利的影响。

当这些问题摆在面前时，公司即将面临会计师事务所的年报审计，尽管一份明晰、详尽的年度报告在中国还属罕见，但不可否认的是，年度报告的数字仍然是决定公司价值的核心要素，也决定着社会公众对其信任度。如果按真实的数字进行披露，那么势必影响投资者的信心，最直接的是造成公司的股票价格大幅度下跌，而且极有可能跌破面值。

于是，公司领导从公司的利益出发，同时也为了其自身利益，开始要求财务部门在数字上做一些文章，也就是掩饰一些东西，从而达到粉饰报表的目的。

公司的总经理将刘新华找来语重心长地对他说："新华，你是公司的老员工了，对公司应该很有感情，公司对你也不错，培养了你，也曾经送你出去学习深造，现在公司遇到了困难，我们是不是都应该为公司出一把力呢？而且你和你爱人都在这个公司，你也不愿意看着公司就这么垮了吧？公司垮了，对你的家庭也是最为不利的。"

显然，公司领导希望刘新华在今年的公司年度报表上做点文章。刘新华当然对公司当前面临的困境十分清楚，他对公司也很有感情，自从大专毕业后他就被分配到公司从事财务工作，一干就是十多年，加上自己的爱人也是公司的员工，这个公司可以说是他的半个家。但在工作中他已经养成了客观、严谨的工作态度和诚实可靠、有责任感的工作作风，这些都驱使他增产节约、开源节流、廉洁自律、奉公守法，他不知如何去舞弊造假。

在经过反复细致的痛苦思考后，刘新华对总经理说："我对公司是很有感情的，公司的现状摆在眼前，我也一直在认真思考，但是很难。您看我手里的借款合同就有整整 89 份之多，总计金额近几个亿，几个亿啊，我拿在手里心里都发慌，这些全是欠国家的钱，每天都有银行打电话追着要钱，那种尴尬与狼狈就不必说了，我现在与那过街的老鼠又有什么区别呢？现在我只要一听到电话铃声，心里就发慌。我认为现在我们的首要问题是如何真正使公司摆脱困境，而不是在财务上做文章骗取社会公众的信任。"

听了刘新华的话，老总的脸色特别难看，他站了起来，大声地说道："你知道吗，你的态度和决定将会关系到公司的生死存亡。不要被公司暂时的困难所吓倒，如果公司能够挺过今年这一关，就会东山再起，所有这些有点不合理的东西都会得到更正。你们年轻人就是没有经历过大风大浪，一遇到困难就打退堂鼓，这点困难算什么呀！我知道你的能力，只要在报表上面做做文章，一切问题不就迎刃而解了吗？我知道，你为公司做了许多贡献，公司是不会亏待你的，你会为你的付出有所得的，你不要担心以后的生活。我明说吧！你的付出将会为你换来下半辈子的安逸。我希望你能认真考虑一下，你不用立即回答我，回家去和老婆商量一下，我相信孰重孰轻你应该能够分得清。"

回到家里，刘新华不停地抽烟，他心里特别矛盾，如果公司挺不过今年，那么就会有退市的风险，同时这也将影响到他的前途和家庭的命运。而且不可否认的是，摆在他面前的还有一份相当的诱惑，如果能在报表上做点文章，那么他就会得到一份不菲的收益，非但自己的地位依然稳如泰山，而且家庭的经济状况也会得到改善。但刘新华也清醒地认识到，一个上市公司的财务报告是面对社会公众的，它应该具有充分的透明度。公司数据如果不实将会对投资人和债权人造成损害，从而使广大的中小投资者蒙受更大的损失。如果他按照决策层的要求去做，这不但违背他做人的原则，同样也是违背一个会计人应有的职业道德准则。

显然，公司的老总也找他的爱人谈了话，爱人回到家里对刘新华说："你应该好好考虑一下，我们两个人都在一个公司，如果我们两人都丢了工作，那么孩子读书怎么办？而且老总说了这些都是暂时性的困难，他说已经联系好了，马上就有新的投资人加入，只要能顺利度过这个困难期，所有的亏损就可以消化掉。他说根本就没有什么风险，是你的胆子太小了。"

听了爱人的话，刘新华叹道："我何尝不为自己的利益和家庭的利益打算！但是，你知道吗，老总说在报表上做文章，实际上就是要我做假账。你和我都不是小孩子，应该分得清什么是对，什么是错。任何做假都是违背实事求是精神的，违背了实事求是的精神，也就丧失了作为一名合格会计人员应具有的最起码的职业道德。难道你要我一辈子都活在痛苦的煎熬之中，时刻等着被揭穿的那一天吗？"

刘新华彻夜未眠，直到天色渐亮。从夜晚到白天，转眼之间已经是烈日当空了，这个世界渐渐苏醒并开始忙碌起来。刘新华依然呆坐着，他彻夜未眠但却毫无倦意，就在此时他终于下定了决心。早晨一上班，他就向总经理提交了辞职报告，并且委婉地劝告说："我认为公司应该想办法真正地走出困境，而不仅仅在报表上"作秀"，业绩不是作秀做出来的，纸是包不住火的，希望老总能好好考虑考虑，我就言尽于此。"

刘新华走了，离开了他工作十多年的公司，离开了让很多人眼红的位置，带着他会计人的信念和执着走了……

分析与提示：

刘新华的做法表现出了一个会计人应有的品质——不做假账、廉洁自律的起码底线。财务造假只能隐瞒一时，却不能掩盖越来越严重的经营困境。要想挽救一个企业，需要真正在经营上下功夫，找到突破点，从根本上改变它。否则，无论怎么去包装，都不能从实质上解决问题，这些虚假的东西一旦被捅破、暴露，后果将不堪设想。

上市公司做假最终所带来的巨大危害就是动摇市场经济的信用基础。如果证券市场的投资人知道上市公司存在欺诈行为，他们还会甘心买它的股票去投资吗？如果信用基础被破坏，投资者对公众信息失去了信任，企业又如何能通过上市来达到筹集资金的目的呢？最终只能被市场淘汰。如果上市公司股东知道上市公司做假，他还会持有这家公司的股票吗？如果政府知道上市公司在利用虚假会计信息偷逃税款，税务机关还会信任公司的账目和按报表来征税吗？如果银行知道公司提供的报表都是假的，它还会给公司贷款吗？如果大家都互不相信，市场经济体系也就难以维系了。

在刘新华的身上折射出了会计人正直诚实的本性，彰显了公正、独立、诚信的会计精神，体现了刚直不阿、廉洁自律的情操。

本章小结

马克思主义伦理学认为，道德是一种社会意识形态，是一个社会中用善恶评价并依靠信念、习俗和社会舆论的力量来维持的调整人们之间、个人与社会之间及人与自然之间的行为规范的总和。道德既是一种善恶评价，表现为心理和意识现象，也是一种行为规范，表现为行为和活动现象。本章的主要内容是会计职业道德概述、会计职业道德规范的主要内容、会计职业道德教育、会计职业道德建设组织与实施、会计职业道德检查与奖惩。

自测题

一、单项选择题（从以下备选答案中选出一个符合题意的正确答案）

1. 广义的职业道德是指从业人员在职业活动中应遵守的（　　）。
   A. 基本规章　　　B. 工作纪律　　　C. 行为准则　　　D. 行为方式

2. 狭义的职业道德是指在一定职业活动中应遵循的、体现一定职业特征的和调整一定职业关系的职业行为（　　）。
   A. 规章和要求　　B. 准则和规范　　　　C. 规则和纪律　　D. 纪律和规范

3. 职业道德的本质是由（　　）决定的。
   A. 社会实践　　B. 经济基础　　　　C. 社会经济关系　　D. 上层建筑

4. 职业道德具有职业性、继承性和（　　）。
   A. 强制性　　B. 实践性　　　　C. 统一性　　D. 不变性

5. 会计人员热爱会计工作，安心本职岗位，忠于职守，尽心尽力，尽职尽责，这是会计职业道德中（　　）的具体体现。
   A. 爱岗敬业　　B. 诚实守信　　　　C. 提高技能　　D. 强化服务

6. 要求会计人员熟悉国家法律、法规和国家统一的会计制度，始终保持按法律、法规和国家统一的会计制度的要求进行会计核算，实施会计监督，这是会计职业道德中（　　）的具体体现。
   A. 廉洁自律　　B. 坚持准则　　　　C. 客观公正　　D. 提高技能

7. 要求会计人员树立服务意识，提高服务质量，努力维护和提升会计职业的良好社会形象，这是会计职业道德中（　　）的具体体现。
   A. 爱岗敬业　　B. 客观公正　　　　C. 提高技能　　D. 强化服务

8. "常在河边走，就是不湿鞋"这句话体现的会计职业道德要求是（　　）。
   A. 诚实守信　　B. 廉洁自律　　　　C. 坚持准则　　D. 提高技能

9. 某公司资金紧张，需向银行贷款 500 万元。公司经理请返聘的张会计对公司提供给银行的会计报表进行技术处理。张会计很清楚公司目前的财务状况和偿债能力，做这种技术处理是很危险的，但在经理的反复开导下，张会计感恩于经理平时对自己的照顾，于是编制了一份经过技术处理的虚假的会计报表，公司获得了银行的贷款。下列对张会计行为的认定中，正确的是（　　）。
   A. 张会计违反了爱岗敬业、客观公正的会计职业道德内容要求
   B. 张会计违反了参与管理、坚持准则的会计职业道德内容要求
   C. 张会计违反了客观公正、坚持准则的会计职业道德内容要求
   D. 张会计违反了强化服务、客观公正的会计职业道德内容要求

10. 某国有食品加工企业董事长担心原材料成本上涨，达不到国有资产保值增值的目标，要求财务经理把年度财务会计报告编得漂亮点。财务经理认为这样做违反会计政策，予以拒绝。董事长告诉财务经理："你不改思路，就要自找出路"。财务经理愤而辞职。财务经理的做法体现了会计职业道德中（　　）的要求。
    A. 爱岗敬业　　B. 参与管理　　　　C. 强化服务　　D. 客观公正

11. 张某大学毕业后从事会计工作，自认为在大学所学知识足以应付本职工作，故平时疏于钻研业务，工作中差错不断。张某违反了（　　）的会计职业道德内容要求。
    A. 提高技能　　B. 客观公正　　　　C. 坚持准则　　D. 强化服务

12. 下列关于会计职业道德与会计法律制度主要区别的说法中，正确的是（　　）。
    A. 不同的目标　　　　　　　　　　B. 不同的调整对象
    C. 不同的作用范围　　　　　　　　D. 不同的职责

13. 下列关于会计职业道德与会计法律制度联系的说法中，不正确的是（　　）。
    A. 两者有共同的目标、相同的调整对象，承担同样的职责
    B. 两者在内容上相互渗透、相互重叠
    C. 两者在地位上相互转化、相互吸收

D. 两者在实现形式上都是具体的、明确的和成文的

14. "坚持好制度胜于做好事，制度大于天，人情薄如烟"，这句话体现了（　　）的会计职业道德内容要求。

    A. 参与管理　　　B. 提高技能　　　　　C. 坚持准则　　　D. 强化服务

15. 勤学苦练、不断进取是会计人员遵守（　　）的会计职业道德的基本要求。

    A. 参与管理　　　B. 提高技能　　　　　C. 廉洁自律　　　D. 强化服务

二、多项选择题（从以下备选答案中选出两个或两个以上符合题意的正确答案）

1. 对认真执行《会计法》、忠于职守、坚持原则、做出显著成绩的会计人员进行奖励的方式有（　　）。

    A. 晋升工资　　　B. 发放奖金　　　　　C. 授予荣誉称号　　　D. 颁发荣誉证书

2. （　　）对会计职业道德建设的组织和实施须健全制度和机制，齐抓共管，保证会计职业道德建设的各项任务和要求落到实处。

    A. 各级财政部门　　　　　　　　　　B. 会计职业团体

    C. 机关　　　　　　　　　　　　　　D. 企事业单位

3. 下列属于职业道德特征的是（　　）。

    A. 职业性　　　B. 实践性　　　　　C. 继承性　　　D. 合法性

4. 职业道德的主要内容有（　　）。

    A. 诚实守信　　　B. 办事公道　　　　　C. 遵纪守法　　　D. 参与管理

5. 会计职业道德的特征有（　　）。

    A. 会计人员自身必须廉洁　　　　　B. 具有一定的强制性

    C. 具有一定的他律性　　　　　　　D. 较多关注公众利益

6. 会计职业道德规范的主要内容有（　　）。

    A. 诚实守信　　　B. 办事公道　　　　　C. 遵纪守法　　　D. 参与管理

7. 爱岗敬业的基本要求是（　　）。

    A. 安心工作，任劳任怨　　　　　　B. 严肃认真，一丝不苟

    C. 保密守信，不弄虚作假　　　　　D. 忠于职守，尽心尽责

8. 下列关于会计职业道德与会计法律制度的关系的表述中，正确的是（　　）。

    A. 两者在实施过程中相互作用、相互补充

    B. 前者具有自律性，后者具有他律性

    C. 两者在内容上相互渗透、相互重叠

    D. 前者具有他律性，后者具有自律性

9. 下列各项中，体现"提高技能"这一道德要求的有（　　）。

    A. 安心工作，任劳任怨　　　　　　B. 勤学苦练，刻苦钻研

    C. 不断进取，精益求精　　　　　　D. 忠于职守，尽心尽责

10. 下列有关会计职业道德"廉洁自律"的表述中，正确的有（　　）。

    A. 自律的核心就是自觉抵制自己的不良欲望

    B. 廉洁自律是会计职业道德的内在要求

    C. 只有自身廉洁自律，才能抵制他人的不法行为

    D. 不能做到廉洁自律，也就很难做到客观公正和坚持准则

11. 下列有关会计职业道德"客观公正"的表述中，正确的有（　　）。

    A. 依法办事是会计工作保证客观公正的前提

B. 扎实的理论功底和较高的专业技能是做到客观公正的重要条件

C. 在会计工作中，客观是公正的基础，公正是客观的反映

D. 会计活动的整个过程都离不开客观公正

12. 提高技能既是会计职业道德的基本要求，也是会计人员胜任本职工作的重要条件。下列各项中，属于会计技能的是（　　　）。

A. 会计理论水平 　　　　　　　　B. 会计实务能力

C. 职业判断能力 　　　　　　　　D. 沟通交流能力

13. 下列各项中，符合会计职业道德"强化服务"要求的有（　　　）。

A. 出纳人员对前来报销差旅费的人员笑脸相迎，并耐心解释凭证粘贴要求

B. 会计人员向生产车间工人宣讲会计基础知识，推动了班组核算制度的顺利开展

C. 稽核人员认真检查凭证的内容与格式，并就规范领导审批程序提出建议

D. 总会计师和会计机构负责人认真组织财务分析和财务控制，提出推行全面预算管理、促进增收节支、提高经济效益的建议

14. 对参与管理与强化服务的关系，下列表述正确的有（　　　）。

A. 参与管理是强化服务的一种表现形式

B. 强化服务有利于参与管理

C. 不参与管理，也完全可以提高服务水平和质量

D. 不强化服务，就难以保持参与管理的热情和动力

15. ABC 股份有限公司会计王某不但熟悉会计电算化业务，而且对利用现代信息技术手段加强经营管理颇有研究。王某向公司总经理建议，开辟网上业务洽谈，并实行优惠的折扣政策。公司采纳了王某的建议，公司业绩快速增长。王某的行为体现出的会计职业道德有（　　　）。

A. 爱岗敬业 　　B. 坚持准则 　　　　C. 参与管理 　　　D. 强化服务

三、判断题（正确的打"√"，错误的打"×"）

1. 狭义的职业道德是指在一定职业活动中应遵循的、体现一定职业特征的、调整一定职业关系的职业行为准则和规范。（　　）

2. 会计职业道德是会计法律制度正常运行的社会和思想基础。（　　）

3. 会计法律制度是促进会计职业道德规范形成和遵守的制度保障。（　　）

4. 会计职业道德与会计法律制度具有相同的调整对象，但是承担着不同的职责。（　　）

5. 会计职业道德主要依靠会计从业人员的自觉性，具有很强的自律性。（　　）

6. 会计职业道德与会计法律制度的作用范围不同，侧重于调整会计人员内在的精神世界。（　　）

7. 会计职业道德的表现形式既有明确的成文规定，也有不成文的规范，存在于人们的意识和信念之中。（　　）

8. 会计职业道德既有国家法律的相应要求，也有会计人员自觉遵守的相应要求。（　　）

9. 会计法律制度是会计职业道德的最低要求。（　　）

10. 会计职业道德以会计人员享有的权利和义务为标准来判定其行为是否违背职业道德。（　　）

11. 会计人员继续教育是指会计人员在完成某一阶段的专业学习后，重新接受一定形式的、有组织的知识更新和培训活动。（　　）

12. 会计人员的自我教育与修养是继续教育的一种重要形式。（　　）

13. 社会实践是会计职业道德自我教育与修养的根本途径。（　　）

14. 当单位利益与社会公众利益发生冲突时，会计人员应该首先维护社会公众利益。（　　）

15. 会计职业道德规范中的"坚持准则"就是指会计准则。　　　　　　　　　　（　　）

16. 会计职业道德规范中"坚持准则"中的"准则"不仅指会计准则，还包括会计法律、法规和国家统一的会计制度及与会计工作相关的法律制度。　　　　　　　（　　）

17. 会计行业组织在会计职业道德建设中可以依法行政。　　　　　　　　　　（　　）

18. 诚实守信是做人的基本准则，也是职业道德的精髓。　　　　　　　　　　（　　）

19. 会计人员"奉献社会"的要求是会计职业道德的出发点和归宿。　　　　　（　　）

20. 会计职业道德是对会计法律制度的重要补充。　　　　　　　　　　　　　（　　）

四、不定项选择题（从以下备选答案中选出一个或两个及以上符合题意的正确答案）

1. 会计职业道德与会计法律制度的联系是（　　）。
   - A. 在作用上相互补充
   - B. 在内容上相互渗透、相互重叠
   - C. 在地位上相互转化、相互吸收
   - D. 在实施上相互作用、相互促进

2. 会计职业道德与会计法律制度的区别表现在（　　）。
   - A. 性质不同
   - B. 作用范围不同
   - C. 表现形式不同
   - D. 实施保障机制不同

3. 某企业会计人员在讨论会计职业道德和会计法律制度两者关系时提出的下列观点中，正确的有（　　）。
   - A. 两者在实施过程中相互作用、相互独立
   - B. 会计法律制度是会计职业道德的最低要求
   - C. 违反会计法律制度一定违反会计职业道德
   - D. 违反会计职业道德一定违反会计法律制度

4. 下列各项中，符合会计职业道德"参与管理"行为的有（　　）。
   - A. 对企业财务会计报告进行综合分析，并提交风险预警报告
   - B. 参加公司重大投资项目的可行性研究分析
   - C. 分析坏账形成的原因，提出加强授信管理、加快货款回收的建议
   - D. 分析现金流量状况，查找存在的问题，提出改进措施

5. （　　）是做人的基本准则，也是职业道德的精髓。
   - A. 爱岗敬业　　　B. 诚实守信　　　C. 办事公道　　　D. 奉献社会

6. 会计职业道德教育的内容包括（　　）。
   - A. 会计职业道德观念教育
   - B. 会计职业道德规范教育
   - C. 会计职业道德警示教育
   - D. 其他相关教育

7. 下列各项中，属于会计职业技能的有（　　）。
   - A. 提供会计信息的能力
   - B. 会计实务操作能力
   - C. 职业判断能力
   - D. 沟通交流能力

8. 会计职业道德规范中的（　　）要求会计人员在处理业务的过程中，严格按照会计法律制度办事，不为主观或他人意志左右。
   - A. 诚实信用　　　B. 坚持准则　　　C. 客观公正　　　D. 廉洁自律

9. 小王是某代理记账公司提供专业服务的会计人员，其在为客户提供的下列服务中，违背会计职业道德要求的做法有（　　）。
   - A. 向委托单位提出改进内部会计控制的建议
   - B. 利用专业知识向委托单位提出逃税的建议
   - C. 向委托单位提出合理降低成本的建议

    D. 为帮助委托单位负责人完成年度业绩，提出将固定资产折旧和银行借款利息挂账处理的建议

10. 会计人员自我教育与修养的内容包括（　　　　）。

    A. 提高会计职业道德认识
    B. 培养高尚的会计职业道德情操

    C. 磨炼坚强的会计职业道德意志
    D. 树立坚定的会计职业道德信念

五、案例分析题

    2018 年，A 公司由于经营管理和市场方面的原因，经营业绩滑坡。为了获得配股资格，A 公司的主要负责人张某便要求公司财务总监李某对该年度的财务数据进行调整，以保证公司的净资产收益率符合配股条件。李某组织公司会计人员王某等人以虚增营业额、隐瞒费用和成本开支等方法调整了公司财务数据。A 公司根据调整后的财务资料，于 2018 年 10 月申请配股并获批准发行。

    要求：根据上述资料，试分析回答下列问题。

    指出哪些当事人存在何种违法行为？哪些当事人违反了哪些会计职业道德要求？哪些单位或部门可以对相关当事人进行何种处理？并说明理由。

参 考 文 献

[1] 中华人民共和国增值税暂行条例（国务院令第 538 号）.

[2] 中华人民共和国增值税暂行条例实施细则（财政部、国家税务总局令第 50 号）.

[3] 财政部 国家税务总局关于印发《营业税改征增值税试点方案》的通知（财税〔2011〕110 号）.

[4] 财政部 国家税务总局关于在全国开展交通运输业和部分现代服务业营业税改征增值税试点税收政策的通知（财税〔2013〕37 号）.

[5] 财政部 国家税务总局关于将铁路运输和邮政业纳入营业税改征增值税试点的通知（财税〔2013〕106 号）.

[6] 财政部 国家税务总局关于全面推开营业税改征增值税试点的通知（财税〔2016〕36 号）.

[7] 中华人民共和国会计法（2017 年 11 月 4 日第十二届全国人民代表大会常务委员会第三十次会议第二次修正）.

[8] 中华人民共和国个人所得税法（2018 年 8 月 31 日第十三届全国人民代表大会常务委员会第五次会议第七次修正）.

[9] 关于发布《个人所得税专项附加扣除操作办法（试行）》的公告（国家税务总局公告 2018 年第 60 号）.

[10] 中华人民共和国企业所得税法（2018 年 12 月 29 日第十三届全国人民代表大会常务委员会第七次会议修改）.

[11] 陈工，雷根强. 财政学. 北京：科学出版社，2000.

[12] 项怀诚. 中国财政管理. 北京：中国财政经济出版社，2001.

[13] 李玉周. 财经法规与会计职业道德. 成都：西南财经大学出版社，2009.

[14] 丁增稳，方飞虎. 财经法规与会计职业道德. 北京：中国人民大学出版社，2010.